大陆
新儒学
评论

2017 卷

张世保　谢青松／编

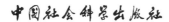

中国社会科学出版社

图书在版编目(CIP)数据

大陆新儒学评论.2017卷/张世保,谢青松编.—北京:中国社会科学出版社,2018.1

ISBN 978-7-5203-2052-8

Ⅰ.①大… Ⅱ.①张…②谢… Ⅲ.①新儒学—研究—中国—现代 Ⅳ.①B261.5

中国版本图书馆 CIP 数据核字(2018)第 024289 号

出 版 人	赵剑英
责任编辑	韩国茹
责任校对	张爱华
责任印制	张雪娇

出 版	中国社会科学出版社
社 址	北京鼓楼西大街甲 158 号
邮 编	100720
网 址	http://www.csspw.cn
发 行 部	010-84083685
门 市 部	010-84029450
经 销	新华书店及其他书店

印 刷	北京君升印刷有限公司
装 订	廊坊市广阳区广增装订厂
版 次	2018 年 1 月第 1 版
印 次	2018 年 1 月第 1 次印刷

开 本	710×1000 1/16
印 张	25
插 页	2
字 数	406 千字
定 价	108.00 元

目　录

一　大陆新儒学思潮：回顾与评析

二　评"政治儒学"

三　马克思主义与大陆新儒学

四　当代中国文化思潮：反思及走向

一　大陆新儒学思潮：
　回顾与评析

当代中国大陆新儒学思潮评析

方克立

　　程恩富同志给我出了一个题目：用马克思主义观点评析当代中国的复古主义思潮。去年 3 月 31 日，中国社会科学网发表了程恩富同志关于"正确对待七大思潮"的一个访谈，七大思潮中就有复古主义思潮。他说："所谓复古主义，就是以古风、古言为真、善、美的价值标准，以'先王'、'古圣'为最高人格理想，以古代社会为理想社会。复古主义几乎渗透到中国意识形态的每一个领域，成了一股强大的潜流。"既然是"一股强大的潜流"，就必须认真观察、研究和对待，而不能等闲视之。这些年来，这股复古主义潜流在我们的社会文化生活中是经常可以感受得到的，但是它的情况非常复杂，一定要作具体分析。

　　对于这股思潮，有的研究者又称为"文化保守主义"思潮，或"新文化保守主义"思潮。比如，去年 2 月 8 日，高翔同志在中国社会科学杂志社做了一次讲座，也是评析七种当代社会思潮，其中有一种是"新文化保守主义"思潮。又比如，中国社会科学出版社今年 7 月出版了清华大学林泰教授主编的一本书：《问道——改革开放以来的社会思潮与青年思想政治教育研究》，最近张全景同志和一些主流学者都写文章推荐了这本书。其中第六章的题目是"当代中国文化保守主义思潮评析"，内容相当翔实，写了 5 万多字。

　　文化保守主义与复古主义还不是一个概念。文化保守主义者不一定在政治上也是保守主义，比如章太炎、熊十力，他们是文化上的保守主义者，但在政治上都是资产阶级革命派，不是保守派。在今天提出"复古更化"的路线，要求回到古代"仁政""王道"的社会去，这主要是一种复古主义的政治思想，是文化保守主义的极端发展，可以说是文化保守主义的右翼。

还有的研究者不用"复古主义"或"文化保守主义"来标识这种社会思潮，而是直接称它为"大陆新儒学（家）思潮"，或者简称"新儒学（家）思潮"。比如去年1月，社会科学文献出版社出版了马立诚的《当代中国八种社会思潮》一书，其中有一章的题目就是"大陆新儒家的政治诉求"。他是把大陆新儒家当作当代中国八种社会思潮之一，具体就是指从上个世纪90年代开始酝酿，到本世纪初以团队形式登上中国思想舞台的大陆新生代新儒学思潮。

我们首先要明确这堂课评析的对象，它是作为文化保守主义之右翼的复古主义思潮，具体就是指至今在中国思想界仍相当活跃的大陆新儒学思潮。所以，这堂课的题目也可以叫作"当代中国大陆新儒学思潮评析"。

一

下面先介绍大陆新儒学思潮的由来，它的酝酿和形成过程，以及发展至今的一些情况。

"五四"以后，中国形成了自由主义的西化派、以现代新儒家为代表的文化保守主义和中国化马克思主义三大思潮对立互动的思想格局。今天的大陆新儒学思潮，它的直接思想来源，它所继承的精神方向，实际上就是上个世纪的现代新儒学思潮，不过在新世纪又有新的发展，表现出了一些新的特点。

"五四"后的现代新儒学思潮，在上个世纪已有三代人薪火相传，经过了三个发展阶段。第一个阶段是中华人民共和国成立前的30年，以梁漱溟、熊十力、冯友兰、贺麟等人为代表的第一代新儒家，在中国大陆提倡新儒学、发展新儒学。这些学者解放后大都留在大陆，思想发生了不同程度的变化。第二个阶段是50年代初到70年代末，大约也是30年。新儒学在以马克思主义为主导意识形态的中国大陆已经没有市场，一批学者到港台继续倡导和发展新儒学，最有影响力的是熊十力的三个学生唐君毅、牟宗三和徐复观，另外还有老一辈的钱穆、方东美等人。80年代以后是现代新儒学发展的第三个阶段，主要代表人物是杜维明、刘述先、余英时、成中英等人，他们又是唐、牟、徐和钱穆、方东美的学生。这些学者不仅在港台，而且在海外，在更大的范围内传播新儒学。80 年代以后，中国大陆改革开放，他们与大陆学界的交流日益频繁，其中有的人，比如杜维明、成中英，现在都已在大陆的高校任职或兼职，杜维明是北大高等人文研究院的院长，成中英是人大的特聘教授。他们至少在主观愿望上，是愿意融入大陆学界的，现在也讲中、西、马互动互补。

我们今天要讲的大陆新儒学思潮，是上述三代现代新儒家的后辈，是指一批土生土长的大陆中青年学者，他们通过港台海外新儒学的接引，从开始学习、研究新儒学，到进而接受、认同和归宗新儒学，并以新儒家在大陆的新一代传人自居。他们比前辈走得更远，港台新儒家主要是讲心性儒学，大陆新生代新儒家则要求重建"政治儒学"；他们不但要复兴儒学，而且要"重建儒教"，要把中国变成一个"以儒教为国教"的政教合一国家。

大陆新儒学思潮有一个发端、酝酿和逐渐形成、登上思想舞台的过程，这个过程大约经过了十几年。它发端于 1989 年蒋庆在台湾《鹅湖》杂志发表的一篇三万五千字长文《中国大陆复兴儒学的现实意义及其面临的问题》。这篇文章对中国大陆的社会主义政治、经济、文化、教育制度进行了全面批判和否定，认为只有复兴儒学才能解决今天中国的一切问题。怎样复兴儒学呢？他寄希望于港台海外新儒学"反哺"于中国大陆，让新儒学"返乡复位"，让儒学在中国大陆重新取得"独尊"地位、正统地位和"国教"地位。很明显，其批判矛头必然要指向作为当代中国"立国之本"的马克思主义。

上个世纪 90 年代中期，在中国大陆出现了一股批判激进主义、主张"告别革命"、要求回归传统的文化保守主义思潮。在这股思潮中，有一个《原道》辑刊特别引人注目，因为它公开亮出来的旗帜就是"保守主义"，并且呼唤在大陆形成"有异于港台地区的新儒家群体"。这个辑刊编委会的成员，基本上都是我们研究生院的毕业生与在读研究生，主编陈明是 1992 年毕业的博士，当时是宗教所的助理研究员。第一辑阐明宗旨的"开卷语"和"编后"都是他写的。第一辑中还有两篇他用笔名写的文章：一篇是表扬曾国藩镇压太平天国的胜利，是体现了"无本者竭，有本者昌"的"文化发展的一般规律"，认为在这场战争中，曾国藩"胜"就胜在他代表了中国文化传统，而洪秀全"败"就败在他用西方的基督教（"拜上帝会"）来动员群众，组织群众，背离了中国的文化传统，所以必然失败。另一篇文章是表扬台湾的"中华文化复兴运动"如何使国民党取得了成功，也是要说明：文化价值是政治运作成败的"轴心"。两篇文章表达的都是露骨地宣扬文化决定论的唯心史观。

文化保守主义思想经过十多年酝酿、积累，到2004年7月，在贵阳阳明精舍担任"山长"的蒋庆，邀请陈明、康晓光、盛洪等几位国内保守主义的代表人物，到贵阳举行了一次"儒学会讲"。这次会讲活动又称为"中国文化保守主义峰会"，标志着大陆新儒家作为一个学派正式"浮出水面"，就是以"团队"的形式集体出场、集体亮相。用他们自己的话来说，这次活动也标志着文化保守主义从中国思想舞台的边缘走到了中心。

这一年的11月24日，康晓光在我院发表题为《我为什么主张"儒化"——关于中国未来政治发展的保守主义思考》的演讲，明确提出了"儒化中国""儒化共产党"的口号，并且提出了"儒化"的原则和策略。他说："儒化的原则和策略是什么？儒化的原则是'和平演变'。儒化的策略是'双管齐下'：在上层，儒化共产党；在基层，儒化社会。首先是儒化中共，用孔孟之道来替代马列主义。……有一天，儒学取代了马列主义，共产党变成了儒士共同体，仁政也就实现了。"他的目标是要把中国变成一个由"精英联盟"（由政治精英、经济精英和知识精英组成）统治的"儒士共同体专政"的国家。

这一年正是陈明的《原道》辑刊创刊十周年，他们邀请自由派、新左派学者一起召开了一次"共同的传统"座谈会，声势造得很大。这次活动表明大陆新儒家力图以"中国三大社会思潮"之一的身份，在思想舞台上占有一席之地。

2004年还发生了读经之争和70多位文化名人签署《甲申文化宣言》等事件，所以这一年也被称为"文化保守主义年"。

2004年至今已经过去了9个年头，大陆新儒学思潮的影响虽然没有他们自己期望的那么大，但是也不可忽视。特别是进入网络时代，各种思想主张都可以在网上自由表达。大陆新儒家也有自己的舆论阵地，主要通过《原道》辑刊、"儒学联合论坛"和"儒家中国"网站表达他们的思想主张。现在影响最大的是"儒家网"，是由"儒家中国"网改名而来的，它自称是"当代中国大陆新儒家的思想平台"。去年 10 月，中国政法大学出版社结集出版了他们编的"儒生文丛"三册，书名分别是《儒家回归》《儒教重建》《儒学复兴》。另外中国社会科学出版社还出版了他们编的《儒生》文集两卷。"文丛"和"文集"都是以蒋庆、陈明、康晓光、余樟法、秋风（姚中秋）五个人为"学术委员"和"学术指导"，这几位也可以说是当代中国大陆新儒家的核心人物。新加入这个队伍中的秋风，本来是一个自由主义的代表人物，后来也积极主张复兴儒学，特别是大讲"儒家宪政主义"。余樟法是自由派"零八宪章"的签名者，他以大胆敢言著称，反共反马的立场十分鲜明，现在也是大陆新儒家的一个重要代表人物。

从 1989 年蒋庆发表《中国大陆复兴儒学的现实意义及其面临的问题》一文到现在已有 24 年，从 2004 年大陆新儒家学派正式登台亮相至今还不到 10 年，但它已是当今中国不可忽视的一种社会思潮。我们将通过它的主要代表人物来了解这一思潮的基本观点、思想实质和发展走向。

二

关于大陆新儒学的思想主张，我想分五个方面来做一简单介绍和初步分析。

（一）崇儒反马是大陆新儒学的本质特征

儒学是在中国封建社会长期占统治地位的意识形态，一百多年前的辛亥革命，永远地终结了它的这种历史地位。在今天要求"复兴儒学"，就是希望重新恢复儒学在历史上的"独尊"地位、正统思想地位，这就必然要同今天中国的主导意识形态发生冲突。因此，这实质上是一场争夺文化领导权、争夺主导意识形态地位的斗争。对于这一点，大陆新儒家是有高度自觉的，不但直言不讳，而且是主动挑起这场斗争。蒋庆在 1989 年发表的《中国大陆复兴儒学的现实意义及其面临的问题》一文中就清楚地意识到："儒学的根本原则与大陆的国家意识形态相冲突，复兴儒学必然要同马列主义发生正面对抗。"他是自觉地、主动地来挑起这场意识形态"冲突"和"对抗"的。在这篇文章中，他明确主张："儒学理应取代马列主义，恢复其在历史上固有的崇高地位，成为当今中国代表中华民族的民族生命与民族精神的正统思想。"

2005 年，在《关于重建中国儒教的构想》一文中，蒋庆更加直言不讳地提出了儒学（教）要与马克思主义争夺当今中国的"王官学"地位、"宪法原则"地位的政治主张。他说：要"通过儒者的学术活动与政治实践，将'尧舜孔孟之道'作为国家的立国之本即国家的宪法原则写进宪法，上升为国家意识形态；也就是说，恢复儒教古代'王官学'的地位，把儒教的义理价值尊奉为中国占主导地位的统治思想"。有的人在评论这种思潮时说得很含蓄、很客气，说"大陆新儒家有觊觎意识形态的企图"，其实何止是"觊觎"，明明是摆出了一副与当今中国的主导意识形态势不两立，要与它争夺"王官学"地位、"宪法原则"地位、"立国之本"地位的架势，用蒋庆的话来说就是"要马统则不能有儒统，要儒统则不能有马统，两者不可得兼"（2006 年 6 月 20 日《蒋庆等人谈当下儒学发展路线》）。这就是他们的"儒马不两立"论。

康晓光在《我为什么主张"儒化"》的演讲中，也明确提出了"用孔孟之道来替代马列主义"，要"儒化共产党""儒化中国"的主张。

陈明还提出了"鹊巢鸠占"说（见《天热，来点轻松的》一文的跟帖，"儒学联合论坛"网站，2008 年 8 月 6 日），意思是中国的国家意识形态这个位子，本来应该是儒学的，现在被马克思主义这种外来文化占领了，所以他们极力要恢复儒学在中国的主导意识形态地位。

在崇儒反马这一点上，大陆新儒家的新起代表人物余樟法表现得更加激进，更加富有攻击性。他的网名叫"东海一枭"，自称"铁杆反马列派"。他说："东海十年来有大量文章议论时政、'问诸当路'，曾经以中国第一亡命徒自许，准备把自己给'豁出去'；其次，思想文化责任则由作为意识形态的马克思主义去负，为此，东海也有不少文章剑指'马家'"，就是把批判矛头直接指向马克思主义。在他看来，"'马家'进入和影响中国一个多世纪，高居'宪位'大半纪"，是造成今天中国一切问题的根源。"什么'中国特色社会主义道路'，万变不离其宗，还不是要抱住马列僵尸和特权主义不放。""只要'马家''在宪'，其流弊就未有穷期。"这些言论都充满了火药味。他公开表示"反对马克思主义现有的意识形态地位"，要求恢复儒学的正统地位。但是，考虑到马克思主义在中国已有一定的现实存在基础，包括有相当的群众基础，所以他提出也可以"争取让马克思主义成为中华文化的辅统之一"，"在一定的历史时期，'儒主马辅'也不失为一种可以接受的现实选择"。可以看得很清楚，今天在儒马关系问题上的思想斗争，主要就是主导意识形态地位之争，是"儒主马辅"还是"马主儒辅"之争。余樟法的立场很明确，最多只能接受"儒主马辅"的格局，实际上他认为马克思主义连当"辅统"的资格都没有，让马克思主义当"辅统"只不过是权宜之计。这个人讲得很坦率，他说自己的工作就是要"不断强化'去马克思主义化'的力度"，鼓动中共"去马归儒"，"总之，东海的一切努力都是为了儒化中共、儒化中国"。他的这个目标，他所提出的"儒化中共、儒化中国"的口号，与康晓光如出一口，一模一样。由于这个人崇儒反马立场的坚定性，发言肆无忌惮，攻击性强，所以在大陆新儒家中的地位越来越高，这个队伍中也需要有这样的"炮筒子"。

指出崇儒反马、"以儒代马"是大陆新儒学的本质特征，这一点非常重要。首先它符合基本的事实，也符合思想的逻辑。其次，在情况非常复杂的"国学热""儒学热"中，我们需要厘清一些基本的思想界限。指出崇儒反马是大陆新儒学的本质特征，那么，一些崇儒而不反马，至少是不公开反对主流意识形态的儒学研究者、儒学信从者，就不能把他们归到"大陆新儒学（家）"的阵营中去。在今天中国，自觉地持崇儒反马、"以儒代马"立场的是极少数人，他们虽然很会造声势，希望拉拢或影响更多的人，但是中国儒学研究的主流学界，不是明确表示不赞成他们的观点，就是谨慎地与他们保持着距离，不愿意处在与主流意识形态公开对抗的地位。连第三代现代新儒家代表人物杜维明也不赞成蒋庆的观点，他作为北大高等人文研究院的院长，承担的一个研究课题就是儒学如何与马克思主义对话，而不是对抗。

（二）大陆新儒学是一股复古更化、逆历史潮流而动的政治思潮

前面讲到，大陆新儒家是通过港台新儒学的接引、"反哺"而走上"复兴儒学"道路的，但是他们要在社会主义的中国大陆发展新儒学，碰到的政治思想环境与港台新儒家又很不一样。在他们看来，港台新儒家可以在那里隔靴搔痒地讲心性儒学、讲"内圣之学"；而我们在大陆就不能

不直接面对今天中国的政治现实，不能不讲"外王学"和政治儒学。所以蒋庆对牟宗三等人也有所批判，他们把重点放在发展政治儒学上。他的政治儒学所接续传统儒学资源主要是公羊学，而不是思孟学派和宋明儒家的心性学说。

大陆新儒家政治思想的一个显著特点是反对民主政治，既反对西方的民主政治制度，也反对中国的社会主义民主政治制度。蒋庆认为民主作为一种政治制度，是西方历史文化的产物，港台新儒家讲"内圣开出新外王"，把西方的科学、民主当作"新外王"的主要内容，当作追求的目标，这就是"变相西化"，是使儒学沦为"西学附庸"。他认为现代儒学开出的"新外王"事业，不应该也不必是西方的民主制度，而应该是以儒家义理为基础、具有中国文化特色的政治礼法制度，应该开出儒家式的"外王大业"。他还批评民主政治有极端世俗化、人欲化、平庸化、无道德、无理想等缺点。

康晓光批判民主政治的态度更加激进。他明确说，民主化是一个祸国殃民的选择，中国应该拒绝民主化，而应该选择"儒化"。他说民主现在已经变成一种"迷信"，一种神圣不可侵犯的教条，而它的一些基本价值和逻辑前提都是错误的，在实践中是行不通的。在他看来，自由民主主义与共产主义一样，都是"乌托邦"。

大陆新儒家反对民主政治，他们提出了什么取代民主制度的"儒化"政治方案呢？蒋庆提出要用"王道政治"来改造、超越民主政治，为此他还提出了"王道政治三重合法性"理论，要用他设计的"三院制"来取代我国的人民代表大会制度。康晓光也提出了他的"仁政"理论，实际上是要推销他的"儒士共同体专政"。

蒋庆的所谓"三院制"，就是主张设立"通儒院""庶民院""国体院"。按照他的设计，"通儒院"议长由儒教公推的大儒担任，终身任职，本人可以不到位，委派代表主持院事，它代表超越神圣的合法性，代表"天意"。"庶民院"由普选和功能团体选举产生，代表人心民意的合法性（"民心"）。"国体院"议长由孔府衍圣公世袭，议员则由历代圣贤后裔、历代君主后裔、历代历史文化名人后裔、社会贤达以及各宗教界人士担任，代表历史文化的合法性。"天意""民心""历史文化合法性"，这就是所谓"三重合法性"。有人指出，蒋庆的三院制实际上是西方的议会民主制与东方的贵族世袭制、宗法制之混合体（吴光）。很明显，这个制度设计的特点就是格外突出了儒士、儒生在政治运作中举足轻重的地位，他们既代表"天意"（神圣天道），又代表历史文化合法性，这正体现了"儒士共同体专政"的特点。

康晓光倒没有做出这样具体的制度设计，而是力图在理论上论证"儒士共同体专政"的必要性与合理性。他说："在仁政里，由谁来执掌政权呢？儒家主张贤人治国。那么，谁是贤人呢？贤与不贤的标准是什么呢？贤人就是信仰并践行儒家理念的人。贤与不贤的标准就是是否信仰并践行儒家理念。这是因为，仁政是最好的政治，而儒士是实践仁政的人。说白了，仁政就是儒士共同体专政。"他并不讳言"仁政"属于权威主义的范畴，也是一种"专政"。什么人专什么人的政呢？他认为是贤人专不贤之人的政，有贤德的仁者、"儒士"专"儒士共同体之外的人"的政。他说："在现实中，儒家认为人和人是不平等的，人和人之间有贤与不贤之分。儒家认为，大德应该统治小德，大贤应该统治小贤。也就是说，只有贤人才配有统治权。孟子说'惟仁者宜在高位'。儒士就是有仁德的贤者，所以统治者只能由儒士共同体推举，而无须全体国民选举。""尽管儒家主张儒士共同体之外的人没有统治的权利，但他们有获得良好统治的权利。"就是说，在这样的所谓"仁政"中，统治者与被统治者是天然不平等的，"儒士"、贤人有"天赋治权"，而在儒士共同体之外的多数人，就只有"获得良好统治的权利"。他居然把老百姓"被统治""获得良好统治"也说成是一种"权利"。这种露骨的专制主义、蒙昧主义理论，在现代社会已很罕见。

蒋庆明确说他设计的王道政治方案是一条"儒化"当代中国政治秩序的"复古更化"路线。"复古更化"这个概念来自董仲舒。他要汉武帝改变秦朝的政制以恢复"二代之治"，就是所谓"复古更化"。康晓光则明确说他的"儒化"论是一种关于中国未来政治发展道路的保守主义理论。他们都不否认这条政治路线的复古主义和保守主义性质。

关于大陆新儒家的政治思想，还有一个情况值得注意，就是在近年来的"宪政民主"思潮中，有些大陆新儒家代表人物也大讲所谓"儒家宪政主义"。儒家政治思想本质上是为王权主义、为封建君主专制制度作论证、作辩护的，与西方资产阶级的宪政民主扯不上什么关系。宪政的核心是分权制约和坚持民主、法治。中国古代历来是"人治",行政权与司法权是统一的。董仲舒忠心耿耿地为汉武帝出谋划策,但是汉武帝一句话就可以把他送进大牢,差点掉了脑袋。这哪里有一点"宪政民主"的影子呢?在古代文献中找出一些似是而非的词句,然后加以主观解释和比附,主要是与西方宪政民主相比附,这并不是真正的科学研究。

蒋庆批评港台新儒家的"内圣开出新外王",是以西方的民主作为追求目标,是"变相西化"。现在他们自己又把西方的宪政民主嫁接到中国古代儒家身上,这是不是"变相西化",把儒学变成西学的"附庸"呢?

大陆新儒家是反对西方自由民主主义的,而实际上他们与西方自由主义又有不解之缘。我们可以把"儒家宪政主义"看作是大陆新儒家试图与西方自由主义结合、合流的一种表现。

当然,两千多年来以儒家思想为指导,在治国理政中也有一些好的经验值得总结和借鉴,比如礼法合治、德主刑辅等等,但是不能将其都归结为所谓"儒家宪政主义",乱贴标签、以名乱实是不可取的。

(三) 大陆新儒家的私有化经济主张

大陆新儒家在政治上支持"精英联盟"、少数贤德之人统治多数愚不肖之人,他们在经济上也支持少数人占有生产资料、剥削多数人的劳动剩余价值的私有制度,有的人还明确支持新自由主义的经济政策和主张。

蒋庆1989年的文章就批判社会主义公有制"违背了人性与物性"。他说:"中国大陆四九年用暴力消灭私有制,建立公有制后,中国大陆的经济生活就陷入了紊乱,畸形发展,不断出现严重的经济危机。这是因为公有制从本质上来说是违背人性的,缺乏人性的基础,非但不会促进经济的发展,反而会窒息社会的经济生活。"所以他极力要求恢复私有制,论证私有制的"合理性",论证它的所谓"人性基础"。近年来,他提出了重建儒教的具体方案,有两条路线,所谓"上行路线"就是要立儒教为国教,为儒教争取"王官学"地位、"宪法原则"地位。他说在上行路线走不通的情况下,也可以走"下行路线",作为权宜之计,作为争取达到最终目标的手段。他的所谓"下行路线",就是要以"中国儒教协会"的名义,向代表社会主义公有制的国家大伸其手,要求种种政治、经济特权,比如要求国家给予土地与实物馈赠,要求国家定期拨款以维持儒教的日常运作，要求国家把"历代书院建筑与地产，文庙建筑与地产，孔庙建筑与地产，历代圣贤儒士之祠庙、地产、故居、坟茔、遗稿、遗物，历代圣贤儒士过化之文化古迹与各种文物，历代古圣王陵墓、陵寝、陵园，历代帝王之祠庙与忠烈祠、文昌阁、城隍庙等，统统拨归中国儒教协会所有、管理与经营"；"国家代儒教开征'儒教遗产使用税'"；"凡以各种方式出版的营利性的儒教古籍，使用具有儒教内容与人物形象的商标、广告、公司企业名称、经贸旅游活动，以招商为目的的节庆活动，以儒教内容为题材的营利性的文艺作品与影视作品，均须向儒教交税"。好大的口气！在他要求恢复的私有制社会里，这个"中国儒教协会"无疑就是中国最大的地主集团了；现在他又要求社会主义公有制国家给它如此巨大的政治、经济特权，用大量国家财产和纳税人交的钱来无偿地供养这些"儒教"精神贵族。说大话可以，尽情"畅想"也可以，但是能够做得到吗？纳税人答应吗？这样为儒教精神贵族效劳的国家还能叫作社会主义国家吗？

大陆新儒家中还有专业的经济学家，盛洪是天则经济研究所所长，一个著名的新自由主义经济学代表人物。他与蒋庆主张"以儒治国"是一致的，在经济上主张私有制也是完全一致的。

（四）大陆新儒家的"文化民族主义"

大陆新儒家的文化主张集中体现在他们提出的"文化民族主义"这个概念中。

蒋庆认为一部中国近代史就是一部中国亡文化的历史。一百多年来，中国一直是在走一条西化的路，"文化歧出"的路，"以夷变夏"的路。他说："新民主主义同三民主义一样，不是中国文化的'体'而是经俄国转手过来的西方文化的'体'，至于'用'也自然是西方文化的'用'，这样'体'和'用'都是西方的了。"又说："1978年以来中国的改革开放，所谓'改革'就是学西方进行改革，所谓'开放'就是向西方开放，所以改革开放仍然是沿着一百多年来文化歧出的路在走，中国文化仍然处在'以夷变夏'的过程中。"蒋庆的结论是：一百多年过去了，中国"国"保了，"种"保了，但是"教"亡了，文化亡了。他认为要克服百年来的"文化歧出"，解决亡教、亡文化的危机，就必须复兴儒学，重建儒教，建立一个儒教社会。

康晓光 2002 年写了《文化民族主义论纲》一文。他说文化民族主义不是一种理论，而是一种意识形态。在他看来，民族文化复兴就是儒学（教）复兴，所以文化民族主义实际上是一种复兴儒学（教）的意识形态。他提出文化民族主义必须完成的三大任务：整理国故、社会动员、制度化。为了实现这三大任务，他又提出了四项必要措施，其中第一项就是："儒学教育要进入正式学校教育体系。小学、中学应该设置儒学基础课程。在高等院校中，与公共管理有关的专业应该设置儒家经典课程。各级党校应该设置儒家经典课程。国家公务员考试应该增加儒学科目。"第二项措施是要求"立儒教为国教"。国家要支持儒教，通过立法保护儒教，给儒教组织税收优惠，向儒教组织购买社会服务，甚至要求国家直接给儒教提供财政支持。他没有蒋庆讲得那么具体，实际上蒋庆关于重建儒教的具体构想，是直接受到康晓光的启发，康的《文化民族主义论纲》写于 2002 年，蒋重建儒教的具体构想写于 2005 年。

在构想中，蒋庆进一步提出了建立新的科举制度和经典教育制度的方案，其主要内容有：①"国家成立各级政治考试中心，有志者必须通过《四书》《五经》的考试才能获得做官资格"；②"用儒教的经典取代各级党校、行政学院过时的意识形态经典，使其作为各级党政干部思想品德教育与历史文化教育的主要内容"；③"在国民教育系统中，恢复小学中学'读经科'，将《四书》《五经》教育作为基础课与语、数、英同列；大学则恢复'经学科'，作为大学通识教育的基础课程"。蒋庆直截了当地把马克思主义称为"过时的意识形态"，主张各级党校要用儒家经典教育来取代马克思主义经典著作学习，这可以说是大陆新儒家"儒化共产党""和平演变共产党"的一手"高招"。

蒋庆不仅做了上述制度设计，而且还有具体行动。2004 年 4、5 月，高等教育出版社出版了蒋庆为小学 6 个年级 12 个学期编的一套《中华文化经典基础教育诵本》12 册，并且曾被中国教育学会等单位推荐为全国实验用书。后来教育部领导同志及时发现这套教材的编写指导思想有严重问题，教材内容和教学方法也不适合于我们的小学教育，所以才没让在全国范围内推广实施。

"重建儒教""立儒教为国教"是大陆新儒家推行"文化民族主义"

"儒化中国"的一个重要步骤,也可以说是其关键环节。康晓光最早提出"立儒教为国教"的主张,后来蒋庆、陈明等人也起而响应,一时"复兴儒教""重建儒教"的呼声很高。2005年在广东从化召开了"第一届全国儒教学术讨论会",蒋庆《关于重建中国儒教的构想》就是在那个会上的发言。这次会议引发了一场有各派学者参加的儒教大讨论。在这场儒教讨论中,陈明于2007年提出了"公民宗教"说,它的特点是把儒教的宗教形式结构(神祇、经典、教士系统、祭祀活动等等)问题先搁置起来,强调着重发挥它的文化认同、身心安顿(终极关怀)、道德教化等宗教性的功能,着眼点在影响社会人心,而不是与政治体制直接结合,建立"政教合一"国家。也就是说,在儒教问题上,大陆新儒家内部看法也不完全一致。2005年社科院宗教所成立了儒教研究中心,开始是陈明当秘书长,他调到首都师范大学后,这个研究中心就没有以前那么活跃了。

去年中国政法大学出版社出版的《儒生文丛》第一辑中,有一本《儒教重建——主张与回应》,收集了有关这个问题讨论的主要文章,可以参考。

(五)大陆新儒家在哲学上露骨地宣扬唯心史观

儒家哲学两千多年的发展中占主导地位的是唯心主义,孔孟的天命论、程朱理学和陆王心学,都是唯心主义。当然也不是清一色,儒家哲学在两千多年的发展中也出现了一些杰出的唯物主义思想家,比如荀子、王充、柳宗元、刘禹锡、王夫之、颜元、戴震等人,但是不占主导地位,不是正宗。上个世纪的现代新儒学继承的是正宗儒学,不论是新程朱,还是新陆王,都是正宗儒学与西方唯心主义哲学相结合的产物。大陆新儒家在哲学上继承的也是儒家哲学的唯心主义传统。蒋庆强调儒学是"神圣天道"在人心中的休现,是人类精神对形上本源的把握。作为"形上本源"的"神圣天道",就是最高的精神实体。他把儒学看作是能够体证"神圣天道"的世界上的伟大宗教之一。蒋庆所谓"王道政治的三重合法性",首先是"超越神圣的合法性",这个政权必须符合"神圣天道",符合"天意"。这还是古代"君权神授"天命论的继续,是一种典型的唯心主义社会历史观。

蒋庆在倡导读经活动时所宣传的理论观点也是典型的唯心史观。在

《〈中华文化经典基础教育诵本〉说明》中，他说："圣贤是文化之本，文化由历代圣贤创造。中国的圣贤，除尧舜禹汤文武周公等古代圣王贤相外，孔子以后中国历代公认的大圣大贤不过颜子、曾子、子思子、孟子、荀子、董子、文中子、周子、二程子、张子、朱子、陆子、阳明子14人而已。"宣传中国的历史文化是由少数圣贤创造的，这是露骨的圣贤史观，根本不符合历史实际。蒋庆在《读经与中国文化的复兴》一文中又说："圣人的理性与凡人的理性是不平等的。圣人之心无私欲障蔽，理性清明虚静，能知善知恶而为善去恶；凡人之心受私欲缠缚，理性浑浊重滞，不能知善知恶，遑论为善去恶！职是之故，圣人有天然教化凡人的权利，曰'天赋圣权'，而凡人只有生来接受圣人教化的义务。所以，圣人讲的话、编的书——经典——就具有先在的权威性，凡人必须无条件接受，不存在凡人用理性审查同意不同意的问题，因为凡人的理性没有资格审查圣人的理性，相反，只能用圣人的理性来审查凡人的理性，来要求凡人接受。"这种观点，与劳动创造人和人类文化的唯物史观，与《国际歌》里唱的"从来就没有什么救世主"，与"教育者必先受教育"的理念，相去不啻有十万八千里！用这样的观点来指导少儿读经，会把中华文化经典教育活动引导到什么方向去呢？

大陆新儒家代表人物发表这类观点、言论还很多。比如前面讲到的：康晓光认为有贤德的人有天然地统治不贤之人的权利，这不过是孟子"劳心者治人，劳力者治于人"的翻版。还有陈明鼓吹的文化决定论，认为文化是政治、经济、战争成败的决定因素；不是社会存在决定社会意识，而是思想、意识、文化决定社会存在。这些都是典型的唯心主义理论。通过以上举例，我们可以看出这股思潮不仅在政治上危害性很大，而且在学理上也是站不住脚的，有些观点非常武断，非常荒谬，违背基本的事实，也违背人的常识。有的辩论者说碰到这类观点很无奈，"只能无言"。但"无言"不是办法，我们还是需要下点功夫，在理论上认真清理这类错误观点。

三

下面我们要谈一谈大陆新儒学在当代中国意识形态格局中的地位和它

的可能前景。

胡锦涛同志在十八大报告中强调指出，我们党要领导全国人民坚定不移地走中国特色社会主义道路，既不走封闭僵化的老路，也不走改旗易帜的邪路。习近平同志近来一再讲我们不能犯颠覆性的错误，走封闭僵化的老路和走改旗易帜的邪路就是"犯颠覆性的错误"。

大家都知道，"封闭僵化的老路"是指反对改革开放、要求回到前30年甚至为"文革"翻案的"极左"路线，这是干扰我们走中国特色社会主义道路的一条错误路线。什么是"改旗易帜的邪路"呢？新自由主义和西化派代表国际资本主义的利益，要在中国搞颜色革命，企图"西化""分化"中国，这是一条改旗易帜的邪路。大陆新儒家在政治上要求"复古更化"，提出了种种"儒化中国"的政治方案，比如要用"三院制"取代我国的人民代表大会制度，要用"儒士共同体专政"取代人民民主专政，他们在经济上反对社会主义公有制，要求恢复私有制度，在思想上要求"以儒学取代马克思主义"的指导思想地位，这也是一条改旗易帜的邪路，也是一种颜色革命。

我们党领导全国人民取得民主革命、社会主义革命和改革的胜利不容易，中国有今天的国家独立、经济总量跃居世界第二位、十多亿人民基本得到温饱的现实情况也很不容易。所以，"西化""分化"之路和"复古儒化"之路对中国人民来说都不是福音，而是灾难。老百姓不一定能讲出多少道理来，但是他们有亲身感受，有这种直觉。所以，我们党提出"不走改旗易帜的邪路"，就是既不走"西化"之路，也不走"儒化"之路，而是坚定不移地走中国特色社会主义的道路。这是符合历史发展规律和时代潮流的，也是得到广大人民群众拥护的。

用历史的眼光，应该怎样评价大陆新儒学呢？我们认为，大陆新儒学在中国思想史上是很有特色的一个学派，它在中国21世纪思想史上将会占有一席之地，我想他们的这个愿望是可以达到的。但是由于这一派存在着一些根本性的问题：一是与主流意识形态相对抗；二是走"复古更化"之路，违背历史发展潮流；三是站在少数"精英"的立场，维护少数人统治、教化多数人的社会制度，蔑视广大人民群众，所以没有群众基础。这些局限性决定它绝对成不了大气候，根本不可能实现通过和平演变"儒化中共""儒化中国"的目标，也不可能实现"立儒教为国教"、把中国变成一个"政教合一"国家的目标。不仅蒋庆设计的上行路线（"立儒教为国教"）行不通，就是他讲的下行路线，要求国家将大量土地和实物无偿馈赠给"中国儒教协会"，还要给它种种政治、经济特权，包括儒学出版物、广告和音像制品都要给儒教交税，由国家代收，然后乖乖地打到他们小金库的账号上去。这些要求都太没谱了，根本不可能由全国人大专门立法，做出这样一些格外优惠儒教的政策规定。直到今天中国还没有什么"儒教"，国家承认的五大宗教中也不包括"儒教"，儒学是不是宗教还有很大争议，你到哪里去找什么"中国儒教协会"呢？这个莫须有的"中国儒教协会"，连中国佛教协会、中国道教协会的地位和待遇都没有，就伸手向国家要这个特权、那个特权，不是叫人觉得很可笑吗？康晓光说民主自由主义和共产主义都是"乌托邦"。实际上，他们提出这些毫无现实可能性的"复古更化"方案，为莫须有的"中国儒教协会"争地位，争特权，才真正是空想，是乌托邦。

由于大陆新儒家提出的一套"复古更化"的政治、经济、文化主张，空想的成分太大，根本没有现实可能性，所以它对中国的现实政治影响也很小，主流学界并不重视它，当局也不重视它，没有把它当一回事。最近习近平同志发表了要重视意识形态斗争的"8·19"讲话，中央报刊也发表了许多文章，主要是批评普世价值思潮、新自由主义思潮、宪政民主思潮、历史虚无主义思潮，矛头主要是针对自由主义，而没有提到大陆新儒学。大陆新儒学反对主流意识形态的立场那么鲜明，摆出一副"儒马不两立"的姿态，进攻性很强，而主流意识形态却没有把它太当一回事。因为它"崇儒反马""复古更化"的错误立场大家都看得很清楚，没有多少人跟着跑。少数人在那里自说自话、自娱自乐，并不影响大局。在主流意识形态看来，真正的心腹之患还是自由主义，因为它同国际资本主义"西化""分化"中国的图谋是完全一致的，是互相配合的。有苏联的前车之鉴，对自由主义的危害性有所警惕当然是正确的。

从发展趋势来看，可以肯定，在中国目前非常开放的舆论环境里，大陆新儒家还会继续表达自己的意见，继续制造舆论，也总会有些人欣赏他们"以道抗势"的勇气。一个人有"道义"担当当然很好，但是要看你所持守的这个"道"，是不是符合历史发展的规律，是不是符合广大人民群众的愿望，到底是"正道"还是"邪道"？我们党已经明确地说："不走改旗易帜的邪路"，所以大多数人对各种"邪路""邪道"是有警惕的。今天走不通，到中国发展得更好以后，老百姓满意度更高以后，各种"邪路""邪道"就更加走不通了。

许多同志都注意到大陆新儒家有一个特点，就是很会造舆论，造声势。他们打出"文化民族主义"的旗号，既反对全盘西化，也反对马克思主义，好像他们才是中国文化最纯正的代表，并且力图借"国学热"来扩大自己的影响，把提倡发展儒学、弘扬中国文化的功劳都记在自己的账上。

其实对于新世纪以来中国的"国学热""儒学热""传统文化热"，多数人都是能够全面正确地看待的。大家都很明白，如果没有改革开放以来中国的经济发展、国力上升，中国文化在世界上能有今天这样重要的地位吗？如果没有党的文化方针的指引和把握方向，"国学热"也不可能得到健康正常发展，出现今天这种全党全民族重视历史文化的氛围。党的许多重要文件，江泽民、胡锦涛、习近平同志的多次讲话，都强调要弘扬中华优秀传统文化，建设中华民族共有的精神家园。十七届六中全会决定还提出要建设优秀传统文化传承体系。许多大学的国学院、儒学院，一些重要的中国文化研究团体，比如国际儒联、中国孔子基金会、中华炎黄文化研究会等等，还有一些重要的学术会议，都是在党和政府的支持下成立和召开的。也是在党和政府的支持下，在世界各国建立了几百所孔子学院。今天中国持续发展的"国学热"，应该肯定正面积极效果是主要的，对于树立中华民族的文化自觉和文化自信，对于推动中华文化走向世界，都起了积极正面的作用。同时也应该肯定，主要是党和政府、主流学界和热爱中华文化的广大人民群众，在"国学热"中发挥了正能量，是他们出力最大，坚持正确方向，保证了"国学热"的健康正常发展。

另一方面，我们也要看到，"国学热"作为一个广泛的社会文化运动，也难免鱼龙混杂，泥沙俱下，情况非常复杂。我们肯定它的正面积极效应是主要的，同时不能忽视其中也出现了一些消极负面的现象。一是文化保守主义有一定程度的抬头，不能历史地、辩证地看待"古"和"今"的关系，特别是它的右翼，企图把"国学热"引导到"崇儒反马""复古更化""改旗易帜"的错误方向；二是有些人以弘扬"国学"为名，大搞封建迷信，出现了某些党政干部不信马列信鬼神的现象；三是把"国学"当作赚钱牟利的工具，比如有些高校办的高价老板班，通过媒体宣传社会影响很不好。这些都是"国学热"中出现的消极负面现象，发挥的是负能量，起的是反作用。

我们把大陆新儒学定位为文化保守主义的右翼，是因为并非所有有文化保守主义倾向的人都崇儒反马，都企图用儒学来同马克思主义争夺主导意识形态地位。有的学者认同儒学，推崇儒家，甚至自称现代儒家，但是他们崇儒并不反马。还有一些推崇儒家的学者，不但不反马，而且认为在今天，儒学可以而且应该与马克思主义交流对话，儒马可以结合，"合则两利，离则两伤"。所以在文化保守主义阵营中，实际上是有左、中、右之分的。

我举一个例子。大家都知道，前年（2011）年初发生了一场天安门孔子像之争。元旦之后不久，在国博北广场竖立起一座9.5米高的孔子像（象征"九五之尊"），引起舆论哗然。据说网上反对的声音占70%以上，同时也有一些学者出来挺孔像。最引人注目的是北京13学者的联合声明，他们认为"立孔子像之举，符合国人心愿，适应时代潮流"，"有关部门如果急于介入正常的文化讨论，甚至被少数人的极端言论所绑架，而试图将其拆除，则将在世界上产生极为不良的后果和影响"。声明发表不久，孔子像就挪到国博院内的"中华名人雕塑园"去了。这让13学者非常被动，在网上受到不少奚落。客观地说，这些学者虽然有尊孔崇儒的倾向，与广大人民群众的心态不一样，但是他们并不反对主流意识形态，联合声明中明确地说："当代中国文化建设，应是马克思主义、中华文化、西方文化，三者有机地结合。这三者的位置应当是：以马克思主义为指导，以中国文化为根基，吸收西方文化的营养，形成全新的中国特色社会主义文化体系。"应该说这种观点很不错嘛！但是却引起了文化保守主义之右翼的强烈不满。在大陆新儒家看来，你们肯定马克思主义的指导思想地位，就是丧失了儒家立场，犯了原则性的错误。余樟法又写文章把13学者骂了一通，说他们是"认邪作正，认夷作华，是思想倒退、品性堕落"。从这件事情可以看出，同样有尊孔崇儒的倾向，但是在对待马克思主义的态度上又有明显分歧，文化保守主义之中、左翼与右翼在这个问题上的观点是不一样的。

国内有的学者非常欣赏美国社会学家丹尼尔·贝尔在《资本主义文化矛盾》一书"再版前言"中所说的："本人在经济领域是社会主义者，

在政治上是自由主义者，而在文化方面是保守主义者。"他们认为这样一种三结合、"三流合一"是可以存在的，也是最合理的。大陆新儒家显然不能接受这种保守主义可以与社会主义相结合的观点，他们反对社会主义公有制，坚持"儒马不两立"，与国内赞赏丹尼尔·贝尔观点的学者也有明显的思想分歧。

中国自"五四"以来就形成了马克思主义、自由主义和保守主义三大思潮对立互动的思想格局，这个基本格局直到今天也没有发生根本变化，不过相互之间的关系更加错综复杂了，突出地表现为三大思潮内部都有左、中、右的分化。不但文化保守主义有左、中、右之分，自由主义也有明显分化。上个世纪90年代后期开始出现的新左派与自由派之争，实际上就是自由主义的左翼与右翼之争，或者说是"自由左派"与自由右派之争。当然，"新左派"是一个很难界定的概念，成分比较复杂，不都是一个模子里刻出来的，但主要成分是自由主义的左翼。中国原来的马克思主义队伍，经过改革开放也有明显的思想分化，"不走封闭僵化的老路"就指向过"左"的、不能与时俱进的传统马克思主义派，而"民主社会主义"则是右翼马克思主义举起的一面旗帜，对于科学社会主义来说，它实际上也是要"改旗易帜"。三大思潮都有左、中、右的思想分野，其中的各派又错综复杂地交织、纠结在一起，互相批评，也有各种形式的暂时联合、结盟，都希望能壮大自己的力量，影响中国的未来走向。这就是今天中国思想界的现实情况。

这堂课的任务只是对其中的一派大陆新儒学（家），即文化保守主义的右翼做点介绍和评述。主要是介绍一些情况，用马克思主义观点进行分析、评论做得很不够。有些问题还没有涉及，比如大陆新儒学与自由主义的关系，与历史虚无主义的关系，大陆新儒学与港台新儒学的关系，大陆新儒家思维方式和行为方式的实用主义、机会主义特点，等等，都是很重要的问题，也是一两句话讲不清楚的，需要做专门研究。给我的时间有限，这堂课先讲到这里。

（本文是作者2013年10月30日在中国社会科学院研究生院马克思主义理论课堂上的讲课记录整理稿）

马克思主义视阈下的大陆新儒学[*]

杜运辉

　　20 世纪以来的中国思想界逐渐形成了"中国的马克思主义者、自由主义的西化派和现代新儒家"[①] 对立互动的基本格局，实践马克思主义基本原理与中国国情及优秀传统文化相结合的中国化马克思主义逐渐成为主导性的思想潮流。20 世纪 30 年代，"中国本位文化论"虽与"全盘西化论"从"表面看来似是两种极端冲突、矛盾、对抗的主张"，但在对待新兴的社会主义文化上则有着"一个共同的目的"，"他们中间的不同消失了，从此，敌人变成了朋友"[②]。这些历史回顾，对我们正确把握当代思想态势仍有重要启迪。

　　20 世纪 80 年代末以来，从现代新儒家阵营中分化出以蒋庆等为代表的大陆新儒家，认为"非政治化倾向"和误以科学、民主为标准是现代新儒学"内圣开出新外王"的最大危机，而试图把"心性儒学"转换成为远承春秋公羊学、近接清末康有为等人的"政治儒学"。现代新儒学是一种哲学、文化思潮，而大陆新儒学主要是一种社会政治思潮，其问题意识集中于所谓"制度性的焦虑"——"在当今中国，政治上面临的最大问题和最紧迫的问题就是政治权力合法性或者说政治秩序合法性的问题"[③]，其主旨是通过"儒化中国"的"和平演变"方式来"回应当今中

　　* 本文为国家社会科学基金重点项目《张申府文献整理及思想研究》（16AZX013）的阶段性成果。

　　① 方克立：《现代新儒学与中国现代化》，天津人民出版社 1997 年版，第 67 页。
　　② 季苏：《目前中国文化论战之透视》，《清华周刊》1935 年第 5 期。
　　③ 蒋庆等：《中国必须再儒化——"大陆新儒家"新主张》，（新加坡）八方文化创作室 2016 年版，第 5 页。

国的学术问题、政治问题、制度问题、中西文化冲突问题以及儒学未来发展问题"①。他们善于利用网络和微信等媒介，打着复兴"儒学""国学"等旗号以造势，近年来正在有计划、有步骤、有组织地推进"改旗易帜"的既定意图。

蒋庆于1989年在台湾《鹅湖》发表《中国大陆复兴儒学的现实意义及其面临的问题》一文之后，即引起方克立等马克思主义学者的高度关注，指出大陆新儒家已成为不容忽视的客观存在，它"适应了帝国主义对中国推行和平演变战略和国内一些人力图复辟资本主义的需要"②，并主张"对其产生和形成的原因、背景及其理论特征、思想实质作出具体的剖析和说明，指出用儒学来解决中国现代化问题的非现实性"③。程恩富批评打着"儒学"旗号的复古主义或崇古思潮，认为："儒学是不能够也不应当在政治（或国家）层面上去复兴，而只能够和应当在社会和个人的层面上去传承，并将之纳入社会主义核心价值体系之中。"④ 邓纯东在批评"儒化中国"时指出："以儒学取代马克思主义成为今天的国家意识形态这种观点既是有害的也是违背历史规律的。"⑤ 陈先达认为，"对中国道路上存在和出现的问题，儒化不是出路，西化更不是出路"，"应该反对儒学政治化、儒学宗教化……我们绝不能走以儒化国、以儒化党的道路"⑥。此外，张世保主编的《大陆新儒学评论》第一辑（2007年）和第二辑（2009年），对于明辨是非、消除大陆新儒学的消极影响发挥了积极作用。但也要看到，许多人对以"零八宪章"为代表的西化自由主义思潮较为警觉，而对公开"崇儒反马""复古更化"的大陆新儒学思潮则缺少必要的政治敏锐性。新加坡八方文化创作室于2016年5月出版的《中国必须再儒化——"大陆新儒家"新主张》一书，就是以蒋庆、陈明、康晓光、余东海（余樟法）、秋风（姚中

① 蒋庆：《政治儒学》，福建教育出版社2014年版，第13页。
② 方克立：《现代新儒学与中国现代化》，天津人民出版社1997年版，第433页。
③ 邵汉明：《现代新儒学研究十年回顾——方克立先生访谈录》，载《现代新儒学与中国现代化》，天津人民出版社1997年版，第618页。
④ 《明辨各种社会思潮 综合创新马克思主义——访中国社会科学院学部委员、马克思主义研究院院长程恩富教授》，《思想教育研究》2012年第8期。
⑤ 邓纯东：《对马克思主义与中国传统文化关系的几点思考》，《特区实践与理论》2015年第6期。
⑥ 陈先达：《历史唯物主义与中国道路》，《光明日报》2016年9月7日。

秋）为代表的大陆新儒家群体之政治主张的集体亮相，这为我们深入剖析其思想实质提供了新样本。

一

我国当代儒学发展格局中，既有马克思主义学者在"文化综合创新论"指导下对传统儒学精华的创造性转化和创新性发展；也有一些学者崇儒而不反马，认为马克思主义与儒学可以在学术层面对话互动，"合则两利，离则两伤"；更有大陆新儒家"要马统则不能有儒统，要儒统则不能有马统"的极端主张。这种基本态势还将在社会主义初级阶段长期存在。严格意义上的大陆新儒学，是指国内 20 世纪 80 年代末以来从现代新儒学阵营中分化而出、以蒋庆等人为代表的文化保守主义和政治复古主义思潮，它企图"重建儒教""立儒教为国教"以取代四项基本原则，具有鲜明的意识形态性、复古保守性、宗教神学性、团体组织性等基本特征。

1. 大陆新儒学具有鲜明的意识形态性

方克立等指出，崇儒反马是大陆新儒学的根本特征，要把崇儒不反马的文化保守主义与崇儒反马的大陆新儒学区别开来。[①] 大陆新儒家群体在某些具体观点上虽有所差异，但在争夺"文化领导权"、否定四项基本原则上是高度一致的，都极力主张用儒学乃至儒教取代马克思主义的意识形态指导地位。蒋庆把当代中国社会思潮化约为"自由民主思潮""左派思潮"和"儒家思潮"，把"儒学理应取代马克思主义"作为其政治儒学的第一要义。他在 1989 年就提出"儒学理应取代马列主义"，2006 年在《蒋庆等人谈当下儒学发展路线》中提出"要马统则不能有儒统，要儒统则不能有马统"，2010 年又提出"以儒学的政治信仰来作为中国的宪法性原则"[②]，最近又看似悲壮地号召儒者"以超拔的人格"来承担"委屈"，

---

① 《大陆新儒学的马克思主义分析——访中国社会科学院马克思主义研究院特聘研究员方克立》，《马克思主义研究》2007 年第 5 期；方克立、张世保等：《大陆新儒学思潮评议》，《中国社会科学报》2014 年 7 月 30 日。

② 蒋庆：《广论政治儒学》，东方出版社 2014 年版，第 138 页。

"在坚持儒家基本原则不动摇的前提下，积极利用政治权力来实现儒家价值"①。康晓光公开提出"儒化共产党"就是一种"和平演变"，既要"儒化政治"，"用孔孟之道来替代马列主义"；也要"儒化社会"，"把儒教确立为国教"。最近，他又提出要"确立儒家的道统地位，也就是用儒家的政治哲学规定中国的政治合法性"②。此外，陈明带有强烈现实针对性的"鹊巢鸠占"说，自号"铁杆反马列派"余樟法宣称的"反对马克思主义现有的意识形态地位"，也都是立场鲜明的"崇儒反马"言论，是打着"学术活动"旗号而行颠覆社会主义基本制度之实的"政治实践"。

那么，大陆新儒家以何种方式否定马克思主义呢？其一，是把马克思主义简单地化约为"西学"或"外来的异族文化"，再以"西学"的局限性来否定马克思主义的普遍真理性品格；其二，是以"偏激的意识形态""有破坏性的斗争学说""独断的""强烈的'敌我意识'"等标签粗暴地曲解马克思主义。大陆新儒家的这些手法，与20世纪三四十年代梁漱溟、张君劢、贺麟、钱穆等现代新儒家和殷海光等自由主义者对马克思主义"不求甚解，不作同情的体察，而悍然作不中肯的驳诘"的"盲目反对的态度"③并没有什么差别，反而"表现出更加武断、更加极端、更加情绪化的特点，只有根本否定性的价值判断，而没有任何具体的分析论证"④。事实上，"吸收和改造了两千多年来人类思想和文化发展中一切有价值的东西"的马克思主义，是具有"世界历史性的意义"的"革命无产阶级的思想体系"⑤，它"预告了超越资本主义的社会主义现代化的兴起，从而奠定了共产主义的实践基础"⑥，不能把这种解放全人类的理论简单地归约为所谓"西方外来文化"。走一条马克思主义与中国革命、建设实际及优秀传统文化相结合的中国特色社会主义道路，是中国人民经过长期实践和反复比较后的历史选择。大陆新儒家公然否定马克思主义的指

---

① 蒋庆等：《中国必须再儒化——"大陆新儒家"新主张》，（新加坡）八方文化创作室2016年版，第54页。

② 同上书，第151页。

③ 张岱年：《哲学上一个可能的综合》，《国闻周报》1936年第13卷第20期。

④ 方克立：《现代新儒学与中国现代化》，天津人民出版社1997年版，第426页。

⑤ 《列宁专题文集·论社会主义》，人民出版社2009年版，第167页。

⑥ 侯惠勤：《理想信念的坚定与哲学话语权》，《南京政治学院学报》2015年第1期。

导地位，从根本上动摇全党全国人民团结奋斗的共同思想基础，已成为当前宣传思想文化战线上最危险、最紧迫的挑战之一。正如习近平总书记所指出的，我们在这个"事关大是大非和政治原则问题上，必须增强主动性、掌握主导权、打好主动仗"①。

2. 大陆新儒学具有强烈的复古保守性

中国传统儒家往往借助理想化的"三代之治"以"托古改制"，这种"今不如昔的价值取向也很难导出真正意义上的制度创新"，这是"中国古代政治模式迟迟不能从君主专制制度中走出来的重要原因"②。大陆新儒家企图复活春秋公羊学的"复古更化"，缀集西方自由主义的某些因素，却又试图以反对"全盘西化"与"变相西化"的名义来"扬弃与超越"西方民主政治及社会主义民主政治，一方面把所谓"政治权力三重合法性并存制衡"强加于"古圣先贤"，另一方面又宣称"古代圣王已经为我们确立了王道政治永恒不变的'政道'标准，我们今天的责任就是为了实现这一'王道'标准而在'治道'上创立与之相应的新的政治制度"③。"超越神圣的合法性""历史文化的合法性""人心民意的合法性"的"政道"落实到"治道"上，就是"儒教会"推举和委派的"通儒院"、衍圣公和历代君王后裔等世袭及指定的"国体院"，以及"按西方民主政治议会产生的规则与程序"选举的"庶民院"。蒋庆自炫"王道政治""综合了古代的君主政治、神权政治、近代民主政治与现代生态政治的价值"④，吴光则揭橥其是"西方议会民主制与东方贵族世袭制、宗法制的混合型政体"。它与康晓光"仁慈的权威主义"下"'治权'只能属于儒家共同体"、被统治者只"有获得良好统治的权利"一样，都是现代化、全球化时代极为罕见的复古主义、蒙昧主义和专制主义言论。而大陆新儒学的"复古更化"恰恰就是要重建神权统治，诱导中国人民把百年来浴血奋斗赢得的自由、平等和民主拱手让给极少数"儒士"及世袭

① 《习近平谈治国理政》，外文出版社 2014 年版，第 155 页。

② 刘泽华主编：《中国政治思想通史·综论卷》，中国人民大学出版社 2014 年版，第 512、513 页。

③ 蒋庆等：《中国必须再儒化——"大陆新儒新儒家"新主张》，（新加坡）八方文化创作室 2016 年版，第 9 页。

④ 同上书，第 20 页。

"衍圣公"，使中国倒退为少数人统治绝大多数人的专制社会。

3. 大陆新儒学具有浓重的宗教神学性

为了在现行政治体制之外另立所谓"合法性"权威，大陆新儒家再次采取了把儒学诠释为宗教乃至神学的策略。康晓光在 2003 年提出"立儒教为国教"；蒋庆认为，只有儒教和像他这样的儒者才能体现"超越神圣的合法性"，宣扬"夏、商、周'三代'即有儒教，严格说来伏羲时代已有儒教"，"由于儒教过去是中国的国教，将来也必须重新复位再次成为中国的国教"①。这种"与西方宗教不尽相同的独特的中国宗教"的本质特征是"圣王合一""政教合一"和"道统政统合一"，其"独特特征"则有信奉万有有灵论、多神论、没有国家之外的独立教会组织等。蒋庆以其一贯的简约化思维宣扬"儒教兴则华族兴中国兴，儒教衰则华族衰中国衰。……中华文明的伟大复兴就是中国儒教的伟大复兴"②，似乎只要重建儒教的方便法门就能轻易解决中华文明复兴、基督教在中国的扩张性传播、中国人的信仰危机和道德真空、政治腐败等问题。既然儒教拯救中国和人类的使命如此"伟大"，自然就必须"拥有其他宗教组织没有的政治、经济、文化、组织方面的特权"，并"完全按'三礼'礼意恢复'天地君亲师'的牌位，置于儒教信奉者家中厅堂和祠堂、讲堂、会所等儒教信奉者聚会之公共礼拜场所"，崇拜"昊天上帝"的"儒教至上神"③。显而易见，他们期望一种新的造神运动在神州大地上蔓延滋长。这种披着"政治儒学"外衣的 21 世纪"政治神学"，其实不过是为君主专制的复辟提供理论依据。大陆新儒家向往汉代董仲舒的"独尊儒术"，然而这种以"三统"附会政事的公羊学之历史后果只能是"迷信成风，政同巫祝"，"律以思想进化由神权而进至人本之通例，则董子之政治思想殆不免为一种还原退化之趋势"④。以儒学的再次宗教化来对抗基督教在中国的传播无异于饮鸩止渴，是对中国社会主义民主政治与儒学自身的双重戕害。

---

① 蒋庆等：《中国必须再儒化——"大陆新儒家"新主张》，（新加坡）八方文化创作室 2016 年版，第 26、30 页。
② 同上书，第 40 页。
③ 同上书，第 30、32、33 页。
④ 萧公权：《中国政治思想史》（三），辽宁教育出版社 1998 年版，第 845 页。

4. 大陆新儒学具有显著的团体组织性

蒋庆等人一直呼吁建立组织化、制度化、社会化的政教合一的"中国儒教会"等儒教法人社团，把儒教组织变成有特权而无制衡的"巨大力量"和特殊利益集团。首先，大陆新儒家的政治纲领很明确，即打着"儒学""儒教"的旗号，以"和平演变"方式变更国家政权的性质。其理想中的"上策"是以"王道政治""儒家宪政"取代社会主义民主制度，积极推动"儒化中国""儒化中国共产党"；"中策"是主张"政治精英垄断政治权力"，悬设极少数"儒士"的"天赋治权"，以取代中国共产党的领导核心地位；"下策"则是如蒋庆呼吁的"政府利用儒家必须要有诚意与得体的方式"，陈明自承的"亲近儒家"即"意味着儒家获得较多的参政机会"①，希图以"儒家"或"儒教"的特殊身份参与现行政治体制以谋取特殊利益。其次，有计划地成立各种儒教组织，近期最典型事件是 2015 年 11 月在深圳孔圣堂成立的"中华孔圣会"，它下设"由众多儒家学者组成的学者委员会""总会行政机构"等，其目的是"将儒家散落各地的组织机构的资源和力量整合起来，有规划地从事儒家文化的民间复兴""为各地儒家社团提供学术和知识上的支持"。事实表明，大陆新儒家已不仅仅是一种单纯的学术派别，而日渐具备了一定的政治纲领、一定的组织性和政治、思想方面的斗争性等政治团体的基本要素，其政治权力意识极其强烈，他们力图逐渐成为我国现行政治体制之外的一种似新实旧的政治势力。

大陆新儒家的这些相当稳定的、一贯的基本特征，充分表明他们虽然以"儒学"为旗号，但其严重冲击我国的意识形态安全、否定社会主义基本制度和中国特色社会主义发展道路、制造政治分裂，与境内外敌对势力主导的"和平演变""颜色革命"殊途同归，甚至是一条更为危险的"改旗易帜的邪路"。

二

马克思指出："人们在自己生活的社会生产中发生一定的、必然的、

---

① 蒋庆等：《中国必须再儒化——"大陆新儒家"新主张》，（新加坡）八方文化创作室 2016 年版，第 50、121 页。

不以他们的意志为转移的关系，即同他们的物质生产力的一定发展阶段相适应的生产关系。这些生产关系的总和构成社会的经济结构，即有法律的和政治的上层建筑竖立其上并有一定的社会意识形式与之相适应的现实基础。"① 一定的社会意识形态不能从其自身来理解，而必须从其所反映的一定政治和社会经济基础来理解。大陆新儒学所谓的政治合法性、文化民族主义和宗教史观等主张，乃是其特定政治意图与经济利益的明确表达。

政治合法性问题，是大陆新儒学全部政治学说的立论前提。在最核心的"王道政治"的"三重合法性"问题上，蒋庆先是以"主宰意志""自然义理"之"天"与"地理空间"之"地"分别指称超越神圣的合法性、历史文化的合法性，然而接下来又以"建诸天地而不悖，质诸鬼神而无疑"为超越神圣的合法性、"考诸三王而不缪，百世以俟圣人而不惑"为历史文化的合法性。② 姑且不论其宗教神学、地理决定论之乖谬，"天""地"的合法性含义本身何以如此逻辑混乱？上述言论乃是为了把"儒教会公推之大儒"设定为"天意"的代言人，使之取得超越"地道的历史文化合法性"和"人道的人心民意合法性"的"优先地位"，从而打着"天下之公"的旗号而"拥有其他宗教组织没有的政治、经济、文化、组织方面的特权"，乃至与儒教有关的一切营利性活动和产品都必须向中国儒教会交税！正如方克立所指出的："这个制度设计的特点就是格外突出了儒士、儒生在政治运作中举足轻重的地位"，其实质就是以"儒教宪政"来设定"特定的知识集团专政"，维护少数人占有生产资料而剥削广大劳动群众的私有制，从而"合法"地攫取社会财富。

政治合法性的实质不是神秘的天意，而是取信于民、人民认同。毛泽东指出，共产党人的"上帝不是别人，就是全中国的人民大众"③；邓小平主张以"人民拥护不拥护、人民赞成不赞成、人民高兴不高兴、人民答应不答应"作为中国共产党执政的出发点和归宿；习近平总书记强调"人民拥护和支持是党执政的最牢固根基"④。中国共产党的执政合法性，

---

① 《马克思恩格斯选集》第 2 卷，人民出版社 1995 年版，第 32 页。

② 蒋庆等：《中国必须再儒化——"大陆新儒家"新主张》，（新加坡）八方文化创作室 2016 年版，第 5 页。

③ 《毛泽东选集》第 3 卷，人民出版社 1991 年版，第 1102 页。

④ 《习近平谈治国理政》，外文出版社 2014 年版，第 368 页。

既源于近代以来中国人民奋斗牺牲的伟大历史选择，也植根于中国共产党领导人民群众取得新民主主义革命胜利、建设中国特色社会主义、追求共产主义美好社会的伟大实践。但是，出于否定中国社会主义的基本制度、否定中国共产党的执政合法性、维护私有制等"共同的目的"，大陆新儒学与新自由主义"中间的不同消失了"，"敌人"又一次"变成了朋友"①。

大陆新儒家偏好"文化民族主义"，自我标榜以"中国历史文化特色"反对"全盘西化""变相西化""再西化"，嘲讽其前辈现代新儒家的"内圣开出新外王"，指责"中国人已经丧失了独立思考政治问题的能力"②。然而只要稍加分析，就不难发现此种主张之下所隐藏的恰恰是西方学者的问题意识和思维方式。比如，其"王道政治"是要回应"人类离开自由民主政治没有另外的路"的"福山问题"；其"儒家宪政"，其实就是把中国君主专制下的儒家"民本"观念"以思想形式之接近而比拟西欧学说，从而夸张中国文化"③；所谓的"立儒教为国教"，则正如吴光所指出的："这种宗教情怀其实正是一种西方文明中心论影响下的西化思维。"更不要说其津津乐道的"政治合法性""文化领导权""公民宗教""生态政治"等理念，哪一个不是来自西方？至于大陆新儒家对"和平演变"的高度自许和积极推动，更生动地说明了以美国为首的西方国家对中国实施意识形态渗透、扶持内部反对派的策略是多么奏效！现代哲学家张申府倡导"反对奴化，不但反对作自己古人的奴隶、传统权威的奴隶，实在更反对作外来的东西的奴隶"④。而大陆新儒学的"文化上的特殊主义立场"⑤，正是把中国古代儒学"变相西化"的奴化表现。

大陆新儒家一方面编造"非完全真实的历史"，另一方面又把"历史的真实"虚无化，突出地表现了其历史观上的唯心主义、虚无主义和实用主义的特点。在他们看来，"中国历史文化特色"的"王道政治"，是

---

① 季苏：《目前中国文化论战之透视》，《清华周刊》1935年第5期。

② 蒋庆等：《中国必须再儒化——"大陆新儒家"新主张》，（新加坡）八方文化创作室2016年版，第4页。

③ 侯外庐：《中国古代思想学说史》，文风书局1946年版，自序第1页。

④ 张申府：《论中国化》，《战时文化》1939年第2卷第2期。

⑤ 张世保编：《大陆新儒学评论》，线装书局2007年版，第28页。

"以三代圣王之治为历史原型"来"建构"的"既有历史的真实又非完全真实的历史，既有理想的成分又非完全虚构的理想"①。凭借"想象力与创造力"，大陆新儒家以"王道政治"之"政道"永恒而"治道"可变的王道史观、"圣贤是文化之本，文化由历代圣贤创造"的圣贤史观、"儒教是中国文化和文化文明的载体"的儒教史观来"装饰涂抹"中国历史，把中国文化描述为从伏羲以来就存在的儒教文化，把中国近现代史描述为"文化歧出""以夷变夏""中国文化的没落史"，并且为蒋介石"新生活运动"的"复兴儒家文化"大唱赞歌；把当代中国描述为"缺乏合法性""帝国体制""汉武帝时代"，梦呓般地宣称"中国正处在一个旧政治形态崩溃、新政治形态尚未建立的时代"②。他们的"孔子为王，故孔子子孙依血缘继承孔子王统，亦得为王""古代的'帝王之统'代表了国家的历史延续性"等言论，乃是"舍旧籍之明文，立微言以骋臆说，则牵强附会，尽可成章……惟不足以为谨严之学术而已"③。与其说大陆新儒家无视基本事实和政治思想史的傲慢观点是一种学术，不如说是以儒教为成见的一系列伪命题组合而成的独断臆想。

　　唯物史观与唯心史观的区别在于："它不是在每个时代中寻找某种范畴，而是始终站在现实历史的基础上；不是从观念出发来解释实践，而是从物质实践出发来解释观念的形成。"④ 大陆新儒学的天命史观、王道史观、圣贤史观、儒教史观，都是否定物质生产实践对人类社会发展具有最终决定作用的唯心史观；其"昊天上帝"的至上神、"最高的创造者天"并没有像余樟法自诩的那样"既反对唯物主义也超越唯心主义"⑤，却恰恰是以抽象原则作为思想的出发点而不是最终结果，是让自然界和人类去适应抽象原则而不是以自然界和人类社会历史来检验原则的真理性。在拒绝对儒学进行理性分析上，它与西方早期教父哲学"这是真实的，因为

---

　　① 蒋庆等：《中国必须再儒化——"大陆新儒家"新主张》，（新加坡）八方文化创作室2016年版，第8页。

　　② 同上书，第21页。

　　③ 萧公权：《中国政治思想史》（一），辽宁教育出版社1998年版，第72页。

　　④ 《马克思恩格斯选集》第1卷，人民出版社1995年版，第92页。

　　⑤ 蒋庆等：《中国必须再儒化——"大陆新儒家"新主张》，（新加坡）八方文化创作室2016年版，第216页。

它是荒谬的"如出一辙，是一种非理性的极端信仰主义；在抹杀儒学产生、发展的具体历史情境及其维护王权专制统治的本质属性上，它是一种"脱离了物质、脱离了自然的、神化了的绝对"[①] 的唯心主义，而唯心主义的泛滥必然导致一个民族的动荡和衰败。

　　套用宋代儒者陆九渊的"我注六经""六经注我"，大陆新儒家其实是借助春秋公羊学来宣扬其既定的政治意图，以强烈的先入为主的政治偏见来剪裁历史、曲解事实，因而必然出现"过度约化和以偏概全"，"违背基本事实的'凡××则肯定，凡××则否定'"[②]，以及循环论证等表述形式问题。大陆新儒学的学理弊端，表明真正的思想创新不仅应以扎实的文献功夫和严谨的学术研究为前提，而且更要具备马克思主义的理论修养、坚持理论逻辑与历史的客观逻辑相统一的治学路径。

三

　　大陆新儒学的产生和发展有其特定的时代背景，可以说是我国现阶段特定的历史现象。同时也要看到，蒋庆等为代表的政治儒学"具有强烈的思想批判性"[③]，其对"全盘西化"和心性儒学的批判、对西方政治制度的反思、对中国传统儒学的分疏、对运用儒学资源解决当代社会问题的探索，我们都应持一种求真务实的态度进行客观的评价和批评。但树欲静而风不止。大陆新儒学"崇儒反马"的思想特征与"和平演变"的政治意图乃是其本质规定性，在这个关系中国特色社会主义事业前途、命运的大是大非问题上，我们绝不能有丝毫含糊。2016 年 5 月，习近平总书记在哲学社会科学工作座谈会上的讲话中指出，坚持以马克思主义为指导，是当代中国哲学社会科学区别于其他哲学社会科学的根本标志，必须旗帜鲜明加以坚持。马克思主义者与现代新儒家、大陆新儒家思想论争的焦点，是"哲学世界观上的唯物与唯心之争"，"文化观上的'综合创新'与'中体西用'之争"，"中国现代化道路选择问题上的社会主义与资本

---

① 《列宁专题文集·论辩证唯物主义和历史唯物主义》，人民出版社 2009 年版，第 152 页。

② 刘东超：《蒋庆政治儒学批判》，载张世保编《大陆新儒学评论》，线装书局 2007 年版，第 67、69 页。

③ 李维武：《政治儒学的兴起及其对中国思想世界的影响》，《求是学刊》2006 年第 6 期。

主义之争"①。问题在于，我们如何确定儒学的本质，如何区分儒学的精华与糟粕，如何看待儒学在当代社会主义文化中的地位与作用，如何选择一条民族性与时代性相统一的中国特色社会主义发展道路？这要求我们从唯物史观和唯物辩证法的维度进一步深化对大陆新儒学的剖析。

大陆新儒家并非如其所说"没有非此即彼二元对待的直线理性思维方式"，至少在马克思主义与儒学的关系问题上就显然是固执于"在绝对不相容的对立中思维"②。蒋庆宣称"要马统则不能有儒统，要儒统则不能有马统"，陈明认为"毛〔泽东〕说过，只有社会主义能救中国。这说明在他那里社会主义是工具性的手段，救中国才是价值性的目的"③，此派中人周北辰固执"'圣人'所代表的儒家精神价值是绝对的、不能质疑的。进行客观研究，甚至进行评判，进行所谓'精华''糟粕'之类的取舍，都是不可行的"的观点，这些言论都是形而上学思维方式的典型表现。

有意思的是，近来大陆新儒家亦以"创造的综合""综合创新"相标榜，如蒋庆提出"当代儒家思潮的历史使命就是吸收自由民主思潮与左派思潮的正面价值按照儒家的根本义理进行综合创新"④ 等。那么，大陆新儒家的这种所谓"综合创新"，究竟是什么意思呢？又是如何表现了其"独立思考政治问题的能力"呢？

首先，正如毛泽东所指出的："在复杂的事物的发展过程中，有许多的矛盾存在，其中必有一种是主要的矛盾，由于它的存在和发展规定或影响着其他矛盾的存在和发展。"⑤ 从一定意义上来说，马克思主义者与自由主义者、现代保守主义者都肯定思想资源的历史继承性和思想反映现实的复杂性，他们在"综合创新"上的根本区别就在于"指导思想一元化"⑥ 的问题，这集中体现在马克思主义与儒学的关系问题上。马克思主义综合创新文化观的重要创立者张申府认为，马克思主义是"集过去世

---

① 方克立：《现代新儒学与中国现代化》，天津人民出版社 1997 年版，第 222 页。

② 《马克思恩格斯选集》第 3 卷，人民出版社 1995 年版，第 360 页。

③ 蒋庆等：《中国必须再儒化——"大陆新儒家"新主张》，（新加坡）八方文化创作室 2016 年版，第 78 页。

④ 蒋庆：《广论政治儒学》，东方出版社 2014 年版，第 134 页。

⑤ 《毛泽东选集》第 1 卷，人民出版社 1991 年版，第 320 页。

⑥ 方克立：《综合创新之路的探索与前瞻》，中国社会科学出版社 2012 年版，第 271 页。

界传统最优良成分大成的一般方法，即唯物辩证法与辩证唯物论，以及从一个实落角落来实践最高的人生理想的社会科学"，主张中国新哲学要"时时以辩证唯物主义为主宰，把它贯通到各角落各方面"①。张岱年更明确地强调："在马克思列宁主义原则的指导下，以社会主义的价值观，来综合中西文化之所长，而创新中国文化。"② 这种文化观认为，马克思主义与儒学是"主导思想"与"支流思想"或"主导意识"与"支援意识"的关系，中国社会主义新文化的核心是把马克思主义普遍真理与包括儒学精华在内的中国优秀文化的基本真理融为一体。而蒋庆、康晓光强调要"坚持儒家基本原则不动摇"，认为"新蓝图的灵魂"是儒家思想，偏执决绝地排斥马克思主义。显而易见，马克思主义文化综合创新论与蒋庆所谓"综合创新"的根本区别，就在于是"巩固马克思主义在意识形态领域的指导地位，巩固全党全国人民团结奋斗的共同思想基础"③、走一条中国特色社会主义道路，还是"儒学理应取代马克思主义"、走一条"崇儒反马"的"改旗易帜的邪路"。

其次，如何正确汲取多样性的思想资源呢？在这个问题上，不论蒋庆自诩"王道政治"是"综合了古代的君主政治、神权政治、近代民主政治与现代生态政治的价值"，还是康晓光主张"仁政"是"君主政治、寡头政治、民主政治的要素混合在一起"，都是机械地拼凑君主专制、西方议会制、贵族世袭制、神权政治的某些因素而成的大杂烩，充其量不过是"以儒家道统为体，以民主政治为用"④，其思维方式并没有越过清末洋务派"中体西用"的藩篱。与此相反，马克思主义者认为，儒学及中国传统文化的创新"固然要靠文化要素的增减损益，但根本的改造的途径在于旧系统结构的消解和新系统结构的重构"⑤，主张"充分利用现存的一切有价值的文化资源，在分析、取舍（扬弃）、重释和重构中实现创造性

① 《张申府文集》第 3 卷，河北人民出版社 2005 年版，第 434、439 页。

② 张岱年：《综合、创新，建立社会主义新文化》，《清华大学学报》（哲学社会科学版）1987 年第 2 期。

③ 《习近平谈治国理政》，外文出版社 2014 年版，第 153 页。

④ 蒋庆等：《中国必须再儒化——"大陆新儒家"新主张》，（新加坡）八方文化创作室 2016 年版，第 20、159、169 页。

⑤ 张岱年、程宜山：《中国文化论争》，中国人民大学出版社 1990 年版，第 327 页。

的转换，使其取得新形态，获得新意义"①。而且，真正的"综合创新"还必须创造"一个新的一贯的大原则"②，并在新的基础上"加以新的发展，完全成一个新的事物"③。因此，我们不仅要运用阶级分析法和理论分析法揭示儒学服务于封建王权统治的意识形态性和诸多理论缺陷，而且要批判继承、扬弃转化儒学中符合客观实际、有益于社会发展的思想文化精华，建设性地引导儒学适应"每个人的自由而全面发展"的社会主义、共产主义原则，并成为建设社会主义新文化的一种加以利用的思想资料。"大陆新儒学"的所谓"综合创新"是以"中体西用"的方式抽取杂糅中西方蒙昧主义、专制主义、神权主义及议会制民主等因素，它与马克思主义"综合创新"论之间具有社会制度的设计不同、立足的阶级基础不同、是促进社会进步还是复辟剥削阶级的旧社会等原则性的差异和根本区别。这个界限不容混淆。

党的十八大以来，习近平总书记多次强调，对我国传统文化要"坚持古为今用、洋为中用，去粗取精、去伪存真，经过科学的扬弃后使之为我所用"④；"在学习、研究、应用传统文化时坚持古为今用、推陈出新，结合新的实践和时代要求进行正确取舍，而不能一股脑儿都拿到今天来照套照用。要坚持古为今用、以古鉴今，坚持有鉴别的对待、有扬弃的继承，而不能搞厚古薄今、以古非今，努力实现传统文化的创造性转化、创新性发展"⑤。习近平总书记的有关论述立场鲜明、表述清晰、系统连贯，但大陆新儒家却断章取义地将其"儒家式解读"为"儒家社会主义"，"儒学获得了复兴和新生的机会"，这恰恰暴露了其"儒家也利用政府"以及"积极利用政治权力来实现儒家价值"之急迫心情。

儒学对于中国在近代沦为半殖民地半封建社会的悲惨命运是难辞其咎的。而今，大陆新儒家的学者对此不仅不进行历史性的反思，反而把儒学梳妆打扮，摇身一变，俨然成为一种救世的学说，这一点是根本不符合历

---

①　方克立：《综合创新之路的探索与前瞻》，中国社会科学出版社 2012 年版，第 266 页。

②　张岱年：《论现在中国所需要的哲学》，《国闻周报》1935 年第 12 卷第 13 期。

③　张岱年：《西化与创造——答沈昌晔先生》，《国闻周报》1935 年第 12 卷第 19 期。

④　《习近平谈治国理政》，外文出版社 2014 年版，第 156 页。

⑤　习近平：《在纪念孔子诞辰 2565 周年国际学术研讨会暨国际儒学联合会第五届会员大会开幕会上的讲话》，人民出版社 2014 年版，第 11 页。

史逻辑和学理逻辑的，在 20 世纪它没有能够指导中国人民取得民族独立与人民幸福，在 21 世纪它更不能承担中华民族伟大复兴的历史重任。我们对待当代儒学的正确态度不应该是政治化、宗教化、神学化，而应当是在中国化马克思主义的引领下，在与世界各民族文化的对话中，创造性地将其中包含的某些真理性、人民性的思想精华成分转化为中国特色社会主义文化的有机组成部分。同样，我们也反对以"儒学"代替"国学"，乃至把国学意识形态化和复古化的企图。中华文化的复兴"必不采新孔学"① 的形态，而应以汲取了儒学精华的中国化马克思主义为指导，走一条综合创新的发展道路。

（原载《马克思主义研究》2017 年第 5 期）

---

① 张岱年：《中国思想源流》，《大公报》1934 年 1 月 25 日。

近百年来儒学形态与功能变化的
总体走向与基本历程

李维武

进入 20 世纪以来的百余年间，儒学在近现代中国的命运随着时代的推移经历了空前的曲折和剧烈的变化；正是在这曲折和变化中，儒学成功地应对了挑战和危机，从而延续了自己的生命，在 21 世纪呈现出进一步开展的生机和活力。儒学之所以能够由古及今而不至衰绝，其原因是多方面的，既有儒学内在的因素，又有时代所提供的条件，还有儒学与时代之间的调适、互动及其合力。其中一个很重要的原因，在于近百年来儒学与中国社会历史的大变迁相俱进，与中西古今文化的碰撞、交流、融会相伴随，其形态与功能发生了由古代向现代的转换。正是这种形态与功能的更新与转进，使得儒学在时代与命运的巨变之中，得以成功地应对挑战和危机，显示出顽强的生命和活力。因此，深入探讨近百年来儒学形态与功能的变化，对于反思儒学近百年来的历程、前瞻儒学在 21 世纪的开展，有着十分重要的意义。而要深入开展这一探讨，首先需要从近百年来儒学形态与功能变化的总体走向与基本历程入手加以考察和说明。

一　古今之变：近百年来儒学开展的总趋势

回顾近百年来儒学的开展与变化，首先呈现出来的是由诸多偶然因素构成的纷繁复杂的历史现象：各色各样的人物，众说纷纭的观点，彼此对立的论争，相互激荡的思潮，不断变化的思想走向，曲折开展的探索历程……然而，透过这些头绪万千的历史表象，就会发现其间还深深地蕴含着一以贯之的线索，这就是近百年来儒学的开展与变化显示出一个总趋势，即儒学与时代的变迁相伴随、相调适、相互动，经历了古今之变。尽管近百年来儒学的开展与变化，呈现出曲折的历程和纷繁的头绪，表现出各种各样的历史偶然性，但又总是或隐或显环绕古今之变这个总趋势而呈现、而展开，存在着一定的历史必然性。这种一定的历史必然性，总是透过诸多的历史偶然性，来为自己开辟前进道路。因此，只有从这个总趋势出发，才能对近百年来儒学的开展与变化做出总体的理解和本质的把握。

一般意义上的古今之变，只是一个相对的历史概念。在不同时代，都有那个时代具体的古与今，都有那个时代特定的古今之变。早在司马迁那里，"通古今之变"就已成为中国优秀历史学家的追求目标。王夫之在《读通鉴论》一书中，更明确地把战国时期称为"古今一大变革之会"。他们所讲的"古"，指的是先秦时期；所讲的"今"，指的是秦汉以降。经学中的古文经学与今文经学，其"古文"与"今文"的区分，也是建立在这个意义上的。而本文所讨论的近百年来儒学的古今之变，则是指进入 20 世纪以来，儒学伴随中国现代化进程所发生的历史性转化，是在现代意义上使用古今之变的概念。这个概念是立基于中国现代化进程而确立的，是以中国古代社会向近现代社会的转进为基础的，既包含了中国现代化进程对儒学所产生的深刻影响，又包含了儒学在时代影响下所发生的巨大变化。因此，探讨近百年来儒学古今之变，首先需要从中国现代化进程入手来加以理解和把握。

近百年来儒学的古今之变，其内涵、其表现都是多方面的；而其中最具有标志性和根源性的变化，当是儒学形态与功能的古今之变。儒学在一个时代的存在及其变化，往往是通过它的形态与功能及其变化体现出来的。只有从儒学形态与功能的古今之变入手，才能深刻地了解和本质地把握近百年来儒学的古今之变及其开展脉络。近百年来儒学形态与功能之所以发生这些变化，一方面是儒学内部的因素起了促成作用，另一方面则是中国现代化进程起了推进作用。两个方面相比较，后者比前者更为重要，显示出社会存在对社会意识的决定性作用。这就使得了解和把握近百年来儒学形态与功能的古今之变，同样需要从中国现代化进程入手来加以考察。在这里，有三个时代因素所投下的影响尤其值得重视。

第一，近百年来儒学形态与功能的古今之变，从根本上说是鸦片战争以来中国社会历史大变局的产物。从鸦片战争开始，西方列强以坚船利炮轰开了前近代中国闭关自守的大门，中国被卷入以西方近现代文化为标本的全球性现代化运动，中国社会历史由此而发生了天翻地覆的巨大变化。一方面，这一运动使中国由一个独立国家变成了半殖民地国家，在一百多年间遭遇了内忧外患的深重危机；另一方面，这一运动又激起了先进中国人开眼看世界，引发了他们对中国现代化的不懈追求和努力奋斗，终于使中国由前近代社会而进入社会主义社会，在世界的东方雄伟地站立起来。中国人生活世界所发生的这些巨大变化，成为了儒学形态与功能古今之变的前提与基础。近百年来儒学形态与功能的古今之变，正是以这些巨大变化为其前提和基础而开展的。

第二，近百年来儒学形态与功能的古今之变，又是与鸦片战争以来中国思想世界所发生的巨大变化相联系的。鸦片战争以后，由于中国被卷入以西方近现代文化为标本的全球性现代化运动，西方近现代文化及其思想开始大规模传入中国。这不仅对中国传统文化及其思想造成了空前的冲击，而且促使先进中国人积极地向西方寻找救国救民真理，中西古今文化及其思想由此发生了大碰撞、大交流、大融合。西方近现代文化及其思想中那些最能体现现代化追求的核心观念，为先进中国人积极地学习、引入和吸纳，从而促成了中国文化及其思想由古代形态而近代形态而现代形态的转变。儒学作为中国古代文化及其思想的核心内容，当然不可避免地受到中国思想世界这一历史性变化的冲击，遭遇到前所未有的挑战和危机。这就促使儒学努力通过形态与功能的古今之变，来应对这一冲击、挑战和危机，求得在新的中国思想世界中的生存和发展。

第三，近百年来儒学形态与功能的古今之变，还与中国考试制度的变革直接相关联。自隋唐以来形成的科举考试制度，使儒学与中国后期封建社会的知识分子、教育制度和政治制度有机地结合起来，以经学形态在中国思想世界中长期占据统治地位，在作为中国知识分子必备的知识体系的同时，有效地发挥了维系大一统君主专制国家的意识形态功能。鸦片战争以后，中国知识分子向西方学习新知识、新思想渐成时代主流，新式学堂的兴办，留学生运动的勃兴，以及国家对新式知识分子的迫切需要，使得经学不论是作为知识体系还是作为意识形态都呈现出严重的局限性，从而深刻地动摇了科举考试制度的权威性。当清王朝进入风雨飘摇的最后十年时，这一制度已陷入难以维继的困境之中，由晚清当权者在 1905 年自行终结了。中国考试制度的这一重大变革，使得儒学失去了与知识分子、教育制度和政治制度的有效结合，尽管经学还在以后几年间继续作为维系大一统君主专制国家的意识形态发挥作用，但已不再是中国知识分子必须学习的知识内容了。辛亥革命后，君主制度为共和制度所代替，京师大学堂的经学科和中小学堂的读经教育都被废止，这就更彻底地解构了儒学与知识分子、教育制度和政治制度的联系，经学的意识形态功能也由此而最终丧失。在这种情势之下，儒学如果要想继续生存和发展下去，就必须在形态与功能上实现历史性的转变。

正是在中国现代化进程的有力推动下，特别是在上述时代因素的深刻影响下，儒学开始了由古代形态及其功能向现代形态及其功能的转变。这种儒学形态与功能的古今之变，构成了近百年来儒学形态与功能变化的总体走向。对于古老的儒学来说，这种变化无疑是前所未有的，因而存在着多元的探索、多种的选择、多方的尝试、多样的变化，其过程相当曲折，其内涵颇为复杂。时下的一些研究者，在书写这一段儒学史时，往往只论及其中某一方面的内容，或仅论及近现代儒学人物的哲学思想，或仅以现代新儒学开展为主要内容。但事实上，近百年来儒学形态与功能变化所经历的历程和所包含的内容远远不止这些，不是仅从哲学史的视域或现代新儒学史的视域就可以把握和书写的。在笔者看来，下述的几个历史环节尤其需要加以关注和探讨，只有这样才能对近百年来儒学形态与功能变化的基本历程做出全面的把握和合理的解释。

二　从经学时代向后经学时代的嬗变

近百年来儒学形态与功能的古今之变，可以溯源至 19 世纪儒学在时代因素影响下所发生的变化。这种儒学的变化包含了多重的维度，既有今文经学与古文经学之间的竞争，又有儒学与西学相互的激荡，还有儒学与各种政治思想的结合。儒学由此而分别演化成为改良派、革命派、守旧派的思想旗帜。在这些相互交错纠结的维度中，呈现出儒学变化的一个总体性走向：从经学时代向后经学时代的嬗变。

自西汉时代设五经博士开始，经学就成为儒学开展的主要形态；

而经学内部又从那时起出现了今文经学与古文经学的分化，两者既分歧又融合的复杂关系贯穿于经学发展的全过程，深刻影响了经学的演进与开展。从鸦片战争前后到 19、20 世纪之交，是经学在中国社会历史大变局影响下经历急剧变化的时期，也是今文经学与古文经学相继在中国思想世界发生影响的时期。首先是今文经学在 19 世纪的复兴，从龚自珍、魏源到康有为、谭嗣同、梁启超，这些 19 世纪著名思想家都以今文经学的方式来表达自己的思想。19 世纪的今文经学以微言大义的阐释方式，包含了当时中国先进思想家对西方近现代文化及思想的吸取，以及由此而产生的推进中国现代化进程的诉求，成为了那个时代最具有活力的思想形式和维新变法的思想旗帜。作为今文经学的对立面，古文经学也在 19、20 世纪之交重新活跃，产生了很大的思想影响。这时的古文经学，尽管仍然保持了重视史实、史料及其实证性的阐释方式，但也同今文经学一样，开始积极吸纳时代的内容，表现出鲜明的现实诉求，与 18 世纪的考据儒学呈现出不同的思想性格。19 世纪最后十年，主要是守旧派倡导古文经学，反对改良派以今文经学倡导的维新变法，叶德辉成为这种保守的古文经学的代表人物。20 世纪最初十年，古文经学又转而为革命派所倡导，演变为批判改良派的思想形式和思想旗帜，章太炎成为这种革命的古文经学的代表人物。自汉代以来，今古文之争还没有如此激烈和尖锐过，还没有包含过如此丰富的时代内容和现实诉求。然而，面对中国在 20 世纪初的社会历史大变局，经学的古老框架毕竟十分有限，已经难以容纳这么多的时代内容；经学与现实政治的复杂纠结，也限制了自身学理的有效开展；特别是科举考试制度和大中小学堂的读经制度在辛亥革命前后相继废止，更使得经学的生存失去了原有的基础和背景。这些都要求儒学走出经学时代，而转入后经学时代。

在经学时代向后经学时代的嬗变中，出现了一批做出了重要思想贡献的经学家。其中，康有为、章太炎、廖平是三位尤其值得重视的经学大师。他们的经学思想，构成了经学时代向后经学时代嬗变的最有代表性的环节。

康有为是 19、20 世纪之交今文经学最重要的代表人物，用梁启超的评价说，他是 19 世纪"今文学运动之中心"①。康有为所著的《新学伪经考》《孔子改制考》和《大同书》，集中体现了他以今文经学的方式，对西方文化及思想的吸取和对维新变法主张的阐扬，在 19、20 世纪之交中国思想世界产生了重大影响。特别是他以"公羊三世说"为框架，吸纳西方近代的进化理论和政治哲学，重新解释《礼记·礼运》所阐发的"大同"与"小康"观念，提出中国由"据乱世"而"升平世"而"太平世"的发展路径，具有重要的理论意义和现实意义。在他看来，从"据乱世"进至"升平世"，实现"小康"之世，是当时维新变法的直接目标；而从"升平世"再至"太平世"，实现"大同"之世，则是包括中国人在内的全人类在未来的长远目标。他说："观今之势，虽国义不能骤去，兵争不能遽弭，而以公理言之，人心观之，大势所趋，将来所至，有必讫于大同而后已者，但需以年岁，行以曲折耳。孔子之太平世，佛之莲花世界，列子之甀瓶山，达尔文之乌托邦，实境而非空想焉。"② 这样一来，他就通过今文经学的微言大义，提出了自己的改革目标和未来理想，对于发动 19 世纪末的维新变法起了十分积极的作用，并深刻启迪了梁启超、谭嗣同等一代青年改革家。

章太炎是 19、20 世纪之交古文经学最重要的代表人物，用梁启超的评价说，他是今文经学在 19 世纪复兴之后"为正统派大张其军者"③。这里的"正统派"，是指作为清代经学主流的考据儒学。但章太炎的考据儒学研究，又非只做钻故纸堆的纯粹学术工作，而是与他的反清革命主张及实践密切相结合。他往往通过对中国古代文化问题的考证训诂，于其中吸纳西方近世的哲学思想和政治理论，以新知附益旧学的形式来阐发新思想。如在《訄书·序种姓》中，他就通过考察古代华夏民族的形成史，高扬具有反清革命意义的民族主义精神。他说："建国大陆之上，广员万里，黔首浩穰，其始故不一族。太皞以降，力政经营，并包殊族，使种姓和齐，以遵率王道者，数矣。文字、政教既一，其始异者，其终且醇化。

————————

① 梁启超：《清代学术概论》，载《饮冰室合集》第 8 卷专集之三十四，中华书局 1989 年版，第 56 页。

② 康有为：《大同书》，古籍出版社 1956 年版，第 69 页。

③ 梁启超：《清代学术概论》，载《饮冰室合集》第 8 卷专集之三十四，中华书局 1989 年版，第 69 页。

是故淳维、姜戎，出夏后、四岳也，审而为异，即亦因而异之。冉骃朝蜀，瓯越朝会稽，驯而为同，同则亦同也。然则自有书契，以《世本》《尧典》为断，庶方骏姓，悉为一宗，所谓历史民族然矣。自尔有归化者，因其类例，并包兼容。魏、周、金、元之民，扶服厥角，以奔明氏，明氏视以携养孽子，宜不于中夏有点。若其乘时僭盗，比于归化，类例固殊焉，有典常不赦。善夫，王夫之曰：'圣人先号万姓，而示以独贵。保其所贵，匡其终乱，施于孙子，须于后圣，可禅、可继、可革，而不可使异类间之，不其然乎！'① 从这些论述中，既可以看到扎实有据的历史考证，又能够感到鲜明的时代性和思想性。这种与反清革命主张及实践的结合，使古文经学在一时之间变得格外生气勃勃。对于章太炎的古文经学成就，后来贺麟曾有一个评价："他的思想深刻缜密，均超出康、梁，在哲学方面亦达到相当高的境界。"②

廖平则是19、20世纪之交对今文经学和古文经学都投下重要影响的代表人物。与康有为专注于今文经学、章太炎执着于古文经学不同，廖平并未把自己的经学思想固定在今文经学或古文经学一派的范围内，而是在今文经学与古文经学之间不断做出选择、比较和综合，并进而试图超越今文经学与古文经学相对立的格局，突破传统经学的框架。他所经历的"经学六变"，集中体现了他在这方面的艰苦探索和不懈努力。其中前三变，还是在传统经学的框架中开展的："一变"是将东汉郑玄以来的"混为今古"变为"平分今古"，对今文经学和古文经学做出合理的分辨和平等的看待；"二变"是进而由"平分今古"变为"尊今抑古"，强调今文经学重于古文经学；"三变"则是由"尊今抑古"变为"古大今小"，转而凸显古文经学为经学的"大统"，而贬抑今文经学为经学的"小统"。其中后三变，则开始突破传统经学的框架："四变"把经学演绎为"天人之学"，以《春秋》《尚书》为人学二经，以《诗》《易》为天学二经，并以《山海经》《穆天子传》《黄帝内经》《老子》《庄子》等诸子著述解释天学二经；"五变"进而将《礼经》《乐经》分别归入人学与天学，强调由修身出发，由阐发人学

---

① 章太炎：《訄书·序种姓》，载《章太炎选集》，上海人民出版社1981年版，第203—204页。

② 贺麟：《五十年来的中国哲学》，商务印书馆2002年版，第5页。

而讲论天学；"六变"则用《黄帝内经》的"五运六气"之说解释《诗》与《易》，使"天人之学"更为抽象化和哲理化。这种经学的抽象化和哲理化追求，实际上是把传统经学引导向近代哲学的尝试，试图使经学在经过抽象化和哲理化之后能够容纳更多的新的时代内容。

这些经学大师尽管赋予了经学以空前的活力，但同时也因经学形式的限制而面临着思想困境。梁启超后来在《清代学术概论》中对此有过反思，指出："康有为、梁启超、谭嗣同辈，即生育于此种学问饥荒之环境中，冥思枯索，欲以构成一种不中不西即中即西之新学派，而已为时代所不容。盖固有之旧思想，既深根固蒂，而外来之新思想，又来源浅觳，汲而易竭。其支绌灭裂，固宜然矣。"① 20 世纪 30 年代，冯友兰在《中国哲学史》中也对此作过评说，认为："中国哲学史，自董仲舒以后，即在所谓经学时代中。在此时代中，诸哲学家无论有无新见，皆须依傍古代哲学家之名，大部分依傍经学之名，如以旧瓶装新酒焉。中国与西洋交通后，政治社会经济学术各方面，皆起根本的变化。此西来之新事物，其初中国人仍以之附会于经学，仍欲以此绝新之酒，装于旧瓶之内。……廖平……所讲之经学，可谓已将其范围扩大至于极点。其牵引比附，有许多可笑之处。牵引比附而至于可笑，是即旧瓶已扩大至极而破裂之象也。故廖平之学，实为经学最后之壁垒，就时间言，就其学之内容言，皆可以结经学时代之局者也。"② 他们的这些反思与评说表明，随着 19、20 世纪之交中国思想世界新的思想观念的涌动与激荡，经学时代的结束和后经学时代的开启已成为不可避免之势。

三　从建立孔教到开创现代新儒学的转换

儒学在结束了经学时代之后，有一个如何进入后经学时代的问题，即儒学在这一新时代应当以什么样的形态存在、发挥什么样的功能的问题。这对于经历了漫长经学时代的儒学来说，当然是一个全新的问题，也是一

① 梁启超：《清代学术概论》，载《饮冰室合集》第 8 卷专集之三十四，中华书局 1989 年版，第 71 页。

② 冯友兰：《中国哲学史》下册，中华书局 1961 年版，第 1040—1041 页。

个不易解决的问题。在这个问题上，儒家学者经历了一个探索的过程，有过不同的选择，从中积累了失败的教训和成功的经验。这个探索期开始于1912年中华民国建立，经过1915—1924年新文化运动而告结束，其间大约十多年时间。在这个时期，一些儒家学者尝试以新的形态和功能来重新塑造进入后经学时代的儒学，由此产生了两个具有代表性和影响力的努力方向：一是康有为对立孔教为国教的倡导，这是儒学宗教化路向；另一是梁漱溟对现代新儒学的开创，这是儒学学术化路向。从实际进程看，这两条路向并不是同时展开的，而是一先一后进行的：康有为倡导立孔教为国教在先，梁漱溟开创现代新儒学在后，两者之间实是一个儒学在后经学时代开展路向选择的过程。

康有为早在19世纪末就力倡通过国家力量建立孔教，其目的实有对外和对内两个方面：对外以孔教抵消基督宗教在中国日益扩大的影响，对内则以孔教作为凝聚中国人心推动维新变法的精神力量。在《孔子改制考》中，他就明确提出"发明儒为孔子教号，以著孔子为万世教主"[①] 的主张，并论证说："孔子之为教主，为神明圣王，何在？曰：在'六经'。'六经'皆孔子所作也，汉以前之说莫不然也。……孔子所作谓之经，弟子所述谓之传，又谓之记，弟子后学展转所口传谓之说，凡汉前传经者无异论。……如释家佛所说为经，禅师所说为论也。弟子所作，无敢僭称者。"[②] 由于变法运动很快失败，他的这些构想在当时没有能够付诸实践，其影响也很有限。辛亥革命后的特殊时代环境，在客观上为康有为重提这些构想提供了新的条件：一方面，儒学在革命后失去了政治制度和教育制度的最后支撑，经学时代由此走向了终结，儒学需要寻找新的形态与功能才能继续存在；另一方面，革命所造成的大一统君主专制国家的瓦解，使得当时的国家政治空前失序、价值观念十分混乱，不少人因此重新转向儒学，希望通过尊孔读经来重建政治秩序和价值观念。在这一背景下，康有为以极大热情倡导孔教为国教，认为这是儒学在后经学时代得以延续的最好形态，能够作为新的意识形态凝聚中国人心、重建政治秩序。1912

---

① 康有为：《孔子改制考》，载《康有为全集》第3集，中国人民大学出版社2007年版，第86页。

② 同上书，第128页。

年，他的弟子陈焕章在上海发起建立孔教总会，并于一年之间在国内外建立了130多个分会。1913年，他发表《以孔教为国教配天议》，提出一整套相关构想："昔之专制之君主，以其无德无功之祖宗配上帝，今共和之国民，以神明圣王之孔子配上帝，不犹愈乎？故宜复崇天坛，改祈年殿或太和殿为明堂，于冬至祭天坛，上辛祭明堂，以孔子配上帝，义之至也，礼之崇也，无易之者也。"① 对于康有为的这些主张，陈焕章等拥护者通过各地孔教会加以鼓吹，在《孔教会杂志》上发表文章予以呼应，从而形成了民国初年影响一时的立孔教为国教运动。

康有为既然倡导立孔教为国教，那么就必然寻求最高政治权力的支持，以确立孔教在帝制终结后新的国家制度中的合法性和至上性。1913年，他发表《拟中华民国宪法草案》，对中华民国宪法进行了设计，主张把"以孔教为国教"② 列入宪法内容，对有关信奉孔教事宜予以明确规定："总统与行政官、地方长吏，春秋及诞日大祭，朔望祠谒，学校奉祀，皆行三跪九叩礼。……大中小各学皆诵经，大学设经科，授以学位，俾经学常入人心，其学校特助以经费。"③ 与康有为相配合，陈焕章等孔教会代表人物也积极上书国会，请定孔教为国教。当时执掌民国大权的袁世凯，出于政治野心和意识形态需要，对立孔教为国教运动表示了积极支持，相继颁布《尊崇孔圣令》和《规复祭孔令》。他的日籍顾问有贺长雄还发表题为《宪法须规定明文以孔教为国家风教之大本》的文章，大肆鼓吹把立孔教为国教写入宪法。只是由于辛亥革命的影响犹在，立孔教为国教的议案在朝野上下遭遇到很大阻力，国会多次讨论和表决都未能通过。袁世凯死后，张勋成为立孔教为国教运动的最有力支持者，进一步把这一运动与复辟帝制密切结合起来。1917年2—3月，在张勋的支持和推动下，立孔教为国教运动达到高潮：不仅张勋亲自出面联合各省督军向北京政府施加高压，而且张作霖等地方实力派也积极参与到这一运动中来，还有山东等16省尊孔会组成全国公民尊孔联合会，推举陈焕章为会长、张勋和康有为为名誉会长，派出代表进京请愿。这年6—7月，张勋在康

---

① 康有为：《以孔教为国教配天议》，载《康有为全集》第10集，中国人民大学出版社2007年版，第95页。

② 同上书，第81页。

③ 同上书，第83页。

有为支持下上演了复辟清帝的闹剧，孔教也与这次复辟帝制相伴随而被立为国教，成为这场历史闹剧的一个重要组成部分。这次复辟由于不得人心很快失败，孔教作为国教的地位也随之破产。康有为发起的立孔教为国教运动，由于先后与袁世凯、张勋的倒行逆施捆绑在一起，因而声名狼藉、形象扫地，失去了对广大民众的影响力和吸引力，不久即以失败告终。

康有为发起的立孔教为国教运动，从一开始就受到了多方面的抵制和批判。这种抵制和批判，不仅来自民间和宗教界人士，而且来自当时的中央政治圈，立孔教为国教的议案在国会多次讨论和表决都未能通过就是明证。然而，在这些抵制者和批判者中，对以后中国历史进程产生最大影响者，则是陈独秀在1915年所发起的新文化运动。1916—1917年，陈独秀在《新青年》上发表了一系列文章，对康有为、袁世凯、张勋及立孔教为国教运动展开尖锐批判，树立了一面反对立孔教为国教运动的鲜明旗帜。在这些文章中，陈独秀一针见血地揭露了康有为提倡立孔教为国教与袁世凯、张勋复辟帝制的内在联系，强调为了维护辛亥革命所建立的共和制度，必须坚决反对孔教。他指出："中国帝制思想，经袁氏之试验，或不至死灰复燃矣。而康先生复于别尊卑，重阶级，事天尊君，历代民贼所利用之孔教，锐意提倡，一若惟恐中国人之'帝制根本思想'或至变弃也者。"[1] 又指出："孔教与共和乃绝对两不相容之物，存其一必废其一，此义愚屡言之。张、康亦知之，故其提倡孔教必排共和，亦犹愚之信仰共和必排孔教。盖以孔子之道治国家，非立君不足以言治。"[2] 在当时，他的这些批判都有着明确的时代针对性，并非在一般意义上否定孔子与中国传统文化，因而有其理论合理性，吸引和影响了一代新青年。只是到了最近30年，文化保守主义在中国思想世界再度兴起，这种时代针对性和理论合理性或被无意淡忘或被有意抹杀，陈独秀于是被描绘成了"反传统"的代表人物，新文化运动也就被指责为"反传统"的过激行为。

在立孔教为国教运动失败后，儒学如何由经学时代进入后经学时代引发了新一代儒家学者的重新思考。这种重新思考的关键，就在于重新确定

---

① 陈独秀：《驳康有为致总统总理书》，载《陈独秀著作选》第1卷，上海人民出版社1993年版，第214页。

② 陈独秀：《复辟与尊孔》，载《陈独秀著作选》第1卷，上海人民出版社1993年版，第336页。

儒学在后经学时代开展的路向：不再使儒学走宗教化路向，而是使儒学走学术化路向。1921 年，梁漱溟的名著《东西文化及其哲学》问世，可以说是开辟这一新路向的奠基性和代表性成果。在书中，梁漱溟通过中国文化与印度文化、西方文化的比较，指出中国文化的一大特点就在于宗教因素淡薄，"世界上宗教最微弱的地方就是中国，最淡于宗教的人是中国人"①。至于孔子及其儒学，本身就是非宗教、反宗教的。他说："宗教多少必带出世意味，由此倾向总要有许多古怪神秘；而孔子由他的道理非反对这出世意味、古怪地方不可。孔子第一不要人胡思乱想，而一般宗教皆是胡思乱想。宗教总要问什么人生以前怎样，人死以后怎样，世界以外怎样……思前虑后，在孔子通通谓之出位之思；与孔子那仁的生活——只认当下的直觉生活，大大不合。所以子路以鬼神生死为问，孔子说'未能事人焉能事鬼……未知生焉知死'；这是孔子的态度，不可不注意。"② 既然孔子及其儒学与宗教有着鲜明的不同，那就不应当把两者混同起来或结合起来。针对康有为的立孔教为国教的主张，他提出了尖锐批评："宋明人竞言性命之学不为无失，而世人更有扯入神秘古怪一团者，则尤为乖谬！"③ 在他看来，儒学宗教化路向与孔子及儒学的性格相背离，是根本走不通的。

梁漱溟进而提出，儒学在后经学时代的存在和发展，应当取人生哲学的形态，发挥其安顿人生的功能。他说："宗教既走不通，将走那条路呢？……这便是孔子的路，而倭铿、泰戈尔一流亦概属之。这时艺术的盛兴自为一定之事，是我们可以推想的；礼乐的复兴也是我们已经推定的；虽然这也都能安顿了大部分的人生，但吃紧的还仗着这一路的哲学作主脑。孔子那求仁的学问将为大家所讲究，中国的宝藏将于是宣露。而这一路哲学之兴，收拾了一般人心，宗教将益浸微，要成了从来所未有的大衰歇。"④ 他所说的"仗着这一路的哲学作主脑"，也就是复兴儒家的人生哲学。这种复兴后的儒家人生哲学，显示出一种似宗教而非宗教的特点，既

①　梁漱溟：《东西文化及其哲学》，载《梁漱溟全集》第 1 卷，山东人民出版社 1989 年版，第 524 页。

②　同上书，第 469—470 页。

③　同上书，第 470 页。

④　同上书，第 523—524 页。

能够像宗教那样慰藉安顿人生，又不像宗教那样含有出世倾向，是一种"不单是予人以新观念并实予人以新生命的哲学"①，足以使现代中国人得以安身立命，并由此而接纳新文化运动倡导的科学与民主。这一点，他的《东西文化及其哲学》一书，从题名上实已作了揭示。

梁漱溟的这些主张也受到来自不同思潮人物的批评，批评的焦点在于指责他的文化哲学思想不客观、不深刻。在新文化运动方面，胡适曾专门发表文章，尖锐抨击《东西文化及其哲学》一书，称之为"主观化的文化哲学"②。在现代新儒学方面，贺麟在肯定梁漱溟代表儒家、代表东方文化说话的同时，也指出他的弱点在于"缺乏文化哲学的坚实基础"，因而"对文化的本质，宗教的本质，宗教在文化中的地位等问题，缺乏哲学的说明"③。而梁漱溟则从20世纪20年代中期起转向乡村建设的儒学实践，未能及时完善自己的新儒学理论。但与这些不足相比，他对20世纪儒学开展所投下的积极影响则是更值得重视的。继此之后，熊十力、冯友兰、贺麟等儒学主张者，以专业哲学家身份致力新的哲学体系建构，力图以重建形上儒学来保存和阐扬儒学精神，从而产生了现代新儒学的开展。由此可见，梁漱溟确为儒学在后经学时代的存在和发展开辟了一条新的路向。以后的20世纪中国儒学史证明，这一新的路向赋予了儒学在近现代中国的生命力和影响力，使儒学成功地实现了由经学时代向后经学时代的转换。美国学者艾恺写过一本很有影响的梁漱溟传记，书的正题名为《最后一个儒家》，以此来评价梁漱溟在20世纪中国儒学史上的地位；但事实上，梁漱溟并不是儒学的终结者，而是现代新儒学的开创者。

四　现代新儒学的兴起以及对本体论问题的探讨

现代新儒学与近代经学的一个重要区别，就在于由经学家的解读儒家

---

①　梁漱溟：《东西文化及其哲学》，载《梁漱溟全集》第1卷，山东人民出版社1989年版，第523页。

②　胡适：《读梁漱溟先生的〈东西文化及其哲学〉》，载《胡适文集》第3卷，北京大学出版社1998年版，第186页。

③　贺麟：《五十年来的中国哲学》，商务印书馆2002年版，第11页。

经典而转向哲学家的自创哲学体系，由以经学直接参与现实政治而转向专业性的哲学研究。因此，现代新儒学的代表人物，除少数为史学家外，大多数都是哲学家；现代新儒学的开展，尽管包括了许多非哲学的内容，但其主体部分则是哲学的内容。这种由经学到哲学的转变，对于儒学的形态与功能来说，是一个划时代的转变。

现代新儒学所展开的哲学研讨，涵盖了20世纪中国哲学的主要问题——文化观和历史观问题、本体论和认识论问题、人生观问题以及政治哲学问题。环绕这些哲学问题，现代新儒学哲学家开创了文化儒学，重建了形上儒学，探讨了人生儒学和政治儒学，对20世纪中国哲学发展作出了重要建树。其中，他们着力最多、贡献最大、影响最深的哲学领域，是对本体论问题所开展的探讨。特别是20世纪30—40年代，熊十力的"新唯识论"、冯友兰的"新理学"、贺麟的"新心学"等本体论体系相继创建，成为现代新儒学在哲学体系创造上的典范性成果，也成为中国哲学现代转型的标志性成果。可以说，现代新儒学在哲学上的探讨和建树，是以本体论问题为中心和重心而展开的。①

熊十力、冯友兰、贺麟所建构的本体论体系，之所以对现代新儒学的哲学体系创造具有典范性，对中国哲学现代转型具有标志性，就在于他们环绕本体论问题的探讨，涉及现代形态中国哲学本体论的一系列重要问题。这些问题主要有：（一）哲学与科学的关系问题；（二）本体论与知识论的关系问题；（三）本体与现象的关系问题；（四）中国哲学与西方哲学的关系问题；（五）心学与理学的关系问题。这些问题相互关联、层层递进，都是建构现代形态中国哲学本体论所面临的基本问题。正是通过对这些问题的不断思考和反复探讨，现代新儒学哲学家逐渐展开和不断深化了对现代形态中国哲学本体论的理解，实现了形上儒学的重建，并由此而昭显出现代新儒学的理论活力和思想魅力。因此，从这些问题入手，把握现代新儒学所建构的本体论体系的思路与意义，是了解和评价现代新儒学的关键。

———————————

① 有关现代新儒学在文化儒学与政治儒学方面的开展，参见李维武《全球化与现代新儒家的文化保守主义》，载《学术月刊》2001年第9期；《儒学与民主：文化保守主义民主观念的近百年变化》，载《华东师范大学学报》（哲学社会科学版）2010年第5期。

　　问题之一：哲学与科学的关系问题。说明哲学与科学的关系，对哲学与科学加以划界，是现代新儒学哲学家探讨本体论问题的前提和基础。19、20 世纪之交，严复引入西方近代经验主义传统和现代经验证实原则，在经验主义的基础上解构了本体论与宇宙论相结合、哲学与科学相杂糅的中国传统本体论。① 由此而来，在什么基础上重建中国哲学本体论并由此而重建形上儒学，就成为现代新儒学哲学家在探讨本体论问题时首先思考的问题。梁漱溟在《东西文化及其哲学》一书中，已对这个问题进行思考，指出："玄学所讲的，与科学所讲的全非一事"②；"由玄学的方法去求知识而说出来的话，与由科学的方法去求知识而说出来的话，全然不能做同等看待"③。而把这个问题在 20 世纪中国哲学开展中鲜明地揭示出来，进而引起现代新儒学哲学家高度关注和深入探讨的，则是张君劢在 1923—1924 年科学与玄学论战中对于科学与人生观的划界。在这次论战中，以丁文江为代表的科学派，认为科学可以解决包括人生观在内的一切实际问题，因此传统的哲学特别是形而上学已经过时；以张君劢为代表的玄学派，则强调科学与人生观有着各自的特点和明确的区分，人生观问题不能依靠实证的科学来解决，而只能在科学之外依靠哲学特别是依靠形而上学来解决。张君劢说："科学无论如何发达，而人生观问题之解决，决非科学所能为力"④；"科学决不能支配人生，乃不能不舍科学而别求一种解释于哲学或玄学中（或曰形上学）"⑤。这样一来，就指出了中国哲学本体论重建的基础，不再是传统的本体论与宇宙论的结合、哲学与科学的杂糅，而是经过重新与科学划界之后的哲学。当时的张君劢还不属于现代新儒学之列，他与丁文江的分歧也只是新文化运动内部的人文主义思潮与科学主义思潮的分歧，但他的这些思想却启示了现代新儒学在哲学上的开

---

　　① 有关严复在经验主义基础上对中国传统本体论的解构，详见李维武《20 世纪中国哲学本体论问题》，湖南教育出版社 1991 年版，第 96—111 页。

　　② 梁漱溟：《东西文化及其哲学》，载《梁漱溟全集》第 1 卷，山东人民出版社 1989 年版，第 359 页。

　　③ 同上书，第 358 页。

　　④ 张君劢：《人生观》，载《科学与人生观》，山东人民出版社 1997 年版，第 38 页。

　　⑤ 张君劢：《再论人生观与科学并答丁在君》，载《科学与人生观》，山东人民出版社 1997 年版，第 102 页。

展。这就是熊十力所概括的："学问当分二途：曰科学，曰哲学（即玄学）。"① 熊十力、冯友兰、贺麟所建构的本体论体系，固然是形上儒学的重建，但绝非退回到本体论与宇宙论相结合、哲学与科学相杂糅的传统基础上，而是建立在哲学与科学划界这个新的基础之上。为此，熊十力强调"科学"与"哲学"的两分，而落脚于"哲学"；冯友兰论证"实际"与"真际"的不同，而落脚于"真际"；贺麟凸显"心理的心"与"逻辑的心"的区别，而落脚于"逻辑的心"。他们所讲的"哲学""真际""逻辑的心"，都是指与科学不同的非经验性、非实证性的哲学形而上学领域。在他们看来，正是这个领域，为他们重建形上儒学提供了前提和基础。正是这样，贺麟在谈到儒家思想的新开展时强调："我们不必采取时髦的办法去科学化儒家思想。"② 因此，在 20 世纪中国哲学的科学主义思潮与人文主义思潮分际中，现代新儒学属于人文主义思潮，并成为了人文主义思潮的主体。

问题之二：本体论与知识论的关系问题。在哲学与科学划界的基础上，现代新儒学哲学家对本体论与知识论的关系问题进行了探讨。这个问题在 20 世纪中国哲学发展中具有十分重要的意义，直接关系到现代形态中国哲学的研究重心和发展方向。具体到现代新儒学哲学家，这个问题可归结为现代新儒学如何以哲学的形态和功能来加以开展的问题，即是以本体论为其开展的主要方向，还是以知识论为其开展的主要方向。这个问题也是在科学与玄学论战中凸显出来的，丁文江与张君劢基于各自对哲学与科学关系问题的理解，分别以知识论和本体论作为 20 世纪哲学的重心和方向。丁文江认为，哲学发展到 20 世纪已走上了科学化、实证化的道路，"科学知识论"取代形而上学成为哲学发展的新方向。张君劢则认为，"科学知识论"的发展取代不了形而上学，自 19 世纪下半叶以来又出现了形而上学的复兴，开启了"新玄学时代"。他说："此新玄学之特点，曰人生之自由自在，不受机械律之支配，曰自由意志说之阐发，曰人类行为可以参加宇宙实在。盖振拔人群于机械主义之苦海中，而鼓其努力前进

---

① 熊十力：《新唯识论》（语体文本），载《熊十力全集》第 3 卷，湖北教育出版社 2001 年版，第 14 页。

② 贺麟：《儒家思想的新开展》，载《文化与人生》，商务印书馆 1988 年版，第 8 页。

之气。"① 他所说的"新玄学",是就现代西方哲学的开展而言的;但他对形而上学在 20 世纪哲学发展中重要地位的强调,却对现代新儒学的哲学开展产生了很大影响。熊十力首先敏锐地把握到这一点,指出:"哲学大别有两个路向:一个是知识的,一个是超知识的。"② 在这两者之中,知识的路向基于或近于科学,而超知识的路向才体现着哲学的性格和特点。因此,知识论不对哲学具有根基性意义,而只有本体论才对哲学具有根基性意义。他说:"哲学自从科学发展以后,他底范围日益缩小。究极言之,只有本体论是哲学的范围,除此以外,几乎皆是科学的领域。"③ 他特别反对离开本体论去讲知识论,并精心建构了现代新儒学的第一个本体论体系——"新唯识论"。由此以降,重建中国哲学本体论在现代新儒学哲学家那里受到了特别的重视,成为现代新儒学以哲学的形态和功能来开展的重心和主轴线。即使是像冯友兰这样颇受科学主义影响的现代新儒学哲学家,部分地赞成维也纳学派的拒斥形而上学,但同时也强调哲学终归还是要讲形而上学,只是这种形而上学必须确立在与科学不相同的基础上,是一种不同于"坏底形上学"的"真正底形上学"。他说:"我们是讲形上学底。但是维也纳学派对于形上学的批评的大部分,我们却是赞同底。他们的取消形上学的运动,在某一意义下,我们也是欢迎底。因为他们的批评确能取消坏底形上学。坏底形上学既被取消,真正底形上学的本质即更显露。所以维也纳学派对于形上学底批评,不但与真正底形上学无干,而且对于真正底形上学,有'显正摧邪'的功用。"④ 冯友兰的"新理学",就是继熊十力的"新唯识论"之后,所建构的又一个现代新儒学本体论体系。

问题之三:本体与现象的关系问题。现代新儒学哲学家不仅对重建中国哲学本体论予以了特别的重视,而且对本体论的根本问题——本体与现

---

① 张君劢:《再论人生观与科学并答丁在君》,载《科学与人生观》,山东人民出版社 1997 年版,第 100 页。

② 熊十力:《十力语要》,载《熊十力全集》第 4 卷,湖北教育出版社 2001 年版,第 487 页。

③ 熊十力:《新唯识论》(语体文本),载《熊十力全集》第 3 卷,湖北教育出版社 2001 年版,第 14 页。

④ 冯友兰:《新知言》,载《三松堂全集》第 5 卷,河南人民出版社 1986 年版,第 221 页。

象的关系问题进行了深入探讨。对于这一问题的重要性，熊十力在建构
"新唯识论"本体论体系时就已作了明确揭示："哲学上的根本问题，就
是本体与现象。"① 正是通过对这个问题的深入探讨，形成了现代新儒学
哲学家重建本体论的基本思路。在他们看来，传统本体论的一个总特点，
就是通过本体与现象的二分把世界二重化：不仅将本体与现象区分开来、
对峙起来，而且强调本体同现象相比才是真正本质的、真实的存在；特别
是在西方哲学家那里，本体往往被视为绝对的脱离现象的实体，如上帝、
自然、绝对精神之类。这种世界二重化，导致了传统本体论的自身困境，
也成为现代新儒学哲学家在重建中国哲学本体论中力图解决的关键性问
题。熊十力对此有过深入思考，指出："许多哲学家谈本体，常常把本体
和现象对立起来，即是一方面把现象看做实有的，一方面把本体看做是立
于现象的背后，或超越于现象界之上而为现象的根源的。"② 这样一来，
就"不免误将本体说为超脱乎现象界之上，或隐于现象界之后，致有二
重世界之嫌"③。而割裂本体与现象、把世界二重化的结果，是进而将
"物"与"心"、客体与主体、宇宙与人生、现实与理想都加以了割裂，
不能对宇宙人生做出合理的说明，使哲学陷入了类似宗教的偏见："宗教
家说上帝造世界，而以上帝为超越于世界之上，即能造与所造为二。哲学
家谈实体与现象，往往有说成二界之嫌，其失亦同宗教。"④ 为了克服传
统本体论的这一困境，他提出"新唯识论"的本旨在于"体用不二"，强
调："用，就是体的显现；体，就是用的体。无体即无用，离用元无
体。"⑤ 这样一来，本体就不再是一种凝固不变的绝对实体，而是一种蕴
含在大用流行中的真实存在："本体自身是个生生不息的物事"，"本体底

① 熊十力：《新唯识论》（语体文本），载《熊十力全集》第 3 卷，湖北教育出版社 2001
年版，第 276 页。

② 同上书，第 74 页。

③ 熊十力：《十力语要》，载《熊十力全集》第 4 卷，湖北教育出版社 2001 年版，第 77—
78 页。

④ 同上书，第 77 页。

⑤ 熊十力：《新唯识论》（语体文本），载《熊十力全集》第 3 卷，湖北教育出版社 2001
年版，第 79—80 页。

自身是个变化不可穷竭的物事"①。在他看来，只有真正领悟了这一点，才能克服世界二重化。贺麟对熊十力的这一思想给予了很高评价，认为："他提出的即用显体之说，实不啻为反本归寂、明心见性指出一下学上达简易平实的门径。"② 由此出发，贺麟进一步通过文化开展来理解大用流行，强调不能离开文化来谈本体。他认为，文化虽然与自然都是精神的表现，但毕竟只有文化才是精神自觉的活动的直接产物，只有文化创造活动才显明地突出了"逻辑的心"的意义。因此，"若离开文化的陶养而单讲唯心，则唯心论无内容；若离开文化的创造、精神的生活而单讲唯心，则唯心论无生命"③。这就强调了不应当离开人的生命进程、人的创造活动、人的文化世界来谈本体，使得把本体还原为现象有了更为深广的内容。与熊十力、贺麟不同，冯友兰不赞成"体用不二""即用显体"，而强调本体具有超越现象的特质，强调人的精神需要有"出世间"与"极高明"的超越性追求。但他同时又强调"即世间而出世间"④，"极高明而道中庸"⑤，认为人的精神的超越性只有在"即世间"与"道中庸"的现实生活中才能得到实现，只有这样才能真正解决本体与现象的关系问题。因此，在对待本体与现象的关系问题上，现代新儒学哲学家尽管存在着思想差异，但实有其基本一致的态度。

问题之四：中国哲学与西方哲学的关系问题。从重建中国哲学本体论出发，现代新儒学哲学家又对中国哲学与西方哲学的关系问题进行了探讨。这个问题的实质，就是重建中国哲学本体论的思想资源问题，即是以中国哲学为主要思想资源，还是以西方哲学为主要思想资源。在科学与玄学论战中，张君劢在力主"新玄学"时就已经提出了这个问题。当时他没有偏于中国哲学或西方哲学，而是主张建设"东西合璧之玄

---

① 熊十力：《新唯识论》（语体文本），载《熊十力全集》第 3 卷，湖北教育出版社 2001 年版，第 242 页。

② 贺麟：《五十年来的中国哲学》，商务印书馆 2002 年版，第 15 页。

③ 贺麟：《近代唯心论简释》，载《哲学与哲学史论文集》，商务印书馆 1990 年版，第 132—133 页。

④ 冯友兰：《新原道》，载《三松堂全集》第 5 卷，河南人民出版社 1986 年版，第 6 页。

⑤ 同上书，第 7 页。

学"①，具体地说，就是把宋明理学的思想资源与柏格森、倭铿的哲学思想结合起来。他说："吾则以为柏氏倭氏言有与理学足资发明者，此正东西人心之冥合，不必以地理之隔绝而摈弃之。"② 而熊十力则进一步通过中西哲学的比较，凸显了中国哲学的意义。他指出，西方哲学与科学、与知识论有着密切的联系，中国哲学则与修养、与本体论有着密切的联系，两者相比较，只有中国哲学才真正体现了哲学不同于科学的本性。他在提出"哲学大别有两个路向：一个是知识的，一个是超知识的"之后，又接着说："西洋哲学大概属前者，中国与印度哲学大概属后者。前者从科学出发，他所发见的真实，只是物理世界底真实，而本体世界底真实他毕竟无从证会或体认得到。后者寻着哲学本身底出发点而努力，他于科学知识亦自有相当的基础，而他所以证会或体认到本体世界底真实，是直接本诸他底明智之灯。"③ 他的这些主张，奠定了现代新儒学哲学家看待中国哲学与西方哲学关系的基本态度。冯友兰与贺麟虽然都曾留学西方，对西方哲学都有更深入的了解，但同样主张以中国哲学为重建中国哲学本体论的主要思想资源。冯友兰认为，在西方哲学史里，并没有"真正底形上学"的传统，而"在中国哲学史中，先秦的道家，魏晋的玄学，唐代的禅宗，恰好造成了这一种传统。新理学就是受这种传统的启示，利用现代新逻辑学对于形上学底批评，以成立一个完全'不着实际'底形上学"④。贺麟则提出，在哲学上要实现儒家思想的新开展，"必须以西洋的哲学发挥儒家的理学。儒家的理学为中国的正宗哲学，亦应以西洋的正宗哲学发挥中国的正宗哲学"⑤。因此，"哲学上的问题，无论宇宙观、人生观、历史观与夫本体论、认识论等，皆须于研究中外各家学说之后，而求得一契合中国人精神与态度的新解答"⑥。他们在看待中国哲学与西方哲学的关系上虽然并不完全一致，但却都强调了中国哲学资

① 张君劢：《再论人生观与科学并答丁在君》，载《科学与人生观》，山东人民出版社1997年版，第118页。

② 同上书，第118—119页。

③ 熊十力：《十力语要》，载《熊十力全集》第4卷，湖北教育出版社2001年版，第487页。

④ 冯友兰：《新原道》，载《三松堂全集》第5卷，河南人民出版社1986年版，第147页。

⑤ 贺麟：《儒家思想的新开展》，载《文化与人生》，商务印书馆1988年版，第8页。

⑥ 同上书，第13页。

源对于重建中国哲学本体论的重要意义。

问题之五：心学与理学的关系问题。在强调重建中国哲学本体论必须重视和承继中国哲学资源的同时，现代新儒学哲学家还面临着理学路向与心学路向的选择问题。心学与理学，本是宋明儒学开展的两大思想主流；而现代新儒学哲学家对这两者的选择，不仅是一个如何继承中国哲学资源的问题，而且更是一个如何重建中国哲学本体论的问题。在现代新儒学哲学家那里，已赋予了"心"与"理"以新的哲学本体论内涵。他们所主张的"心"，意味着对人的自觉性和能动性的强调，凸显的是本体的主体性；他们所主张的"理"，则意味着对人的理性和理想的强调，凸显的是本体的理想性。本体的主体性，是指本体所具有的生命创造力；本体的理想性，则是指本体所具有的理性、理想的特征。现代新儒学哲学家在本体论问题上对心学与理学关系的探讨，大致经过了一个"心—理—心即理"的逻辑与历史相一致的展开过程。熊十力在创建"新唯识论"体系时，首先凸显了"心"的意义，强调："阳明谈良知则非依据生理以言心，乃剋就吾人与天地万物同体处说心，所谓本心是也。……吾之《新论》，骨子里只是此义"[1]，表现出鲜明的心学路向。冯友兰在接着建立"新理学"体系时，则凸显了"理"的意义，强调自己所讲的形而上学"是'接着'宋明道学中底理学讲底"[2]，表现出鲜明的理学路向。贺麟在建立"新心学"体系时，不仅凸显了"心"的意义，而且主张把"心"与"理"结合起来，认为："讲程、朱而不能发展至陆、王，必失之支离；讲陆、王而不能回复到程、朱，必失之狂禅"[3]，从而使他所讲的"心"成为"心即理也之心"，这就在心学路向的基础上充分地吸取了理学内容。这样一来，现代新儒学哲学家所开展的重建中国哲学本体论工作，先凸显了"心"，再强调了"理"，最后走向了"心"与"理"的结合，使

---

① 熊十力：《十力语要》，载《熊十力全集》第4卷，湖北教育出版社2001年版，第394页。

② 冯友兰：《新原道》，载《三松堂全集》第5卷，河南人民出版社1986年版，第148页。

③ 贺麟：《五十年来的中国哲学》，商务印书馆2002年版，第33页。

"心"最终被赋予了更多的文化内涵。① 这种"心即理"的心学主张，对20世纪下半叶的台港地区儒学开展产生了很大影响，不论是唐君毅、牟宗三所建构的本体论体系，还是胡秋原所讲的历史哲学，都呈现出"心与理一"的特点。因此，在现代新儒学开展中，心学路向固然成为了主流，但理学路向也有其存在的价值。

现代新儒学哲学家环绕上述问题所展开的反复思考和深入探讨，使中国哲学本体论的重建工作逐渐深化，并由此创建了几个各具风格与特色的重要本体论体系。这些本体论体系的建构，不仅有力地推进了20世纪中国哲学的发展，而且成功地重建了中国人的智慧，由此而显示出儒学在20世纪的生命活力与理论魅力。这种以本体论问题为中心和重心的现代新儒学开展，尽管使儒学缩小为少数人书斋里和课堂上的高深学问，但却使儒学在形上理论方面获得了前所未有的深刻性。可以说，现代新儒学经过近80年的发展，由少数的几个人而成为20世纪中国哲学史上最有影响力的思潮之一，是与以形上儒学作为其主体形态相联系的。如果现代新儒学诸子不是作为哲学家而只是作为文化保守主义者在20世纪中国思想世界出现，不是立足于探讨本体论问题而只是关心中西文化问题，他们的成就和影响一定不会有今日之大。

五　台港地区儒学的不同形态开展

1949年新中国的成立，使中国社会历史发生了根本性的变化，儒学在中国思想世界的开展也深受其影响。在这以后的30年间，儒学在中国大陆思想世界被边缘化，留在中国大陆的现代新儒学哲学家出现分化：有人放弃了原来的哲学理论，转向马克思主义哲学；也有人仍持现代新儒学主张，但其著作与思想已无大的影响。而在台湾地区和香港地区，聚集了一些来自内地的现代新儒学代表人物，对现代新儒学的开展做出了重要推进，从而形成20世纪下半叶的台港地区新儒学。

台港地区新儒学在中国思想世界崛起的标志，是1958年元旦牟宗三、

① 有关现代新儒学在本体论建构中沿着"心—理—心即理"进路的开展，详见李维武《20世纪中国哲学本体论问题》，湖南教育出版社1991年版，第163—260页。

徐复观、唐君毅、张君劢四人共同署名发表的《为中国文化敬告世界人士宣言》（又名《中国文化与世界——我们对中国学术研究及中国文化与世界文化前途之共同认识》，以下简称《宣言》）。《宣言》面对中国进入全球性现代化进程所引发的文化身份认同危机，对于中国文化的意义与价值予以了发掘、肯定和高扬，强调了中国文化对于现代中国人的积极意义和重要价值，表现出强烈的文化保守主义特征，但又与那些顽固守旧的文化保守主义者不同，主张以一种全球的视域和开放的心态来看待中西古今文化关系，由此出发来保持和守护中国文化，其中最值得重视者有三点：（一）提出中国文化是中国人安身立命的精神家园，只有在中国文化中才能使中国人的文化生命有所安顿；（二）指出中国文化之所以能成为现代中国人的精神家园，在于它今天仍然有着生命力；（三）强调要感受和把握到中国文化生命力在今天的存在，需要对中国文化作同情的理解。在对于中国文化的评价上，《宣言》并没有回避中国文化面对西方文化所表现出的局限与困境，而是直面这种局限与困境，指出："我们亦不否认，中国文化正在生病，病至生出许多奇形怪状之赘疣，以致失去原形。但病人仍有活的生命。我们要治病，先要肯定病人生命之存在。不能先假定病人已死，而只足供医学家之解剖研究。"[1]《宣言》的这些基本观点，集中表达了台港地区新儒学的文化保守主义价值取向，是台港地区新儒学赖以存在与发展的基本立足点。以后50多年的台港地区新儒学开展，其中尽管存在着各种不同的思想分歧，但大体没有偏离这些基本观点或大体包含着这些基本观点。[2]

除了《宣言》所表达的这些共识之外，台港地区新儒学的开展又呈现出不同的学术形态：既有哲学家环绕本体论问题所展开的对形上儒学的探讨，又有史学家通过中国历史研究对儒家精神的阐扬。

台港地区新儒学的哲学形态，当以唐君毅、牟宗三为代表。他们既是熊十力的学生，又是接受过现代大学哲学系训练的专业哲学家。他们的治

---

[1]　牟宗三等：《中国文化与世界》，载《中华人文与当今世界》下册，台湾学生书局1978年版，第872页。

[2]　关于《为中国文化敬告世界人士宣言》对现代新儒学开展的影响，详见李维武《近50年来现代新儒学开展的"一本"与"万殊"》，载《南京大学学报》（哲学·人文科学·社会科学版）2008年第6期。

学风格和治学特点，因受到所就读的大学哲学系传统的影响而有所不同，求学于中央大学哲学系的唐君毅看重哲学的诗意，毕业于北京大学哲学系的牟宗三则强调哲学的逻辑性。但他们又都承继和发挥了熊十力重建中国哲学本体论的基本思路，在哲学与科学、本体论与知识论、本体与现象、中国哲学与西方哲学、心学与理学诸关系问题上大体持与熊十力相类似的观点，只是他们更注意吸取西方哲学资源，并着力解决"心与理一"如何能够实现的问题，以追求建构一种贯通中西、精致深刻的本体论体系。唐君毅建构的"心通九境论"，强调"心"对"境"的开辟、建构、创造，将其视为一个层层超越、不断提升的过程。在从"万物散殊境"至"天德流行境"九层境界的逐渐超越、提升中，"心"与"理"也逐渐合一，最后归结为："所谓天德流行境，乃于人德之成就中，同时见天德之流行。"① 牟宗三建构的"两层存有论"，重视"心体"与"性体"的关联。所谓"心体"，是超越的、自发的、自律的、自定方向的道德本心；所谓"性体"，是既与"道体"相通而又存在于"个体"之中的能起"道体"创造活动的"创造实体"。"性体"是通过"心体"，也即是通过道德活动来呈现自己的，从而实现"心"与"理"的合一。因此，"心觉之成全生命为存有，最基本的是伦常生活"②。从这种"自由无限心"出发，先开"存在界"，以成立"本体界的存有论"，继而又开"知性"，以成立"现象界的存有论"。这样就形成了由"一心"而开本体世界与现象世界的格局，从而把"物自身"与"现象"打通了。他们的这些本体论建构，进一步推进了现代新儒学哲学家的中国哲学本体论重建工作，使其成为这一工作在 20 世纪下半叶的最重要成果。当然，他们的形上追求也受到了来自熊十力学派内部的批评，与他们同为熊十力学生的徐复观则认为，中国文化所讲的"心"，是通过实践工夫与生活世界融为一体的，"心的作用是由工夫而见，是由工夫所发出的内在经验。它本身是一种存在，不是由推理而得的（如形而上学的命题）"③，因此无须再为中国文化找一个形而上的根据，设置一个形而上的本体。这种对形而上学的消解，

---

① 唐君毅：《生命存在与心灵境界》下册，台湾学生书局 1986 年版，第 155 页。
② 牟宗三：《五十自述》，鹅湖出版社 1993 年版，第 156 页。
③ 徐复观：《心的文化》，载《中国思想史论集》，台湾学生书局 1988 年版，第 248 页。

本意在于开辟现代新儒学走向生活世界的道路，从而形成了现代新儒学开展中的内在张力，推进和深化了现代新儒学对本体论问题的探讨。[①]

台港地区新儒学的史学形态，则以钱穆为代表。早在 20 世纪 30 年代，钱穆就开始通过中国历史研究来阐发自己的新儒学观念。20 世纪 50 年代，他所主持的香港新亚书院成为现代新儒学的重要教育机构，对台港地区新儒学的兴起发挥了重要作用。钱穆尽管婉拒在《宣言》上署名，后来他的学生余英时又著文彰显他与《宣言》四位署名者之间的思想分歧，但他作为台港地区新儒学代表人物的身份实是难以否定的。从台港地区新儒学的谱系看，钱穆与《宣言》四位署名者之间的分歧实质，并不在于是否需要推崇孔子和儒学，也不在于是否需要开展现代新儒学，而在于以什么样的学术形态来推崇孔子和儒学并进而开展现代新儒学。如果说《宣言》四位署名者主张从哲学形态来开展现代新儒学，那么钱穆则主张从史学形态来开展现代新儒学。他对此有过说明："什么是中国文化？要解答这问题，不单要用哲学的眼光，而且更要用历史的眼光。"[②] "求深切体会中国民族精神与其文化传统，非治中国史学无以悟入。若如宗教、哲学、文学、科学其他诸端，皆无堪相伯仲，相比拟。"[③] 在他看来，历史既是一种经验，更是一种生命，是由过去透过现在以达到未来的生命。一个民族的文化生命，正是通过历史来体现的。没有文化，没有历史，也就没有一个民族的文化生命。正是这样，"要把握这民族的生命，要把握这文化的生命，就得要在它的历史上去下工夫"[④]。如对于孔子，钱穆就力主在中国大历史中确立其崇高地位，认为："孔子为中国历史上第一大圣人。在孔子以前，中国历史文化当已有两千五百年以上之积累，而孔子集其大成。在孔子以后，中国历史文化又复有两千五百年以上之演进，而孔

---

① 关于徐复观的消解形而上学思想，详见李维武《徐复观消解形而上学的思想历程及其意义与局限》，载《中国哲学的现代转型》，中华书局 2008 年版；《徐复观对熊十力思想的阐释》，载《中国哲学的传统更新》，人民出版社 2012 年版；《20 世纪心学开展的三种形态——以来自鄂东之地的熊十力、徐复观、胡秋原为中心》，载《中山大学学报》（社会科学版）2013 年第 1 期；《开辟现代新儒学走向生活世界之路——关于徐复观消解形而上学思想的再思考》，载《孔子研究》2013 年第 2 期。

② 钱穆：《国史新论》，生活·读书·新知三联书店 2001 年版，第 347 页。

③ 钱穆：《现代中国学术论衡》，生活·读书·新知三联书店 2001 年版，第 106—107 页。

④ 钱穆：《中国历史精神》，九州出版社 2011 年版，第 11 页。

子开其新统。在此五千多年，中国历史进程之指示，中国文化理想之建立，具有最深影响最大贡献者，殆无人堪与孔子相比伦。"① 但同时，他又强调对孔子的推崇必须以可靠的史实为根据，不应作缺乏史料依据的鼓吹，认为："孔子生平除其自学与教人与其政治事业外，尚有著述事业一项，实当为孔子生平事业表现中较更居次之第三项。在此一项中，其明白可征信者，厥惟晚年作《春秋》一事。其所谓订《礼》《乐》，事过境迁，已难详说，并已逐渐失却其重要性。至于删《诗》《书》，事并无据。赞《周易》则更不足信。"② 对于现代新儒学的开展来说，这种史学形态虽然没有哲学形态那样深刻玄远，但却更为平实朴素，更具有历史感和现实感，易于为一般的人们所了解和接受。

值得重视的是，在台港地区还有一些并不属于现代新儒学的思想家在倡导儒学，胡秋原就是其中的一位代表人物。胡秋原本是一位积极参与现实政治的思想家，特别在晚年为中国和平统一事业而奔走于台湾海峡两岸，因此他的思想更直接地指向历史与现实，力图在史学与哲学的结合点上，通过对史学中所蕴含的人生智慧的发掘，来关注现实的人的精神世界，说明现实的人何以做人的问题。这种人何以做人的问题，不只是在个人修养意义上讲的，更主要是在国家民族意义上讲的，所讲的就是中国人何以做一个堂堂正正的中国人的问题。因此，他把自己的有关思考称为"普遍的历史哲学或理论历史学"③，认为："我相信历史之学可给我们以智慧与力量。一般而论，我们应该阐扬世界文化历史和潮流；特殊而论，应该阐扬中国文化之精神与价值，以及我们许多伟大先辈立身处世之精神，首先是他们的责任心与自尊心。不仅此也，新的精神与力量亦将由此而出。"④ 他为此撰写了《古代中国文化与中国知识分子》和《中国英雄传》两书，通过历史上的"中国知识分子"来讲"中国文化精神"⑤，通

---

① 钱穆：《孔子传》，九州出版社 2011 年版，序言第 1 页。

② 同上书，序言第 2 页。

③ 胡秋原：《古代中国文化与中国知识分子》上册，中华书局 2010 年版，第四版序言第 1 页。

④ 同上书，第 13 页。

⑤ 同上书，第 8 页。

过历史上的"中国英雄"来讲"中华民族的壮气、雄风"①。通过这些中国历史人物的生命存在、道德活动和理想追求，他呈现出自己对人性、德性、人格的理解，呈现出自己对个人的和民族的道德生活和理想追求的倡导，生动而具体地说明了中国人何以做一个堂堂正正的中国人。正是这样，他在哲学上十分重视对心学传统的疏释与理解：既对于从孟子到熊十力的心学传统予以了明确肯定与积极吸取，又在这种肯定与吸取之中赋予了心学传统以新的理解。这种新的理解，就在于强调心学所赋予人性的深刻内涵，强调心学对理性的倡导、对德性的显发、对人格的重视，强调心学由此而对堂堂正正的中国人的塑造。这也就在认同心学传统的同时，在其中赋予了合理的理学内涵。②

由于台港地区新儒学代表人物大都在大学中任教，因而直接影响了一批台港地区的青年学子。这些人大学毕业后，又都有在美国留学和任教的经历，形成了一个海外的现代新儒学群体。人们常把 20 世纪上半叶的现代新儒学人物称为第一代现代新儒家，把 20 世纪下半叶的台港地区新儒学人物称为第二代现代新儒家，而把这个在海外形成的现代新儒学群体称为第三代现代新儒家，其主要代表人物有杜维明、成中英、余英时、刘述先等。与前两代现代新儒家相比，第三代现代新儒家虽然在原创性思想和形上儒学建构上表现出明显的不足，其影响力也因此受到限制，但他们却具备了更为深厚的西学素养和更为广阔的国际眼界，因而把现代新儒学的开展境界提升到一个新的高度。例如，对待作为中国大陆主流意识形态的马克思主义，如果说台港地区新儒学持反对态度的话，那么第三代现代新儒家中的多数人则持对话态度，杜维明近年来还主持开展了儒学与马克思主义相结合的研究，这就使得现代新儒学具有了更大的开放性和包容性。

六　近 30 年来中国大陆新儒学的出现及其形态

自 20 世纪 80 年代以来，随着改革开放的不断推进，中国大陆的思想

---

① 胡秋原：《中国英雄传》，问津堂书局 2006 年版，第 1 页。

② 关于胡秋原的心学思想，详见李维武《胡秋原哲学思想的心学特征》，载《孔子研究》2011 年第 1 期；《20 世纪心学开展的三种形态——以来自鄂东之地的熊十力、徐复观、胡秋原为中心》，载《中山大学学报》（社会科学版）2013 年第 1 期。

空间日趋开放，逐渐形成不同思潮相互竞争、彼此激荡的多元格局。其中一个引人注目的思想现象，就是文化保守主义在中国思想世界再度兴起，使得儒学在中国大陆获得了新的开展，出现了一批以儒者自命致力儒学复兴的人物。进入 21 世纪后，这些人物更趋活跃，通过举办会议、创设网站、出版论著、发表文章，形成了一个被称为"大陆新儒家"的群体。对于这一思想现象，方克立在 2005 年《致第七届当代新儒学国际学术会议的信》中有过说明："中国的现代新儒学运动，从'五四'至今已有三代人薪火相传，大体上经历了三个发展阶段。我认为以甲申（2004）年 7 月贵阳阳明精舍儒学会讲（或谓'中国文化保守主义峰会'）为标志，它已进入了以蒋庆、康晓光、盛洪、陈明等人为代表的大陆新生代新儒家唱主角的阶段，或者说进入了整个现代新儒学运动的第四个阶段。因此我建议在继续推进对前三代新儒家思想研究之同时，还要开始重视对第四代新儒家（即大陆新生代新儒家）所倡导的'大陆新儒学'的研究，这一研究对儒学和新儒学的未来发展可能具有更加重要的现实意义。"① 信中所提出的"大陆新儒学"概念，在学术界产生了相当大的影响。这批以儒者自命致力儒学复兴的人物，也多以"大陆新儒学"来标识自己的身份。

中国大陆新儒学的出现与开展，当然与 20 世纪上半叶的现代新儒学和 20 世纪下半叶的台港地区新儒学有着直接的联系，但同时又鲜明地呈现出自身的特点。如果说此前的现代新儒学具有深刻的学术性，并对 20 世纪中国学术发展做出了重要贡献，那么中国大陆新儒学则具有强烈的现实参与性，所关注和思考的重心是当代中国重大现实问题，特别是"中国向何处去"这一时代大问题。其中，有三种形态尤能体现中国大陆新儒学的这种特点：（一）以政治儒学兴起为标志的儒学的政治化；（二）以提倡建立儒教为标志的儒学的宗教化；（三）以儒学走向民众生活世界为标志的儒学的大众化。需要说明的是：在中国大陆新儒学的实际开展中，这三种形态并不都是截然分开的，而往往是相互交集在一起的。一些中国大陆新儒学人物，同时致力这三种形态新儒学的开展。只是为了清晰说明中国大陆新儒学的形态问题，笔者在这里从逻辑上进行了这种区分。

---

① 方克立：《致第七届当代新儒学国际学术会议的信》，载《原道》第 12 辑，北京大学出版社 2005 年版，第 109 页。

形态之一：儒学的政治化。中国大陆新儒学由于具有很强烈的现实参与性，因此其探讨的中心问题，不是放在形上儒学问题上，而是放在政治儒学问题上，特别是放在"中国向何处去"问题上。对此，中国大陆新儒学人物已有自觉的说明，姚中秋（秋风）即指出："在大陆，儒家正在恢复其生命力，其重建的形态将完全不同于哲学化的港台新儒家。这是由大陆的境况所决定的。大陆目前仍处于'三千年未有之大变局'过程中，具有担当意识的儒家所面临的任务就是参与现代国家秩序之构建，也即'立国（nation‐state building）'，此系为'为万世开太平'的大事业。"① 这就使得政治儒学成为中国大陆新儒学开展的一个标志性形态。政治儒学的提出和倡导，可追溯到蒋庆 1989 年在台湾《鹅湖》杂志发表的文章《中国大陆复兴儒学的现实意义及其面临的问题》。进入 21 世纪后，政治儒学成为中国大陆新儒学开展中最为活跃的形态，并逐渐形成具有不同特点的政治儒学理论。例如，蒋庆提出了王道政治的制度设计。他认为，中国近代 100 多年来的民族主义，不论是自由主义还是三民主义，都是靠学习西方来推进中国现代化，只是一种"无根的民族主义"，而"无根的民族主义"是不能把中国建成现代国家的。即使是以往的现代新儒学，强调要以科学与民主来开出新外王，亦有变相西化之嫌。这是因为，民主只是西方历史上形成的具有西方特色的一整套观念与制度。中国就是中国，西方就是西方；儒家就是儒家，民主就是民主；二者间没有必要结合，也不可以结合。"要在中国建立起有根的民族主义就必须把中国民族主义的根本建立在儒家传统上。"② 只有建立体现儒家天道性理的现代政治礼法制度，才能真正解决中国政治制度的"三重合法性"问题，即由"天心"所决定的"超越神圣的合法性"，由"民心"所决定的"人心民意的合法性"，由"历史文化之心"所决定的"历史文化的合法性"。中国历史上圣贤们提出的王道政治，就是这种"三重合法性"并存制衡的政治制度，这是政治儒学最为核心的价值观念，集中体现了儒家内圣与外王相贯通的政治理想。由此出发，他力主在当代中国建立既体现王道政治又适当整合西方政治思想资源的"三院制"：设立"通儒院"代表超越神圣的合法

---

① 秋风：《儒家式现代秩序》，广西师范大学出版社 2013 年版，第208—209页。
② 蒋庆：《政治儒学》，生活·读书·新知三联书店 2003 年版，第409页。

性，设立"庶民院"代表人心民意的合法性，设立"国体院"代表历史文化的合法性，这三院要相互制衡，每一院都不能独大，从而使每一重合法性都不能独大。又如，姚中秋（秋风）提出了"儒家宪政民生主义"的构想。在他看来，"儒家宪政民生主义"的内核在当代中国集中体现为"通三统"，即打通古代的儒家、民国的宪政主义、新中国的民生主义（即社会主义）三大政治传统。而在这三统之中，儒家代表着古老而漫长的华夏治理之道，本身就蕴含着宪政主义与民生主义，成为当代中国政治制度的大本大源。因而要解决今日中国所面临的各种问题，就必须回到儒家治道的正统，对现存的意识形态进行清理和解构："必须抛弃所有这些意识形态背后的物质主义哲学，清理其反宗教倾向，清理其制造紧张与冲突的理论以及以此为本的国家和法律理论。所有这些既是反儒家的，也是不合乎现代社会之基本伦理标准的。"① 很显然，这些政治儒学理论并不完全一致，但试图以政治儒学重新设计中国政治制度则是相同的。当今中国政治哲学开展中，政治儒学已成为一个重要思潮，从而形成了政治儒学、自由主义、马克思主义政治哲学三大思潮相互争鸣、彼此激荡的格局，它们争鸣与激荡的焦点就是"中国向何处去"这一时代大问题。②

　　形态之二：儒学的宗教化。儒学宗教化的努力，在民国初年康有为发起立孔教为国教运动中曾影响一时；但这一运动失败之后，很少有人再致力儒学的宗教化。进入 21 世纪后，中国大陆新儒学又重新提出了建设儒教问题。这种建设儒教的主张有着十分明确的目标，正如有评论者所说："与此前局限于学术界的'儒教是否为宗教'学术争论不同，新世纪以来的儒教议题以'儒教建设'为主线，是对近代制度化儒家解体后儒家文化'魂不附体'困境的重新思考，是对 20 世纪初康有为开启的以宗教方式寻求儒家体制化存在方向的再次接续。"③ 最早提出建设儒教问题的，是康晓光 2003 年正式发表的文章《"文化民族主义"论纲》。文中明确提出，应当接续康有为的孔教事业，在新世纪"要建立一种强有力的意识

① 秋风：《儒家式现代秩序》，广西师范大学出版社 2013 年版，第 238—239 页。

② 关于政治儒学的兴起问题，详见李维武《政治儒学的兴起及其对中国思想世界的影响》，载《求是学刊》2006 年第 6 期。

③ 董琳利：《儒教建设十年：理论方案、组织实践与未来趋势》，载《中国儒教发展报告（2001—2010）》，河北大学出版社 2011 年版，第 17 页。

形态，要发起一场广泛而持久的社会运动"，"这一运动的核心目标是，把儒学重塑为与现代社会生活相适应的、遍及全球的现代宗教"①。蒋庆发表了文章《关于重建中国儒教的构想》，对重建儒教问题作了更为系统的说明。他认为，儒学与儒教的关系，相当于基督教的神学教义系统与基督教的关系，即儒学只是儒教的具体学理内容，儒教还包括了许多儒学以外的内容。儒学作为一个具有独立文化自性的自足的文明体，在历史上曾长期作为国家意识形态的"王官学"，直到1911年因辛亥革命结束帝制而失去这一地位，从而退出中国文化权力的中心。"面对今天西方文明的全方位挑战，必须全方位地复兴儒教，以儒教文明回应西方文明，才能完成中国文化的全面复兴，从而才能为中国的崛起奠定深厚的文化根基。……当今中国儒家学派的创立、儒学体系的建构、儒家文化的回归都是为了复兴中国独特的儒教文明，都是为了延续中国尧舜周孔之教的圣王道统，即都是为了重建近代崩溃了的中国儒教。"② 在他看来，在现时代重建儒教需要同时实施"上行路线"和"下行路线"。所谓"上行路线"，即"'儒化'当今中国的政治秩序"，一方面"通过当代儒者的学术活动与政治实践，将'尧舜孔孟之道'作为国家的立国之本即国家的宪法原则写进宪法，上升为国家的意识形态"；另一方面"建立新的科举制度与经典教育制度：即国家成立各级政治考试中心，有志从政者必须通过《四书》《五经》的考试才能获得从政资格……用儒教的经典取代各级党校、行政学院过时的意识形态经典，把儒教经典作为各级党政干部思想品德教育与历史文化教养教育的主要内容"③。所谓"下行路线"，"就是在民间社会中建立宗教性的儒教社团法人，成立类似于中国的基督教会或佛教协会的'中国儒教会'，以'儒教会'的组织化形式来从事儒教重建与复兴中华文明的伟大事业"④。随着建设儒教的呼声高涨，有人还重新提出了立儒教为国教的主张，认为："立儒教为国教，是我们解决信仰危

---

①　康晓光：《"文化民族主义"论纲》，载《儒教重建：主张与回应》，中国政法大学出版社2012年版，第29页。

②　蒋庆：《关于重建中国儒教的构想》，载《中国儒教发展报告（2001—2010）》，河北大学出版社2011年版，第152页。

③　同上书，第154—155页。

④　同上书，第155页。

机与认同危机，挺立民族精神，根治社会腐败，振兴国民道德，克制拜金主义，创建中国式商业文明模式的理想选择，也是中国超越西方，步入良性现代社会的理想选择和必由之路。"① 从这些主张中可以清楚看出，儒学的宗教化与儒学的政治化实是关联在一起的。

形态之三：儒学的大众化。自20世纪20年代梁漱溟开启儒学学术化路向以来，不论是20世纪上半叶的现代新儒学，还是20世纪下半叶的台港地区新儒学，其开启者和推进者都是学者型人物，展现为学术性极强的精英之学，而对民间和大众的影响颇为有限。20世纪20—30年代，梁漱溟试图通过乡村建设使儒学走向民间，结果为时局所限制而以失败告终。在最近30年间，随着中国大陆新儒学开展，这种状况得到了很大程度的改变，一批儒学主张者通过创办文化书院、主持电视讲座、运用网络传播、倡导儿童读经等多种方式，使得儒学再次由少数人的书斋和课堂走向广大民众，由精英之学转变为大众之热，在民间出现了"儒学热"和以倡导儒学为主要内容的"国学热""传统文化热""儿童读经运动"等文化现象。这种儒学的大众化，还直接向民众的日常生活渗透，对百姓日用、婚丧嫁娶开始发生影响。周北辰主持的深圳"孔圣堂"，就在2010年5月举办了儒家传统婚礼，按照《礼经》制定了包括亲迎礼、入堂礼、告拜礼、封赠礼、成婚礼在内的一套婚礼仪节。这些文化现象的出现，其动因主要来自两方面：一方面，中国大陆新儒学人物具有自觉的民间意识，强调儒学必须通过大众化，成为广大民众的生活方式，才能真正获得生命力。蒋庆曾用两年时间，为少年儿童主编了一套12册的《中华文化经典基础教育诵本》，在该书前言中就明确地表达了这种民间意识："中国文化的复兴必须从娃娃抓起，儿童背诵中华文化经典，从小在心中埋下中国圣贤义理之学的种子，长大成人后自然会明白中国历代圣贤教人做人做事的道理，即懂得内圣外王、成己成物、知性知天的道理，从而固守之、践履之、证成之，将圣贤的教诲融入自己生命成长的历程，积极地去参与历史文化的大创造，努力做到赞天地之化育而与天地参。"② 另一方

① 周北辰：《儒教现代改制的构想》，载《中国儒教发展报告（2001—2010）》，河北大学出版社2011年版，第229页。

② 蒋庆：《〈中华文化经典基础教育诵本〉前言》，载《读经：启蒙还是蒙昧？》，华东师范大学出版社2006年版，第4页。

面，随着改革开放所造成的中国人生活世界的巨大变化，中国人的价值观念也相应出现了巨大改变：原来占主导地位的马克思主义的主流价值体系，已不能适应新的生活世界，出现了动摇和解构；而中国马克思主义面对这一新情势，在相当长的一段时间内，没有能够及时而有效地重建主流价值体系，因而没有能够及时而有效地增强自己在中国思想世界中的吸引力和凝聚力。正是这样，人们开始从马克思主义之外去寻找新的途径和新的资源，来实现主流价值体系的重建。其中很重要的一点，就是把目光投向与中国人联系最为密切的中国传统文化，特别是中国历史上曾长期作为主流价值体系的儒家思想，从中寻找重建主流价值体系的途径和资源。而后一个方面，可以说是儒学大众化的最根本的动因。

中国大陆新儒学以其强烈的现实参与性，特别是通过儒学的政治化、宗教化、大众化，产生了越来越大的影响，也对作为中国大陆主流意识形态的马克思主义形成了竞争和挑战。这个竞争和挑战的核心问题，不仅是如何对待中国传统文化的问题，而且是关涉中国未来走向何方的问题。方克立在《致第七届当代新儒学国际学术会议的信》中，曾从马克思主义立场出发，明确提出重视研究大陆新儒学与大陆主流意识形态的关系问题，但时至今日这一工作并未受到应有重视、得到深入开展。

七　小　结

通过对近百年来儒学形态与功能变化的总体走向与基本历程的考察和说明，可以发现其中一些带本质性、带规律性的东西，是理解和把握这一变化的关节点。

第一，儒学之所以能够在中国传统社会终结之后，在近现代中国继续存在并得到发展，最为关键的一点，在于其能够与中国社会历史的大变迁相俱进，与中西古今文化的碰撞、交流、融会相伴随，其形态与功能发生了由古代向现代的转换。这种古今之变的发生，固然有赖于儒学内部的因素，但最根本的动因还是鸦片战争后所开始的中国现代化进程。

第二，近百年来儒学形态与功能的古今之变，表明儒学在中国现代化进程中不仅保持和守护了自己的传统，而且变化和更新了自己的传统。尽管在这期间儒家学者对儒学形态与功能有过诸多不同的理解和追求，但又都是在这种古今之变的趋势中展开的，体现着这种传统的变化和更新。因此，这种古今之变，这种传统于保守中的变化和更新，就是近百年来儒学形态与功能变化的总体走向。

第三，近百年来儒学形态与功能的古今之变，经历了一个相当复杂的展开过程，呈现出诸多的历史环节：（一）从经学时代向后经学时代的嬗变；（二）从建立孔教到开创现代新儒学的转换；（三）20世纪30—40年代现代新儒学的兴起；（四）20世纪下半叶台港地区儒学的开展；（五）近30年来中国大陆新儒学的出现。正是这些历史环节，构成了近百年来儒学形态与功能变化的基本历程。

第四，在近百年来儒学形态与功能变化的诸历史环节中，都存在着围绕一定中心问题所蕴含的理论矛盾、所展露的思想分歧，以及儒学人物为解决这些矛盾和分歧所进行的个性化的思考与探索。正是这些矛盾、分歧和个性化的思考与探索，构成了这些历史环节得以开展的内在张力和思想动力。

上述这些关节点，实际上都体现了20世纪中国儒学史研究中历史主义方法的运用。换言之，只有运用历史主义方法，才能对近百年来儒学形态与功能变化做出深入的考察、细致的分析和准确的把握。

［原载《武汉大学学报》（人文科学版）2014年第5期］

大陆新儒学思潮评议

方克立等

2004 年 7 月，当代中国的大陆新儒家学派通过贵阳儒学会讲公开集体亮相，标志着中国现代保守主义思潮发展进入一个新的阶段。十年来，这一派在中国的思想舞台上十分活跃，自称已从边缘走到了中心。对这样一个思潮究竟怎么看？

方克立：2004 年 7 月，当代中国的大陆新儒家学派通过贵阳儒学会讲公开集体亮相，成为中国现代保守主义思潮发展的新阶段、新形态。如果以 1989 年蒋庆在台湾《鹅湖》杂志发表《中国大陆复兴儒学的现实意义及其面临的问题》一文为大陆新儒学之发端，那么这种思潮客观存在已有 1/4 个世纪了。根据社会存在决定社会意识的原理，任何一种社会思潮的产生和发展，都不过是一定社会阶级或阶层的利益、意志和愿望的反映，大陆新儒学思潮也不例外。十年来，这一派在中国的思想舞台上十分活跃，自称已从边缘走到了中心，其影响不容忽视。

今天，我们想请各位就以下问题谈谈自己的看法：大陆新儒家学派提出了哪些政治、经济、文化、教育、社会主张，其核心理念和本质特征是什么？大陆新儒学与当代中国其他各派思想处在一种怎样的相互关系中，包括与主流意识形态的关系，与自由主义的关系，与港台海外新儒学的关系，与大陆学界崇儒而不反马的文化保守主义的关系？他们进行的舆论斗争和社会组织活动有什么特点，在今天中国思想界的影响如何，未来前景如何？今天，我们只能从总体上初步谈一谈，有些具体问题还需要日后深入分析和研究。

一 "崇儒反马"的基本立场

张世保：公开宣称要以儒学、儒教取代马克思主义的主导意识形态地位、宪法确认的指导思想地位，是大陆新儒学最核心的思想观念，也是其最重要、最基本的思想特征。蒋庆在1989年发表的文章中写道，"在当今中国大陆，一种外来的异族文化——马列主义——在国家权力的保护下取得了'国教'的独尊地位"，"儒学理应取代马列主义，恢复其历史上固有的崇高地位，成为当今中国代表中华民族的民族生命与民族精神的正统思想"。2005年，蒋庆在《关于重建中国儒教的构想》一文中又说，要"将'尧舜孔孟之道'作为国家的立国之本即国家的宪法原则写进宪法，上升为国家意识形态；也就是说，恢复儒教古代'王官学'的地位，把儒教的义理价值尊奉为中国占主导地位的统治思想"。

康晓光认为，用马克思主义理论来为共产党执政提供合法性，"实际上是非常困难的"。他提出了"用孔孟之道来替代马列主义"以及"儒化中国"的主张，并且提出"儒化的原则是'和平演变'。儒化的策略是'双管齐下'，在上层，儒化共产党；在基层，儒化社会"。"有一天，儒学取代了马列主义，共产党变成了儒士共同体，仁政也就实现了。"陈明则提出"鹊巢鸠占"说，意指中国的主导意识形态这个位子本来应该是儒学的，现在却被马克思主义占去了，其不满情绪溢于言表。秋风认为，马克思主义意识形态在中国早已崩溃。一个世纪以来，中国人患上了严重的意识形态和后意识形态精神狂躁症，要治疗这种意识形态疾病，就必须根除马克思主义，回归儒家。以"铁杆反马列派"自称的余樟法态度更加激进，在他看来，"马克思主义从理论到实践都不对"，因此对"马家进入和影响中国一个多世纪，高居'宪位'大半纪"的现实强烈不满，要求恢复儒学的正统地位。他寄希望于中共"去马归儒""改邪归正"。

从大陆新儒家主要代表人物的上述言论可以看到，在"崇儒反马"这一点上，他们的立场高度一致。这种公开挑战主流意识形态的立场，虽然得到了一些人的"欣赏"，但其思想主张实在离现实太远，很难得到广泛认同。大陆新儒家十年经营，造势力度不小，但实际影响有限，这大概也是人们更加关注"普世价值""宪政民主"、历史虚无主义、新自由主义等思潮，眼下还没有足够重视大陆新儒学的一个重要原因。

大陆新儒家重视葛兰西关于"文化领导权"的思想，他们非常自觉地意识到自己做的一切工作，都是在为儒家争夺文化领导权。同谁争夺呢？当然是同今天中国掌握着文化领导权的主流意识形态"争"。

为了实现"以儒学取代马克思主义"的目标，大陆新儒家采取了"阵地战"策略，就是要占领网络、报刊、出版社、学校、社团、文艺舞台、新闻广播等文化阵地，把它们变成宣传大陆新儒学思想的工具。《阵地战》一书作者说，在中、西、马三方对阵的"三国演义"中，"官方的主流意识形态处于最弱势的状态"，"节节败退"，"一蹶不振"，儒家主要是在同西方文化争夺文化领导权。这是用讲大话的方法贬低掌握着文化领导权的主流意识形态。其实大陆新儒家一直都是把当今中国的主流意识形态当作争夺的主要对象和"阵地战"进攻的主要目标。西化自由主义不但不是大陆新儒家争夺文化领导权的主要对象，还是他们反对主流意识形态的同盟军。十年来，他们在这方面取得了相当的进展，不仅创办了"儒学联合论坛""儒家中国"等网站，出版了《原道》《儒生》等辑刊和丛书，而且通过兴办书院、举办论坛等方式扩大自己的影响。这也反映出，我们的一些媒体和出版机构"守土有责"的意识比较薄弱。

方克立：有的大陆新儒家代表认为，习近平同志关于弘扬中华优秀传统文化的讲话，是中共"摒弃意识形态""回归中华道统"的标志，是他们"去马归儒""儒化中共"战略取得的一大胜利。这恐怕是他们一厢情愿的想法。其实，习近平同志的讲话传达了两个重要信息：一是新一届党中央非常重视弘扬中华优秀传统文化，指出中国特色社会主义植根于中华文化沃土，与源远流长的中华文化有着深厚的血脉联系，中国共产党人是中华优秀传统文化的忠实传承者和弘扬者；二是强调研究孔子、儒学和中国传统文化，必须坚持以马克思主义为指导，要用历史唯物主义基本观点和方法有鉴别地加以对待，有扬弃地予以继承，取其精华，去其糟粕，古为今用，推陈出新。这是一个鲜明的马克思主义的思想文化继承方针，与大陆新儒家"崇儒反马""复古更化""改旗易帜"的政治文化企求根本不是一回事。

二 "复古更化"的政治诉求

林存光: 当代中国大陆新儒学思潮天然地带有一种强烈的政治意识形态色彩,除了"崇儒反马"外,还有一个特点,就是积极、明确地提出自己的政治主张和具体制度构想。这些政治主张和制度构想,是一种融文化主张、政治理念和宗教诉求为一体的,具有强烈的"复古更化"色彩和"儒化中国"性质的整体方案和行动纲领。

蒋庆的"政治儒学"极力鼓吹儒教"王道政治"的外王理想。他所谓的"王道政治"是一种"'为民而王'的政治","不是由民作主,亦不是以民为本,而是为民众的利益而平治家国天下"。在制度架构上,他构想出了一种中国式三院制的"儒教宪政制度",它由"庶民院""通儒院"和"国体院"组成,分别代表民意、超越(天道)和历史文化三重合法性。蒋庆之所以提出上述中国式的"王道政治"主张和制度构想,主要目的是"复古更化",即"在当今中国恢复古中国圣王之教","'儒化'当今中国的政治秩序"。

康晓光把原始儒家的仁政学说改造成一种"现代仁政"理论。他说,在现实中,儒家认为人和人是不平等的,人和人之间有贤与不贤之分,只有贤人才配有统治权。因此他"反对'主权在民'原则","主张政治精英垄断政治权力",人民大众只能接受儒家精英的统治。康晓光不讳言"现代仁政"就是一种"专政",他称之为"儒士共同体专政",由有贤德的仁者、"儒士"专"儒士共同体之外的人"的政。

蒋庆、康晓光都主张"立儒教为国教",建立"儒家(教)宪政制度",最终建立一个政教合一的"儒教国家"。最喜欢讲"儒家宪政"的还有秋风,在他看来,儒家的政治义理从来都是宪政主义的。他特别推崇汉儒董仲舒"屈君而伸天"的"天道宪政主义",强调儒家追求的政治理想是儒家士大夫与皇权共治天下,即所谓"虚君共和"。他认为,在过去两千年中,"中国正宗的政制理想就是儒家宪政",它已"由儒家士大夫付诸实践",形成了"中国的宪政主义政治传统",近百年来,儒家宪政仍是"中国人构建现代国家之正道",在今天,更应以儒家道统为"现代宪政的价值之源","以宪法延续、守护道统之理念"。

以上集中体现了当代大陆新儒家的政治主张与制度构想。尽管他们之间在具体观点上存在某些差异，但根本政治立场是一致的，其政治意图和诉求非常明显，就是试图重新恢复儒教的"国教"地位，将儒家道统确立为宪法的根本原则，并据此来为当今中国创制立法。蒋庆明确地说，他设计的王道政治方案是一条"儒化"当代中国政治秩序的"复古更化"路线。大陆新儒家所谓的"政治儒学""王道政治""现代仁政""儒家宪政"，说到底，就是要改变我国现行的中国特色社会主义政治制度和政治路线，改旗易帜，"复古更化"，使中国走上"儒教中国""儒士共同体专政"的回头路。

三　"圣人教化"的文化主张

张小平：大陆新儒学有着鲜明的政治保守主义、复古主义特征，正如林存光所说，他们的政治理念与文化主张、宗教诉求是融为一体的，是一个"复古更化"的整体方案和行动纲领。大陆新儒家的文化主张，突出地表现在以下几个方面。

第一，亡教亡文化论。蒋庆认为，一部中国近代史就是一部中国亡文化的历史。近代以来，中国一直在走一条西化的路，"文化歧出"的路，"以夷变夏"的路。一百多年过去了，中国"国"保了，"种"保了，但"教"亡了，文化亡了。他认为，要克服百年来的"文化歧出"，解决亡教亡文化危机，就必须复兴儒学，重建儒教，建立一个儒教社会。把中国近代史说成是一部亡文化的历史，这是典型的历史虚无主义观点。

第二，文化民族主义。有的大陆新儒家学者以拒斥一切意识形态的姿态出现，康晓光却坦承文化民族主义也是一种意识形态，它是一种反对西方化（包括反对马克思主义）、主张复兴儒学（教）、挺立民族文化主体性的意识形态，也可以说是一种"儒化"（儒化共产党、儒化中国）的意识形态。文化领导权争夺战实际上就是意识形态之间的较量。

第三，重建儒教。大陆新儒家认为，中国未来的出路在儒教复兴上。蒋庆提出了复兴儒教的两条路线，一是"上行路线"，走儒教与政治权力结合的道路，争取"立儒教为国教"。他们虽对此有所期待，但不敢抱太多希望，于是又提出了一条"下行路线"，即通过民间社会来重建儒教的道路，其具体做法是，"在民间社会中建立儒教社团法人，成立类似于中国佛教协会的'中国儒教协会'，以儒教协会的组织形式来从事儒教复兴的事业"。

第四，儒化社会。康晓光说，文化民族主义必须完成整理国故、社会动员、制度化三大任务，才能把"儒化社会"落到实处。为此应该采取几项必要措施，除了以"立儒教为国教"为关键措施外，还特别强调"儒学教育要进入正式学校教育体系。小学、中学应该设置儒学基础课程。在高等院校中，与公共管理有关的专业应该设置儒家经典课程。各级党校应该设置儒家经典课程。国家公务员考试应该增加儒学科目"，把人的"儒化"放在首位。

第五，圣贤史观。蒋庆在提倡读经活动时说："圣贤是文化之本，文化由历代圣贤创造。"在他看来，"圣人的理性与凡人的理性是不平等的。圣人之心无私欲障蔽，理性清明虚静，能知善知恶而为善去恶；凡人之心受私欲缠缚，理性浑浊重滞，不能知善知恶"，所以"圣人有天然教化凡人的权利，曰'天赋圣权'，而凡人只有生来接受圣人教化的义务"。他就是用这种观点来指导少儿读经。

大陆新儒家以反对西方文化、复兴民族文化代表的姿态出现，既反对全盘西化，也反对马克思主义，宣称要以儒学挽救世道人心，"为万世开太平"。这对普通民众具有很大的迷惑性，好像马克思主义不灵了，只能从儒学、儒教中去找"立国之本"和重建民族精神的支柱。这与我们坚持走中国特色社会主义文化发展道路，在马克思主义指导下激活、萃取中国传统文化精华（包括儒学精华），让它在建设当代中华民族共有精神家园中发挥积极作用，完全是南辕而北辙，在两条道上跑的车。

四 保守主义的激进形态

刘东超：方老师曾多次阐述和论证中国现代自由主义、保守主义和马克思主义三大思潮对立互动的基本格局。我们可以把当代大陆新儒学思潮放在这一格局中进行观察，这样可以较为准确地对它进行定位。

大陆新儒学思潮从属于这一格局中的保守主义，是其中的一个支派。当代中国保守主义主要包括两大潮流：一个是当代儒学思潮，一个是当代宗教思潮。就体量来说，后者远大于前者，其中任何一个传统宗教思潮都比当代儒学的社会影响和现实力量大得多。不过，宗教思潮大多不对现实政治问题发言，尤其不对意识形态主导权提出明确要求，因而与马克思主义、自由主义在政治思想上的对峙和竞争要少一些。当代儒学思潮中的少数人则有明确的政治意识形态诉求，所以也特别引人注意。

"五四"后的中国现代三大思潮，发展到今天，内部都有左、中、右之分野，当代儒学也是这样。所以在今天，三大思潮对立互动的格局比20世纪要错综复杂得多。就当代儒学来说，根据地域大致可分为两支：一支是港台和海外的新儒学，一支是大陆的儒学复兴思潮。前者主要由唐君毅、牟宗三、徐复观、方东美、钱穆等人的弟子和再传弟子为代表。后者则指从20世纪80年代以后在我国大陆开始出现的儒学复兴运动，其中又可以分为两个支派：一支是右翼激进派，即以蒋庆、康晓光等人为代表的大陆新儒家；另一支是中、左翼温和派，主要为大陆学界有文化保守主义思想倾向、尊孔崇儒但不反对主流意识形态的人士，其中不乏主张儒学与马克思主义"合则两利，离则两伤"者。他们不是与"崇儒反马"的大陆新儒学公开划清界限，就是谨慎地与其保持距离。"儒马"关系问题已成为当代儒学研究的一个前沿课题，依据对这个问题的不同回答，学界从左到右的学派分野十分明显。在中国大陆学者中，持马克思主义儒学观的还是多数。主张"复兴儒学"的文化保守派，对待主流意识形态的态度，也有温和与激进之分。当然，不能排除有游走于二者之间者，就是在大陆与港台和海外学者之间也有互相游走（交流）现象，如杜维明就担任了北京大学高等人文研究院的院长，也有港台学者在大陆高校兼职，或在民间开展读经工程活动的。

上述分析表明，即使在保守主义阵营中，以蒋庆、康晓光等人为代表的大陆新儒学激进派也是人数较少的一支，在自由主义、保守主义和马克思主义三派格局中，其力量显得更小。但他们的名声却并不太小，这与他们善于炒作、造势，好用大言、古语来自我标榜，喜以激烈观点、言辞吸引人们的注意有关。另外，他们具有比较强烈的团体意识，在一些问题上抱团出击，有时也能产生一些意想不到的效果。

方克立：我曾把大陆新儒学看作是现代新儒学运动的第四阶段，把蒋庆、康晓光等人称为第四代新儒家。就中国现代三大思潮格局中的发展谱系来说，大陆新儒学无疑是中国现代保守主义思想发展的一个新阶段，一种新形态，是前三代新儒学思想的继承和发展。其代表人物大都是通过阅读现代新儒家的著作，受到他们思想的启发和接引而归宗儒学的。但是，在不同的时代和生存环境中，它也确实表现出一些不同于前辈思想的特点，如从"心性儒学"到"政治儒学"，从"复兴儒学"到"重建儒教"，政治保守主义、复古主义的特征更加突出，它批评港台新儒学是一种"西化"的儒学，而要求更加纯粹的"中国性"，等等。

刘东超提到杜维明在北京大学任职，我注意到杜维明也曾多次批评蒋庆的"政治儒学"，将其视为儒学在大陆发展面临的最大威胁。蒋庆坚持"要马统则不能有儒统，要儒统则不能有马统，两者不可得兼"；杜维明20多年前就主张儒学要同马克思主义对话，最近他和汤一介共同主持一个"儒学与马克思主义"课题，力图在这两个伟大的人类思想成果之间找到相融相通之处，找到结合点。这是后辈比前辈更激进、前辈比后辈更理性的一个例子。

我们既要看到大陆新儒学与20世纪现代新儒学的学脉渊承关系，也要看到其鲜明的个性特征，在当代中国三大思潮对立互动的更加错综复杂的格局中对它进行准确定位。

（原载《中国社会科学报》2014年7月30日）

大陆新儒家的变异与虚幻

谢青松等

自 2004 年贵阳儒学会讲算起，大陆新儒家正式成为中国社会的一股思潮已有十余年时间。十余年来，大陆新儒家的宗教化倾向和试图介入现实政治的意识日益明显。随着 2015 年 11 月"中华孔圣会"的成立，大陆新儒家的团体化程度显著提升，他们力图"儒化"社会大众并影响现实政治。究竟该怎样看待大陆新儒家？记者与相关专家学者进行了对话。

一 名义上是儒而实质上非儒

《中国社会科学报》：当前思想界活跃的大陆新儒家，与传统儒家以及 20 世纪 20 年代以来的现代新儒家相比，区别何在？

张师伟：大陆新儒家本身是西方学理影响与本土文化保守倾向相结合的产物。它产生的背景有两个方面，一是西方话语在中国的政治、法律及宗教等领域逐步扩大的学理影响，中国学者对西方理论资源的获取日益深入、系统；二是中国国力的提升，从某个方面唤起了文化保守主义者复古的热情。蒋庆于 1989 年在《鹅湖》发表的长文《中国大陆复兴儒学的现实意义及其面临的问题》，可以看作是大陆新儒家自觉建构其理论体系的开始。从那时起直到今天，大陆新儒家始终表现出一种"寻根意识"，即到中国的传统儒家思想中去寻找某些西方概念的源头，并努力将儒家传统的思想资源解释成具有"普世性"的理论。他们或以宗教学的理论来解读传统儒学，或将传统儒学解释成西方国家历史上的国教，或将传统儒学解释成西方宗教理论家所说的公民宗教，或以政治学、法学的理论来解读传统儒学，试图在传统儒学中找到所谓普遍的自由、民主、宪政、共和等。大陆新儒家所表现出的这种无中生有的"寻根意识"，传统儒家不可能具备，此前的现代新儒家也未曾出现。因此，虽然大陆新儒家自认为是儒家，钟情于儒家，并执着于从儒家寻找"普世"理论命题，却终究难以摆脱名义上是儒而实质上并不是儒的尴尬。学界已经有人直言不讳地指出大陆新儒学并非真儒学，大陆新儒家也并非真儒家。

《中国社会科学报》：除了从传统儒家思想中探寻西方概念之外，大陆新儒家在其理论上还有哪些"新"的地方？

柴文华：大陆新儒家自认为其"新"，不仅是自以为从传统儒家中发现了"普世性"的命题，也表现为问题意识的转换，即站在儒家的立场重新审视中国近代以来的社会和文化发展，对过去的革命叙事和自由主义叙事进行反省。在同时拒斥马克思主义与自由主义的基础上，他们提出了重新回到康有为思考的"国家""国族""国教"问题的主张。但是，他们口号多于建构，理论姿态超过了实质内容。与传统儒家以及他们要超越的熊十力、牟宗三等人相比，大陆新儒家缺乏成熟的、系统化的理论形态，其理论形态还是青涩的。他们所提出的，只是"政治儒学""重建儒教""回到康有为"等观点，并没有令人信服的充分论证，理论上远未形成系统，这是他们的先天不足之处。

宋宽锋：一些大陆新儒家虽然热衷于凸显康有为的致思框架与现代新儒家的思想理路之间的本质差异，但想象和主观投射的成分多于事实。其代表人物蒋庆提出了"政治儒学"与"心性儒学"的区分，认为"政治儒学"能扭转"心性儒学"过于内向自省的倾向，并可以推动现实政治的变革。他把牟宗三等归为"心性儒学"的代表，把康有为作为"政治儒学"的代表。其实，蒋庆的这一区分，既缺乏儒学史上的有力根据，也与儒学的基本特质不相契合。我们看到，在《论语》里，孔子说过"修己以安人""修己以安百姓"这样的话，但他从来没有把"修己"与"安人""安百姓"割裂开来；相反，强调"修己"与"安人""修身"与齐家治国平天下，内圣与外王之间的统一，正是儒学之为儒学的主要特征之一，这种统一的完美境界，也是儒学始终追求的理想。不仅如此，"心性儒学"与"政治儒学"的区分也引起了一些无谓的争辩和思想的混乱。

《中国社会科学报》："政治儒学"的提法虽无充足的学理支持，但体现了大陆新儒家的政治态度和学术视野。在这两个问题上，大陆新儒家还有什么独特之处？

　　谢青松：相比于传统儒家，大陆新儒家还有两大特点：一是热衷于"进入到政治权力中心"，为当代中国重新规划政治蓝图。以蒋庆为代表的大陆新儒家在"政治儒学"的义理框架下，提出了"儒教宪政"的政治构想，甚至提出了明确的制度设计（如用"议会三院制"取代现行的人民代表大会制度等）和具体的行动计划（重建儒教的"上行路线"与"下行路线"）。显然，大陆新儒家比传统儒家有着更为清晰的政治诉求。二是大陆新儒家关注的视域更广，内部的分歧更大。由于大陆新儒家的职业分布和学科背景十分复杂，这就使得他们的视域更加广阔、学术方法更加多元，论域也由哲学及伦理学向政治学、法学、经济学、社会学甚至民族学等领域开拓延展。正因如此，与港台新儒家相比，他们内部在学术范式和思想观点上的具体分歧也更大，有的甚至明确否定自己是"大陆新儒家"，故而对他们的界定和分析也更加困难。

二　夸大儒家文化功能，背离儒家人文主义

　　《中国社会科学报》：从诸位以上的分析，可以看出，大陆新儒家虽然"标新立异"，但是理论根底不深、思想较为混杂。可否进一步剖析一下大陆新儒家的文化观？

　　谢青松：大陆新儒家的文化观可表述为"儒家文化优越论"与"儒家文化偏至论"。从正式浮出水面之日起至今，大陆新儒家始终固执地认定"中国文化的精髓就是儒家文化"，"作为入世之学，儒家在人类文明史上无可匹敌"。他们在讨论中国文化时，将中国文化狭隘地理解为儒家文化，甚至有意拒斥其他的文化传统，这显然疏略了中国文化的多样性，也是对其他文化（如诸子百家、各少数民族文化）的不尊重。与此同时，大陆新儒家认定"儒家和中国可以画等号，儒家命运与中国命运完全一致"，"只有儒学才能救中国"，显然夸大了儒家文化的历史功能，也落入了把各种问题简单化约为文化问题的思维定式当中。"儒家文化优越论"及"儒家文化偏至论"也使得儒家文化负荷过重，在客观上并不利于儒家文化的弘扬与复兴，甚至可能激起人们对儒家的反感，其结果只会事与

愿违、背离初衷。

《中国社会科学报》：前已说过，大陆新儒家既有浓厚的文化保守倾向，同时也深受西方学理影响，那么这种影响如何反映到其具体的主张上？

张师伟：大陆新儒家已经脱离了传统儒学的社会及历史背景，脱离了传统儒学对人的整体性影响，他们自己悟得的儒家学理已经是一种纯粹逻辑化的知识结论，由此提出的种种主张也并非来自传统儒学的直系血脉，而是以西方话语为底色的。例如，大陆新儒家的一大主张就是立"儒教"为国教，其实国教恰恰是典型的西方古代现象。国教在西方古代的存在，一方面是政权确认某种宗教为国教，使其获得垄断性政治地位，国教提供垄断性教义，以支持特定政治势力，并因此而成为政治之魂魄；另一方面是人们的政治判断普遍从国教教义中推导出来，政治以国教教义为精神与原则指导，并因此成为国教的工具。站在教权角度的国教想象，唤起了大陆新儒家对儒家独尊时代的、变形的历史记忆。不过在古代中国，儒家始终只是王权或皇权的襄助者，扮演辅佐角色，并不具备以教决政的国教地位。大陆新儒家主张使儒教获得国教地位，实质上不仅背离了儒者"尊王"的政治传统，而且也背离了儒家人文主义而非神文主义的根本立场。

三　走向宗教化

《中国社会科学报》：大陆新儒家一直呼吁立儒教为国教，并且积极进行这方面的尝试。2015 年 11 月成立的"中华孔圣会"，是一个标志性的事件。对这一事件应当如何看待？

谢青松：这两年中，大陆新儒家最大的造势活动当属"中华孔圣会"的成立。2015 年 11 月 1 日，大陆新儒家在深圳成立了以"尊孔崇儒，弘扬传统，重建信仰，复兴中华"为宗旨的"中华孔圣会"。"中华孔圣会"的负责人明确表示其创会的目的就是要重建儒家的现代组织形式，重新塑造儒家的现代存在形态，使其成为中国人自己的民族信仰。他还称将在全国（乃至全世界）各地创建以传道为目的的"孔圣堂"，道场分为中心道场、社区道场、家庭道场三级，定期举行讲经、宣道、同契、礼仪、传道等活动。不难看出，其组织形式和传教方式均有意模仿了西方宗教的做法。除了严密的组织架构（该会下设教义部、礼乐部、宣教部、儒商部、外联部等 12 个机构），"孔圣会"在现实层面的基本诉求，就是从事儒家文化的"三化"（生命化、生活化和社会化）、"四进"（进学校、进社区、进乡村、进企业）运动。显然，此举意在用孔孟之道教化民众，最终目的是把儒教确立为国教。

张师伟："中华孔圣会"的成立或可视为儒教从理论提倡走向实践的一个拐点。从此，大陆新儒家就建构了一个联合海内外各层级文化保守主义的、向民间思想市场进军的桥头堡。这个桥头堡一方面聚集了大陆新儒家以提倡"儒教"为核心观点的组织核心，另一方面又凝聚了民间自发兴起的国学热的各方面代表人物，还吸引了许多同情或支持传统文化复兴的社会力量，在外观上形成了一个理论资源、资本资源及人力资源集于一身的、实践取向的准宗教的组织形态。

应当指出，两千多年来，中国历史上从未有过儒家的宗教道场，儒家之信仰见于日用伦常，祭孔并非视之如神，而是仰之为圣，历来尊孔崇经不过是要求日用伦常践行仁义礼法，而从未以有形之宗教道场为儒家信仰的表现形式。"中华孔圣会"怀揣一个西式的教士心，虽然很推崇孔子，但视孔子为耶稣一类，未免就在根本上偏离了儒学的中国心，异化了儒学实践理性的本质，从而成了一种对中华民族优秀传统文化的异化。

《中国社会科学报》：大陆新儒家提出过许多主张，其中大部分只是带有明显倾向的言论，为何宗教化的主张却能得以实施？

宋宽锋：大陆新儒家的宗教化，是其介入现实的强烈思想倾向的必然结果。原因在于，大陆新儒家宪政主张的虚幻性是显而易见的，在其所有主张和尝试之中最具可行性的大概只有"儒教论"。进一步说，大陆新儒家既非哲学理论，他们远未达到那样的高度；也非意识形态，因为意识形态的旗帜是真理与科学，而不会以宗教自我标榜；也非学术流派，因为没有坚实的学理支撑。但是大陆新儒家三者的成分又都有一点，表现出很大的混杂性，加上他们热衷于向普通民众展开传播活动，所以有点像传统中国带有世俗性质的民间宗教。可以说，大陆新儒家在哲学理论建构、学术研究和意识形态三个方面的努力都将没有结果，唯一可能成事的就是弄出个类似教会的组织。

四 应对之策有破有立

《中国社会科学报》：近年来，大陆新儒家的一系列言论和活动，包括"中华孔圣会"的成立，已在学界和民间造成了一定的声势，对此应当如何应对？

谢青松：面对大陆新儒家，不能简单地予以肯定或者否定，而是有必要对其加以理性分析和客观审视。在当代中国，各种文化思潮纷纷涌入，不同的文化思潮都以不同的声音和方式陈述着自己的合理性。"复古派"固然是异想天开，"西化派"注定了此路不通，"唯马独尊派"也难以自圆其说。事实上，马克思主义（"马学"）、中国文化的生命整体（"中学"）、国外或其他民族的先进学术思潮（"西学"）三者之间，既不是封闭僵化、互不相关的独立体系，也不是折中主义的"平庸的调和"和无原则的混合；而是建立在"许多规定的综合"和"多样性的统一"基础上的"三流合一"与"综合创新"，亦即"辩证的或有机的综合"。为此，有必要采取"对话"的方式，提倡在融通中、西、马的基础上，走文化上的综合创新之路。方克立先生于2006年提出的"马魂中体西用"（亦即"马学为魂、中学为体、西学为用，三流合一，综合创新"）论突破了传统文化体用观中西对立、体用二元思维模式的局限性，创造性地用"魂、体、用"三元模式来表述中、西、马三种文化传统、三大文化思潮之间的关系及其在当代中国文化建设中所处的地位，在客观上把坚持马克思主义的主导性、挺立民族文化的主体性和坚持对外开放的文化方针三者有机地统一起来，旨在实现对传统的创造性转化和创新性发展。

可以肯定，"马魂中体西用"的提出是对近代以来中国思想文化界有关文化体用问题探讨的继承、变革和超越。我们应当清醒地认识到，"马魂中体西用"是马克思主义传入中国并取得主导意识形态地位之后的客观事实，也是近代以来中国文化发展和转型的必然选择。不难看出，今天中国文化建设所走的道路就是"马魂中体西用"的文化发展道路，亦即坚持以马克思主义为指导思想，以中华民族优秀文化传统为深厚根基，以外来积极健康文化为有益补充的中国特色社会主义文化发展道路。

为此，我们要着力论证和大力提倡马克思主义立场的"马魂中体西用"文化观，在此基础上建立"马魂中体西用"学术新范式，并以此作为当代中国人文社会科学研究的主导学术范式。总之，"以立为破""以立代破"，这是我们应对西化派和复古派的根本路径。

张师伟：马克思主义中国化虽然难以避免与大陆新儒家在如何对待传统儒家优秀文化方面的观点分歧与态度差异，但又不必过于在意大陆新儒家对待传统儒家优秀文化的绝对崇拜的宗教态度。马克思主义理论与以民间文化自居的大陆新儒家之间的争论，在结果上都是强化了大陆新儒家的存在感，提高了其理论影响力。

对于宗教性的崇拜而言，实事求是的科学探讨就是最有力的应对举措。科学的讨论，一方面要集中在深入细致地研究和探讨中国优秀传统文化，编撰马克思主义的儒家思想史、经学史等，合理地评价儒家经学及历代圣人的卓越贡献及思想局限；另一方面要分析和解释"儒教论"的不严谨和结论上的不客观。

其实，中国历史上根本不存在类似西方历史情景中的国教或者公民宗教这样的事物，把传统儒家打扮成西方历史上的公民宗教或者国教是严重背离历史事实的。

（原载《中国社会科学报》2016 年 6 月 21 日）

当代儒学对五四遗产：图穷匕首见？

刘悦笛

近期有两个事件值得关注：一个是年初台湾儒家李明辉那篇《我不认同"大陆新儒家"》的访谈，似一石千浪，大陆新儒们群起反击从而渐成"学术共同体"；另一个则是纪念五四运动96周年，今年"反思五四缺憾"的文章在新媒体上位居主流，竟强势于正面的缅怀。

其实，这并不是两个孤立的事件，二者还是有着深层历史关联的。因为五四"打倒孔家庙"吁求早已使得保守派与革新派剑拔弩张，而儒家作为始终未断的传统，如今则展现出其历史的反作用力。目前大陆儒家以"政治儒学"为主导，以反驳港台新儒家所力主的"心性儒学"，而牟宗三及其门徒则始终期望通过"内在坎陷"来开出科学民主，但当今大陆新儒们的主流则要对民主科学之失加以审思。他们要让民主政治让位于更好的王道政治，因为民主政治是使政治脱离道德的最主要的制度设计，而本土化的"政治合法性"恰恰体现于道德价值上面，"政治儒学"由此而得以全面出场。

有趣的是，大陆"政治儒学"与港台"心性儒学"的对立，并非看上去那么决然对立。从历史上来看，"心性儒学"孕育了"政治儒学"，后者是前者的学生，没有港台的心性化儒学的滋育就没有儒学政治化的新构。更有趣的是，大陆儒生们作为门外弟子却没有一个真传牟派，而是偏向于政治之维。从理论上观之，"政治儒学"又发展了"心性儒学"，更准确地说，前者是后者的一种纠偏式的发展，因为此前三代儒家皆主攻心性，如今终于可以偏重政治了，这就是其从内圣转向外王的历史发展逻辑。

"政治儒学"与"心性儒学"之分，往往被赋予地域定位，所谓大陆政治儒学与港台心性儒学是也。实际上，二者之间的争辩，也许并不是地域（大陆与港台）思想之争，而是儒学主流从康有为时代的政治化儒学，转向牟宗三时代的心性化儒学之后的又一次"历史摇摆"而已。蒋庆自己较早将"心性儒学"等同于生命儒学传统，将"政治儒学"等同于制度儒学传统，但古典的心性与现代的生命概念似难以等同，政治也不全然与制度同一，而蒋庆让政治脱离心性的整体努力，应该说还是相对成功的，难怪无论是大陆的同道们还是台湾的反对者都基本接受这一基本的划分。

即使蒋庆在近日回应李明辉时仍承认，"心性儒学"要高于"政治儒学"，前者的挺立才是后者实现的前提，但他仍然已经将心性与政治截然两分了。按照蒋庆的辩解，中国式儒教宪政最终有赖于一代儒士君子，且不说这里有多少"文化决定论"的影子，但是其潜台词却是：制度乃是人造，儒家政治的合法性终由儒者决定，而儒者必定受"心性儒学"的濡化而成。他还明确表示，假若中国的政治儒学有朝一日真实现了，那将仍是"心性儒学"的天下。按照这种理解，政治与心性两派儒学似乎并不是冲突的，蒋庆也提出"并建论"："心性儒学"以挺立道德生命，"政治儒学"以建构王道政制，实现前者就要复兴"阳明学"，实现后者则要复兴"公羊学"，阳明学与公羊学并生则是蒋庆的较新说法。

问题并不在于蒋庆这种折中化的姿态，看似是心性与政治两维并重，但其内在的缺憾，仍在于人为地割裂了从仁心到仁政、从仁政回仁心的双重关联！从蒋庆那里得以开启的当今儒学政治化之路，"内圣之学"与"外王之学"乃被置于二元论格局当中。当今政治儒学显然隔断了心性之"德"与政治之"术"的贯通联系，不若康有为那时的政治哲学之道术仍未割裂，所谓"礼教伦理立，事物制作备，二者人道所由立也。礼教伦理，德行也。事物制作，道艺也"。

实质上，"心性儒学"与"政治儒学"的分殊，仍不外乎儒家之"内圣—外王"的张力构架。尽管"政治儒学"强调不走"心性儒学"从内圣通外王之老途，但是，他们所走的内圣与外王"平列"之新路是否可能？如果没有心性的内在挺立而外化为政体，政治儒学的体制设计是否更易走向法家的流弊？如果不为政治提供可以与之衔通的道德依据，那又与西方制度构建何异？

因此可以说，"心性儒学"与"政治儒学"的两派之争，并不在于侧重于"心"还是主攻"政"，而是对待西方民主与本土外王的态度：并不在于要不要民主，而在于要不要西式的民主？也并不在于要不要外王，而在于如何要本土的王道？这才形成了两派拉锯战的争夺之地。按照这种中西之间"非此即彼"的思路，两派也据此得以分殊开来，这背后又涉及对启蒙与反启蒙的基本理解。

"政治儒学"对前三代儒家的批判，也在于对于他们的启蒙姿态之批判。从致力于"乡村建设"的梁漱溟、致力于"制宪立法"的张君劢到致力于"哲学原构"的牟宗三及其后学，都被认为无条件地接受西方民主的义理价值，而由此类的理念建构而成的政治体制被认为更是西式的，从而脱离了传统儒家王道的义理与体制。民主价值与体制建制乃为启蒙的产物，从五四运动以来曾被广为接受。如今从儒学自身角度出发，应该对五四所做之事加以反思：五四不仅是对于孔家价值的全盘清算，而且也是对西方价值的变异接受，二者皆要反思。更值得反思的是，延承了保守主义的新儒家们为何走的仍是"中体西用"之路？在对"西用"的接纳里为何对民主科学毫无反省而加以采纳？

照此而论，以牟宗三为主帅的新儒家们的主张，似乎与新旧自由主义者都更接近，起码在科学民主的推崇上都不出四五之阈。所以大陆儒家陈明也说，五四是左右两派共同的"思想图腾"，也是两派共同的"思想罩门"，必须戳破这点中国思想界才会成熟。然而，五四的遗产在多大程度上需要继承？在多大程度上需要反叛？这就直接关乎如何看待启蒙的问题，而当今儒家们大都走上了反启蒙之路，因为他们反对牟派的地方就在于，认为前辈们所做的不过是在接受了西方政治体制前提之下，给出了某种本土化的道德性的补充而已。

那么，启蒙需不需要反思呢？当然要反思其消极面，但更要积极承继其积极面。启蒙就是要自主地掌握理性，过度理性化之毒当需去解，但中国的问题仍是理性掌握之不足。因为从五四运动以来，中国启蒙的任务尚未完成。这种判断，并不是独属于自由派，自由派主张要实现启蒙规划，从历史实情来看启蒙之重任尚且艰巨。当今迷信的卷土重来，那就是"科学启蒙"不足，"文革"的遗风遗韵，那也是"民主启蒙"不够。尽管反思启蒙的那些后现代思潮，与中国前现代的智慧有些许近似处，但是中国社会的健康发展如果现在就把"启蒙命脉"掐断了，构成社会发展的基础之"基本"就会被无情消解掉了，那么，任何左右、中西、古今的思想论辩都将成为真正的空谈泡影了。

俗话说得好，"饱汉子不知饿汉子饥"！如今对于民主科学大加挞伐的人士们，大概忘记了你们就生活在这个"西体"之上。当然，这个"体"，就是李泽厚所谓"西体中用"意义上的那个体，是指人类生活实践本身，也就是社会存在的本体。无论我们怎么反对李泽厚的"吃饭哲学"，但是他说人民大众的衣食住行、日常生活才是任何社会生存、延续、发展的根本所在，这一点大概怎么都不会被动摇。然而，目前的某些学人大概就是要动这个"体"，但此"体"一动，毛将焉附？此乃"大体"也！

在当今中国，启蒙与反启蒙之对峙也可能变得有点尖锐。陈明把李泽厚、余英时等人都叫作"五四下的蛋"，认为他们的价值坐标都是五四建立起来的，这个比喻其实来自崔健的歌名"红旗下的蛋"。当我追问李泽厚本人有何反应时，他"开玩笑"地回说：如果我是五四下的蛋，陈恐怕像张之洞放的屁，蛋还可实存着，屁却会像轻烟般地消失掉。尽管这仅仅是"笑谈"而已，但关键是其中却包含了某种深意：陈说你与余是死保着五四的"德赛先生"不放，蒋庆他们则要放弃这些五四遗产；李则讽刺陈不过是中体西用的简单重复而已：抱着"中体"开始拒绝"西体"，尽管自己坐享启蒙成果，却站着说话不腰疼。大概就是这番意思，此话我也私下转给了陈明，陈说没什么关系，大概李先生动了真气，我回说应该不会，只是一种讽刺意义上的反唇相讥而已。

回到严肃的话题，当今儒家的发展，并不是接续"前现代"的保守派儒家，它一方面还应是"现代启蒙"的产物，另一方面仍要与"启蒙成果"相互嫁接，尽管同时也要警惕启蒙之"后现代化"恶果。当今儒家与非儒争辩之焦点，其实并不在于是否要参与国家制度与国族身份的建构，反倒在于对待科学与民主的基本态度上。如何处理五四之后的启蒙遗产，还有对待理性启蒙的根本判断，大概已成为各派思想内外分殊的试金石了。

康有为的思想实验可以作为当今儒学建构的比照。当年他也曾被讽刺为"阳尊孔子，阴祖耶稣"，这是守旧派朱一新批康而康自己归纳出来的。这里的耶稣泛指西学，其实康本人是反耶教的，但是他那种擎着儒家面具而实施西化民主之实的做法，如今看来也不无借鉴意义，或者说又被大量翻版了。从心性论的高度来看，康有为甚至很难被称为儒家，然而，他却致力于构建出一种中西合璧式的儒家政治哲学。当今"政治儒学"的建构者们所幻想的各种方案，也同样与康有异曲同工之妙，但不诉诸"内圣"之挺立，那恐怕也难逃"阳孔阴耶"之类的指责。

在此只引述一处，康有为在《孟子微》的总论中便明言："此孟子立民主之制、太平法也。盖国之为国，聚民而成之，天生民而利乐之。民聚则谋公共安全之事，故一切礼乐政法皆以为民也。但民事众多，不能人人自为公共之事，必公举人任之。所谓君者，代众民任此公共保全安乐之事。为众民之所公举，即为众民之所公用。民者如店肆之东人，君者乃聘雇之司理人耳。民为主而君为客，民为主而君为仆，故民贵而君贱易明也。众民所归，乃举为民主。如美、法之总统得任群官，群官得任庶僚。所谓得乎邱民为天子，得乎天子为诸侯，得乎诸侯为大夫也。今法、美、瑞士及南美各国皆行之。"这也是挂羊头卖狗肉的政治手法，康有为脱离了心性之学的路数，建构出一种自由主义化的现代政治儒学，可谓是开了当今"政治儒学"的先河，也确为大陆儒学建设提供了某种范式。

关于如何看待当今的儒学复兴问题，想再多说一句，牟宗三曾引述陈荣捷在《近时中国之宗教趋势》当中的三个论点，而今看来也颇具讽刺。说的是"国教运动"之失败的历史结果："一是使孔教为制度性的国教之努力从此结束"，"二是传统的祭天与祭孔之礼之结束"，"三是孔教根本不是宗教（不可作为宗教观）"。牟引述陈文然后感叹道："如果中国人只反对孔教为国教，以及反对其为宗教，则孔教之陷落亦不过一时之激动，尚不是决定性的。无奈中国人复进行其毁坏，并其为一文化力量而反对之。"牟所指的首先就是五四运动后的每况愈下，儒家由此不再能成为"积极而建设之力量"了。

非常有意思的是，在复兴儒学之帜从港台到大陆接续而起的时候，历史似乎却在倒退。大陆新儒家恢复制度性儒学是其一，祭孔虽恢复已无宗教意义（而仅有文化意义）是其二，儒教与儒学之新争则是其三。说到以儒为教，目前，那些"因信称义"的儒生还少吗？多乎哉？越来越多矣！

　　尽管我们并不赞同那种线性的历史进步观，但是历史该如何前行而不走回头路，据何种思想而行才是切实可行的，仍是横亘在自由派、新左派与保守派面前的共同难题。即使儒家要"返本而开新"，大概也不是回到原本，亦无法回归原始，而只是借古说今而已，从而在新的历史基石上进行新的创生，大陆儒学的确任重而道远。

　　　　　　　　　　　　　　（原载《中华读书报》2015 年 6 月 4 日）

科学认识儒学　正确判断本质

——访南开大学历史学院教授张分田

本刊记者

　　近年来，弘扬传统文化的声音一浪高过一浪，不论学界还是政界，都有一些"任性者"有意无意地在取消"优秀"二字的背后，贩卖传统文化中的糟粕，这已经不仅仅是字面上说说而已；在现实生活中，早已被扫进历史垃圾堆的沉渣又重新泛起。比如：有学校要求学生集体磕头读经，如果不跪拜，会被校方"在大会上严厉批评"；有商家在弘扬传统文化的外衣下兜售封建糟粕，如在某国学馆"女德班"拜师礼上，"女人们列队向孔子像下一个神情肃穆的男子鞠躬、叩首"；等等。这些现象，值得我们深刻反思。

　　以科学和民主为旗帜的新文化运动已经过去一百年了，然而"复活"封建礼教的闹剧仍在上演，许多人仍然看不清或不愿意承认封建礼教"吃人"的本质；只知道儒家有"仁者爱人"的说教，不知道儒家还有"仁者杀人"的理论。就中国传统文化特别是其中的代表——儒学，在中华民族走向伟大复兴的征程中，从整体上讲是"推动力"还是"绊脚石"，儒学的"核心""本质"究竟是精华还是糟粕等问题，我们专访了著名学者——南开大学历史学院张分田教授。

　　采访者：近来国内学界对传统文化特别是儒家文化推崇备至，像找到了社会和谐以及实现中华民族伟大复兴的理论支撑。儒家文化真有那么大的力量？果真如此的话，儒家文化为什么没有将中国带到现代化？您是研究中国历史、文化的专家，对传统文化研究有很深的造诣，请您谈谈自己的看法。

　　张分田：儒家学说是一种极其重要且极其复杂的历史现象。唯有科学地认识儒学，才能正确地对待传统。我们必须将本质判断置于首位，避免全局性的误判。判定儒学的本质要有事实依据，下面我们将围绕事实来进行判断。

一　"孔子尊君"乃古人之定评

采访者：有一种"孔子民主"的说法。您怎么看？

张分田：孔丘是儒者宗师，而"孔子尊君"乃古人之定评。这是判定"儒学专制"的主要依据。

从《左传》《论语》《孟子》《史记》的记载看，孔丘赞美西周王制，阐发"文武之道"，论证"君臣之义"，抨击"礼崩乐坏"，儆戒"乱臣贼子"，主张"为国以礼""贵贱不愆""事君尽礼""以道事君"，倡导"君君、臣臣、父父、子子"。据说他作《春秋》"以明王道"。弟子们也称颂孔学为"百世之王，莫之能违"。孔丘论证"天无二日，民无二王"，将"礼乐征伐自天子出"视为理想境域，曾为强化鲁国公室而"堕三都"，被敌国视为"为政必霸"的卓越人才。孔丘的许多学生及子孙担任诸侯或大夫的师傅佐辅，他们使孔丘扬名天下。作为那个时代一位博学、睿智、求实、进取的政治家、思想家和教育家，行道以尊君是孔丘的政治抱负和治学宗旨，他无愧于"孔子尊君"之赞。

战国诸子多有非儒之论，却没有人否认"孔子尊君"。汉唐以来，"孔子尊君"乃是朝廷之定见、儒者之定论和世人之定评。历代儒者都将是否符合"孔子尊君"的特征，作为判定真伪儒学的主要标准。就连抨击儒家的无君论者也将尊君视为"圣人"的莫大罪过。

孔丘生活在特定历史时代，他主张天子集权、尊君重道属于正常现象。实事求是地评说"孔子尊君"，不会贬低他的思想成就。如果将他的思想解读成"反专制""讲良主""倡自由"，反倒成了主观臆断，弄虚作假。

二　儒家的共性是维护尊者专制

采访者：许多学者认为官方儒学是专制的，而孔孟儒学是"反专制"

乃至"民主"的。这种说法成立吗？

张分田：将儒学截然劈成"民主"与"专制"两块，用同一个概念指称两种本质相反的学说，这在形式逻辑上就是错误的。

作为一个分析学派的概念，"儒家"泛指以《诗》《书》《礼》《易》《春秋》为经典并恪守其核心价值的儒者，主要代表人物有孔丘、孟轲、董仲舒、孔颖达、朱熹、王守仁等。历代名儒的共性是判定儒家学说本质属性的主要依据。

儒家学派，门户繁多，流派丛杂，变化纷纭，概括儒学的特征并非易事。例如，司马谈用"序君臣父子之礼，列夫妇长幼之别"论说"儒家"的特有属性，而历史事实是：他所说的"墨家""法家""阴阳家""名家""道家"中的多数也讲究这一套。又如，班固用"留意于仁义之际"论说"儒家者流"，许多学者将"讲仁义"视为儒家的特有属性，而历史事实是：孔丘之时还没有"仁义"这个词，张扬仁、仁义的也并非仅限于儒家。又如，许多学者称"儒家讲王道，反霸道"，而历史事实是：孔丘对秦穆公之"霸"的评价很高，有"虽王可也"的赞语。荀况、陆贾、董仲舒、桓谭、李觏、司马光、陈亮、陆九渊等历代名儒都认为"霸""霸道"具有正面价值及现实意义。又如，许多学者称"儒家讲性善"，而历史事实是：《三字经》的"人之初，性本善"只反映孟轲一派的观点。包括孔丘在内的先秦、汉唐名儒大多不赞成性善论，如荀况讲性恶，董仲舒讲性三品，扬雄讲性善恶混。就连推崇《孟子》的张载、朱熹也明确指出：孟轲的性善论有重大理论缺陷，无法解释性恶的来源。

儒者天道论的分歧更大。董仲舒将"天"视为"百神之大君"，朱熹将"天"视为"自然之理"，二者分属两大哲学类型。儒者大多讲究"天人合一"乃至"天人感应"，而柳宗元、刘禹锡等主张"天道自然""天人相分"，二者也分属两大哲学类型。

采访者：请问儒学的共性是什么？

张分田：概括儒家的一般特有属性是一件相当困难的事情。我还没有见到过毫无瑕疵的"儒家"及"儒学"定义。

然而，揭示儒学的本质属性却是一件轻而易举的事情。历代儒者的最大共同点是：论证君主制度、宗法制度、等级制度的一般规定性。重要证据之一便是：孟轲、荀况、董仲舒、扬雄、张载、朱熹运用各自的人性论，共同论证了实行君主专制制度的必然性、合理性和绝对性。"天人感应"与"天道自然"的重大哲学分歧并没有影响董仲舒与朱熹的"三纲"论的内在一致性。由此可见，儒家不是一个统一的哲学流派，却有共同的政治价值，儒学的核心要素可以概括为"尊者专制"。这也是判定"儒学专制"的主要依据。

三　尊者专制是儒典的核心理念

采访者：如何判断儒家经典的本质属性？

张分田：儒典又称"帝典"，即天子之典、皇家经典及帝王法则。五经的原始文本乃王者之作、朝廷之典。四书及其他儒典也是论证王制、王道、王政之作。这就注定了君父专制是儒典的核心命题，如《尚书》的"惟辟作福，惟辟作威，惟辟玉食。臣无有作福作威玉食"；《诗经》的"溥天之下，莫非王土；率土之滨，莫非王臣"；《礼记》的"天无二日，土无二王，家无二主，尊无二上"；《中庸》的"贵为天子，富有四海之内"和"非天子，不议礼，不制度，不考文"；《周礼》的"惟王建国，辨方正位，体国经野，设官分职，以为民极"；《孝经》的"父子之道，天性也，君臣之义也"；等等。儒者尊奉儒典，而尊者专制是儒典的核心理念。这是判定儒学专制的又一主要依据。

采访者：儒家经典的"天人合一""民惟邦本""天下为公""礼之用，和为贵"等难道也是主张尊者专制吗？

张分田：确实如此。"天人合一"主要为论证尊者专制而设。"民惟邦本"原本就出自王者之口。只要将《礼运》从头读到尾，便可知晓许多望文生义的解读与"孔子曰"的"天下为公"的意旨有天壤之别。就在"礼之用，和为贵"这一段，明明写着"知和而和，不以礼节之，亦不可行也"。"和"必须恪守"礼"，契合尊者专制的等级法则。这与社会主义核心价值观中所说的"和谐"有本质区别。

只要全面考察、深入分析儒典及其权威性注疏，便可以发现：专制既是儒学的文化之根，又是儒学的文化基因，尊者专制的核心价值浸透儒学各种范畴和命题，贯通儒学整个理论体系。

采访者：尊者专制法则果真有这样的浸透力和贯通性吗？

张分田：兹举一例，以见一斑。一些学者将《周易》的"天行健，君子以自强不息"及"地势坤，君子以厚德载物"判定为"中国优秀传统文化"和"国学的核心价值"。然而，"天行健"及"地势坤"是典型的以天人合一论证尊者专制的命题，就连"自强不息"和"厚德载物"也被注入等级观念。

何谓"天行健"及"地势坤"？《周易》及其注疏的推演思路是：居上之"天"为阳、为乾，居下之"地"为阴、为坤；"阳以刚为德，阴以柔为用"；"健"乃"乾之训"，"顺"乃"坤之训"；"天行健"亦即"天行乾"，"地势坤"亦即"地势顺"；"行乾"之天"刚健"而"自强不息"，"势坤"之地"柔顺"而"厚德载物"；"天道即王道"，"地道即臣道"；"王道即天道"，"臣道即地道"；"自强不息"为君道，"厚德载物"为臣道；"本乎天者亲上，本乎地者亲下，则各从其类也"；天尊地卑，阳刚阴柔，乾健坤顺，注定君、父、夫等一切为君者属阳、类天、行乾、性刚、居上、位尊，而臣、子、妻等一切为臣者属阴、类地、势坤、性柔、居下、位卑；君臣、父子、夫妇、兄弟、长幼皆有"君臣之义"及"尊卑之序"；每个人或君或臣、亦君亦臣，为君则行君道，为臣则行臣道，故"君子之道"有广泛的适用性。"君子之道"也是儒典论说"君臣之义"的重要范畴。

采访者：如此说来，《周易》的"自强不息"和"厚德载物"也不能简单地判定为"优秀"了？

张分田：是的。如果评选最佳励志类座右铭，并限定只能选择一个，我会毫不犹豫地把票投给"自强不息"。因为"自强不息"不仅是中华民族的优秀传统，而且是全人类的优秀传统，具有超越族群、超越国度、超越时代的普遍意义。但是，若要弘扬《周易》的"自强不息"，我会毫不犹豫地投反对票。

实际上，《周易》还有一个影响更大的论证尊者专制的哲学命题，即"天尊地卑，乾坤定矣。卑高以陈，贵贱位矣"。其主旨是：天地之大，尚有尊卑，"天地之道""阴阳之数""乾坤之体"注定万物皆有"君臣之辨""尊卑之序""贵贱之位"。这就由天地、阴阳、乾坤的哲理，推导出等级秩序的一般规定性，即君臣之间，包括男女、夫妻、父子、长幼、师徒等一切上下等级之间，在社会结构上有尊卑之别，在社会功能上有主从之别，在社会价值上有贵贱之别。简而言之，尊者专制及君臣之义是先天注定、普遍适用的自然法则，是任何事物也无法逃避的"天秩""天序""天地之别"是摆脱不了的天命。

显而易见，依据现代科学成果和现代社会观念衡量，"天尊地卑"及"天行健"和"地势坤"既不是正确的知识，也不是正确的思想，其核心理念与社会主义核心价值观格格不入。因此，儒典及儒学的本质属性只能用"专制"二字判定。

四　《孟子》是帝制法则的经典依据

采访者：《孟子》一书，张扬仁义，否定霸道，其理论特征与《论语》和《荀子》有明显差异。孟子是否主张尊者专制？

张分田：确实有人干脆抛开尊君的"孔丘学派"，坚称"孟轲学派"还是"民主"的。甚至有人赞扬孟轲为"世界民主论之先驱"。

历史事实是：在先秦，孟轲之学是儒家的重要流派，其经典依据是《尚书》《诗经》和《论语》；汉魏以来，孟轲被一些儒者尊为"亚圣"；唐宋以来，孟轲被许多儒者纳入"道统"；宋元以来，孟轲的"亚圣"和"道统"地位获得朝廷的肯定，《孟子》也成为官方学说的核心经典。众多名儒及皇帝认为"孟轲之道""孟轲之学"将"圣人之道""仲尼之学"发展到顶峰，于是"孔孟之道"逐渐成为儒家学说的别称。孟轲的尊者专制理论为判定"儒学专制"提供了至关重要的事实依据。

决定一种政治理论本质属性的是其所论证和维护的政治制度的本质特征，而《孟子》是帝制法则的经典依据。《孟子》中有一批制度性命题，诸如论证君主制度神圣性和绝对性的"天佑下民，作之君，作之师"；论证君权天赋的"天与之"；论证王位世袭的"天与子，则与子"；论证君主独一的"天无二日，民无二王"；论证王制一般特征的"天子之地方千里；不千里，不足以待诸侯"；论证国家权力授受法则的"得乎天子为诸侯"；论证天下王有的"溥天之下，莫非王土；率土之滨，莫非王臣"；论证治权在君的"无君子莫治野人，无野人莫养君子"；论证君为政本的"一正君而国定"；论证忠君孝父的"无父无君，是禽兽也"；等等。这些命题所设定的政体形式和权力结构完全符合现代政治学的"君主专制"

定义。由此可见，《孟子》之所以成为帝制国学的主要经典，正是由于这个缘故。

在先秦儒学文献中，《孟子》对帝位获得与传承的各种方式及其合法性的论述最为系统。孟轲颂扬"尧舜禅让"，论证"汤武革命"，从"天与之，人与之""民贵君轻""得道者多助"和得民心者得天下的角度，强化了"道"及"民心"的理论地位。然而，其理论体系的终极依据依然是"天命"。孟轲以"天与贤，则与贤；天与子，则与子"论说帝位的传承，并设定严苛的条件，即禅让必须"有天子荐之"；革命必须同时具备暴君的"天命"已被剥夺且新兴王者的"天命"已授受，在一个王朝、一位君主的"天命"未绝之前不得有觊觎之心；"天命"可以父死子继，王位理当世袭，只要一个王朝的"天命"依然存续，即使圣贤大德也不得取而代之。这就是说，无论禅让、革命、世袭均"非人力所能为也"，凡是"非天与"的都属于"篡"。在帝制时代，这套理论成为论证皇权合法性并规范君主政治的经典依据，常常被帝王将相援引，堪称帝制的政治原理。古人云："孔子尊君，孟子尊道"，尊君必尊道，尊道必尊君，因而孟轲之道"无害于尊君"。这个判断是正确的。

实际上，孟轲是典型的体制内学者，享有很高的社会地位。依据《孟子》的记述，孟轲曾与齐宣王、魏惠王、邹穆公、滕文公等诸侯国君议论国政。各国君主待以上宾，或赐以禄位，或馈赠重金。孟轲派头十足，"后车数十乘，从者数百人，以传食于诸侯"，乃至彭更觉得老师太奢侈了。这样的学者怎么可能"反王权""反专制"呢？

五 "三纲"是尊者专制的要义

采访者：众多崇儒者主张恢复礼教，弘扬"三纲"，"重建儒教社会"。一些学者也为孔学撰写辩护词，认为"三纲"违背孔子的思想。这种观点站得住脚吗？

张分田："三纲"是儒学最看重的部分，也是儒学最糟糕的部分。中国革命的重大成果之一就是颠覆纲常，摒弃礼教，发展民主，实行平等。这种翻天覆地的观念更新和文明更新是中华民族的历史性选择。然而，现代崇儒者竟然将糟粕奉为精华。

儒家讲究纲常，纲常重视名分，名分由礼而定，礼制体现礼义，礼义的核心是君臣之义，因而纲常的要义是尊者专制。依据纲常，推行教化，这就是礼教，又称名教。礼教与纲常是儒学的根本，"王道三纲""三纲六纪""三纲五常"都是概括这种学说的著名命题。"三纲"集中体现了儒学的本质，也是判定"儒学专制"的主要依据。

"三纲"即"君为臣纲，父为子纲，夫为妻纲"。网之大绳为纲。提网总绳，纲举目张，于是"纲"成为主宰者的喻体之一。"君如网之纲，臣如网之目。"在儒者看来，君臣之义普遍适用于宇宙万物，包括天地、阴阳、男女、夫妇、父子、兄弟、长幼、嫡庶、婆媳、主仆、师徒，等等。夫妻造端"人伦"，故为三纲之首；父子乃是"天伦"，故为五伦之首；君臣乃"天下之纲纪"，非"一家之纲纪"，故为三纲之要、五伦之本。将"三纲"翻译成现代汉语，即君为臣做主，父为子做主，夫为妻做主，顺从君、父、夫是臣、子、妻的本分。依据纲常名分，君父为"至尊"，君为臣之至尊，父为子之至尊，夫为妻之至尊，因而就连妻妾亦可称夫君为"君父"。这显然是典型的君、父、夫专制论。

采访者：请问"三纲"理论的原创者究竟是谁？

张分田：关于"三纲"理论的原创者，学界有汉儒、董仲舒、韩非、孔丘等不同观点。有人辩称孔丘不讲"三纲"，汉儒曲解了孔学的真谛。然而，"三纲"的经典依据来自儒典，其中一些标明为"子曰""孔子曰""仲尼曰"，诸如《左传》的"贵贱不愆，所谓度也"；《论语》的"礼乐征伐自天子出""唯女子与小人为难养也"和"（孝子）无违"；《孟子》的"天无二日，民无二王"；《中庸》的"非天子，不议礼，不制度，不考文"；《坊记》的"天无二日，土无二王，家无二主，尊无二上"；等等。《孟子》的"无父无君，是禽兽也"，"不顺乎亲，不可以为子"，"以顺为正，妾妇之道也"，也是"三纲"的经典依据。由此可见，孔孟大儒都赞成"三纲"的基本法则。

采访者：这是否意味着"三纲"的始作俑者就是孔孟大儒？

张分田：《孔子家语》将"（妇女）无专制之义，而有三从之道"记为"孔子曰"。这很可能是孔丘的原话。"三纲"条文定型于汉代。但是，这种观念源远流长，孔丘、孟轲也只是"三纲"的论证者和维护者而已。

旨在判定君与臣、父与子、夫与妻之间支配与被支配关系的"三纲"，是宗法社会及君主政治的产物。"父为子纲""夫为妻纲"的源头甚至可以追溯到原始社会末期的父权家长专制，"君为臣纲"的源头可以追溯到早期华夏国家的君父专制。从甲骨文的君、父、夫、妇、臣、妾的字形看，这种支配与被支配关系很早就是一种社会存在和主流文化。《尚书》的"惟辟作福，惟辟作威，惟辟玉食"，"元恶大憝，矧惟不孝不友"，"牝鸡之晨，惟家之索"等都是"三纲"的表达方式和经典依据。

春秋战国以来，中国社会不断变革，而君主制度、宗法制度、等级制度依然是基本制度。于是以儒典为依据，设定夫妻、父子、君臣这三种基础性社会关系的社会规范成为官方学说及主流学术的重大任务，先秦儒学、汉唐经学、宋明理学可谓一脉相承。儒典及其权威性注疏是这一价值体系的主要载体。"三纲五常"的本质显然是专制。

采访者："三纲五常"中有积极成分吗？

张分田："三纲"纯属糟粕，"五常"则糟粕与精华混杂。新文化运动的先驱者们彻底否定"三纲"，却对包含合理因素的"五常"手下留情。这是颇有道理的。

应当指出的是：儒学体系有一个命题组合结构，大体可以分为五个层次的内容，即"阳尊阴卑"与"君尊臣卑"的社会等级论；"乾健坤顺"与"君主臣从"的社会主体论；"天地合德"与"君臣一体"的社会关系论；"刚柔迭用"与"宽猛相济"的统治方略论；"尊卑相正"与"正君以礼"的政治调节论。一批相关命题互依互证，相辅相成，共同构成一个功能完备、逻辑自足、理论圆融的学说体系。这一套理想政治模式理论不仅在历史上发挥过积极作用，而且蕴含一些在现代社会依然适用的法则。对此应当给予客观、全面、准确的评价。

但是，"君臣之道，万世不易"乃是儒学的命根子。孔丘倡导"以道事君"，而基于君臣之义，他对取代商纣王的周武王颇有微词。孟轲抨击"无父无君"，他颂扬"汤武革命"的方式是辩称受命新王取代独夫民贼并不违背君臣之义。董仲舒明确提出"天立王以为民也"，又声称"王道之三纲，可求于天"，"天不变，道亦不变"。孔颖达弘扬立君为民，他大讲"变易"，又强调"不易"，所谓"不易者其位也。天在上，地在下；君南面，臣北面；父坐，子伏，此其不易也"。朱熹大讲道有变有不变，而一从自然回到社会，又宣扬"纲常千万年磨灭不得"，"君臣父子，定位不易"。因此，无论这种思想体系包含多少积极成分，也只能将其本质判定为专制。

实际上，儒学原本就是用"专制"一词论说尊者专制的，如《春秋繁露》的"为人臣者，其法取象于地……委身致命，事无专制，所以为忠也"；《大戴礼记》的"（妇女）无专制之义，有三从之道"；《横渠易说》的"子之专制，虽意在承考，然亦危厉"；《大学衍义补》的"人臣无专制之义"；等等。这些说法都是"三纲"的表达方式之一，所谓"妇之从夫，犹臣之从君，子之从父，无专制之义，无刚亢之法"。儒者还以天人合一证明"三纲"符合"天地之道"，源于"自然之理"。在他们看来，宇宙的普遍法则是"阳有专制之功""阴无专制之义"，因而在上者"专制"，在下者不得"专制"，这是宇宙万物及人类社会的一般规定性。历代儒者使用"专制"及其他"专制之辞"，论说尊者专制，相关文献可以用"汗牛充栋""俯拾即是"来形容。这种理论怎么可能为民主留下容身之地！

上述历史事实表明，维护尊卑有别、贵贱有等、尊者专制、贱者服从的社会法则是儒学的宗旨和核心。论证"三纲五常"的儒学必然将"君臣之义"的文化基因植入其理论体系的每一个范畴和每一个命题。即使用儒学的常用范畴为儒学的道统、王道、纲常、礼教、仁义定性，也是"专制"二字。

六　"专制"是中国古代政治学说的核心范畴

采访者：孔子的"以道事君"，孟子的"诛独夫"，荀子的"从道不从君"，这些可以证明"儒家反抗王权，批判专制"吗？

张分田：这种观点只见皮毛，未见本质。实际上，必须规范、限定、制约君权是诸子百家的共同主张。例如，《韩非子》主张统治者"以道莅天下""以道正己"，告诫他们"战战栗栗，日慎一日，苟慎其道，天下可有"，否则"天子失道，诸侯伐之"。不可否认，这一类思想蕴含丰富的积极因素。但是，从核心价值及基础框架看，《论语》《孟子》《韩非子》并没有本质区别。在论证道高于君的哲理性和系统性方面，《论语》《孟子》《荀子》反倒比《韩非子》相形见绌。

采访者：这么说在论证君权和规范君权方面，儒家和法家还是有很多共性的？

张分田：确实如此。以往的研究有一个明显的薄弱点，即对诸子百家的共性，特别是本质属性、政治价值和基础框架的共性缺乏全面深入的研究。有鉴于此，在完成一批重要项目的过程中，我将"统治思想""帝王观念""民本思想"视为研究同一重大历史问题的三个主要视角，超越现行的学派概念，用系统检索历史文献的方法，考察一批重大政治命题的本源与流变，探究中国古代政治学说的问题意识、演化过程、总体成果、主要特征及思维方式，取得了一系列成果。

我发现，以儒学为典型代表的中国传统理想政治模式理论的基础框架，由系统回答十大经典问题的十大经典命题构成，包括主要回答政治的本原、本体和本质问题的"立君为天下"（"立君为民"）；主要回答国家元首及政治主体问题的"天下为公"；主要回答国家形式问题的"天下一统"；主要回答权力结构及政权组织原则问题的"政由君出"；主要回答政治关系及其一般规定性问题的"君臣合道"；主要回答施政纲领问题的"君主无为"；主要回答政治过程问题的"广开言路"；主要回答社会公平问题的"平均天下"；主要回答社会道德教化问题的"孝治天下"；主要回答制度建设及法律规范问题的"法理天下"。

这些命题将政制理论与政事理论有机地统一在一起，全面回答了所有重大理论问题。除无君论者外，不同学派的历代著名思想家普遍使用了这一基础理论框架，从而形成独具特色的"中国古典政治学"。

如果适度超越"民主与专制"的评判尺度，就会发现中国传统政治思维很不简单，其现实的态度、缜密的构思、周详的规范、精巧的设计和理性的关切，在世界古代史上无可匹敌。对这个历史现象应当给予客观、公正的评价。但是，我们必须清醒地意识到，某些积极因素并不意味着"反专制"，更不意味着"民主""民权"。由于是特定历史时代的产物，这一套博大精深的政治学说体系明确将"专制"及"君主专制"作为核心范畴和首要命题，其核心价值贯通整个理论体系。儒家的"天为民立君"命题便是典型例证。

《孟子》的"民为贵，社稷次之，君为轻"和《荀子》的"天之立君，以为民也"都是从《尚书》"天作君师""天择民主""天从民欲"

命题派生出来的。汉唐以来，"天为民立君"是官方学说及主流学术的核心命题。这个命题的基本思路分两个方面，即天立君以治民，民众必须服从君主；天立君以养民，君主必须关爱民众。"天为民立君"命题一体两用，一方面论证君主制度，将最高权力赋予君主，另一方面规范君主制度，为君主设定了严格的规范，其本质只能定性为专制。

采访者：请您简要概括一下尊者专制在诸子百家中的地位。

张分田：好的。实际上，无论立君为民、民重君轻、以道事君、诛除暴君，还是王权至上、君父专制、恪守纲常、忠君孝父，都堪称百家共识。社会存在决定社会意识。尊者专制是中国古代社会秩序及社会意识的一般特征。诸子百家的政治学说都是论证现实秩序、抽象普遍意识、探索执政规律、设定理想政治的产物。王权、纲常、礼教的专制属性决定了各种论证王权、纲常、礼教的政治学说的专制属性。儒学只是影响最大的一种而已。因此，在诸子百家的文献中，"专制"及其同义词和近义词很常见。

七　"民贵君轻"是帝制的统治思想

采访者："民贵君轻"也是专制理论吗？众多著名学者用"民主"或"反专制"评说这个命题。

张分田：陈独秀等众多著名学者早就指出：所谓民视民听、民贵君轻、民为邦本，与民主政治"绝非一物"。这个论断堪称真知灼见。

"民贵君轻"的提法极易被误读误解，如果望文生义、断章取义、随意演绎、主观臆断，就会导致重大误判。研究者必须注意一个重要事实，即《孟子》既讲"民贵君轻"，又讲"民无二王"，二者相互匹配，全面论证了君主制度的基本法则。

一些古代儒者也担心"民贵君轻"冲击"君贵民贱"的统治秩序，而历代大儒却不这样看。朱熹的观点颇有代表性，即"以理言之，则民贵；以分言之，则君贵。此固兼行而不悖也。各于其时视其轻重之所在而已"。许多皇帝赞成朱熹等人的观点。元英宗告诫辅臣，说："朕思之，民为重，君为轻，国非民将何以为君？今理民之事，卿等当熟虑而慎行之。"康熙皇帝甚至用"实千载忠臣之语"来赞扬文天祥依据"君为轻"

而拥立新君。

采访者：众多崇儒者称"民贵君轻"为"最高民主精神""民权主义的精义""儒家宪政主义"。这种颇有影响的观点能迷惑许多人，要揭露"民贵君轻"字面背后的实质，驳倒附加在其上的正面意义，不是一件容易的事。

张分田：是的。我发现，在数十年的学术争论中，"民贵君轻"既是"孔孟民主"论赖以据守的最后一块阵地，也是"孔孟专制"论最难攻克的一个堡垒。

为了全面评估这一类思想，我依据历史文献，按照时间顺序，逐一分析每一个朝代、每一个重大事件、每一个重要学派、每一位著名思想家、每一位著名皇帝。凡是有可能引起争议的典型个案，都一一探寻究竟。依据现在掌握的史料，只要罗列历史事实，便足以证明"孔孟民主"论是不能成立的。

"民贵君轻"命题是从"立君为民"命题派生出来的。最先构建"立君为民"及"民贵君轻"理论的是一批上古王者。至迟从商周之际开始，立君为民及民重君轻始终是统治思想及主流学术的核心要素。这是判定"儒学专制"的主要依据之一。

采访者：这么说"民贵君轻"并非孟轲首创？

张分田：可以这么说。"民贵君轻"观念极有可能滥觞于华夏国家发轫之时。在孟轲之前，这种理论已经相当成熟。孟轲的贡献只是将其提炼成一个语句简洁、语感强烈的命题而已。

在现存文献中，古公亶父是世界上第一个从国家三要素的角度，以清晰明确的语言，表述立君为民及民重君轻思想的政治家和思想家。据《孟子》《吕氏春秋》《史记》记载，面对戎狄入侵，国家危亡，古公依据"有民立君，将以利之"，将臣民、国土置于君主之上，他毅然放弃君位，反而赢得了民心。一份明朝进士的科举试卷将古公亶父视为躬行"君为轻"的典范。在我看来，这是符合历史事实的。

古公被周文王尊为太王。周武王和周公是太王的嫡派曾孙。《周书》是周朝官方学说代表作。《周书》的天作君师、天择民主、民视民听、天从民欲、汤武革命等，都是儒者论证立君为民及民重君轻的经典依据。《孟子》就引用了这些命题。

在春秋时期，一批"民贵君轻"的同义命题相继产生。例如，管仲告诫齐桓公必须"贵天"，亦即"君人者以百姓为天"。"天"与"贵"是同义词，"天"之"贵"乃"至贵"，非寻常之"贵"，故"民为天"比"民为贵"的语感更强烈。立君为庶民、立君为社稷、立君为治义、无民无君、以民为本、民本君末、民为君天等命题也都出自统治者之口，甚至有"杀无道而立有道，仁也"的主张。众多古代经学家将《尚书》《诗经》及《左传》视为论证"天立君为民"及"民贵君轻"的经典。这个观点是正确的。

采访者：有学者认为，孟子提出"民贵君轻"，先秦诸子"无人企及"。这种观点能站得住脚吗？

张分田：立君为民及民贵君轻既不是孟轲的创见，也不是儒学的专利，更不是无人企及。《老子》的"贵以贱为本"，《墨子》的"先万民之身，后为己身"，《商君书》的"为天下位天下"，《慎子》的"立天子以为天下"都与"民贵君轻"异曲同工。在理论抽象程度上，老聃、慎到的命题比孟轲的命题更胜一筹。明朝大儒方孝孺认为"其（慎到）谓'立天子以为天下，非立天下以为天子'，不犹儒者所谓'君为轻'之意乎！"这个见解是正确的。

采访者：一些学者声称孟轲的"民贵君轻"一经提出便"振聋发聩"，乃至"社会震动"。这种说法有事实依据吗？

张分田：纯属主观臆断！在汉朝以前的文献中找不到任何涉及孟轲"民贵君轻"的议论，既没有高度赞赏的，也没有严词批驳的，堪称反响不大，波澜不惊。就连秦始皇焚书，也不包括《孟子》。汉文帝还曾一度设置《孟子》博士。为什么会出现这样的现象？合理的解释只有一个，即来自悠久政治传统的立君为民、民重君轻、以民为天观念早已获得广泛认同。如果孟轲讲述了一个古即有之、载于典籍、众所周知、广泛认同的大道理，即使修辞略有差异，语感略有夸张，学者又何必商榷？论者又何必反驳？王者又何必制裁？

采访者：一些学者称：孟子的"民贵君轻"思想"响彻了两千多年，成为批判君主专制的有力武器"。这符合历史事实吗？

张分田：孟轲的思想确实"响彻了两千多年"，而其成因却是"民贵君轻"获得历代皇帝的赞赏、论证、推崇、宣扬，使之成为遍及君主、官僚、庶民三大政治阶层的社会普遍意识和公认的政治价值。就连下令删节《孟子》的明太祖，也曾一度将"民贵君轻"书写于宫廷殿堂，还曾下诏称赞"孟子传道，有功名教"，并免除孟轲后裔的赋税。"民贵君轻"怎么可能有"批判君主专制"的功能！"孔孟民主"论还必须面对一个自设的价值判断困境：如果孟轲的"民贵君轻"可以定性为"民主"，那么皇帝及官方学说代言人的"民贵君轻"又当如何定性？他们的经典依据出自《孟子》，解读也没有背离孟轲的基本思路，许多话语甚至比孟轲更明确，更到位，更精彩，却显然无法用"民主"定性。难道在张扬"民贵君轻"的庞大人群中，既有倡导"民主"的，又有倡导"专制"的吗？

采访者：许多学者认为，皇帝及官学阉割了孔孟学说的精髓，剔除了许多实质性内容，特别是"民贵君轻"。是这样吗？

张分田：这种看法要么是不懂历史，要么是别有用心。只要仔细比较一下先秦儒学、汉唐经学、宋明理学的理论结构和命题组合，就会发现：《孟子》的各种理论要素，包括"民贵君轻"与"民无二王"，被官方学说全盘继承下来。一般说来，儒典的立君为民、天下为公、民贵君轻等得到皇帝及朝廷的充分首肯，始终是官学的核心要素。皇帝及群臣大多有背诵五经四书的童子功，他们都属于"儒生"乃至"儒宗"范畴。

典型例证莫过于乾隆皇帝。依据皇子教育及皇帝终身教育制度，他自幼诵读并终身修习"民贵君轻"；多次撰写与"民贵君轻"相关的诗歌、论文、史评、书评；将一批论说"民贵君轻"的著作列入各类学校的必修书目；《钦定四书文》收录了两篇论说"民贵君轻"的明朝科举范文；收入《钦定四库全书》的阐发"民贵君轻"的著作更是不胜枚举；依据历代通行的制度，以膜拜孔孟、弘扬儒学、编纂儒典、开科取士等方式播扬孔孟之道及"民贵君轻"。只要浏览一下《日讲四书解义》，便可知晓这本特意为清朝皇帝编写的教科书完整地保存了孔孟之道的所有要素，仅对"民贵君轻"的阐释就用了五六百字。

采访者：历代统治者确实推崇"天立君为民"及"民贵君轻"。这是否属于一些学者所说的"虚假认同"？

张分田：显然不是仅仅用"虚假认同"就能圆满解释的。试想：如果皇帝们张扬"民贵君轻"只是为了装装样子，又何必执意将其用作旨在培养储君及各级统治者的教科书和选拔官员的科举考试试题，甚至达到用王朝推崇四书五经、皇帝修习"民贵君轻"及以此培养选拔官员等制度化的方式制造"普遍共识"的程度？难道维护帝制王朝和专制权力的皇帝们能够高明到敢于坚持不懈地用"民主思想""民权思想"或"反专制思想"成批量地培养忠于君主及朝廷的政治精英，甚至达到用这一类思想指导王朝政治的程度吗？

应当指出的是："孔孟民主"论将孔孟之道与帝制皇权切割开来的各种解释方式，既违背历史事实，也违背政治常识。在人类政治史上，还没有发生过这样一种现象：在漫长且广阔的历史时空内，一种政治制度及其统治者把对这种制度具有颠覆性的思想体系奉为官方学说并大加宣扬。帝制统治者对孔孟之道坚定不移的选择、历时久远的推崇和千方百计的弘扬，恰恰是判定"孔孟专制"的最重要的事实依据。

八　儒家民本思想是帝制的根本法则

采访者：应当如何评估儒家民本思想？人们普遍认为民本思想是"反王权""反专制"的。秦汉以来，由于遭到统治者的压制，民本思想与尊君思想分道扬镳。

张分田："民本思想"这个概念是现代学者仿照"民主思想"创造的，很容易被误读，甚至误以为"民本主义"与"君本主义"是对立的。许多著名学者就做出过"君主专制兴，而民本思想衰"的判断。然而，历史事实是：帝制越兴旺，"民惟邦本"理论就越发达；君权越集中，"民贵君轻"观念就越普及。儒家民本思想堪称帝制的根本法则。这也是判定"儒学专制"的主要事实依据。

采访者：民本思想有哪些重要含义？

张分田：依据本来面目、固有命题、内在逻辑、理论层次和实际内容，民本思想可以概括为一个核心理念与三个基本思路。核心理念是"以民为本"，基本思路是"立君为民""民为国本""政在养民"，而"天下为公""民贵君轻""尧舜禅让""汤武革命""设官为民""爱民敬民畏民"等都是从"立君为民"推导出来的。这个理论体系源远流长，乃是中华民族群体性政治智慧的结晶和诸子百家的共识，反映了中国古代政治文明的重要特点。儒家只是论说民本思想的一个流派而已。

采访者：应当如何判定民本思想的本质属性？

张分田：必须强调的是：古代的"以民为本"与现代的"以民为本"有本质的差异。在中国思想史上，社会主义的"以民为本"是对马克思主义的一种民族表达方式，其民主、自由、平等、法治的核心要素与儒家的"以民为本"没有直接的继承关系。

为了全面评估民本思想与专制主义及统治思想的关系，我系统检索历史文献，涉及四书五经及各种重要经学著作，所有重要政治思想流派的代表作，所有著名思想家的著作，还有历代国家文告、帝王著述、朝堂议政、名臣奏议、科举试卷，乃至各种史籍笔乘、宗谱家范、宗教文献、笔记小说、诗词歌赋、通俗劝善书、占卜用书等。

研究结论是：现代学术界所说的"民本思想"始终是中国古代统治思想的重要组成部分。甚至可以说，中华帝制的政治原理是以民本思想为基础框架而精心构筑的庞大的思想体系。换言之，"民本思想"就是"君本思想"，"君本思想"就是"民本思想"，君本民本，合二为一，一体两用，相辅相成，共同构成中国古代统治思想的核心要素。

四书五经是儒家民本思想的经典依据。历代王朝将其置于帝典国宪的地位。一些皇帝甚至称颂四书五经"道统在是，治统亦在是"。显而易见，儒家民本思想是典型的专制主义政治理论。

采访者：人们普遍认为，虽然民本思想没有被排除在官方意识之外，却只是一种根本无法实现的空谈。实际情况是怎样的？

张分田：历史事实是：民本思想既没有局限在思想家的书斋中，也没有停留在社会大众的头脑中，而是不断地在精神、行为、政策、制度等政治现象的各个层面之间涌动。在政治精神层面，儒家民本思想长期居于官方学说的地位，其核心理念和基本思路获得社会各阶层的广泛认同，乃至成为正统思想、主流学术、帝王观念、大众心态所必备的要素，并作为公认的政治价值而支配着社会各阶层的政治意识和政治行为。在政治制度层面，儒家民本思想是许多具体制度和政治程式的经典依据。在政治过程层面，与儒家民本思想相关的治民政策具有一定的实效性，常常得到贯彻实施。儒家民本思想对帝制的政治精神、政治制度、政治过程的影响既广泛又深刻，怎么能说它仅仅是一种政治空谈呢？

采访者：揭示上述历史现象的主要依据是什么？

张分田：在古代文献中，相关记载不仅极为常见、相当可靠，也最具群体性、持久性和连续性。它们是华夏先民在记述历史、传承经验、阐释思想时所刻意保留的最重要、最凸显、最张扬的那一部分，甚至可以用"俯拾即是""扑面而来""应接不暇"来形容。研究者不必苦苦搜求，不必钩沉索隐，不必潜心考据，只要大致翻检一下中华元典、诸子百家、二十五史就不难获得非常可靠的文献依据，形成结构完整的事实陈述，得出相当准确的历史判断。这里仅以"天立君为民"及"民贵君轻"和"天下为公"为典型例证，罗列主要历史事实。

其一，儒典及儒学受到帝制的尊崇，包括皇帝在内的社会精英大多有深厚的儒学功底。无论《春秋繁露》《五经正义》《四书集注》等名儒之作，还是唐太宗、明太祖、清康熙帝、清乾隆帝的帝王著述，都将"天立君为民"及"民贵君轻"和"天下为公"置于重要的理论地位，且大多比《孟子》的表述更清晰，认识也更到位。许多皇帝还依据这一类思想抨击暴君暴政，其言辞比孟轲更激烈。在《金镜》一文中，唐太宗用"悖恶之甚""猛兽之俦"抨击历代暴君，将他们比作"猛兽肆毒，蝮螫为害"，判定众多弊政"乃是君之过也，非臣之罪也"。在帝王将相的文章中，这种现象堪称司空见惯。

其二，通晓"天立君为民"及"民贵君轻"和"天下为公"始终是选拔官僚的主要条件。正如明太祖所说："历代之亲策，往往以敬天勤民为务。"自从《孟子》被列为科举考试科目之后，参加科举的读书人必须精通"民贵君轻"，明朝进士黄洪宪的《邠人曰》和举人艾南英的《民为贵》是典型例证。在清乾隆帝指令编纂的科举考试参考书《钦定四书文》中，可以找到立君为民、民贵君轻、天下为公、民为国本、国依于民、富民足君等一批重要命题。因此，朝堂之上、著述之中援引这一类命题的事例越来越常见。在特定情境下，朝臣们甚至会依据"君为轻"而另立皇帝，宋高宗、宋端宗、明代宗都是典型例证。

其三，皇帝们大多赞成"天立君为民"及"民贵君轻"和"天下为公"。诸如汉高祖认同"王者以民人为天"，隋炀帝标榜"非天下以奉一人，乃一人以主天下"，唐太宗论证"君依于国，国依于民"，元世祖赞赏"民为重，君为轻"，清乾隆帝吟诵"藐予小子识君轻"的诗句并明确肯定"民贵君轻"适用于天子。还有一大批历代皇帝亲著或钦定的书籍皆有论证"民贵君轻"的文字。

其四,儒典的"天立君为民"及"民贵君轻"和"天下为公"堪称帝制的根本法则。帝制的国家宪章、权力结构、治理体系、法律制度、君位继承制度、帝王及储君教育制度、官僚培养及选拔制度、谏议及民意采集制度、礼乐及名号制度、国家祭祀制度、应答天谴民怨的"禹汤罪己"程式、维新变法的"与民更始"程式、禅让大位的"天与人归"程式等,其经典依据都是四书五经,儒家民本思想是各种制度、程式及政策的主要理据。凡是即位诏书、禅让诏书等对王朝合法性及君权合法性至关重要的法律文件,都必然引据"天立君为民"及"天下为公"和"民贵君轻"。在皇帝的罪己诏中,这一类说法也是必备的内容。就连征收赋税、建筑宫室、兴兵动武也往往引据"天立君为民"及"民惟邦本"。文景之治、光武之治、贞观之治、洪武之治、康乾之治等都是实施这一类思想的产物。

采访者:儒家民本思想为什么能够得到如此程度的实现?

张分田:根本原因就是儒学与帝制高度契合,相互匹配。民本思想系统回答为何立君、如何立君、何以为君,全面论证君民关系的一般规定性。这种关于民的政治思维归根结底是关于君的政治思维。甚至可以说,儒家的民本思想是一种帝王观念。以帝王之尊,贯彻帝王观念,其实现程度必然相当大。

儒家民本思想论证了君主专制制度的理想政治模式。就像资产阶级民主理论在资本主义制度下无法彻底实现一样,儒家民本思想在君主专制制度下也无法彻底实现。造成这种现象的原因错综复杂,而统治思想的统治属性是其根本原因。

九 孔孟道统堪称张扬"仁义"的专制统治

采访者:有一种说法影响很大,即儒家以道统制衡君统(治统、政统),孔孟道统及其造就的师儒、官僚、士人群体和乡绅社会是专制政治的对立物。这种说法成立吗?

张分田:儒学与帝制同质,它不会造就专制政治的对立物。要害在于所谓的"孔孟道统"以论证和维护尊者专制为宗旨。儒家尊君重道,主张道义高于君主,道统制导君统。这种思想本身就是把道与君紧密地联系在一起的。道，指君主制度一般原则；君，指现实中的具体君主。所谓道义高于君主，即君主制度的一般原则高于现实中的一切君主。孔孟之道既论证了君主制度的神圣性、合理性、绝对性，又论证了具体君主的行为规范和君主权位的相对性。

因此，孔孟之尊君，即尊崇君主制度；孔孟之尊道，即尊崇君主制度的一般法则。"道"中有"君"，"道统"与"君统"相互匹配，故尊君必尊道，尊道必尊君。这种全面论证君主制度的理论既有规范王权、抨击暴君的功能，又有皈依王权、憧憬圣王的导向，其所追求的充其量是理想化的君主专制。孔孟道统所造就的师儒、官僚、士人群体及乡绅社会正是维护帝制及宗法社会的主要社会力量，他们可以影响现实中的君主政治，却坚定地维护尊者专制的一般法则。孔孟之道及其虔诚信徒怎么可能是君主专制的对立物？

采访者：许多学者认为专制君主利用了儒学。儒家的王道仁政没有全面实现只能归咎于统治者。在中国彻底清除专制主义之后，孔孟的"民主思想"可以"大放光彩"。您如何评价这种观点？

张分田：十分荒谬。一旦王朝政治出了问题，古代儒者都会归咎于帝王将相，指责他们没有贯彻孔孟之道。宣扬"孔子至圣，德盛神化"的儒者绝对不会想到重大弊端恰恰源于孔孟之道论证并维护君主专制制度。"孔子无过、错在众生"的论证方式传承了两千多年，许多夸大儒学现代价值的人沿袭了这种说辞。他们声称孔孟大儒是讲"民主""民权"的，只可惜一部真经遇到了歪嘴和尚，被后儒篡改了，被帝制阉割了，被皇权利用了。我认为，这种说法既不符合历史事实，也缺乏历史感和现实感。

所谓的"孔孟道统"及"王道仁政"以实行君主专制制度为前提，以维护尊者专制为目的，怎么可能只有善政，没有恶政？帝制与儒学，相互匹配，血肉相连，共存共荣，历时甚久。由于孔孟之道是帝制的官方学说、精神支柱和价值符号，即使完全彻底地实现，也只是一种理想化的君主专制，这就注定它势必成为真情与伪善、真理与谎言、理想与幻梦的综合体。就积极因素而言，它是一些具有普遍意义的政治法则的借寓之所；就消极因素而言，它是专制统治的谋士及辩护士。由于积极因素与消极因素同胎共体，难分难解，孔孟之道既可以造善，也可以作恶。作恶也是孔孟之道全面实现的重要表现。唯其如此，儒学才能长期占据官方学说的地位。

采访者：还有一种说法也很常见：儒家讲究"仁者爱人"，崇尚"以德服人"，倡导"中庸"及"和为贵"，因而"礼教吃人"不应归罪于儒学。这是历史事实吗？

张分田：当然不是。许多人只知道儒家有"仁者爱人"的说教，不知道儒家还有"仁者杀人"的理论。儒学之"礼""仁""中""和"是以尊卑、主从、贵贱及严格的等级规范为前提的，怎么可能放弃暴力，弃置刑罚？《书》《易》《礼》《春秋》有许多以"刚克""天罚""五刑"维护统治秩序的论述，还有一套刚柔相济、宽猛互补、德刑相须、礼乐协调的施政方略。孔丘推崇礼治，赞赏霸道，肯定猛政。孟轲讲"仁义"，只要读一读庞朴先生的《中国文化十一讲》，便可知晓"杀的理智"原本就是"仁义"的题中之义。《乐记》将"王道"定义为："礼以道其志，乐以和其声，政以一其行，刑以防其奸。礼乐刑政，其极一也。"《孝经》主张以重刑严惩"要君""非圣""非孝"之人。《五经正义》宣扬："圣人作法，以刑止刑，以杀止杀。"朱熹指出："礼本天下之至严，行之各得其分，则至和。"正如吃茶，"茶本苦物，吃过却甘"，这就是"礼之用，和为贵"。一批理学家论证"典礼爵刑，莫非天理"，主张"严刑以威"，声称"以辟止辟"的做法"虽曰杀之，而仁爱之实行乎中"。历代王朝的刑法及基层社会组织的私刑均依据儒典制定并实施，违逆"纲常名教"属于必杀之罪。为履行统治职能而大开杀戒的儒宗代有其人，孔丘、周敦颐、朱熹、王守仁、曾国藩都名列其中。戴震抨击的"以理杀人"则是比刑罚更甚的以"天理""经义""礼法""名教"摧残生灵。"礼教吃人"更是司空见惯的社会现象。梳理相关史料可以写一部题为《张扬"仁义"的专制统治》的专著。这也是判定"儒学专制"的主要依据。

十　孔孟之道不可能转化为民主思想

采访者：许多学者认为孔孟之道可以发展出民主思想，清初政治批判思潮便是例证。黄宗羲、王夫之的思想有民主属性吗？

张分田：正如萧公权所指出的，黄宗羲"仍因袭孟子之故辙，未足以语真正之转变"。孔孟之道不可能自发地导出民主思想。

我对清初政治批判思潮的评语是：形成群体，汇成思潮；关注现实，切近实际；思想激烈，言辞犀利；议论精彩，不乏创见；立论思辨，思想升华；引领潮流，显露新意；因循传统，未脱窠臼。

采访者： 非常精彩。但"未脱窠臼"的判断是怎么得出的？

张分田： 依据一个证据链。诸如主张"循天下之公"的王夫之是一位思想巨人，然而专题辑录他的尊君思想却颇似一部主张绝对君权的著述。黄宗羲笃信"宇宙一团生气，聚于一人，故天下归之，此是常理"，将平天下的希望寄托于"令君心自悟"。《明夷待访录》"天下为主，君为客"那一段的思维逻辑是：无君之时，天下混乱；王者大公，天下太平；君主谋私，则为大害。这种"设君之道"古即有之。清初政治批判思潮的思维方式、理论范式、基本思路乃至激烈话语，在历代王朝的官方学说中也不难找到。

正是对清初政治批判思潮的研究，使我发现了一个在中国古代具有普遍意义的"尊君—罪君"政治文化范式，除少数无君论者外，所有的思想家都没有超越这个范式。在新的历史条件下，儒家政治思维方式严重阻滞了中华民族的观念更新，而清初政治批判思潮的局限性恰恰是典型例证之一。

尤为值得注意的是，就在一批在野思想家高举"天下者，天下人之天下也"的旗帜，将儒家民本思想推向极致的时候，清朝的皇帝们也在以"立君为民""天下为公""民贵君轻"，为皇权定位，为帝制张目。就理论的基本架构而言，二者存在实质的相似性。这一历史现象应当纳入我们的研究视野。

采访者： 难道"民贵君轻"也有阻滞观念更新的作用吗？

张分田： 确实如此。在康乾盛世，张扬《孟子》"民贵君轻"的有三类群体：第一类是以黄宗羲为代表的政治批判思想家，他们力图超越，却未脱窠臼；第二类是以乾隆皇帝为代表的帝王将相及士大夫，他们大体保持宋明理学的特征；第三类是以焦循为代表的乾嘉汉学家，他们大多有"回到孔孟去"的原教旨主义色彩。三者都是四书五经之学的不同流变，理论的基础框架大同小异，都没有提出超越孔孟之道的政治理论。观察这种历史现象，既可以感受到四书五经之学影响力的强大，又可以感受到四书五经之学保守性的强韧。在亟待与时俱进的时代，孔孟之道、四书之学不仅无法为政治发展提供思想驱动力，反而成为严重阻滞社会变革的精神力量。后来的历史一再证明了这一点。儒学的这种历史作用也是判定其专制性质的主要依据。

采访者：一些学者认为如果按照孟子的"民贵君轻"来设立政治体制，至少能发展出"开明君主立宪制"。您同意这种看法吗？

张分田：这种假设没有任何事实依据。"民贵君轻"始终居于主流学术乃至官方学说的地位，却从未导出民主、民权思想。到宋、元、明、清，孟轲及《孟子》的地位登峰造极，"民贵君轻"之说充斥各种官方及私家的著作，绝大部分社会精英堪称四书五经的虔诚信徒。然而，政治体制不仅没有丝毫向君主立宪演进的迹象，反而向皇权日益强化的方向演进，中国古代文明也日益走向衰落。

拿破仑用狮子的睡与醒比喻中国的态势。睡与醒主要是指一种精神状态。当初中国为什么沉睡了？这只能归咎于孔孟之道支配了人们的精神世界，正是在皇帝、官僚、士子集体修习"天立君为民"及"民贵君轻"的读书声中，中国落伍了。甲午之败乃是国家之败；国家之败败于制度，败于文化，败于教育；当时的制度、文化、教育可以归结为帝制、礼教、儒学这三个关键词。如今中国为什么醒了？这应当归功于儒学的边缘化。群体性的觉醒推动了国家精神要素的全面改造。中华民族伟大复兴靠的不是儒学，这是一个基本的历史事实。

近代中国的民主思想是向西方学习的产物。清末统治者筹划"君主立宪"也没有依据《孟子》。中国特色社会主义建设没有也不会依据四书五经进行。即使有人为儒学贴上"民主"的标签，也不意味着社会主义民主与"民贵君轻"存在真实的继承关系。夸大儒学的现代意义，指望儒学为当今世界及中国解决它独尊两千多年都未能解决的诸多社会问题，也是缺乏历史依据和现实依据的。如果在实行社会主义民主的现代中国弘扬"民贵君轻"，势必贻笑大方。

"儒学专制"是注定不能转换为"儒学民主"的。剔除了儒学的纲常礼教，转换了儒学的尊者专制，这种新质的学术还是"儒学"吗？如果有人声称通过"返本开新"，"创造性地转化"出张扬"民主宪政"的"新儒学"，这种"新儒学"也是地地道道的伪儒学。

采访者：现在有些人喜欢把"中华复兴"和"儒学复兴"连为一体，把儒家价值观看成实现社会主义核心价值观的重要支撑，甚至提出要"重建儒教国家"。这有利于今天我们所要实现的中华民族的伟大复兴吗？

张分田：这纯粹是开历史倒车。名副其实的儒教国家已经被中华民族伟大复兴的历史进程彻底颠覆，推行儒教政治的社会基础也被基本铲除。凡是有一点历史常识的人，都会坚决反对"重建儒教国家"的政治图谋。任何开历史倒车的人迟早都会在现实面前碰得头破血流，复辟帝制并尊崇孔教的袁世凯、搞国家儒学的伪满洲国皇帝溥仪和将三民主义儒学化并推行尊孔读经的蒋介石统治集团都是前车之鉴。

帝制与儒学，一个是硬件，一个是软件，共同构成中国古代文明的政治基础和文化基础。君主专制及孔孟之道，既是推动中国古代文明兴盛的政治因素和文化因素，也是促使中国古代文明衰亡的政治因素和文化因素。中国特色社会主义是颠覆君主专制及孔孟之道，开创中华新文明、新传统的产物。孔孟之道的核心内容已经丧失了继续存在的历史条件。中华民族的伟大复兴绝对不能走"回到孔孟去"的道路。

采访者：最后还有两个问题想请您谈谈看法。请先对"君主专制"的历史价值给予客观的评定。

张分田：在科学对待历史传统方面，马克思恩格斯的《共产党宣言》是值得仿效的学术典范。这部深刻批判历史传统的经典著作，并没有简单地割裂历史传统。他们论证资本主义必然灭亡的历史趋势，宣布与资本主义的基本制度及核心价值"实行最彻底的决裂"，同时又充分肯定了资本主义的历史功绩，准确地预见到社会化大生产必将导致全球化。马克思恩格斯的博大胸怀和深邃洞见及其世界观、历史观和方法论的科学性，为我们提供了值得效法的理论、方法和范例。在评估儒学的历史价值时，我们应当在揭露其专制本质的同时，充分肯定其历史合理性及某些制度法则和政治理念的现代意义。

我认为，与其回避"帝制和儒学的本质是专制"这一历史事实，不如本着尊重历史的态度，摈弃简单化地"弘扬"或"批判"，实事求是地提出"借鉴中国古代专制主义政治理论"的问题意识及研究课题，全面评估君主专制的历史价值及现代意义。

我们应当分析四种重大历史现象：一是体察一个历史过程，即"君主专制"是一种世界性的历史现象。当世界各地的文明发展到一定程度时，都无一例外地出现过可以称之为"君主专制"的政治体系。这种世界性的现象指示着历史的逻辑：君主专制是政治文明演进的一个重要阶段。

二是注意一个社会常识，即当不同时代、不同地区的人们面对相同或相似的客观事物的时候，很容易对其一般特征和普遍法则形成相同或相似的认识。典型例证便是"以民为本"的"国家伦理"在世界古代文明中普遍存在，最早申说这种"统治者的自我理解"的是古埃及和古巴比伦的君主。在中国，最先论说立君为民、民惟邦本、无民无君、民重君轻并使之成为统治思想的也是一批王封君主。

三是研究一个基本事实，即在中国古代，既没有明确提出"治权在民"的思想家，也没有一味追求"绝对君权"的思想家，立君为民、天下为公、以民为本、民重君轻获得了诸子百家及社会各阶层的广泛认同，因而帝制的统治思想包纳了那个时代所能想象得到的一切限定、制约、规范、调整最高权力的思想因素。

四是关注一个重大事实，即在世界古代文明史上，中国政治文明的发展程度最高，历史成就最大。中国古代统治思想不仅以规范君权、制约君权、调整君权、评价君权为主要导向和重要功能，而且包含若干超越时代的政治价值。由此而形成的一些政治传统，至今仍是中国人民共同民族感情和共同文化认同的根本保障。

"前事不忘，后事之师。"历史问题研究的主要功能是建立准确的知识体系，提供有益的历史鉴戒，求索深邃的生活哲理，引导恰当的社会选择。唯有具有一定科学性的学术成果才能切实有效地发挥这些功能。因此，研究历史问题的中国学者必须坚持实事求是的科学精神，坚持独立思考的批判精神，坚持与时俱进的变革精神，坚持超越传统的创新精神，致力于为中华民族伟大复兴提供优质学术资源。

采访者：近来有一个词——"现代新儒家"比较热，不知您怎么评价"现代新儒家"？

张分田：我的总体评价是，"现代新儒家"不是真儒家。在古代社会，"孔孟尊君"是赞语颂词并将儒学推上帝制官学的地位。近代以来，"孔孟尊君"转化成批判用语并导致孔教与帝制一同式微。崇儒者只能另辟蹊径，创造"孔孟民主"的说法。于是原本众口一词的"孔孟尊君"，演化为"孔孟专制"与"孔孟民主"之争。显而易见，"孔孟民主"是帝制及礼教覆灭之后冒出来的一种前无古人的新说法。

被称为"现代新儒家"的政治思潮的一般特征是：掩盖儒家学说的本质属性，摘取儒家经典的某些话语，将其判定为"民主主义""自由主义""宪政主义""社会主义"等，进而宣扬"回到孔孟去""儒化中共""儒化中国""立孔教为国教""立儒学为国学""推行儒家宪政"之类的政治主张。许多学者将其视为"儒家"一个新的发展阶段。然而，从本质属性看，"新儒家"不是真儒家。

孔丘曰："名不正，则言不顺。"这是至理名言。概念属于"名"的范畴，而概念是揭示思维对象的特有属性的思维形式。在特有属性中，本质属性既具有区别性，又具有规定性，为一个事物内部所固有，并能决定这个事物成其为这个事物的性质。如果一个学术概念不能反映特有属性，特别是不能反映本质属性，就会"名不正"，进而"言不顺"，导致指鹿为马、张冠李戴的学术现象。"现代新儒家"这个概念便是典型例证一。

"新儒家"的要害是扭曲儒家思想，变换儒学本质，打着"弘扬传统"的旗号，贩卖个人的政治主张。这批人虽推崇"孔孟"，号称"儒家"，标榜"儒学"，却违背了四书五经的"君臣之义"。名副其实的儒家主张尊者专制，"现代新儒家"主张民主宪政，二者虽形式相似，却本质相反，可谓"道不同，不相为谋"。试想：孔丘为人正直，恪守其道，他明确主张君位得自"天禄"，理应"土无二王"，严守"君臣之义"，维护"贵贱不愆"。然而，现代崇儒者却声称孔丘主张自由、平等、民主、宪政，将许多现代观念强加在他的身上。如果孔丘在天有灵，肯定会责备这种做法曲解了儒家的纲领、灵魂、精髓，悖逆了儒学的圣道、王制、名教。

必须指出的是：怀有特定意识形态目的的"新儒家"属于刻意造假者。牟宗三公然提倡文化造假，渲染中华道统的"内在超越"路向。面对质疑，他竟然诡辩："即令没有，我们也应当使它有。这是我们作历史的回顾时，作为黄帝的子孙所应当有的责任。"钱穆声称不对本国历史秉持"温情与敬意"，就会被"文化征服"。他歪曲历史事实，极力证明帝制是"君主立宪"而"绝非君主专制"。他明知"'国学'一名，前既无承，将来亦恐不立"，究竟哪些内容算作"国学""实难判别"，却依然撰写《国学概论》。

一些主张在现代中国推行"儒家宪政"的人，明知古今"三统"非一脉相承，且"道不同"，却基于"如果儒家想在现代社会赢得生存权利，就必须有效地吸纳民主"的考虑，宣称要以"引进民主宪政要素"的方式，"弥补古典儒家的不足"，将"儒家"和"民主"整合在一起，以"重建中华道统"。这无异于公开宣称要用作伪的手法无中生有，用讹变的方式变黑成白，将儒家转换成与其本质属性截然相反的东西。历史上不乏伪冒"儒家"的伪作伪造和假冒"儒学"的假托假造，而公然宣称必须作假偷换的唯有现代冒出来的"新儒家"。

篡改历史及文化造假是对历史和文化的最大不敬。我主张：严谨的学术分析应当将公然造假、欺世盗名的"现代新儒家"正名为"现代伪儒家"。批判他们的虚妄之学及荒谬之论是中国学术界义不容辞的责任。

研究传统文化必须实事求是，弘扬优秀传统更要实事求是。隐去真相的"弘扬国学"，弄虚作假的"文化传承"，对民族与国家的根本利益和长远利益损害甚大。然而，令人扼腕的是，在当下学界，将糟粕当精华的现象司空见惯，许多专家学者有意或无意地参与了文化造假，这是造成思想混乱的重大因素之一。因此，遏止现代伪儒学思潮的有效途径之一是遏止文化造假之风。

（原载《马克思主义研究》2016 年第 4 期）

重新发现儒家？

——秋风式"儒家论述"评析

张　颐　林存光

　　姚中秋（笔名秋风）可以说是近年来兴起的当代大陆新儒家思潮中的一位异常活跃的人物，他打着"重新发现儒家"和"儒家宪政主义"的旗号，先后出版和发表了一系列相关著作与文章，提出了一些独具创见或颇为新奇的个人观点，如认为，在儒家的"正名"和"三纲"观念中君臣、父子和夫妇之间的关系都可以说是契约性的，儒家的政治义理从来都是宪政主义的。而且，他特别推崇汉儒董仲舒"屈君以伸天"的"天道宪政主义"，并强调儒家追求的政治理想是儒家士大夫与皇权共治天下或者"虚君的君子共和"。在历史上，儒家的宪政主义"由儒家士大夫付诸实践"，便形成了"中国的宪政主义政治传统"，乃至于不仅在过去两千多年中，"中国正宗的政制理想就是儒家宪政"，近百年来，儒家宪政仍然是"中国人构建现代国家之正道"，在今天，儒家道统更应该成为"现代宪政的价值之源"，"以宪法延续、守护道统之理念，乃是唯一可行的立宪之道"。① 显然，这样一种被重新发现的儒家或有关儒家的重新论述，意在颠覆我们对儒家的传统认知，即在中国历史上，儒家的"三纲"观念格外强化了君、父、夫相对于臣、子、妇的绝对权威，儒家的政治义理及其基本政治立场也主要是认同和维护君主专制制度的。依据秋风"重新发现儒家"和"儒家宪政主义"的崭新观点，这样一种对儒家的传统认知无疑是一种"曲解"和"误读"，只有彻底打破和完全抛弃这一"曲解"和"误读"，才能使我们重新获得关于儒家的历史真相。那么，果真如秋风所说的那样，按照他的指引，我们就能走出认识上的误区与迷

---

① 秋风：《儒教宪政论申说》，《天府新论》2013 年第 4 期。

思，重新获得一种对儒家的正确理解吗？还是他让我们重新陷入了另一种更大的认识上的误区？对于秋风的"儒家论述"，已有学者作出过批评性的回应，秋风已有回应性的论辩，但问题似乎没有得到根本的澄清，故仍然有必要做一些严肃而认真的考察与反思。

一　重新发现儒家

——周代的"封建"和儒家"正名""三纲"
观念中的契约性君臣关系

秋风的"儒家论述"有其宏大而深远的历史视野背景，这一背景便是"华夏治理秩序史"的整个演进历程。正是在对"华夏治理秩序史"的探究中，秋风发现了一个从未被人揭破过的历史大秘密，那就是周代封建制或周制传统"代表着一种自由、宪政的传统"，而历史上的儒家一直在坚守这一传统。① 之所以这样讲，主要是因为在秋风看来，"周代封建制之君臣关系本质上是契约性的"，是一种"以义而合，不合则去"的契约性关系。② 这一说法究竟体现的是一种历史的真实还是一种历史的想象呢？

按照中国历史的一般通见或常识，周代的封建是一种宗法性质的封建，而宗法之为宗法乃是以血缘关系为根基的，然而，秋风所理解的"宗法"恰恰相反，认为周代宗法制与汉以后以血缘关系为基础的家族、宗族制度是极为不同的，其主要依据便是汉儒《白虎通义》对宗与族的解释："宗者，尊也。""族者，凑也，聚也，谓恩爱相流凑也。"秋风据此认为："'宗'和'族'的指向是正好相反的，'宗法'之要旨乃在于以君臣之义，切断血缘关系。"③ 显然，仅仅由宗、族字义的不同，秋风便断言"宗法"不同于家族和宗族，乃至将"宗"和"族"、"宗法"与"家族"看作是完全相反对立的历史现象或性质完全不同的事物。按照这

---

① 姚中秋（秋风）：《重新发现儒家》，湖南人民出版社2012年版，第293页。
② 同上书，第6页。
③ 同上书，第294页。

样一种对"宗"和"族"含义的理解方式，恐怕不仅是"宗法"与"家族"不同的问题，后世所谓"宗族"大概也是颇成问题的，"宗族"岂不成了一个自相矛盾而不能成立的概念了吗？尽管秋风在其所著《华夏治理秩序史》第一卷《天下》和第二卷《封建》两部大作中对周代"封建"有更详尽的论述，但问题似乎并没有因此而得到解决。

我们认为，周代"封建"或周公制礼的实质意义以及《白虎通义》对"宗""族"不同含义的解释，并不像秋风所理解的那样，只是简单地要以"尊尊"之义取代和排斥"亲亲"之义①，或是意在将"尊尊"与"亲亲"、"宗"与"族"置于完全相反对立的意义论域。事实上，"选建明德，以蕃屏周"（《左传·定公四年》）与"封建亲戚，以蕃屏周"（《左传·僖公二十四年》），两种说法在周人的"封建"中是可以并行不悖的，正所谓："殷以前尚矣。周封五等：公，侯，伯，子，男。然封伯禽、康叔于鲁、卫，地各四百里，亲亲之义，褒有德也。"（《史记·汉兴以来诸侯王年表》）周代宗法与后世家族和宗族的不同，不在于周代宗法"以君臣之义，切断血缘关系"，而在于后世家族和宗族不具有周代宗法之封建制的政治特征，后世家族和宗族制度与周代宗法制在以血缘关系为根基这一点上事实上是前后相继而一脉相承的。

然而，秋风并不如此认为。在他看来，"周公制礼的伟大意义"，就在于"推动'亲亲'向'尊尊'之转变"，这一转变也就是"将叔侄、兄弟等血亲关系予以'陌生化'，透过订立书面性策命文书的方式，转化为上下尊卑之君臣关系"；"宗法制的要旨在于'别'，让君摆脱血亲关系之束缚，以公共意义上的君臣关系替代血缘意义上的叔侄、兄弟关系。这是周人最为伟大的治理智慧，也是中国文明的一次巨大跃迁"。② 如此说来，无论怎样强调周代宗法封建制及其君臣关系的契约化的意义都不为过。但另一方面，秋风又说："宗法制实际上是由两套制度构成，分别存在于治理架构之上层、下层。……对周王、诸侯而言，宗法乃是对臣的一种限制，也即君从某种程度上切断与臣的血亲关系，而'别'之为一般性君臣关系。……相反，对大夫、士而言，宗法制之主要倾向则顺乎人之

①　姚中秋：《华夏治理秩序史》第一卷《天下》，海南出版社 2012 年版，第 505 页。

②　姚中秋（秋风）：《重新发现儒家》，湖南人民出版社 2012 年版，第 294—295 页。

本能，而强调血亲关系之联结功能。"① 那么，我们不禁要问，究竟两套制度中的哪一种才更能体现和凸显周代封建的本质特征？难道以血亲关系之联结为基础的治理架构的下层不是更能凸显周代封建制的本质特征吗？也就是说，周人的封建事实上是以不破坏或直接建立在社会生活的血缘纽带根基之上为根本原则，而不是以排斥和牺牲"亲亲"之义为代价的。正因为如此，所以"天子建德"才会"因生以赐姓，胙之土而命之氏"，"诸侯以字为氏，因以为族"，"官有世功，则有官族"而"邑亦如之"（《左传·隐公八年》）；所以也才会有周人对孝友之德的重视，才会有"孝道的提出"，这是"宗周正统思潮影响"后世最大，乃至在后来历史上"发生了无与伦比的作用"的伦理道德思想②，正所谓"元恶大憝，矧惟不孝不友"（《尚书·康诰》）。

　　如所周知，在极力推崇周代礼文传统、维护周代封建之制的孔子和儒家的观念中，"亲亲"和"尊尊"绝不是相互排斥的，它们共同体现了"人道之大者"（《礼记·丧服小记》）。如果如秋风所言，周公制礼的真正意义只是在于强调和突出"上下尊卑之君臣关系"，而完全要摈弃"血缘意义上的叔侄、兄弟关系"，而另一方面又认为君臣任何一方死亡，都意味着原来的君臣契约关系的自动终结而需要重新确认和建立新的君臣关系，那么，难道后者不会削弱君臣之间上下尊卑的人身依附性关系吗？总的来讲，在周人的治理理念中，所谓的"皇天无亲，惟德是辅"（《尚书·蔡仲之命》），所谓的天命有德、敬德保民、明德慎罚、选建明德、尚德尊贤等等，无不体现了周人自我克制、清明审慎的治理智慧和"高度成熟的理性"③，同时，也体现了周人对于政治事务之性质的恰当理解，即承担治理之责的君主所拥有的主要应是一种公共性权威，而且认识到，只有基于这样一种理解和意识，才能正确地建立合宜而正当的君臣关系，这一点是毋庸置疑的。但问题的关键在于，这样一种高度成熟的治理智慧与政治理性，是否就一定意味着在周人的治理秩序中是完全排斥和蔑弃"亲亲"之义的？如果如秋风所言，周人的抽象的规则或礼法之治不要求

① 姚中秋：《华夏治理秩序史》第二卷《封建》，海南出版社 2012 年版，第 112 页。
② 杨向奎：《宗周社会与礼乐文明》（修订本），人民出版社 1997 年版，第 220 页。
③ 姚中秋：《华夏治理秩序史》第二卷《封建》，海南出版社 2012 年版，第 102 页。

诸侯对抽象的周王或周室效忠，那么，周人又何必要汲汲于强调"受天明命"、天命有德或"天祚明德"，乃至于直至春秋之世仍要声言"周德虽衰，天命未改"（《左传·宣公三年》）呢？在当时，究竟是对天命的信仰以及对血缘亲情的强调更具凝聚力而有利于维护周人的统治，还是君臣之间具体的两人之间的契约性关系更能维护君臣之间尊卑不同的人身依附关系呢？显然，秋风并没有意识到这之间存在任何的扞格不通之处。但是，秋风以为"尊尊"与"亲亲"是完全相反对立而不可调和并存的，在我们看来，这肯定不符合周公制礼的本意。历史地讲，周人之所以能够"大幅度地扩大了治理的地理范围"，与其说是因为周人"突破亲缘关系的局限性，构建出以契约性君臣关系为枢纽的理性的治理架构"①，毋宁说是因为周人很好地调和了尊尊与亲亲的精神原则，并在此基础上成功地借助于宗法制与封建制两种制度的有机结合，从而实现了其以周天子为中心（作为"天下共主"）的治理秩序。而且，在周代宗法封建制"宝塔型"的等级结构与政治秩序中，贵族分权虽然构成了对周天子王权的限制，但周天子与诸侯和各级贵族之间的君臣关系，也绝不像秋风所说，是一种自由的契约性关系，如《诗·唐风·无衣》毛传曰："诸侯不命于天子，则不成为君。"即使是周天子王权式微的东周列国纷争时代，如三家分晋、田氏代齐，亦须形式上受周天子之命，才能合法地立为诸侯。所谓君臣之间"以义而合，不合则去"的关系和观念应该是战国后起的一种现象，特别是战国游士之"士无定主"，无疑是一种特定时代的特殊现象。而儒家对于君臣关系的看法，总的来讲，乃是把君臣关系看成是与其他人伦关系如男女、夫妇、父子、兄弟等一样，是一种具有自然正当性的政治关系，如《易传·序卦》所说："有天地然后有万物，有万物然后有男女。有男女然后有夫妇，有夫妇然后有父子。有父子然后有君臣，有君臣然后有上下。有上下然后礼义有所错。"而人世间问题的根源正在于"礼崩乐坏"乃至上述伦常关系的悖乱。因此，孔子才要汲汲于"正名"，目的即在"首先是让名代表它所应代表的，然后重建社会的和政治的关系与制度，使它们的名表示它们所应表示的东西。……使真正的关系、义务和制度尽可能符合它们的理想中的涵义"，通过"正名"以便重建这样

---

①　姚中秋（秋风）：《重新发现儒家》，湖南人民出版社2012年版，第295页。

一种理想的社会秩序，其中的"每一个成员都将忠实地履行其应尽的职责"。①

　　的确，在先儒有关伦常关系和正名的观念中，特别强调在礼的规范和约束下，处于伦常关系中的君与臣、父与子、夫与妇、兄与弟等都应"正确地扮演自己的社会角色，履行自己对对方应当承担的义务，这种义务是双向的、相互的"②。任何一方违背了这种伦理角色和道德义务的要求，都要受到严厉的谴责，或者理应受到另一方相应的对待，正如孟子所说："君之视臣如手足，则臣视君如腹心；君之视臣如犬马，则臣视君如国人；君之视臣如土芥，则臣视君如寇仇。"（《孟子·离娄下》）甚至在孟子眼中，残害和践踏了仁义的暴君虐主已不配被称作君主，而不过是独夫民贼而已。这不仅仅是孟子一时的愤激之言，而是他从儒家正名思想中自然引申出来的君主统治的合法性理论，这也使孟子格外珍视和推崇士人君子的气节，故曰："君子之事君也，务引其君以当道，志于仁而已。"（《孟子·告子下》）又曰："无罪而杀士，则大夫可以去；无罪而戮民，则士可以徙。"（《孟子·离娄下》）因此，对孟子来讲，所谓的"君臣有义"，正意味着君臣之间乃是以道义相结合的关系，合则留，不合则去，后来的荀子也强调"从道不从君"（《荀子·臣道》）的原则性政治立场。然而，这是否就意味着在他们的观念中，君臣关系就是一种自由的契约性关系，而且具有普遍适用的政治含义呢？还是这只是体现了一种特殊时代环境下的士人君子参与政治的精英意识？在我们看来，更可能是后者，而且，对孔、孟、荀等先儒来讲，君臣之义或君臣一伦普遍具有一种与父子、兄弟、夫妇一样的自然正当的神圣意味，是不可背离废弃的人之大伦大义（《论语·微子》），故孟子曰："人莫大焉亡亲戚、君臣、上下"（《孟子·告子下》），并激烈地批评杨、墨的"为我""兼爱"之说为无父无君的"禽兽"之道（《孟子·滕文公下》）；荀子更有言曰："君臣、父子、兄弟、夫妇，始则终，终则始，与天地同理，与万世同久，夫是之谓大本。"（《荀子·王制》）如果像秋风所说的君臣关系乃是一种基于自愿的自由的契约性关系的话，那么，君臣关系是可以废弃和解除的，这显

---

① 姜义华主编：《胡适学术文集·中国哲学史（下）》，中华书局1991年版，第794—795页。
② 姚中秋（秋风）：《重新发现儒家》，湖南人民出版社2012年版，第11页。

然不符合先儒的君臣理念。即使如秋风所喜欢引用的春秋时代的谚语所说："臣一主二"，意即晋儒杜预注所释："言一臣必有二主，道不合，得去事他国。"事实上，很难说就是一种解除与一国之君的契约而又与他国之君"订立君臣契约"①的行为，而只能这样理解：在列国竞争的政治环境下，臣下的确存在可以选择和自由流动的机会，正如良禽择木而栖一样，臣下也可以从一国到另一国，放弃服事一国之君而选择到其他国家服事另一国之君，以便实现自己的政治理想与抱负，孔孟周游列国是如此，一心追求个人功名利禄的战国游士亦是如此，这没什么好大惊小怪的，而秋风却将此理解为臣下与君主解除和订立契约的行为，显然是一种过度诠释。正因为如此，在秋风的"儒家论述"中，"契约"一词成了一个可以解释一切的神奇概念，自由的契约性的君臣关系观念成了儒家信念中唯一正确的真理，而且唯有依据这一唯一正确的真理信念，我们才能正确理解汉儒董仲舒和《白虎通义》一书"三纲"观念的真实恰当的含义。

秋风一反从支配－服从或命令－服从关系的角度来理解和解释"三纲"含义的传统观点，主要是从"自由人以义而合"的契约性关系的角度来理解和解读"三纲"的真实含义。依秋风之见，汉儒董仲舒从阴阳关系中引申出来的是关于君臣、父子、夫妇之间"相兼"而又"相合"的关系，"双方的'相合'表明了君臣、父子、夫妻双方的相互依赖性，因而也就表明了其平等性，由此而形成合作的内在倾向。相兼则表明了双方对于事物之成立和功用，所发挥的作用之不同，以及由此而形成地位上的差异"。双方角色、地位上的不同，只是"不同"，而"不是不平等"，因为"汉儒相信，君臣、父子、夫妇双方在道德上、人格上是平等的。由此，他们才能够形成合作关系"。事实上，这也就是"《白虎通义》所引《含文嘉》'君为臣纲、父为子纲、夫为妇纲'的真实含义"。② 具体而言，"《白虎通义》中'君为臣纲'的意思绝不是君臣之间乃是绝对的命令－服从关系，相反，双方乃是以义而合的自愿性契约关系，均须承担

---

① 姚中秋（秋风）：《重新发现儒家》，湖南人民出版社 2012 年版，第 296 页。
② 同上书，第 19 页。

对对方之责任,如此才可以维系双方关系"①,或者,"根据《白虎通义》,君臣、父子、夫妇三纲的基本关系就是'不同而合作',或者说'分工而合作'。这种关系中的双方之权利 – 义务可能并不完全对等,但是,双方的权利 – 义务是相互的,尤其是伦理和法律同时保护双方。据此我们可以说,双方都是自由的"②。

乍然看上去,或者仅仅从字面意思来看,秋风的解读也许并非全无道理,因为毕竟汉儒从阴阳关系的观念中引申出来的君臣、父子、夫妇之间"相兼"而又"相合"的关系,确乎有强调双方角色不同而又必须相互依赖、分工合作才能维系双方关系的意思。然而,既然是从阴阳关系的观念中引申出来的看法,那么,我们便必须依据汉儒理解阴阳含义的方式来理解"三纲"的含义,这应该是毋庸置疑的。既然如此,那么,我们便可以逆向推论而反问秋风,如果君臣、父子、夫妇是平等的,在汉儒的观念中阴阳也是平等的吗?如果君臣、父子、夫妇的关系是一种自愿的契约性关系,那么阴阳也是自愿的契约性关系吗?既然君臣、父子、夫妇双方角色、地位上的不同只是一种"不同",而"不是不平等",那么阴阳之间的不同也只是一种"不同",而"不是不平等"吗?既然只是"不同",那么,为什么汉儒董仲舒只说"君为阳,臣为阴;父为阳,子为阴;夫为阳,妻为阴"(《春秋繁露·基义篇》),《白虎通义》只说"君为臣纲,父为子纲,夫为妇纲",而不说"臣为阳,君为阴;子为阳,父为阴;妻为阳,夫为阴"或"臣为君纲,子为父纲,妇为夫纲"呢?当然,秋风可能会回答说:"在儒家看来,有组织,就须有君,而君就是为了组织而存在的。君之所以为君,完全是因为他具有较为高明的'合群'之技艺,用现代话语说,他具有高明的领导力。这就是君道。""从这个角度讲,君确实为臣之纲。在君臣关系中,当然是君领导臣,而不是臣领导君。问题的关键在于,君必须具有君之德与能,而获得臣之自愿服从。"③ 我们认为,这一回答的确抓住了儒家政治理念的关键所在,但如此我们也可以明了,在汉儒阴阳化的政治观念中,君臣双方角色、地位上的不同也绝不

---

① 姚中秋(秋风):《重新发现儒家》,湖南人民出版社 2012 年版,第 20—21 页。

② 同上书,第 27 页。

③ 同上书,第 20 页。

只是一种"不同"而已①，天之"贵阳而贱阴"，"阳尊阴卑"，故君主臣辅、君阳臣阴之位是绝对不可颠倒的，倒阴为阳肯定是一种大逆不道之想。故汉儒董仲舒曰："善皆归于君，恶皆归于臣。臣之义比于地，故为人臣者，视地之事天也；为人子者，视土之事火也。……是故孝子之行，忠臣之义，皆法于地也。地事天也，犹下之事上也。"（《春秋繁露·阳尊阴卑》）《白虎通义·五行篇》亦曰："地之承天，犹妻之事夫，臣之事君也。其位卑，卑者亲视事，故自同于一行尊于天也。"又曰："子顺父，妻顺夫，臣顺君，何法？法地顺天也。"另如董仲舒亦曾言：

> 天子受命于天，诸侯受命于天子，子受命于父，臣妾受命于君，妻受命于夫，诸所受命者，其尊皆天也，虽谓受命于天亦可。天子不能奉天之命，则废而称公，王者之后是也；公侯不能奉天子之命，则名绝而不得就位，卫侯朔是也；子不奉父命，则有伯讨之罪，卫世子蒯聩是也；臣不奉君命，虽善，以叛言，晋赵鞅入于晋阳以叛是也；妾不奉君之命，则媵女先至者是也；妻不奉夫之命，则绝夫不言及是也；曰不奉顺于天者，其罪如此。（《春秋繁露·顺命》）
>
> 唯天子受命于天，天下受命于天子，一国则受命于君。君命顺，则民有顺命；君命逆，则民有逆命。故曰一人有庆，万民赖之，此之谓也。（《春秋繁露·为人者天》）

毫无疑问，即使是强调"三纲"之义的汉儒也并不主张君臣之间是一种无条件的支配－服从或绝对的命令－服从关系，他们也非常讲究君主应该服从天命和君道，然而，在普遍的意义上，"三纲"之义的天地阴阳化，究竟是弱化（使之变得更加自由平等化）还是强化了君臣、父子、夫妇之间绝对的地位尊卑和单向的支配－服从关系呢？从上述引文来看，我们认为是不待深辩而明确的。以自由人之间自愿的"以义而合"的契约性关系来恣意曲解"三纲"之义，实在与汉儒的阴阳观念相去甚远，

---

① 儒家的君臣观念在明末清初之际才真正发生实质性变化，如黄宗羲《明夷待访录·原臣》论君臣"名异而实同"所言："夫治天下犹曳大木然，前者唱邪，后者唱许。君与臣，共曳木之人也。"

不仅不符合历史事实，而且给人一种强烈的观念上时代错位的谬误感，是很难令人信服的。在汉儒的社会政治观念中，君臣之际不是自由人之间"以义而合"的契约性关系，而是"尊君卑臣者，以势使之"（《说苑·君道》）的支配－服从关系；不是基于自愿结合而形成的一种"平等的共同体"的生活秩序，而是努力构建一种等级分明、尊卑有序的人伦关系秩序①。后者才是他们心目中理想的目标追求，而"三纲"之义，不管其中蕴含着什么样的温情脉脉的释义，其实质含义可以说不是别的，正是进一步将这样一种君主与臣民之间的支配－服从关系和等级分明、尊卑有序的人伦关系秩序阴阳合理化或自然正当化了。特别是就君臣一伦或"君为臣纲"而言，因"立于生杀之位，与天共持变化之势"（《春秋繁露·王道通三》）而拥有绝对权威和至尊地位的君主与其臣民之间，其政治角色和身份地位之间的天壤之别绝不是一句轻飘飘的"不同"或道德、人格上的"平等"就能够简单抹平的。

二　儒家宪政主义传统

——"天道宪政主义"与制度架构的"共治"模式

秋风不仅重新发现了（事实上是恣意曲解和误读）儒家观念中的君臣关系是一种基于自愿的自由人之间的契约性关系，而且他还有另一重大的历史发现，那就是：历史上的儒家都是宪政主义者，而不是君主专制主义的捍卫者和辩护士；儒家的政治义理从来都是宪政主义的，儒家追求的政治理想是儒家士大夫与皇权共治天下或者"虚君的君子共和"。在历史上，儒家的宪政主义"由儒家士大夫付诸实践"，形成了"中国的宪政主义政治传统"。其中，最受秋风青睐、激赏和推崇的便是汉儒董仲舒"屈君以伸天"的"天道宪政主义"。

秋风的后一种发现同样牵涉到他对自尧舜以来中国五千年来治理秩序演变历史的看法，他认为，"其间至少形成了两个相反的传统，周制传统

---

① 如汉儒贾谊在《新书·服疑》中所说："等级分明，则下不得疑；权力绝尤，则臣无冀志。……等级既设，各处其检，人循其度，擅退则让，上僭则诛。……卑尊已著，上下已分，则人伦法矣。于是主之与臣，若日之与星。……下不凌等，则上位尊；臣不逾级，则主位安；谨守伦纪，则乱无由生。"

与秦制传统"，"秦以后的中国历史之演变，基本上就是这两种传统以不同比例搭配、组合的结果"，但"总体上说，周制传统代表着自由的、宪政的传统，儒家则在坚守这个传统"。[①]周制传统与秦制传统的区分，仍然符合传统的史学通见，但认定周制传统就是一种"自由的、宪政的传统"则属于秋风的新见，而且，他认为，正是在坚守和维护周制传统、对抗和改造秦制传统（即专制皇权）的基础上，汉儒董仲舒发展出了一种"天道宪政主义"传统。秋风如是定位和评价董仲舒作为创制立法者的政治作为及其对"儒家事业"所做出的历史贡献：

> 他不仅是春秋公羊学传统的思想大师，更是一位具有政治头脑的立法者。……他延续了邹衍的阴阳五行之说，构造了一个宇宙论的治理秩序理论。这是一个复杂而精微的道学体系。随后，他抓住汉武帝面临统治困境而寻求出路的机会，运用这一道学思想，提出"天人三策"，迫使武帝系统地接受儒家的治理原则和制度蓝图，从而发动了一次广泛的宪制变革。
>
> 董仲舒的基本政制构想是"屈民以伸君、屈君以伸天"的"天道宪政主义"，后人似乎多注意前面一点，但他论证的侧重点其实是在后者。秦始皇宣称自己是宇宙中最崇高的存在，董仲舒却说，天子是天之子，因而不能由着自己的性子肆意妄为，而必须服从天意。最重要的是，皇帝本身没有能力弄清天意，只有儒生有这种技艺。因而，儒生共同体成为天意的阐释者，由此而获得了进入最高政治层面的道德、宗教与文化权利。所谓"独尊儒术"也当从这一角度理解。董仲舒的目的是要为专制君王带上笼头，他的一些做法，包括春秋决狱，与赤裸裸的权力发生冲突。武帝极为愤恨，借故将仲舒下狱，仲舒后不复言灾异。
>
> 由此可以看出，刘氏皇帝接受儒家，不是他们主动利用儒家，反倒是儒家借助文化、社会的力量试图控制专制皇帝的系统的宪政主义努力，并且取得了一定程度的成功。刘氏以后的治理已经不再像秦始皇那样完全由皇帝一人的意志并借助暴力进行统治，皇权专制受到一

---

① 姚中秋（秋风）：《重新发现儒家》，湖南人民出版社2012年版，第293页。

定约束。由此实现了从秦的法家专制主义统治向儒家治理的转变，形成皇权与儒家士大夫共治的格局，这成为后来两千多年的基本政制格局。①

董子推动更化改制，实乃发动了一场宪制革命，这一事业当然是与武帝共同完成的，以儒生群体前赴后继之努力为基础。……这一制度具有了生命力，此后两千年的历史围绕这一宪制上下波动。也即，董子不仅为汉家创制立法，更为此后两千年中国立法。天人三策之意义大矣哉！②

儒士参与秩序再造的第三种形态是董仲舒式更化改制。这是传统儒士参与政治的最高级形态，对此徐复观先生有深入而全面的研究。董仲舒可被称为古典宪政主义者，他的"改制"纲领实际上是要在皇权专制的统治之上架设一套宪政性制度安排，而以《春秋》大义为汉家的根本法，他所构造的一整套"天的哲学"乃是为此根本法的约束力提供论证的工具。③

王莽篡汉的结果完全出乎儒士预料。此一失败显示了诉之于天而以推阴阳、言灾异为手段的董仲舒式古典宪政主义的内在局限。这种局限其实也是整个儒家传统外王事业缺陷的集中表现。……董仲舒式宪政主义着力于"屈君以伸天"，且以儒生群体为天意之阐释者、守护者；然而，其"屈民以伸君"的理念本身就构成了对儒生的限制，其结果，儒生——更不要说一般人民——被取消了政治的主体性，天子也就可以放纵其私欲，而不必担心天的惩罚。

董仲舒式宪政主义改制努力的失败对儒家精神世界的历史影响极为深远，如徐复观先生所说，儒生"无形地放弃了'抑君'的观念，而接受了法家'尊君'所造成的事实"，从士人方面说，此事"说明了士人抵抗专制之失败，也说明了士人争取政治自主性的不可能"。④

我们姑且先承认秋风的儒家宪政主义传统之说，但此说的成立却有待

---

① 姚中秋：《儒家宪政主义传统》，中国政法大学出版社 2013 年版，第 24—25 页。
② 同上书，第 98 页。
③ 同上书，第 162 页。
④ 同上书，第 164 页。

于历史事实的检验。故而有必要首先厘清一些基本的历史事实，才能澄清和评判此说能否成立。

汉家"继续沿用以法家为基础的秦制"①，这的确是董仲舒所面对的现实，董氏对此所作出的回应，就是试图通过"复古更化"的方式来削弱和减轻秦制下的刑治与暴政的现实影响，"复古"即要恢复或复兴周制下的德教传统，更化即要改变秦制下的刑治传统。而且，他的这一努力主要采取了一种推崇圣人和经典、重新树立天命权威的思想形式来进行。不可否认，他的整个思想努力的宗旨很明显蕴含着限制专制君权的直接目的和明确意图，希望依托于秦制之上的专制君主能够尊信孔子《春秋》之经义道旨，"奉天而法古"（《春秋繁露·楚庄王》），或者是"法天"而治，而不是恣意妄为，秋风说"董仲舒的目的是要为专制君王带上笼头"这一点并不假。然而，我们必须明确的一点，就是上述努力并非始自董氏，而是经过了汉初几代人的不懈努力，包括崇信黄老道家的学者和政治家们以及推崇儒学的学者和政治家们的努力在内，没有他们批评反思"举措太众，刑罚太极"（《新语·无为》）的秦政之失、推动汉家转向无为而治的努力，没有他们批评反思汉初无为政治之弊、推动汉家打击削弱诸侯王势力以便维护汉家大一统的皇权统治的努力，便不可能有武帝朝君臣上下制策问对而普遍尊崇儒术的转向。秋风说由董仲舒"发动了一次广泛的宪制变革"或"宪制革命"，显然是言过其实的。董氏的"天人三策"是应武帝的策问而上，其中的诸多建议固然被武帝接受和采纳，产生了深远的影响，但要说董氏"迫使武帝系统地接受儒家的治理原则和制度蓝图"，恐怕同样是言过其实的。如果说董氏能够"迫使武帝系统地接受儒家的治理原则和制度蓝图"的话，那么为何董氏的一些做法，又会"与赤裸裸的权力发生冲突"而竟使"武帝极为愤恨，借故将仲舒下狱"呢？显然，"迫使"　词属于用词不当，而武帝是否系统地接受了儒家的治理原则和制度蓝图是大有疑问的，至少董氏的灾异谴告之说在当时并未被武帝朝君臣所接受。据史传记载，主父偃出于嫉恨窃取其推阴阳言灾异之书而上奏，其弟子吕步舒"以为大愚"，本该治仲舒下狱死罪，正是武帝下诏赦免了仲舒（《汉书·董仲舒传》）。仲舒事后不敢复言灾异，

---

① 姚中秋：《儒家宪政主义传统》，中国政法大学出版社 2013 年版，第 24 页。

其灾异谴告之说直到西汉中后期才在汉家政治生活中发生实际的影响。至于"春秋决狱",却并未在武帝朝引起什么"与赤裸裸的权力发生冲突"的事情,恰恰相反,武帝命仲舒弟子吕步舒"持节使决淮南狱",而步舒"于诸侯擅专断,不报,以《春秋》之义正之",结果"天子皆以为是"(《史记·儒林列传》)。可见,儒家的《春秋》之义能够对于大一统王权的统治发挥积极的维护之功,故而赢得了武帝的认可,这恐怕也是武帝赦免仲舒的根本原因所在。史有明文,这段事实并不隐晦难解,不知何故秋风竟有如此错乱的历史解说,大概是由于他太过想证成董仲舒"宪制变革"的历史贡献吧。

尽管如此,秋风说"天人三策之意义大矣哉"还是有一定道理的,不过,其意义和贡献究竟大在何处,是否也有罪过,其限制专制君权的意图和努力成功与否,都还需要作进一步的申说和论证。秋风认为,董氏提出的基本政制构想是一种"屈民以伸君、屈君以伸天"的"天道宪政主义",因为依董氏之见,"天子是天之子,因而不能由着自己的性子肆意妄为,而必须服从天意。最重要的是,皇帝本身没有能力弄清天意,只有儒生有这种技艺。因而,儒生共同体成为天意的阐释者,由此而获得了进入最高政治层面的道德、宗教与文化权利"。在这里,秋风只强调了儒生作为天意阐释者的意义,但问题是,谁才是天意、天命的承担者?比较而言,究竟谁的权威更大,乃至在整个政制架构和政治生活中起着决定性、支配性的作用?综观董氏的整个思想论旨,答案是非常明确的,那就是只有受命而王的天子才拥有至高无上的权威,王之为王正在于他是沟通天地人的神圣统治者,正所谓"古之造文者,三画而连其中,谓之王。三画者,天地与人也,而连其中者,通其道也。取天地与人之中以为贯而参通之,非王者孰能当是?"(《春秋繁露·王道通三》)也许秋风会马上反驳说,即使如此,天子或王也必须要受到天意和王道的制约与限制。的确如此,但是,问题还有另外一个方面,那就是"屈民以伸君",这在董氏的基本政制构想中同样是具有实质意义的决定性因素,秋风并没有完全忽视这一点,他又如此解说道:"然而,其'屈民以伸君'的理念本身就构成了对儒生的限制,其结果,儒生——更不要说一般人民——被取消了政治的主体性,天子也就可以放纵其私欲,而不必担心天的惩罚。"我们认为,秋风的这一解释才最终正确地抓住了董氏整个思想的真正实质。我们还可以为秋风补充一条论证材料，那就是董氏曾经毫不讳言地论君之所以为君者说："国之所以为国者，德也；君之所以为君者，威也。故德不可共，威不可分；德共则失恩，威分则失权；失权则君贱，失恩则民散；民散则国乱，君贱则臣叛。是故为人君者，固守其德，以附其民，固执其权，以正其臣。"（《春秋繁露·保位权》）由此可见，董氏除了是一位"天道宪政主义"者，还是一个主张君主必须将恩德与威权完全集于一身的绝对君权论者。正是后者导致或决定了前者注定是要走向失败的，按照秋风的说法就是，这体现了"董仲舒式古典宪政主义的内在局限"，而"这种局限其实也是整个儒家传统外王事业缺陷的集中表现"。

综合上述，不知秋风本人是否感觉到了他对董仲舒"天道宪政主义"的整个论述的吊诡之处？"屈君以伸天"体现了一种"天道宪政主义"，而紧接着"屈民以伸君"又否定并最终导致了"天道宪政主义"的失败，一个自我否定的儒家宪政主义能否被称为真正的宪政主义呢？对董氏思想的评价，究竟是在功罪之间还是就认定他是一个"宪制革命"论者，才更为恰当和公允、更为符合他思想的本义与历史的真相呢？我们认为答案是不言而喻的。

尽管董仲舒的"天道宪政主义"自有其内在局限或根本缺陷，但秋风却深信"董仲舒–汉武帝更化以后形成的儒家士大夫与皇权共治政体"却成功地一直延续至清亡。[1] 也就是说，在中国历史上，正是由儒家士大夫与皇权的"共治"实践形成了源远流长的儒家宪政主义传统，中国人就长期生活在这一传统之下。因此，秋风便可以据此悍然断言："中国历史在很大程度上就是儒家的历史。"[2] 但是，秋风在对这一传统的"共治"政体进行总体评价时有时又显得犹豫不决，比如说："它不是完整的现代宪政政体，但也绝非简单的皇权专制，它是混合的，诸多基本制度是宪政的。"[3] 先是肯定它是一种"共治"的宪政政体或儒家宪政主义传统，而后又否定它是一种完整意义的"现代宪政政体"，接着又肯定它绝非是简单的皇权专制而是宪政的。肯定、否定、否定之否定，这是典型的秋风式

---

① 秋风：《儒教宪政论申说》，《天府新论》2013 年第 4 期。
② 姚中秋（秋风）：《重新发现儒家》，湖南人民出版社 2012 年版，序言。
③ 秋风：《儒教宪政论申说》，《天府新论》2013 年第 4 期。

语言风格，看上去很辩证，但是，它却未能向我们澄清问题的真正实质。比如，"儒家宪政"究竟是不是真正的"宪政"？或者只在是与不是之间？另如，所谓的"共治"，究竟是政权的"共有"呢，还是"治权"的分享？我们认为是后者。① 还有，儒家士大夫要想与皇权"共治"，是否需要首先进入官僚体制？是的话，官僚体制与皇权究竟是一种什么关系？秋风认同钱穆先生的"士人政府"说，视之为"与皇权形成分立与制约之结构"②，我们认为官僚体制或"士人政府"虽然对皇权构成了一定的限制，但限制毕竟是有限的，远不是宪政式的分权制衡。事实上，根据秋风自己对于儒士参与政治、从事秩序再造的五种形态的历史划分③，即以孔子为典型而为后王制礼，介入豪杰打天下过程而试图影响制度，董仲舒式更化改制，书生议政和"圣君贤相"的行政模式，也许我们可以更好地来理解儒家士大夫与皇权的关系问题。依秋风之见，不仅作为"传统儒士参与政治的最高级形态"的董仲舒式更化改制，或者试图"要在皇权专制的统治之上架设一套宪政性制度安排"的"古典宪政主义"最终失败了，而且，"尽管有上述五种形态，但由于政治架构的专制性质"，"儒士在政治上的努力"事实上都"最终不能不归于失败"。当然，秋风接着又强调指出："这并不意味着儒士重建人间合理秩序的努力全面失败了。"④ 秋风式语言风格再次发挥出威力，使我们分辨不清儒士对政治的参与究竟是成功还是失败，或者只在成功与失败之间？不管怎样，秋风所一再强调的儒家士大夫与皇权"共治"的问题，说到底不过是在具有专制性质的政治架构下对政治的参与而已。不可否认，儒家士大夫的政治参与常常会对专制皇权的统治构成一种道义和制度（官僚体制）上的抗衡与制约的力量，但"参与"本身首先就需要认同（消极接受或积极维护）专制君权或君主专制的政体架构。诚如徐复观先生所说，由秦政建立起君主一人专制的政体与机器之后，"一切文化、经济，只能活动于此一机器之内，而不能逸出于此一机器之外，否则只有毁灭"，"因此，两千年来

---

① 如牟宗三先生所说："无论封建贵族政治还是君主专制政治，政权皆在帝王（夏商周曰王，秦汉以后曰帝）。"参见氏著《政道与治道》，广西师范大学出版社 2006 年版，第 1 页。

② 秋风：《儒教宪政论申说》，《天府新论》2013 年第 4 期。

③ 姚中秋：《儒家宪政主义传统》，中国政法大学出版社 2013 年版，第 160—168 页。

④ 同上书，第 168 页。

的历史，政治家、思想家，只是在专制这架大机器之下，作补偏救弊之图"①。这既是我们正确理解中国历史，更是我们正确理解中国政治史和思想史的大关键。当然，这也并不是说专制帝王在任何时候、任何情况和任何条件下都可以随心所欲或为所欲为，事实上，"每个社会都以自己的方式对政治权力的限度作出界定。没有哪个社会愿意长期容忍不受限制的专权"②。但问题是，中国历史上对专制君权的各种限制能否真正称得上是一种分权体制的"宪政"制衡③或"制度控制"④？事实上，我们认为，余英时和萧公权二先生对中国历史上约束和限制君权的办法所作的系统论述更符合中国历史的实情或真相。在他们看来，传统约束和限制君权的办法不外三种：一是，以"一个更高的力量"即"天"或"理"的权威来"约束君权"或"限制君的意志"，即给君权以"一些无形的、精神上的限制"或"宗教的限制"；二是，君权本身逐渐凝成的"独特的传统"或"国家的成法和祖宗的家法"，对于后世的君主也多少有一些拘束力；三是，官僚制度对君权的行使也往往会形成一种"比较真实"的"阻力"，如"西汉时代的丞相很可以与人主抗权，不容人主任意独制"。然而，不管是哪一种限制和约束，又都不足以改变或否定"君权是绝对的（absolute）、最后的（ulti‒mata）"的性质，或者这些限制和束缚虽然使专制君主"不能完全任意行为"，"而就二千年中大势看来，它们的效力事实上并不久远重大，不足以动摇专制政体的根本"⑤。相信秋风也会同意这一观点，因为他自己也承认"由于政治架构的专制性质，儒士在政治上的努力最终不能不归于失败"，尽管不是全面的失败，但毕竟是"不能不归于失败"的，既然如此，秋风何以又要大肆鼓吹一种失败的"儒家宪

---

① 徐复观：《两汉思想史》第一卷，华东师范大学出版社 2001 年版，第 92 页。

② ［美］孔飞力：《叫魂：1768 年中国妖术大恐慌》，陈兼、刘昶译，上海三联书店 1999 年版，中译本序言。

③ 同上书，第 305 页。

④ 如英国哲学家卡尔·波普尔所言："通过权力之间的彼此平衡来对统治者实行制度控制。"参见氏著《开放社会及其敌人》第一卷，陆衡等译，中国社会科学出版社 1999 年版，第 231 页。

⑤ 余英时：《"君尊臣卑"下的君权与相权》，参见《中国思想传统的现代诠释》，江苏人民出版社 1995 年版；萧公权：《中国君主政体的实质》，参见《宪政与民主》，清华大学出版社 2006 年版。

政主义传统"呢？这的确是令人颇感费解的。

三 在中西话语之间：秋风"儒家论述"的进一步反思

在我们看来，在秋风的"儒家论述"中之所以存在上述种种问题，甚至是对历史事实的恣意曲解和误读，还有其更深层次的缘由，这种缘由在《重新发现儒家》一书的序言中显露无遗。该序告诉我们，秋风之所以致力于"重新发现一个真实的儒家"，目的在于厘清和矫正现代人对儒家的很多误解、曲解，这些误解、曲解"或者源于望文生义，或者出自断章取义，或者来自对概念、命题所在文本、文献思路、脉络的不理解，或者出于对传统中国治理架构的不理解"，特别是"过去一百年来，国人都是通过西方之镜看待中国的，诸多关于儒家的迷思乃是中西思想、文化、制度扭曲性对比的产物"。这样一种错误的迷思又主要是与现代启蒙知识分子密切相关的，他们"总是倾向于夸大中西、古今之间的差异，从而形成激烈的反传统的心态"，而且通过一种简单化、漫画化的手法，肤浅、扭曲地用西方现代性的标准来衡量和否定儒家。为此，在重新发现儒家的同时，秋风还致力于"重新发展西方现代社会秩序的基本构造"，乃至于"借助于重新发现现代而重新发现儒家的结果是，儒家从其与现代性的对立关系中解脱出来"。秋风由此而"发现了一个与现代性大体兼容的儒家"。正是基于这一重大发现，秋风认为，我们在构建"一个完整的现代社会秩序"时，只需"在古典性之外叠加一些现代性"，这是一个"现代转型"与"回归儒家"相辅相成的过程，是一个"'中体西学，资相循诱'，而'中体'必以儒家为本"的过程，因此，"重新认识儒家，意义重大"。最后，秋风让读者"暂时放下成见，以平实、理性的态度"看看他说的究竟有没有道理，并希望人们都能够"以敬慎、谦卑的心面向'道'和'理'"。

"以平实、理性的态度"，我们敢打赌说，秋风说的肯定有一定道理，特别是，如果有人或者源于望文生义、或者出自断章取义、或者出于种种的不理解而只是以一种简单化、漫画化的手法，肤浅、扭曲地用西方现代性的标准来衡量和否定儒家，我们愿意选择站在秋风一边。但问题是，如果有人矫枉过正，或者源于望文生义、或者出自断章取义、或者出于种种的不理解而只是以一种简单化、漫画化的手法，肤浅、扭曲地恣意操作和滥用西方现代性的标准（自由、平等、契约、宪政、启蒙）来"重新评估儒家，肯定儒家"，我们则宁愿像秋风所"重新发现"的"常在两者之间、之上"而"持守中道"的儒家那样，选择"叩其两端"而"允执其中"的立场和态度，尽管我们认为自己不一定能客观公允地做到这一点。不过，至少在我们看来，历史上的"儒家"绝不是一个千古不变的实体性的东西，其思想观念也绝不是一个可以只是扭曲、漫画化地套用西方现代性的标准话语和概念——平等的自由人之间的契约、宪政以及启蒙等就可以简单地加以肯定的，它是一种历史的存在，只能历史地加以理解和把握，尽管我们不否认儒家思想中存在某些具有永恒意义的价值因素和观念资源。然而，秋风却不这样认为，他的"儒家宪政论"的最为核心的预设就是"反对历史主义"[1]，与现代启蒙知识分子"总是倾向于夸大中西、古今之间的差异"截然相反，他所重新发现的儒家似乎完全抹杀掉了"中西、古今之间的差异"，正因为如此，秋风通过"重新发现儒家"而真正想告诉我们的是，"回归儒家"才是当今中国唯一正确的道路选择。所谓的"现代转型"与"回归儒家"相辅相成和"中体西学，资相循诱"都只不过是一种修饰的说法而已，因为他所重新发现的儒家思想中已经完全具备了所有现代性的因素——自由、平等、契约、宪政和启蒙。秋风说："我试图发现自己心目中真实的儒家，不敢指望人们全部认可。我的看法未尝不是另外一种偏见。"[2] 那么，我们究竟是应该相信秋风重新发现的是历史上真实的儒家，还是应该相信他重新发现的只是他"自己心目中真实的儒家"，又或者是应该相信他的看法就是"另外一种偏见"呢？如果我们应该相信秋风重新发现的只是他"自己心目中真实的儒家"，而且表达了"另外一种偏见"，那么，我们便有充分的理由得出结论说，秋风的"儒家论述"，真的成了西方现代性话语殖民的重灾区，然而，话语与话语之间却又有着实质性的差别。

譬如"宪政"一词，根据秋风自己的说明，他所谓的宪制宪政只是指"构成一个共同体也即一个国家的'治理架构'或者'治理体系'"，而

---

[1] 姚中秋：《儒家宪政论之学术范式意义》，《天府新论》2013 年第 4 期。

[2] 姚中秋（秋风）：《重新发现儒家》，湖南人民出版社 2012 年版，序言。

"治理架构也就是国家的'宪制'",也就是说,"宪制"只是一个中性词,"指国家的基本制度构造,而不管其内在的价值为何"①。如此说来,秦制也有其独具特色的治理架构或治理体系,也可以说是一种"宪制",而"不管其内在的价值为何"。但事实上,秋风本人是有其价值偏好或基本倾向的,他最推崇和激赏的是"代表着一种自由、宪政的传统"的周制和儒家宪政主义传统,而绝非代表着一种绝对君主专制性质的治理架构的秦制。更为关键的问题是,在秋风的"儒家论述"中,源自西方的"宪政"概念的引入是否符合其本来的实质意涵呢?如果儒家宪政主义与西方宪政的本质含义存在偏差,那么这种偏差的关键究竟是什么?对这一系列问题的追问,有助于我们发现儒家宪政主义论述的问题所在。

秋风在论及"儒家宪政"时,经常与"儒生士君子的治理技艺""儒家式治理科学"等概念混用,在他眼中,所谓"宪政"其实与实现秩序的技术手段是一回事。他在《中国变革之道》一书中阐明了自己对西方宪政的理解:"笔者宁愿把宪政技术发育于西方这一事实,解释为历史、文化、制度的偶然性。因而,真正重要的不是西方的历史本身,而是其历史中所发育出的制度……如社会自治、代议制度、权力之分立与制衡、法律之治、违宪审查等。此类政制的结构与程序……完全可以成为异质文明实现其政治理想的一种工具。"② 由此可见,秋风将西方宪政等同于社会自治、代议制度、三权分立等工具性的技术手段,如此,宪政也就只是一种可以祛除西方历史根基和文化价值色彩的纯粹工具性存在了。那么,宪政果真只是一个价值中立的纯粹技术手段吗?

在 20 世纪二三十年代,随着美国新政和西方积极政府的兴起,主张尽量小的、无所作为的有限政府的古典自由主义传统受到挑战。在此背景下,一些学者如麦克尔文等著书立说,探讨宪政问题,并展开了许多重大的争论,宪政由此而成为"政治术语中的重要词汇"甚至是"政治理论的中心概念"。③ 可以说,西方学者对宪政问题的关注与探讨主要是有限政府理念回应积极政府权力扩张的挑战而兴起的,它代表着两种政治理念

---

① 姚中秋:《华夏治理秩序史》第一卷《天下》,海南出版社 2012 年版,第 506 页。

② 姚中秋:《中国变革之道——当代中国的治理秩序及其变革方略》,法律出版社 2011 年版,第 357 页。

③ 张凤阳等:《政治哲学关键词》,"宪政"词条,江苏人民出版社 2006 年版。

的抗衡，是一系列为政府权力设定边界的观念、制度和政治实践的总和，而不仅是生硬的制度设计，更不可看作祛除了价值导向的技术工具。那么，宪政的价值指向是什么？萨托利曾经断言："无论过去和现在，宪政制度事实上就是自由主义制度，可以说，自由主义政治就是宪政。"① 哈耶克也赞成："剥离掉一切表层以后，自由主义就是宪政。"② 自由是宪政的目的所在，宪政则是捍卫自由的手段或方法。因此，可以说宪政的价值导向就是保障个人法律范围之内不受外力强制的自由和权利。保障个人自由与权利是宪政的价值基点和最终导向，然后才有分权制衡、法治等制度安排。而秋风将宪政视为祛除了西方个人自由、权利等价值诉求的纯粹的技术工具显然是颇成问题的。

关于中国历史上存在不存在"自由"以及孔子思想与西方"个人自由"思想是否存在相通相容之处的问题，唐君毅和余英时先生曾经作过精到的论述。在他们看来，孔子思想与个人自由无疑是可以相容的③，譬如，"最近人们已承认孔子'为仁由己而由人乎哉'是一种自由精神，实则'君子和而不同'一语更能显出个人自由的观念。……孔子曾说他'七十而从心所欲不逾矩'。'从心所欲不逾矩'，正是道德修养的最高境界，也是道德自由的极致。由此可见，中国人并非没有自由的观念"。而且，仅就事实而言，"几千年来，中国人民也不是没有自由"，但是，我们却"不能因此而肯定，中西自由思想完全一致"，历史上的中国人在事实上的"自由"，也"只能名之为'散漫的自由'，或'一盘散沙的自由'"，"这种自由既不是人民自己争取得来的人权，也不是统治者赐予的特权，而是松弛的社会组织与不完备的统治技术所遗留下来的空隙"。④关键的问题是，中国过去"没有明确的社会自由的观念"，历史上中国人所感受到的自由在性质上"与西方的社会自由大相径庭"，尽管事实上的自由"随时随地都存在，然而也随时随地都有丧失的可能"。⑤ 或者，我

① ［美］萨托利：《民主新论》，冯克利等译，东方出版社1998年版，第348页。
② ［英］哈耶克：《自由秩序原理》，邓正来译，生活·读书·新知三联书店1997年版，第243页。
③ 唐君毅：《人文精神之重建》（二），广西师范大学出版社2005年版，第302页。
④ 余英时：《民主制度与近代文明》，广西师范大学出版社2006年版，第324页。
⑤ 同上书，第324—325页。

们不能不承认："孔子思想中并无西方近代之自由权利之观念。中国过去历史文化中，亦缺一君民共认的宪法，以规定君主与政府之权限，兼保障人权。因缺此，故人民虽实际上甚自由，然其自由亦可随时能被执政者所侵犯。"①

　　然而，秋风不仅重新发现了儒家"三纲"观念中自由人之间的契约性关系，而且，从纯粹治理技术的层面重新发现了一种儒家士大夫与皇权的"共治"政体，同时还重新发现了一个以"社会自治"为基础的儒家宪政主义传统。秋风不仅剥离了宪政的价值指向，仅将其视为一种偶然产生于西方的、任何文明都可以拿来使用的纯粹的治理技术，而且，将宪政中的三权分立、法治、有限政府等更有代表性的根本的制度安排略而不谈，仅仅将"社会自治"抽离出来作为"宪政的基础"，并赋予其超越其他制度安排的更高地位。他说："在古典社会，儒者的最大成就乃在于组织和领导社会自治，为社会提供公共品和公共服务。""儒家焕发生命力的关键在于其向社会、向民间发展……而这种发展本来就是一种宪政的政治。在宪政主义视野下，自治乃是宪政的基础所在。"② 如此解读宪政的理由只有一个：因为在他对中国传统社会和儒家的理解中，社会自治是儒者社会治理实践即儒家宪政制度安排的关键，但是，我们姑且不论历史上所谓基层治理是否真的是"社会自治"性质的，问题的关键在于，仅仅是社会自治能否真正构成宪政的基础？

　　在西方的宪政理论中，社会的自我治理作为对政治权力主导社会（即"极权主义"）的拒绝，确实能够起到限制政府权力无限延伸的作用。但是，严格来讲，社会自治并不像三权分立、代议制那样属于明确的宪政制度安排，更谈不上作为宪政的基础而存在了。西方政治思想也有古典与现代的流变："古代人的目标是在有共同祖国的公民中间分享社会权力：这就是他们所称谓的自由。而现代人的目标则是享受有保障的私人快乐；他们把对这些私人快乐的制度保障称作自由。"③ 贡斯当的这句话，看似

---

①　唐君毅：《人文精神之重建》（二），广西师范大学出版社 2005 年版，第 301 页。

②　姚中秋：《中国变革之道——当代中国的治理秩序及其变革方略》，法律出版社 2011 年版，第 364—365 页。

③　［法］邦雅曼·贡斯当：《古代人的自由与现代人的自由》，阎克文、刘满贵译，商务印书馆 1999 年版，第 33 页。

在谈现代人的自由，实际上是在说现代意义上的宪政制度。秋风所指的社会与政府分享权力仅是西方古代的"宪政"制度，而非现代意义上的宪政安排（即秋风始终引用的联邦党人的宪政）。在这里秋风之所以误解儒家可以通过教化民众明辨是非、对话政府的社会自治，来实现西方宪政的制度安排，在于他没有领悟西方政治理论中的古今之争，或者秋风根本就不认为存在什么古今的差异。但，现代宪政视野下的社会自治可以说是一种以保障个人权利与自由为目的的自治，这是所谓社会自治的根本内容和诉求。而在历史文化或儒家传统中所缺少的对个人自由与权利的法律保障，正是秋风所谓"儒家宪政主义传统"不符合现代宪政本质的关键所在，这一点是无法用儒家士大夫与皇权的"共治"或儒家士大夫对基层社会自治的组织与领导来完全替代的。

秋风仅看到西方宪政主义中"社会自治"对政府权力的抵抗能力，没有看到这种抵抗的根本意图是保障个人的自由和权利。尽管有时他刻意强调"儒家宪政主义"对个人天赋灵性、道德觉醒的重视，但对个人的自由和权利的漠视，贯穿了他整个"儒家宪政主义"的论述之中。说到底，秋风所谓的"儒家宪政主义"，其实只是将"宪政"的概念简单地、漫画化地滥用来描述他"自己心目中真实的儒家"而已。这究竟出于一种什么样的心态呢？说白了就是，人家西方有宪政，我们也有两千多年的儒家宪政主义传统。这种心态的另一典型例证就是，西方有"启蒙"，我们也有两千多年的"中国式启蒙"。

正是出于上述心态，秋风竟然在《易经·蒙卦》的诠释传统中重新发现了一种"中国式启蒙观"。然而，在论述"中国式启蒙观"时，秋风不再简单地抹杀而是像现代启蒙知识分子一样"倾向于夸大"中西之间的差异。西方的"启蒙"是一种极为有害的强制性的普遍主义的启蒙观，而"中国式启蒙"强调的是昏蒙者（童蒙、大众和君主）自身自觉主动地寻求有德行的开明君子的"启蒙"。说到底，中国式的启蒙不过是一种社会治理之道，治理和启蒙的主体是有德行的开明君子，一方面，"个体的道德伦理自觉对于社会治理至关重要"，而另一方面，"社会治理之希望不能完全寄托于个体的道德伦理自觉，而必须诉诸客观的、可便利执行的规则、制度"，因此，"对大众，最为基本也最为可信的启蒙之道是刑罚、法律"，而"在政治秩序的另一端，对君主，最为基本也最为可信的启蒙之道是合理的宪制安排"，其核心架构就是"虚君之君子共和"。总之，以法律启蒙庶民，以宪制启蒙君主，通过"健全的规则、制度之运转可以让君主、让大众意识到自己的责任，节制自己的欲望，合宜地安排自己的行为"，便可以建立和维系人间的合理秩序或实现整个政治共同体的优良治理。反之，普遍主义的强制启蒙观"必然假定真理之完整性、绝对性，也必然假定启蒙者之完美性"，"由此，启蒙者就是绝对的导师，绝对的精神主权者"，"他们与昏蒙者之间是一种主奴关系，而开明者与社会相互为敌"，"这样的启蒙试图创造一种全新的秩序，从而试图全盘改造昏蒙者的心智和生活"，"其结果是启蒙的自我毁灭：启蒙变成偶像崇拜"。总之，如果我们理解不错的话，秋风所谓的"中国式启蒙"，不过是这样一种社会治理之道，它强调"启蒙的自主性和启蒙的审慎"，它是"针对处于社会结构不同位置及具有不同性情的人的启蒙之道"，它不会妄图全盘改造或重新塑造人们的心智和生活，也不会改变人们生活其中的社会结构及其不同的位置，君主还是君主，大众还是大众，君子还是君子，"卑之无甚高论，启蒙就是人们在生活中相互学习的机制"。这说明启蒙的终极指向不是为了个人自由而是为了共同体的秩序。[①] 可见，在秋风"中国式启蒙观"中，尽管需要"启蒙的自主性和启蒙的审慎"，但儒家的君子无疑被赋予了更加具有决定性意义的启蒙主体地位，他们首先需要做的就是"自修其德"，而启蒙的对象与方法，其本义主要是针对童蒙的发蒙教育，而在国家的治理中，则主要涉及对大众的社会化教育即通过刑罚制裁的启蒙，以及对君主的政治再教育即治理技艺理性的启蒙。

如所周知，像有的学者批评性地反思"启蒙心态"[②]，也许不无道理，但这并不意味着完全否定和拒斥"启蒙"本身的合理性，而秋风却是在将一般所谓"启蒙"漫画化、庸俗化为一种普遍主义的强制启蒙观之后并与之相比较的基础上阐述其"中国式启蒙观"的。为了澄清这一比论的问题所在，我们不能不重温一下康德对"启蒙"本义的阐发。康德说："启蒙运动就是人类脱离自己所加之于自己的不成熟状态"，而"不成熟

---

① 姚中秋：《中国式启蒙观：周易"蒙"卦义疏》，《政治思想史》2013 年第 3 期。
② 哈佛燕京学社编：《启蒙的反思》，江苏教育出版社 2005 年版；《儒家传统与启蒙心态》，江苏教育出版社 2005 年版。

状态就是不经别人的引导，就对运用自己的理智无能为力"，因此，启蒙运动的口号是"要有勇气运用你自己的理智！"显然，启蒙运动旨在鼓励人们要有勇气运用自己的理智，而不是简单地将真理强加给人，它追求的目标是自由，即人们"在一切事情上都有公开运用自己理性的自由"，并相信"公众要启蒙自己，却是很可能的；只要允许他们自由"。更重要的是，康德所强调的"对自己理性的公开运用"，主要是指"任何人作为学者在全部听众面前所能做的那种运用"，这不同于"私下的运用"，即"一个人在其所受任的一定公职岗位或者职务上所能运用的自己的理性"，而且，"就涉及共同体利益的许多事物而言"，共同体的一些成员仍然需要恪尽自己的职责和义务。① 显然，此"启蒙"非彼"启蒙"，秋风所谓的"中国式启蒙观"与康德所讲的"启蒙"观根本就是风马牛不相及的两种性质不同的事物。难怪秋风这么容易就能发现两者之间无论从方式方法还是目标指向上都是相当不同的。问题是，两者是否具有可比性？将两种根本不可比的事物加以比较，除了导致概念的错误移植与滥用之外，由此还要强调"中国式启蒙观"的优越性究竟有何意义？当然，意义还是有的，那就是，从"中国式启蒙观"的角度来看，一种优良的治理秩序似乎只需要有德行的开明君子对民众进行刑罚制裁启蒙，对君主进行技艺理性启蒙，而不再需要什么自由人之间的契约，也不需要什么个人的自由与权利保障，而这就是秋风心目中所向往或重新发现的真正的儒家宪制宪政或"虚君之君子共和"的理想。秋风的这一理想，与康晓光所谓由"政治精英垄断政治权力"的"儒士共同体专政"，颇有异曲同工之妙。在这一理想的指引下，要想"回归儒家"，看来我们需要在儒家君子的"启蒙"下，重新建构一种以君子为核心的上有昏蒙的君主、下有昏蒙的大众的社会结构和治理秩序，并在其中生活和被启蒙。如果这就是我们未来道路的唯一正确选择的话，那么，我们当然需要首先唾弃那种鼓励人们"要有勇气运用你自己的理智"的启蒙观了，因为不如此，诱导我们被动地接受君子的"启蒙"便是不可能的。我们相信，有德行的开明君子当然是古今社会都需要的，但我们却怀疑，一种拒绝鼓励人们要有勇气运用

---

① ［德］康德：《答复这个问题："什么是启蒙运动？"》，参见《历史理性批判文集》，何兆武译，商务印书馆1990年版，第22页。

自己的理智的"中国式启蒙观"究竟会将我们引向何方，是引向对中国人的真正的启蒙，还是重新要昏蒙中国人？我们但愿秋风"儒家论述"的宗旨和目的是前者而非后者，但综合以论，秋风采取无视中西差异而又反"历史主义"的恣意操作和混用概念的方式，"以欧洲较为古老的封建的自由、权利概念为准的"，来解释周代的封建制君臣关系或"刻画中国封建时代的治理秩序"①，同样以西方历史文化语境中的权利、义务、自由、平等、契约以及宪政、启蒙等概念为准的，来论述和诠释儒家的伦理政治观念与思想传统，我们的愿望恐怕注定要事与愿违地落空了。

（原载《学术界》2014 年第 7 期）

---

① 姚中秋：《华夏治理秩序史》第一卷《天下》，海南出版社 2012 年版，作者告白。

当代大陆新儒家批判

——以蒋庆、康晓光、余东海、陈明、秋风为例

肖　强

当代大陆新儒家肇兴于 20 世纪 80 年代。当其时也，中国思想文化领域开始进入百家争鸣时期，新儒家也加入了这一时期的争鸣。不过，在整个 80 年代，思想界的主角是启蒙主义话语，文化保守主义虽厕身其中，但只能算是一种点缀。

进入 90 年代以后，新儒家一度比较活跃，试图修补意识形态的残缺。但由于可以想见的原因，这一活跃期极其短暂。此后，中国进入了经济大发展时期，思想界的争论被暂时搁置了。90 年代末期，自由主义与新左派逐渐登上历史舞台，开启了左右辩难、交锋的时期，此时新儒家并不为人们所关注。

新儒家真正成为一股重要的思潮是最近十来年的事情，最近三四年来表现尤为活跃。可以说，他们是当下中国最活跃的思想群体。与此同时，左右两派也有不少人加入儒家的行列。新儒家的勃兴主要有三个方面的原因：一是社会乱象的催逼使人们认识到了借助儒家进行道德重建的重要性和必要性；二是执政高层对儒家思想主动表示了亲和态度；三是商业力量的介入，已经使复兴国学（儒学是其中最重要的组成部分）成为一门有利可图的生意。在这几重因素的综合作用下，新儒家迎来了自 1949 年以来最好的历史时期。

当代大陆新儒家群体与 1949 年前成名的新儒家如梁漱溟、熊十力等人并无师承关系，他们破空而来，彼此之间共享同样的情怀和认同基础。他们与港台当代新儒家之间虽然经常交流切磋，但总体上并不认同港台新儒家的思想途径。大陆新儒家普遍认为：港台新儒家传承的是心性儒学，

而大陆新儒家阐发的是政治儒学；港台新儒家是把儒家当成一门学问来研究，而大陆新儒家则希望将儒家思想融入中国政治、社会，甚至有借儒家思想改造中国政治、社会的宏大抱负，所谓"吾曹不出，如苍生何"。港台新儒家代表人物并不认可大陆同道的这种分疏，双方的不同的确明显存在：我们可以说港台新儒家的研究未必都是心性儒学，但至少可以说大陆新儒家普遍的主张就是政治儒学。

如何看待当代大陆新儒家的思想言说？新儒家思想是否可能，以及在何种程度上可以参与中国未来的制度重建和道德重建？儒家思想如果要赢得更多人真诚的认可，新儒家群体最应努力的方向是什么？

通论这个群体是没有多大意义的，因为这个群体中的每个人的主张都互不相同。笔者认为，最适当的做法是先述评大陆新儒家的几个代表人物，然后得出一般性的结论。

一　蒋庆：现代性的"反动派"

蒋庆被视为大陆新儒家的"精神领袖"，由此可见其在这个群体中的地位。同是大陆新儒家代表人物的秋风认为，蒋庆是大陆这几十年来唯一的思想家。

新儒家之所以拜蒋庆为精神领袖，主要原因在于，蒋庆研究、提倡政治儒学的时间最早（研究时间长达 20 余年），对现代性的反对态度最为坚决。本节标题称蒋庆是"反动派"，也是按"反动"一词的原义——向相反方向运动——使用。事实上，蒋庆的确是拒斥"进步"等大家公认的理念的。

蒋庆的一切思想言说是建立在对西方民主政治不满的基础上的。在他看来，民主政治的合法性存在欠缺。民主政治的合法性基于社会契约论，而蒋庆认为：

> 社会契约论是用理性或者说概念来虚构国家的起源，从而用理性或者说概念来建构政治的合法性……民主政治的合法性缺乏历史的真实，是纯粹理性和概念虚构的产物。其理想亦是历史之外或者说超历

史的理想，而非历史之中依据历史建立起来的理想。①

这种观点早已有之，但这种观点对历史的理解是片面的。首先，历史是由人创造的，根本没有一成不变的、静态的历史。其次，人建构历史是由理想指引的，因此"用理性或者说概念来建构政治的合法性"本身无可指责。更何况，这种理性或概念早已不断成为现实，也即早已成为一种历史。美国立国至今，乃至当年中华民国的建立，都是这种历史的组成部分。其三，在一个全球化的时代，每个国家都需要在新的时代框架下重新定义自己，并重新书写自己的历史。以封闭的观点来理解本国历史，只能导致自绝于世界。站在世界的高度来书写一国历史，得出的结论必然是博大的、开放的。历史学家许倬云先生就认为，走出文化的黎明期以后，中国的历史分为几个阶段：中原的中国、东亚的中国、亚洲多元体系中的中国、进入世界体系的中国。② 其四，从开放而非封闭的立场看，当然不能因一国历史上实无，就推导出未来必无。

所以，蒋庆从社会契约论缺乏历史真实性，推论民主政治缺乏合法性，从前提到推论逻辑都是站不住脚的。其实，他本人也未必在乎推论的严密性，他更注重强调所谓的民主政治的弊病。

众所周知，自由民主制度不是尽善尽美的制度，而只是相对而言最不坏的制度。自由民主制度在西方建立以来，对它的批评一直持续不断。在欧美，最新的批判来自兴起不久的社群主义思潮和诸如哈贝马斯所倡导的"协商民主"。但正所谓"阴在阳之内，不在阳之对"，无论社群主义，还是"协商民主"，都未脱离自由主义宪政民主的大框架。与其说它们是自由主义的敌人，不如说是自由主义的诤友。无论作为批评者还是建言者存在，它们起到的作用都不过是对既有的自由主义民主制度做部分修正而已。

蒋庆对民主政治弊病的批评有些釜底抽薪的味道。在他看来，民主政治本身就存在严重的问题：

---

① 蒋庆、陈明、康晓光、余东海、秋风：《中国必须再儒化——"大陆新儒家"新主张》，（新加坡）八方文化创作室（世界科技出版公司之附属机构）2016 年版，第 8 页。

② 许倬云：《万古江河：中国历史文化的转折与开展》，上海文艺出版社 2006 年版，第三、四、五、六、七章。

民主政治最大的弊病，是"民意合法性一重独大"。由于"民意合法性一重独大"，带来人类政治的极端世俗化、契约化、功利化、私欲化、商业化、资本化、庸众化、娱乐化、平面化、现世化、非生态化、非历史化与非道德化。①

他对民主政治导致的这"十三化"恶果——做了展开论述，不过这些恶果的原因可以归结为一句话："由于世俗的民意深深植根于人类世俗的欲望，民主政治可以说就是'欲望的政治'，民主政治的'治道'安排就成了实现人的世俗欲望最精妙的工具。"②

这一指控是严厉的。简而言之，蒋庆认为，人太把自己当回事儿了，人类的自以为是把自己带入了万劫不复的境地，人类世界目前的一切乱象都是民主惹的祸。但问题在于，蒋庆是不是太把政治当回事儿了？如果政治必须为他指出的"十三化"负责，那么最终必然是政治家必须为这"十三化"负责，政治和政治家真的能承受这不堪承受之重吗？蒋庆理想中的政治制度必然能够在人间建造天堂，他理想中的政治家也就只能是圣人，这样的政治制度和政治家是可欲而可求的吗？蒋庆看重历史的依据，这样的政治和政治家在历史上出现过吗？

蒋庆认为可欲而可求，并且认为它们在历史上出现过。只不过，为了避免别人要求他拿出证据，他转而说：这种政治"在历史现实中只能是逐渐而有限的落实，完全落实则是一个漫长的历史过程。故在中国历史中它只是在某种程度上、某些方面的有限落实"③。然而，这种辩护同样适用于西方民主政治：既然蒋庆所梦想的政治从未在历史上完全落实，"革命尚未成功，同志仍须努力"，那么，民主政治虽然面临种种缺陷，但怎么就没有可能逐渐改进呢？事实上，当代西方国家的民主制度，已然不同于古希腊时代的民主政治。

不管怎么说，蒋庆还是拿出了他对民主政治开出的替代方案——王道政治。为了以情动人，蒋庆在论证王道政治的必要性时不惜直陈他的隐秘心曲：

---

① 蒋庆、陈明、康晓光、余东海、秋风：《中国必须再儒化——"大陆新儒家"新主张》，（新加坡）八方文化创作室 2016 年版，第 10 页。

② 同上书，第 11 页。

③ 同上书，第 8 页。

中国政治的发展方向是王道而不是民主，这是中国文化回应西方挑战的应有之义……在思考当今中国的政治问题时，必须回到中国文化的内在理路来确立中国政治的发展方向，不能追随西方的政治潮流而舍己从人。这里所谓"中国文化的内在理路"就是"王道政治"，"王道政治"就是当今中国政治的发展方向。①

坚持中国政治的发展必须遵循中国文化的内在理路就会带来一个问题，即：如果儒家的内圣开不出政治上的自由民主制度（学界共识），那么这是否意味着中国人就不配享有自由民主制度？又，此处的中国文化所指为何？文化难道不是历史地形成的吗？既然如此，孙中山的学说、胡适的思想是否也是中国文化的组成部分？说到底，蒋庆的论述不过是一种看法，而这种看法的核心是狭隘的民族主义、陈腐的夷夏观念和敌我观念的杂糅。

即便这种论述是成立的，那我们又当如何理解蒋庆下面这句话：

人类政治肯定会发展，不过人类政治的发展不囿于民主，而是在民主之外或之上来发展，即在另一政治文明中以优于民主的形态来发展。这就是中国文化所揭橥的王道政治，因而王道政治是人类政治的新起点与人类历史的新希望。②

显然，蒋庆这是把王道政治的适用范围扩大到了全人类，其中当然也包含西方。这与源自西方的挑战之间是什么关系？如果西方固守其民主政治模式，我们难道要反过来去挑战西方？

再来看看蒋庆所谓的王道政治的具体内容。蒋庆并没有完全抛弃民主政治，但他有超越民主政治的冲动，他的王道政治试图为民主政治注入道德和历史这两针强心剂：

---

① 蒋庆、陈明、康晓光、余东海、秋风：《中国必须再儒化——"大陆新儒家"新主张》，（新加坡）八方文化创作室 2016 年版，第 4 页。

② 同上书，第 10 页。

　　　　"王道政治"的核心内容是政治权力的"三重合法性"……公羊
　　家言"参通天地人为王",又言"王道通三",即是言政治权力必须
　　同时具有"天地人"三重合法性才能合法,才具有政治统治的正当
　　理由。"天"的合法性是超越神圣的合法性,因为中国文化中的
　　"天"是具有隐性人格的主宰意志之"天"与具有超越神圣特征的自
　　然义理之"天";"地"的合法性是指历史文化的合法性,因为历史
　　文化产生于特定的地理空间;"人"的合法性是指人心民意的合法
　　性,因为人心向背与民意认同直接决定了人们是否自愿服从政治权力
　　或政治权威。①

　　　　按照王道政治,统治的权威来自天道、历史与民意的认同,也可
　　以说,王道政治代表了天道、历史与民意,能够最大限度地把统治的
　　权力变成统治的权利,把国民的服从变成政治的义务。如果政治权力
　　不同时具有三重合法性,其统治的权威就要打许多折扣,得不到国民
　　的全部忠诚和完全认同,因而就容易出现统治权威合法性危机,政治
　　秩序就会经常处在动乱崩溃的边沿。②

　　蒋庆认为,王道政治所主张的三重合法性之间是相互制衡的关系,这
属于"政道"之间的制衡,而西方民主政治所实行的"三权分立"属于
低一阶的"治道"制衡。因此,王道政治高于民主政治,也超越了民主
政治。

　　王道政治三重合法性之间的关系并不是平等的,而是一种等差关系。
天道的超越的合法性必须高于地道的历史文化合法性和人道的人心民意合
法性,因为天生万物,天主宰一切。所以,王道政治表面上综合了民主政
治,实质上是一种"屈民伸天"的政治。

　　蒋庆自认为王道政治综合了君主政治、神权政治、民主政治和生态政
治的价值,又能为非西方的政治发展提供历史文化的合法性,因此王道政
治是最好的政治。但蒋庆既然强调"历史文化产生于特定的地理空间",

---

　　① 蒋庆、陈明、康晓光、余东海、秋风:《中国必须再儒化——"大陆新儒家"新主张》,
(新加坡)八方文化创作室2016年版,第4—5页。
　　② 同上书,第5页。

那么，包含着中国历史文化独特性的王道政治，何以又能为一般意义上的非西方的政治发展提供历史文化的合法性？难道非西方的国家没有他们各自引以为傲的独特的历史文化吗？抑或中国的历史文化天然地优于那些国家，那些国家只能无条件接受？另外，前面不是说王道政治的适用范围涵盖全人类吗，现在怎么又只涵盖非西方国家了呢？一个思想者的论述总应该遵循形式逻辑吧。

如果说蒋庆构建的道德理想国还能让一些人向往不已的话，他的具体制度设计则呈现出浓厚的乌托邦色彩，以至于让原本赞赏他的人也只能退避三舍了。这些具体设计包括议会三院制、太学监国制、虚君共和制，其中最重要的是议会三院制。在蒋庆的设想中，三院包括通儒院、庶民院和国体院。通儒院代表超越的神圣合法性，庶民院代表人心民意的合法性，国体院代表历史文化的合法性。

三院具体如何产生呢？蒋庆这样写道：

通儒院由推举和委派产生，庶民院由普选和功能团体选举产生，国体院由世袭和指定产生。通儒院议长由儒教公推的大儒担任，长期任职，可不到位，委托代表主持院事；议员来源有两个途径：一，社会公推之儒家民间贤儒，二，国家成立通儒学院，专门培养精通《四书》《五经》等儒家经典之儒士，经过学科考试与政治实习后，根据学、行、能、识，分别委派到国家、省、市、县级议会任议员。其议员产生之规则与制度可效仿吾国古代之"察举制""荐举制"与"科举制"。庶民院议长议员按西方民主政治议会产生的规则与程序产生。国体院议长由孔府的衍圣公世袭，亦可不到位，由衍圣公委托代表主持院事，议员则由衍圣公指定吾国历代圣贤后裔、历代君主后裔、历代历史文化名人后裔、历代国家忠烈后裔、大学国史教授、国家退休高级行政官员司法官员外交官员、社会贤达以及道教界、佛教界、回教界、喇嘛教界、基督教界人士产生。①

---

① 蒋庆、陈明、康晓光、余东海、秋风：《中国必须再儒化——"大陆新儒家"新主张》，（新加坡）八方文化创作室 2016 年版，第 21—22 页。

议会三院制产生后，根据所提法案的强弱性质不同，须经三院（强性法案）或两院（弱性法案）通过才能颁行。

这个议会三院制的错误一望可知，这里仅指出如下三点：

（一）中国人历来过着被代表的生活，"天"是人们走投无路时的最后安慰。到了那个时候，人们"呼天抢地"、口乎"天哪"，向这万物的主宰者申诉。天的权威恰恰来自它的超越性，即无法言说、不可思议、没有具体形态。天一旦通过"代表"降落人间，必然被操弄。现在，蒋庆不容分说地让所谓"通儒"来代表天道，他是否需要论证一下，儒者的代表资格从何而来？难道当代的儒都是巫，以至于可以通天？国人最后的避难所这么容易就被人代表了，这是不是太武断、残酷了？在西方，宗教改革以后，僧侣阶级已经不能代表基督，而在具体现实中生活着的儒者为什么能够代表"天"？不客气地说，这是儒者对"天"的僭越，也是自古以来野心家们的故技。

（二）国体院议长和议员的产生纯粹是"出身论"的翻版。实际上，即便化育出孔子的那颗受精卵真的云集了天地之精华，几千年后，他的后代的受精卵为什么总能超迈凡俗？从遗传学的角度看，不是既有遗传也有变异吗？圣贤、君主、名人、忠烈的后代中，必然不会产生恶棍或罪犯？

（三）这一议会制，名为三院制，实为两院制，因为虽然通儒院与国体院的产生方式不同，但其主体都是同一类人——儒者。蒋庆之所以要故意设计成三院，不过是为了以所谓的道德、历史、文化来压制活人。可以想象，通儒院与国体院天然地具有同构性，它们若是经常联起手来，所谓庶民院的民意直接就会沦为被耍弄的玩物。三院制的必然走向是无视法治的独立性，甚至会导向"礼教吃人"的悲惨世界。儒家主张"天地之大德曰生"，就此而言，蒋庆与其说是新儒家，不如说是反儒家。

蒋庆本人对其议会三院制的可行性其实并无充分的自信。如果学者们同意他对王道政治及其升级版儒教宪政的基本构想，但不同意他的具体制度设计或方案细节，他是欢迎批评指正的。但与此同时，他对自己的理论构想自信满满。他说：

> 我很清楚，我所提出的"儒教宪政"，按中国学术术语属"理"的范畴，不属"势"的范畴，不属"可行性"范畴。但对任何政治

发展来说,"理"非常重要,居于政治及其制度思考的优先地位,当然也居于政治改革与宪政建设的优先地位。"理"不明,有"势"也不能建立好制度。历史教训告诉我们,士大夫之降志辱身以至国家终无善制者,往往是"屈理就势",最后是"以势灭理"。对此吾人须深以为戒。是故,我认为,在当今中国,当以"明理"为中国未来宪政建设的第一要务。①

但在笔者看来,议会三院制的错误恰恰源自王道政治理论的错误。王道政治本质上是政教合一的政治。政教合一政治在中外历史上屡见不鲜,但总体上已经沦为历史陈迹。原因很简单:权力意味着腐败,当道德与政治权力捆绑在一起的时候,政治权力的腐败必然传染给道德。到头来,人们非但会抛弃这种政治,而且会厌恶与其伴生的道德。

政治离不开道德,良制也必须建基于一国历史文化之上。但这并不意味着有必要建立政教合一的道德理想国。历史多次证明,任何道德理想国都必然走向覆灭,任何试图在人间建立天堂的实践最后都会导致人间成为地狱。蒋庆重视一个国家的道德、历史、文化的传承,但他恰恰忘了,活着的人本身就是一国道德、历史、文化传承的载体,因此根本没必要再凭空制造两个载体来压制活人。

蒋庆的王道政治和儒教宪政构想注定会是一个无法实现的梦。蒋庆之所以一直身处梦中,源于其封闭而虚妄的精英意识。这种意识按其逻辑发展,只会走向期盼明君贤主的老路,正如本文前面所说,他理想的国体就是"虚君共和"。

文化保守主义者往往在情感上带有很强的敌我观念。在他们看来,"敌人"的制度存在明显的缺点,所以总是产生自创新说的冲动。与此同时,因为在中国古籍中发现了可资阐发的微言大义,他们不免就无限引申、凌空高蹈。这就是蒋庆思想的实质。

蒋庆的全盘儒化方案非但不能获得知识界的普遍认可,即便在大陆新儒家内部,也有学者对其进行尖锐的批评。在笔者看来,年轻的新儒家学

---

① 蒋庆、陈明、康晓光、余东海、秋风:《中国必须再儒化——"大陆新儒家"新主张》,(新加坡)八方文化创作室2016年版,第3页。

者任锋对蒋庆的批评堪称精辟。任锋对蒋庆保持"同情的理解"态度，但他认为蒋庆政治理念中存在三个严重的缺陷：一是高扬道德理想主义，将政治当成实现道德的工具，无视政治中立性原则和政教分离原则，这是一种先验的从道德教条直接推出制度构造的思想路径，因此缺乏历史感；二是单方面强调政治权力的神性，无视其魔性，因此其政治哲学丧失了基本的现实感；三是无视民主共和的大趋势，将精英主义与民主政治对立起来，高抬前者的作用而轻视后者的作用。

任锋的结论是：

> 总体上，蒋庆的政治儒学凸显出了现代性情势下儒家保守主义的某种困境。造成这种困境的缘由，在于政治儒学于努力恢复传统的道德和政治言说之际，未能妥当处理传统与现代性本身的复杂性，对双方都采取了化约主义的思维而将自己置身于一种逼仄的狭路，最终停留于乌托邦式的理念宣示上，经体而经用，离势而论理，离复兴儒家政治志向的初衷渐行渐远。就儒学传统来说，高调的道德政治理想应该充分吸收儒家丰富传统中的实践智慧与其他进路的保守主义或宪政主义。比如宋儒依托祖宗之法的政治与思想传统，注重现实政治经验与三代之法的贯通和观照，这在明清之际经世儒学和晚清儒学中都有强劲的复兴。注重既有的政治经验与传统，依托历史性情境来落实保守主义的理想，这种儒学精神切近可行。在后革命时代的中国，这一路向虽然更为艰难，但不应放弃。就自由主义现代性来说，在借用其资源的同时，应坦诚吸收其中的契合性思路，尤其是要实现儒家政治学的现代转换，比如反思先验决定论意义上的制度主义而转向一般法政科学上的制度主义。总体上，不为近年来反普世主义的特殊论所牵引，避免反转为一种踩空高蹈而偏执独断的激进教条，回归 90 年代那种开放通达的理论视野，戮力构建吸收自由主义积极因素的儒家现代宪制，这才是真正复兴公羊学政治精神的现代方向。①

---

① 蒋庆、陈明、康晓光、余东海、秋风：《中国必须再儒化——"大陆新儒家"新主张》，（新加坡）八方文化创作室 2016 年版，第 311—312 页。

二 康晓光：新儒家的"策论派"

康晓光是当代大陆新儒家中"策论派"代表人物。如果说蒋庆是由理入儒的话，康晓光就是典型的由事入儒。

对康晓光思想的形成具有决定性意义的是"李思怡事件"。此前，他的研究方向主要是扶贫理论和政策，"李思怡事件"激发他归宗了儒家。该事件始末如下：

2003 年 6 月 4 日中午，成都市青白江区居民李桂芳把 3 岁的女儿李思怡锁在家中，然后自己去金堂县"找点钱"。她在金堂县红旗超市偷窃两瓶洗发水时被保安抓获，保安随后将其移交给了该县城郊派出所。因为李桂芳是吸毒人员，派出所决定对其实施强制戒毒。

李桂芳曾多次对派出所民警提出，她 3 岁的女儿被锁在家中，她要求先把女儿安顿好，再回来戒毒，但无人理睬。她曾以跪地哭求和撞门求死的方式提出诉求，但都没有效果。明知李桂芳被强制戒毒，也知道李思怡被锁在家中的青白江区团结村派出所也没有采取任何行动。李桂芳所在居委会和邻居也没有伸出援手。

当李桂芳 17 天后回到家时，李思怡已被活活饿死！她死于这个社会组织的冷酷和人们的无情！

一个月后，康晓光印行了专著《起诉——为了李思怡的悲剧不再重演》。书中，他从政治、经济、社会、法律、道德等层面为李思怡事件"起诉"，结论是，"没有人幸免于罪，我们就是李思怡的地狱！"如同左拉当年写作《我控诉》一样，康晓光此举体现了一个知识分子应有的道德担当。

基于十多年来对社会现状的观察，康晓光的判断是："现实是有效率的，但又是不公正的，而且缺乏合法性。"①

> 说它"有效率"是指它能够支持经济增长，维护政治稳定，保

---

① 蒋庆、陈明、康晓光、余东海、秋风：《中国必须再儒化——"大陆新儒家"新主张》，（新加坡）八方文化创作室 2016 年版，第 141 页。

证国家统一。说它"不公正"是指大众的权利受到严重损害，精英的掠夺肆无忌惮，政治腐败，钱权勾结，为政不仁，为富不仁。说它"缺乏合法性"是指统治者没有为现存秩序提出一套能够自圆其说的东西。所以，现状不可能也不应该延续下去。但是，这并不意味着，现状完全不可取，必须被彻底抛弃。我们的任务是把好的东西保留下来，把不好的东西克服掉。①

如何改变现状呢？很多人认为，只有民主化才是唯一的出路，但康晓光却主张："中国应该拒绝民主化，民主化是一个祸国殃民的选择，中国应该选择'儒化'，也就是说，根据儒家的精神重建中国社会。"② 他明确反对民主化潮流。"我之所以'要'挽狂澜于既倒，那是因为我相信我'能够'挽狂澜于既倒。我相信胜利最终一定会属于我。"③

康晓光进而从有效性与合法性两个方面对民主化进行了批判。

从有效性的角度看，康晓光认为，民主化"不见得"能消除或缓解中国面临的政治腐败、经济风险、社会不公正等等，"而且还可能丧失我们已经取得的成绩，如经济繁荣、政治稳定、国家统一、民族团结等等"。"那种认为只要实行民主化就可以解决中国问题的想法是荒谬的。这种逆向思维逻辑，在学理上说不通，在经验上也得不到任何支持。"④

而从合法性的角度，康晓光几乎彻底否定了民主的价值：

> 首先，我认为自由民主主义所倡导的一些基本价值是坏的。例如，自由民主主义倡导个人主义。我不认同个人主义，我还是认同天下本位、社会本位。如果非要从西方舶来品中选择的话，我会选择社群主义。再如，自由民主主义主张道德是个人的事情，属于私域范畴，任何个人、任何组织包括政府本身都无权宣称哪一种道德高于其他的道德。它宣称社会和政府在价值判断方面必须保持中立。这一点

---

① 蒋庆、陈明、康晓光、余东海、秋风：《中国必须再儒化——"大陆新儒家"新主张》，（新加坡）八方文化创作室 2016 年版，第 149 页。
② 同上书，第 135 页。
③ 同上书，第 142 页。
④ 同上书，第 143 页。

我也是反对的。我认为，任何一个稳定的、有效率的社会都要有一种主流的价值，而且社会有责任把这种主流的价值推行开来，通过教化或社会化使之深入人心。①

其次，自由民主主义所依赖的逻辑前提缺乏事实基础。例如，它假设人类个体是自足的存在，但实际上人是一种社会动物，任何个体离开群体、离开社会都无法生存。再如，它主张性恶论。实际上，人既有作恶的本能，也有为善的潜能。善、恶共存与人性之中。再如，基于自然状态、人性假设、个人本位、人人平等理念编造出来的社会契约论，也没有任何历史事实上的根据，完全是人为的理论建构。而且自由民主主义的一些重要论断也是错误的。例如，它认为政府是一种必要的恶。所谓"必要的恶"是说，政府天生就是一个坏东西，但是离开这种坏东西人类又玩不转。政府之所以有资格存在，那是因为存在"市场失灵"，如果市场是完善的，根本就不需要政府。简言之，政府是对市场的补充。其实，政府可能作恶，也可能为善，但有一点是肯定的，如果没有政府，肯定不会有稳定的社会，因此政府是一种必要的善。②

第三，即使自由民主主义的价值是好的，即使它的那些逻辑前提是真实的，即使它的推论是正确的，在实践中它也表现为一套谎言，从来没有真正兑现自己的承诺。自由民主主义和共产主义一样都是乌托邦。

……在资产阶级向国王和贵族夺取权力的时候，它是平等和民主的最热情的鼓吹者。一旦掌握了权力，它就成了平等和民主的最坚决的反对者。只要看看穷人、妇女、有色人种争取投票权的历史，你就什么都明白了。上述过程中无不伴随着流血牺牲，无不伴随着残酷的镇压。实际上，资产阶级从本性上来说是最反对民主的，因为民主意味着贫穷的多数可以运用民主权利合法地剥夺富裕的少数。所以，资产阶级面临着一种非常深刻的矛盾，一方面它要通过宣扬民主来论证

---

① 蒋庆、陈明、康晓光、余东海、秋风：《中国必须再儒化——"大陆新儒家"新主张》，（新加坡）八方文化创作室2016年版，第143页。

② 同上。

其统治的正当性，一方面它又要剥夺大多数人的民主权利。为了克服这一矛盾，资产阶级的学术代理人发明了宪政。所谓宪政其功能就是，既可以使资产阶级利用民主粉饰寡头政治，又可以剥夺大众的民主权利使资产阶级安居财富金字塔顶端。①

由此，康晓光由此得出结论说：

> 对于中国来说，西方式民主，作为工具是没用的，作为价值是不好的。说它"没用"是指它不一定能解决政治腐败问题，不一定能打破官商勾结，不一定能保护大众的利益，也不一定能限制精英的掠夺，相反，还有可能带来经济衰退、政治动荡、国家分裂。说它"不好"不是说自由民主主义的合法性理论无法自圆其说，而是说它无法在实践中兑现自己的承诺，到头来还是一套谎言。所以，我们应该抛弃它，至少不应该不假思索地接受它。②

不得不说，上述批判实在太粗疏、太轻佻，也太缺乏创意了。

从有效性的角度看，民主的确与政治清明、经济增长、社会公正之间没有线性的因果关系，因此康晓光可以举出不少实施民主化后政治依然腐败、经济持续低迷、社会依然不公的例子。但是，正因为民主与政治清明、经济增长、社会公正之间没有线性的因果关系，我们也完全可以举出不少实施民主化后政治变得清明、经济实现增长、社会逐渐公正的例子。这是因为，一方面，自由主义宪政制度的建立需要很多构件，民主只是其中一个重要构件，法治至少是另一个重要构件，只启用一个构件建造的制度不能称之为合格的宪政制度，这样的制度是跛足的，当然无法稳定。事实上，很多国家实行民主化以后之所以无法摆脱政治腐败的泥淖，正是由于并未建立牢固的法治（当然还有其他原因）。另一方面，民主化的目的是为了实现个人自由，人类实现自由是一个艰辛而漫长的过程，不能指望

---

① 蒋庆、陈明、康晓光、余东海、秋风：《中国必须再儒化——"大陆新儒家"新主张》，（新加坡）八方文化创作室 2016 年版，第 148—149 页。

② 同上书，第 149 页。

一蹴而就、立竿见影，真正的自由主义者也不会指望只要开启了民主化进程，社会就能在短期内迈入自由时代。因此，用转型国家的短程历史评估民主化的有效性是短视的。

基于类似的短视，康晓光对"我们已经取得的成绩"的判断是不是太乐观了呢？只要稍微留心现实，便不难发现，这种判断既缺乏现实感，也缺乏对趋势的前瞻性。

从合法性的角度看，自由主义并非不知道人必须生活在社会中、人性中分善恶两端、政府与黑社会属性不同，但自由主义仍然有必要强调个人主义、自然状态、人人平等、人性恶，以及由此导出的政府中立于道德、有限政府、"政府是必要的恶"等等理念。这是因为，自由主义只为政府职能设定底线，但并不规定其上限。事实证明，只有设定严格的底线，才有可能追求上限，一味高扬理想的上限，往往会在现实中洞穿底线。动用国家权力树立高大上的道德榜样看似有助提升世道人心，但人们一旦将这些树立的榜样与身边的现实进行对比，道德榜样就轰然倒塌了。

任何政治哲学都建基于一种逻辑假设。自由主义也一样，但自由主义的假设是基于历史上和现实中政府权力对个人权利和尊严的压迫和戕害而产生的。这些压迫和戕害虽然未必发生在历史的初始时刻，但却实实在在地发生于历史之中。作为社会生活中的事实，它们并非人为、任意的概念虚构，乃是自由主义政治哲学的历史经验支撑。

此外，前面已经指出，人类对民主、自由的追求和这些价值的实现是一个历史过程。自由主义的政治制度虽然是资产阶级助推的结果，但它们既然已经成为深入人心的理念，那么资产阶级在资产阶级革命实现后，即便主观上想要限制人们走向民主、自由，客观上也是不可能的。因此，西方人的民主、自由权利总是处在一个不断扩展的过程中，用西方历史上的不自由、不民主来论证这些价值是"谎言""乌托邦"，这不是历史主义应有的态度。

至于西方用宪政来规制民主，这非但不应该批评，反而体现了自由主义政治哲学对人性幽暗和群体不理性的认识。自由主义从来不主张大民主，康晓光批评的那些极端民主派根本就不是自由主义者。

实际上，如果不使用康晓光列举的那些自由主义的假设，自由主义的合法性也很容易论证：其一，民心求自由、民主，这就是最大的合法性。

合法性理论本身就是建基于民心的，如果众叛亲离，哪里还有什么合法性可言？合法性问题的本质是人民与国家的关系问题，通俗地说，就是"我凭什么要服你管"的问题。其二，民主能够避免整个国家因反复经历政权更迭而不断翻烙饼——黄炎培以"王朝周期律"言之，这反映出它根本不是什么"超稳定结构"，而是成王败寇的死循环。

就像蒋庆给民主政治开出的替代方案是王道政治一样，康晓光开出的方案是所谓的"仁政"：

> 现状是不完善的，不完善体现在哪里？就是"不仁"！为政不仁，为富不仁……我特别强调，必须拒绝强盗社会，走向人道社会。正是基于这样一些考虑，我才提出仁政。什么叫"仁"？孔子说"仁者爱人"。"仁"就是那种爱人之心。什么叫"仁政"？说白了，仁政就是仁者行政。孟子说得最简单，也最透彻，那就是"以不忍人之心，行不忍人之政"。也就是说，为政者你要有点恻隐之心。[1]

因为康晓光是由事入儒，所以其理论"原创性"不及蒋庆。他完全搬用儒家传统的道统和政统的理论来论述仁政的合法性，如说"政治是一种高尚的事业"[2]，仁政就是扩大人的"善端"的政治。如何通过政治扩大人的善端呢？康晓光开出的药方不过是中国几千年来所谓的"贤人治国"：

> 贤人就是信仰并践行儒家理念的人。贤与不贤的标准就是是否信仰并践行儒家理念。这是因为，仁政是最好的政治，而儒士是实践仁政的人。说白了，仁政就是儒士共同体专政。无须讳言，仁政属于权威主义的范畴，但它又有别于一般的权威主义，其区别就在于它是一种仁慈的权威主义。[3]

---

① 蒋庆、陈明、康晓光、余东海、秋风：《中国必须再儒化——"大陆新儒家"新主张》，（新加坡）八方文化创作室2016年版，第149—150页。

② 同上书，第151页。

③ 同上。

既然仁政就是儒士共同体专政，当然就必须排斥西式民主政体所倡导的几大要素了：

> 这是因为，第一，儒家可以承认"主权"属于全体人民，但坚持"治权"只能属于儒士共同体。这是因为，天道高于民意，而只有儒士共同体才能体认天道。可以说，儒家并不绝对拒绝"人民主权"原则。第二，如果仁政是最好的政治，那么不信奉儒家理念的政党就没有资格执政，所以儒家反对"多党制"。第三，儒家反对"全民普选"。这不是因为儒家拒绝承认抽象的平等原则，而是因为儒家坚持实质性的不平等原则。儒家承认平等原则，但这仅仅是一种可能性，即在"人皆可以为圣贤"的意义上每个人都是平等的。但是，在现实中，儒家认为人和人是不平等的，人和人之间有贤与不贤之分。儒家认为，大德应该统治小德，大贤应该统治小贤。也就是说，只有贤人才配拥有统治权。孟子说"惟仁者宜在高位"。儒士就是有贤德的仁者，所以统治者只能由儒士共同体推举，而无需全体国民选举。其实，儒家也是主张政治平等的，只不过它不主张虚幻的人头面前人人平等，也不主张金钱面前人人平等，而是主张德智面前人人平等。尽管儒家主张儒士共同体之外的人没有统治的权利，但他们有获得良好统治的权利。也就是说，被统治者有权利要求统治者行仁政。这是被统治者的天赋权利。①

也就是说，在儒士共同体专政中，"人民主权"就像卢梭所定义的那样，本来是有的，但必须虚置起来。经过康氏理论这么一番弯弯绕，事实上它已经被蒸发了！自由主义的平等原则指向的是每个公民在政治、法律上的平等，这是看得见摸得着的权利。康晓光虽然承认平等原则，但他主张的是德智可能性——人皆"可以"为圣贤——意义上的平等！但问题在于，有权利施行统治的贤人的标准是什么呢？又如何评价他"是否信仰并践行儒家理念"呢？

---

① 蒋庆、陈明、康晓光、余东海、秋风：《中国必须再儒化——"大陆新儒家"新主张》，（新加坡）八方文化创作室 2016 年版，第 151—152 页。

　　崇尚道德固然是好事，问题不在于要不要道德，而在于通过什么途径增进道德。通过错误的途径试图增进道德，事实上非但不能增进道德，反而只能助长伪善与专制。康晓光不是看重历史吗？从历史的角度，笔者要追问的是：儒家所崇尚的"三代之治"何曾一日行于中国？又，为什么在海通初开之后，驻英公使郭嵩焘就发出了"三代之治在英美"的浩叹？显然，两个问题的答案正在于制度的不同。

　　那么，康氏"仁政"的具体制度如何设计呢？谈到最高权力的更替规则，康晓光认为，首选应该是儒士共同体推举，其次是禅让，再次是革命。在康晓光看来，"当下中国实行的就是禅让制度"[1]。

　　而基于现实的考虑，康晓光其实并不拿儒士共同体推举当回事的，他的着眼点在于禅让。康晓光对尧舜禅让的故事非常痴迷，于是他引述孟子的主张说：

　　　　禅让有三个条件，第一是天子推荐，第二是接班人必须是贤人，第三是经过试用之后得到认可。在禅让制度下，天子没有权利确定自己的接班人。他只能推荐接班人的候选人，而且只能推荐那种能力和品德都出类拔萃的人做候选人。候选人必须经过试用期的考验。经过试用之后，再看候选人是否得到了天和民的认可。只有得到了天和民的认可，才能正式接班。[2]

　　问题在于，禅让制既然如此美妙，为什么禹要把位子传给自己的儿子，进而在整个中国古代，禅让制由此而绝迹了呢？康晓光或许可以辩说，王莽得位、宣统的逊位不都是禅让吗？但是，如果这种被逼的权力更迭方式能叫禅让，那么革命何尝又不能叫禅让，选举又何尝不能叫禅让？

　　任何政治制度都是无法无视民意的，否则就根本无法运转。康晓光当然知道这一点，因此康版"仁政"也设计了民意表达机制。这套机制表现为三种实现方式：其一，开放的大众传媒；其二，行政决策咨询机制；

---

[1]　蒋庆、陈明、康晓光、余东海、秋风：《中国必须再儒化——"大陆新儒家"新主张》，（新加坡）八方文化创作室 2016 年版，第 153 页。

[2]　同上书，第 153—154 页。

其三，法团主义体制。

第一种方式无须赘述，我们先看第二种方式——行政决策咨询机制。这种机制又叫"行政吸纳政治"，也即把政治问题行政化：

> 政治行政化的两大法宝是"决策咨询"和"精英吸纳"。"决策咨询"是指政府广泛使用咨询方式，以使决策能够体现各方的利益。而"精英吸纳"是指把社会上的各类精英分子直接纳入行政系统之中。[1]

康晓光举出的例子是香港殖民地时期的政治制度，"行政吸纳政治"这一概念是20世纪70年代由金耀基教授提出来的。康晓光这样写道：

> 我发现，用金耀基的概念来分析20世纪90年代的中国大陆也是非常有效的……中国政府是一个"议行合一"的政府。在立法和执法的过程中，它会主动观察、了解社会的各种需求、压力和冲突，并做出反应。例如，在制定政策和法律的过程中，它会听取各种各样的意见，召开各种各样的会议。还有什么市长热线、信访之类的东西。人大和政协就更重要了。同时，中共也非常注意精英吸纳。例如，政府有意识地把有钱的、有名望的、有历史地位的人，总之是一些现代贵族吧，安排进政府、人大、政协、工商联、科协等机构之中……现代社会发明了两种截然不同的机制来解决这些政治问题。一种机制是政治民主化，其工具包括多党制、选举、议会、压力集团等等。另一种机制就是政治行政化，其主要工具是决策咨询和精英吸纳。在党政合一、议行合一的中国，政治行政化是一种有效的民意表达机制。[2]

"行政吸纳政治""议行合一"是殖民地政治的常态，用殖民者对殖民地的统治方式来统治一个前殖民地，甚至一个共和国，显然属于时空错

---

[1] 蒋庆、陈明、康晓光、余东海、秋风：《中国必须再儒化——"大陆新儒家"新主张》，（新加坡）八方文化创作室2016年版，第155页。

[2] 同上书，第155—156页。

置，人民会答应吗？这种统治方式或许适应于对小型城邦的管理，但无法适应大国。南非、印度等国的历史已经充分说明了这一点。

而就公众参政而言，康晓光自称"最欣赏的是还是法团主义体制"。康晓光认为，美国的多元主义和奥地利的法团主义，属于民主的不同表现形态。① 简单来说，法团主义就是将人民组织进行业性或职业性公会（法团）进行协商谈判的一种思潮。按照康晓光的设想：

> 当劳工和资本家有冲突的时候，或是不同行业之间发生冲突的时候，政府就出面组织冲突各方坐下来谈判，达成共识之后，共同贯彻执行。请注意，真正的决策参与者是政府和功能性团体，而不是议会。"立法"是在议会之外进行的……在法团主义模式中，怎样分配参与权或谈判权呢？比如说，同样是钢铁工人的工会，可以有几十个，也可以有一万个，总不能让所有的工会都参加谈判吧。一般情况下，政府只允许几个甚至只允许一两个参与谈判。政府往往选择那些大的、愿意合作的工会参与谈判。有些国家还为那些被选定的工会提供财政支持。享受这些特权的工会必须承担贯彻实施谈判协议的责任。政府的控制手段是"胡萝卜"。你跟我合作，我给你谈判权利，给你财政拨款。②

也就是说，康氏仁政允许人民组织法团。但当法团之间产生利益纠葛时，先是让他们相互谈判，最后由政府做主裁定。而且，有资格参与谈判的只能是听政府的话的法团。这还是仁政吗？这是君师合一的牧民术！至于"胡萝卜论"，纯属典型的诱民以利，与仁政何干？

法团主义本身并不是问题，它在西方是比较流行的理论。但与社群主义一样，它只是对既有宪政民主制度的补充和完善，所以康晓光能举出的主要实行法团主义的国家，也只能是像奥地利这样的小国（指人口和国土面积）了。在一个大国，舍议会和法院而实行法团主义，官员就只能

---

① 蒋庆、陈明、康晓光、余东海、秋风：《中国必须再儒化——"大陆新儒家"新主张》，（新加坡）八方文化创作室 2016 年版，第 156 页。

② 同上书，第 157 页。

天天陷入坐堂判案的事务中了。除了"仁慈的权威主义"和法团主义，康版仁政还杂糅了市场经济、福利国家、儒教等制度。

由此，康晓光自诩他的"仁政"是一种"混合政体"，这种政体把君主政治、寡头政治、民主政治的要素混合在一起。他认为仁政可以超越周期律。但既然超越了周期律，为什么还要保留革命的正当性呢？革命不就是周期律发作的症候吗？

康晓光将他的"仁政"的"权威主义"规定为"一类特定的知识集团专政的权威主义"他认为，这种仁政由此克服了现存秩序的缺陷，同时保留了它的优点：

> 仁政不是暴力集团专政的权威主义，不是官僚集团专政的权威主义，不是资本集团专政的权威主义，而是一类特定的知识集团专政的权威主义。与军阀、党棍和暴发户相比，知识分子总还是要仁慈一点。这是一个世界性规律。[1]

知识分子的"仁慈"，成为康版"仁政"的优越性基础。康晓光则认为，知识分子专政比其他任何专政都仁慈。而由本文上节可知，蒋庆认为，未来的制度应该是儒家知识分子主导下的制度。这种"特定的知识集团"的优越感，恐怕是过于自高自大了。

康晓光的最终目的是，在坚持"中学为体，西学为用"的基础上建立"儒教国"，而建立儒教国的过程就是"儒化"。那么，康氏在政治上的"儒化"方略是什么呢？其实很简单：用孔孟之道来替代现有意识形态。"党校还要保留，但教学内容要改变，把四书五经列为必修课，每升一次官就要考一次，合格的才能上任。公务员考试要加试儒学。要有意识地在儒家学统与政统之间建立制度化的联系，而且是垄断性的联系。党变成了儒士共同体，仁政也就实现了。"[2] 不得不说，只要稍具现实感的人都知道这个方略纯属空想，没有任何实践性。

---

① 蒋庆、陈明、康晓光、余东海、秋风：《中国必须再儒化——"大陆新儒家"新主张》，（新加坡）八方文化创作室 2016 年版，第 161 页。

② 同上书，第 164 页。

说到底，康晓光与蒋庆一样，他们建立思想言说的深层动因，还是因为不自信而产生的深入骨髓的敌我观念。康晓光毫不避讳地这样写道：

> 未来中国无非两种结局，要么"再西方化"，要么"再中国化"……如果西方文化胜利了的话，中国政治将走向民主。反过来，如果儒家文化能够复兴的话，中国政治将走向仁政。所以，今后二十到五十年内，儒家必将与西化派在政治和文化领域内进行决战。这是一场殊死的决战。因为它关系到中华民族的未来。而且，我坚信，民主化将葬送中国的未来，儒化最符合中华民族的利益。[①]

而鉴于文化与政治的深层关系，康晓光甚至不惜说出这样的话："要确立仁政的合法性，就必须建立儒家文化的霸权。"[②] ——儒家的招牌不是"王道"吗？为什么到了关键处，就撕破外衣而诉诸"霸道"了呢？

康晓光的逻辑其实不难理解，他直陈：

> 国亡，只要文化在，中国人还是中国人。文化亡，即使国还在，中国人也不存在了。所以，比亡国更可怕的是亡文化。今日中国就处于文化灭亡的边缘。我们要有紧迫感！……儒家要有危机感！要认识到，要打败西方，我们必须付出持久地、艰苦卓绝的努力。[③]

这是儒家的老调。然而，如果一种文化真的有生命力，它就不怕竞争，也不会亡。如果它没有生命力，就必然灭亡。文化是让人活的，人不是为维护文化而活的。退一万步讲，即便中国文化亡了，被中国文化定义的人自然就不存在了，但被新文化定义的作为一国国民的中国人则会活得好好的。文化是动态建构着的产物。可以预知，中国未来的新文化，既不会属于原教旨主义儒家，也不会属于纯西方文化。更何况，西方文化由多国、多渊源构成，如何界定所谓的"纯西方"呢？而如果像儒家所宣扬

① 蒋庆、陈明、康晓光、余东海、秋风：《中国必须再儒化——"大陆新儒家"新主张》，（新加坡）八方文化创作室 2016 年版，第 163 页。

② 同上。

③ 同上书，第 164 页。

的那样，西方的文官制度源自中国，那就更没有什么"纯西方"了。

和蒋庆一样，康晓光的升级版仁政，同属"儒家宪政"这个大类。但具体来看，他所谓的儒家宪政和之前所谓的仁政相比，并没什么大的变化。他只不过是为自己的保卫中国文化的主张提供了另一套说法，即从主权上立论——颠覆了"人民主权"说，而创建了"民族主权"说。他认为：

> 中国的主权者是"中华民族"，而非活在当下的"中国人民"。中国人民属于中华民族的一部分，但是中国人民"不等于"中华民族。中国人民仅仅是中华民族的当下的成员，而中华民族不仅包括当下的中国人民，还包括已经死去的中华民族的成员，以及尚未出生的中华民族的成员……在现实政治决策中如何体现先人的意志呢？解决办法就是以历史文化为先人的意志，通过将历史文化确立为宪法原则来体现先人的政治意志、保护先人的政治权利。[1]

文化决定论与文化优先论的最大弊病在于，只爱静止的文化，不爱活着的人。或者，至少是爱死人多于爱活人。而这，与孔子之道是完全背反的："樊迟问仁。子曰：'爱人。'"（《论语·颜渊》）

三　余东海：仁本主义

当代大陆新儒家虽然普遍呈现出政治儒学的共性，但并不是每个人都拿出了自己的政治儒学理论和操作方案。

其中，一些新儒家内心亲近自由主义，希望将自由主义建基于儒家文化之上，但二者具体如何嫁接融合，他们没有深入论述。例如，陈明是亲自由主义的，但他关于政治儒学的思考只有一个大致的构想——超左右、通三统、新党国。又如，秋风是从自由主义转入儒家的，但他如今的言说多是为儒家辩护，其自由主义者身份有渐趋消隐之势，其关于政治儒学的

---

[1] 蒋庆、陈明、康晓光、余东海、秋风：《中国必须再儒化——"大陆新儒家"新主张》，（新加坡）八方文化创作室2016年版，第172页。

思考——儒家宪政民生主义，也基本停留在初期阶段。

与蒋庆、康晓光相比，尤其是与陈明、秋风相比，民间思想者余东海在政治儒学上的运思值得给予更多关注。2005 年以前，余东海是一个典型的自由主义者。2005 年，他正式归宗儒家。余东海的思想言说体现了一个当代思想者融合自由主义与中国传统思想（主要是儒家）的努力。

余东海的思想主张可以用"仁本主义"四字概括。据余东海说，仁本主义具有如下特点：在哲学上，既非唯物主义，又非唯心主义，而主心物一元论。在体用问题上，主张"体用不二"。在自他问题上，既非利己主义，又非完全的利他主义，而是自立立人、自达达人，认为利己利他都是人的本性所致。在政治哲学上，仁本主义虽然爱集体、爱国家、爱民族、爱社会，但反对将它们绝对化，而持仁爱由近及远、由人及物的扩展论，所谓"克明俊德，以亲九族；九族既睦，平章百姓；百姓昭明，协和万邦"。基于此，仁本主义"涵盖而又超越"人本主义。说它涵盖人本主义，是因为它也"强调人的主体性，重视人的肉体生命，着眼于外部政治社会之自由"；说它超越人本主义，是因为它又"强调道德良知的主体性，在重视人的肉体生命的基础上进一步重视人的灵性生命，在注重外部政治社会之自由的同时致力于追求内在意志道德之自由"。"仁本主义关爱人类兼及万物，爱有层次而无局限，可以避免人类中心主义。它追求个体身与心、群体人与人及人与天地万物之间的高度和谐。"①

余东海为什么要提出"仁本主义"呢？他的回答是："因为'仁'具有至高无上的普适性，仁义就是中庸，永远不会'过'。就像自由不怕独尊一样，仁与良知更不怕独尊。"②

余东海这样写道：

> 仁本主义一元化，可以更好地为多元化提供最佳保障，犹如乾坤一元促进万类自由。指导思想的一元与思想学术社会文化的多元相辅相成。某种意义上西方社会也是一元之下的多元：任何思想信仰学说

---

① 蒋庆、陈明、康晓光、余东海、秋风：《中国必须再儒化——"大陆新儒家"新主张》，（新加坡）八方文化创作室 2016 年版，第 200—201 页。

② 同上书，第 201 页。

主义都拥有言论自由，但都不能推翻自由主义的价值原则，不能进行
反自由、反民主、反人权、反平等的政治社会实践。

仁本主义一元化，实质上就是仁义道德挂帅，让一切仁义化：政
治仁义化，为仁政；制度仁义化，为良制；法律仁义化，为良法；官
员仁义化，为清官廉吏；社会仁义化，为良风良俗和君子社会。西哲
说过：道德是文明的核心、自由的本质。论儒家政治的文明性和自由
度，在古代，远高于法家及基督社会，在民主时代也应高于自由社
会——若有实践机会的话。①

在信仰问题上，仁本主义坚持良知信仰……因为信仰良知，故人
生要努力良言良行，社会要倡导良风良俗，政治要追求良制良法；因
为信仰良知，故"君子有三畏"。②

自由主义只是一种政治哲学，仁本主义则是一个无所不包的思想体
系。自由主义强调的是个人的政治权利，仁本主义则试图让政治道德化。
仁本主义的思想资源显然源自儒家，其在方法论和价值观上尤其凸显了和
合中庸的精神，甚至可以说仁本主义就是中庸主义。

从余东海对自由主义的态度来看，仁本主义具有很大的开放性和包容
性。他说：

我们认为，仁义、诚信、时中、中庸诸原则具有至高无上的普适
性，民主自由平等人权等价值观亦具有一定的普世性，可为仁本主义
所涵盖，民主与民本、自由与秩序、平等与差等、人权与主权、法治
与德治，相辅相成，可以在仁本和王道的平台上取得一致。

仁本主义与自由主义，合则两利，违则两败。自由主义反儒家，
让自由追求丧失基本道德力量，让民主建设丧失本土文化基础，民主
自由遂成空中楼阁；儒家反自由主义，是反对政治现代化和自由人权
等价值观，自绝于时代潮流。民主制比起君主制来，更有利于落实民

---

① 蒋庆、陈明、康晓光、余东海、秋风：《中国必须再儒化——"大陆新儒家"新主张》，
（新加坡）八方文化创作室 2016 年版，第 202 页。

② 同上书，第 202—203 页。

本原则，真儒家不会反自由主义。

儒家只论优劣是非善恶正邪，不论其它立场。如果是劣、非、恶、邪的坏东西，传统的也好，"友军"的也好，都将毫不留情地排斥拒绝之；只要是优、是、善、正的好东西，西方的也好，敌方的也好，照样海纳百川地摄之融之，就像摄影和融资一样。对于民主自由就应如此。

我们主张中国特色的民主，以道统开出政统，以法治为德治基础，视宪政为现代仁政。①

除了外王学，自由主义是古今中外最好的政治学。②

仁本主义的开放性和包容性源自儒家传统的天下主义，而天下主义的实质是普世主义。余东海与不少新儒家的不同在于，他不排斥源自西方的普世价值，因为他认为，儒家也能为人类提供诸如仁义、中庸、和谐等普世价值。余东海在其所撰《中华宪政纲要》里列举了他所认为的中华宪政的基本原则：仁本、中庸、诚信、和谐、王道（兼顾民意和道统合法性的统治）、德治（贤能政治）、自由、民本、民主、平等。③这些具体的原则条目是否合适，条目之间是否存在冲突或重复是另一个问题，但显然，在他看来，他列举的这些条目都是普世价值。

余东海虽然没有明说，但他暗含的逻辑是，普世价值并非西方独造，全人类都可以为普世价值提供内容或有机组成部分，像中国这样有着悠久历史和灿烂文化的共同体更是如此。所以，普世价值的形成并非完成时，而是进行时。这种理解显然高于那些把中国古代描述成完善自足的黄金世界的所谓的新儒家观点。在那些新儒家看来，儒家之所以适合当代中国，是因为它符合中国特殊的国情。按他们的逻辑，既然每个国家的国情都不同，儒家也可能不符合其他国家的国情，由此就必然导出儒家思想并非普世价值的结论。这样的新儒家，有资格列于孔子门墙之内吗？

---

① 蒋庆、陈明、康晓光、余东海、秋风：《中国必须再儒化——"大陆新儒家"新主张》，（新加坡）八方文化创作室2016年版，第206—207页。

② 同上书，第217页。

③ 参见蒋庆、陈明、康晓光、余东海、秋风《中国必须再儒化——"大陆新儒家"新主张》，（新加坡）八方文化创作室2016年版，第209—211页。

但是，余东海对他所列举的普世价值的具体条目并非一视同仁。他说：

> 仁本主义承认民主自由平等人权等价值观有相当的普世性，但认为仁义礼智信是更高的普适价值，具有更高的宽容性、文明性、科学性、真理性，具有更加丰富的道德精神、制度精神和科学精神。①

在他看来，儒家的道统高于政统，政道应该在道统的基础上合一：

> 仁本主义以儒家为主统，以佛家、道家和自由主义为辅助性文化系统，佛道为宗教辅统，自由主义为政治辅统。独尊中道，一主三辅，以仁为本，海纳百川。②
>
> 儒化就是仁义化文明化。儒家民主，意味增加政治、制度、法律、社会之道德含量，使民主更优质，使政治更文明，社会更和谐，秩序更好而自由度更高。故儒化程度越高越好。③
>
> 儒家近期目标是儒化中国，远景规划建设儒家中国，进而儒化世界，将人类社会导入"人人皆有士君子之行"的太平大同，将整个地球建设成为政治、社会、物质、精神都高度文明的良知世界。④

政治无法完全独立于道德（公德），从这个意义上看，政治自由本身可谓最高的道德。自由主义之所以警惕其他道德条目侵入政治，主要是为了防范政治权力打着卫道的旗号侵害个人自由。当然，过于强调个人自由也会导致共同体精神的衰减和人与人之间感情的淡薄，这正是当代西方社群主义指责自由主义的地方。但正如前文所说，社群主义只是自由主义的补充，而不能与自由主义并列，更不能居于自由主义之上，因为毕竟个人的自由是最重要的，抛开自由而谈道德是没有根基的。

① 蒋庆、陈明、康晓光、余东海、秋风：《中国必须再儒化——"大陆新儒家"新主张》，（新加坡）八方文化创作室2016年版，第209页。

② 同上书，第208页。

③ 同上。

④ 同上书，第215页。

余东海在不同的地方论述仁本主义时所指并不完全相同，有时偏重于指本体论上的道德主义，有时偏重于指方法论上的中庸主义。如果我们把仁本主义理解成道德主义，我认为它与自由主义的关系应该和社群主义与自由主义的关系相似，也就是说，它可以成为自由主义的补充。如果仁本主义就是中庸主义或中道主义，则笔者也赞同它确有指导其他价值的资格，因为"万事过犹不及"。

讨论政治哲学是有意义的，但政治学的意义比政治哲学的意义大，政治制度的意义又比政治学的意义更大，因为它们与人们的利害关系是由远而近的。此外，两国的政治哲学虽然可能近似，但其具体制度却有可能相差很大。因此，让我们抛开主义，来看看余东海具体的制度设计——余版儒家宪政方案。

余东海的确设计了一个方案，这个方案包括政治体制、文化导向、公民权利及社会发展等多个方面。细看这个方案不难发现，在民主选举、分权制衡、司法独立、保障人权、市场经济、军队国有、社会保障、官员财产公示等方面，余东海的主张与自由主义并无不同。所不同的，也就是新增的几项：

（一）成立中华儒学会，以儒学义理为社会领域的实践提供指导性意见。

（二）在全国各地尊孔建庙，并在各种庄重场所悬挂孔像，把祭孔典礼上升为每年一度的国家大典。

（三）恢复科举制，创办儒家教育机构，并通过科举选拔公务员。

（四）修订宪法，使之体现中华文化精神。

（五）以德治官。国家应该对政治家和文化人提出更高的道德要求，以此规范政治权力和文化权力。[①]

以上新增条目，前几项更多地属于社会建设（在笔者所读到的文章

---

① 蒋庆、陈明、康晓光、余东海、秋风：《中国必须再儒化——"大陆新儒家"新主张》，（新加坡）八方文化创作室 2016 年版，第 212—213 页。

中，余东海对于"儒家组织"的论述不详），与政治制度明显相关的是"新兴科举"、仁本主义价值观入宪法和"以德治官"三项，而这三项主要还是起一种范导作用，而非强制作用。即便有强制作用，也主要是针对官员而非人民。在任何国家，人们对政治人物在道德上的要求都高于普通人，这是正常的，也是必要的。所以，美国总统就职时需要将手按在《圣经》上宣誓，克林顿的婚外情会遭到最高法院的弹劾。从政治制度中道德强制力的角度看，在余东海的仁本主义里，道德对个人自由权利并不构成根本威胁，因此是可以接受的。至于"新兴科举"、仁本主义价值观入宪和"以德治官"客观上是否会将法治升级到德治，是否会提升官员的道德修养则是另一个问题。

笔者之所以能接受余东海的上述方案，原因还在于，政治人物必须发自内心地解决"为什么要当官"的问题。这个问题不解决，就无法消除根深蒂固的腐败。当今中国蔓延到整个社会的腐败的产生有多方面原因，信仰缺失以及道德上的虚无主义应该承担文化上的责任。这个问题的根本解决，必须依赖传统的宗教、文化资源。对此，基督教有它的回答方式，但中国不是一个基督教国家，无法用基督教的方式解决这个问题。不过，儒家对此也有一套自己的答案，我们不能认为这套答案已经完全过时了。

余东海治学采取"六经注我"的方法，因此，他对儒家的理解未必就是儒家原典的本义。比如，他如此解释"自由"：

> 自由是现代文明的核心理念，也是儒家文化的核心精神，内圣学致良知，追求的是"从心所欲不逾矩"的道德自由，外王学"致良制"，追求的是家齐国治天下平的政治自由。两种自由相辅相成相互促进。①

显然，儒家的核心精神不是自由，上述余说明显属于曲说。又如，他如此解释"和谐"：

---

① 蒋庆、陈明、康晓光、余东海、秋风：《中国必须再儒化——"大陆新儒家"新主张》，（新加坡）八方文化创作室2016年版，第211页。

仁本主义可分为内圣与外王两大范畴，内圣学为个体建筑安心立命的栖居，追求的是身心的和谐；外王学为社会提供长治久安的道路，追求的是政治社会的和谐。①

对比一下他对"内圣外王"的解说，显然，他把"自由"与"和谐"等同了，但这两个词的含义众所周知是不同的。例如，颇有学者主张"和谐高于自由"，且不说此论对错，它至少表明"和谐"与"自由"是不同义的。再如，余东海如此解释"平等"：

人人皆有良知，人人皆可以为尧舜，故人人良知平等，这是儒家平等观的形而上基础。据此，国民的人格即人作为权利和义务主体的资格平等，应该平等享有法律保障的各项公民权利。②

这种解释可谓比康晓光更识时务，但问题在于，从良知平等，真能推导出权利平等吗？

当然，我们可以说余东海不过是在借古人之酒消自家块垒。但是，明显不按古人的原意引证古人文本，其论述的合理性和说服力就要大打折扣了。就此而言，余东海的仁本主义尚嫌粗疏，还远未到逻辑自洽、圆融无碍的化境。

四 儒教：如何既可欲又可求？

从政治儒家的济世情怀出发，当代大陆新儒家群体普遍喊出了一个口号——重建儒教。

如何定义儒教？如何重建儒教？在大陆新儒家中，不同的人的主张差别很大，有些主张甚至呈现出尖锐对立的态势。概括而言，当代大陆新儒家中对儒教的理解分为三派：（一）蒋庆的儒教宗教说；（二）陈明的公

---

① 蒋庆、陈明、康晓光、余东海、秋风：《中国必须再儒化——"大陆新儒家"新主张》，（新加坡）八方文化创作室 2016 年版，第 210 页。

② 同上书，第 211 页。

民宗教说；（三）秋风的儒教文教说。

蒋庆不甘于仅是一个"儒家"。在他看来：

> "儒家"是中国历史文化的衰世之词，是边缘化于中国文化权力中心的被放逐者的称号。①

在中国历史文化盛世，儒家的呈现形态是儒教。儒家和儒教的不同在于，前者只是一个在汉代以前与道家、法家、墨家等诸子对举，而在民国之后与各种外来主义对举的学派，而后者则：

> 是一个具有独特文化自性的自足的文明体，存在于儒家义理价值上升为"王官学"（国家主导意识形态）的时代，即存在于儒家义理价值形成国家"礼制""文制"以安顿人心、社会与政治的时代。儒教一词的对应者是其它的文明体，如"三代"时的"蛮夷"，隋唐时的佛教、景教，现在的基督教、伊斯兰教等其它文明体。②
>
> 儒学与儒教的关系相当于基督教神学教义系统与思想体系与基督教的关系，故儒学只是儒教的一个具体学理内容。"儒教"是中国历史文化的盛世之词，是中国古圣人之道占据中国文化权力中心时的称号。③

也就是说，蒋庆是从儒家义理上升为政治意识形态的角度论证儒家之宗教性的。因此，儒教的本质特征被他概括为："圣王合一""政教合一""道统政统合一"④。就此而言，在中国古代大多数时候，至少从汉武帝"独尊儒术"之后，儒教就是中国的国教。

在蒋庆看来，儒教之所以下降到"儒家"的地位，都是近代以来西学东渐惹的祸，这是他无法容忍的。他说：

---

① 蒋庆、陈明、康晓光、余东海、秋风：《中国必须再儒化——"大陆新儒家"新主张》，（新加坡）八方文化创作室 2016 年版，第 26 页。

② 同上。

③ 同上。

④ 同上。

　　如果离开儒教的重建来谈儒家与儒学的重建，将是放弃复兴中华文明的努力，把中华文明降到思想学派的位置与西方文明对话，这无疑是中国文化的自我贬黜。正是在这个意义上，我们可以说，复兴儒教就是复兴中国文化重建中华文明的当务之急。①

　　意识形态是否等同于宗教？显然，由儒家思想是中国两千年来的"王官学"来论证儒教的宗教性是不能服人的。蒋庆也知道这一点，因此在回应许纪霖教授的质疑时，他把儒教分梳成四个组成部分：作为宗教的儒教、作为文教的儒教、作为教化的儒教、作为政教的儒教。与此相关，儒教在中国的历史上有四大功能：（一）解决政治秩序的合法性问题；（二）解决社会的行为规范问题；（三）解决国人的生命信仰问题；（四）解决国人的情志慰藉问题。蒋庆认为，儒教的这四大功能在今天仍未过时。②

　　具体到对作为宗教的儒教的论证，蒋庆的做法是从儒家经典中竭力发掘其对"天"和祭祀的片段意见。由此，他把儒教杂糅成一个多重信仰体系：昊天上帝信仰、天道天理信仰、日月星辰信仰、风伯雨师信仰、山河大地信仰、国社后稷信仰、祖宗鬼神信仰、圣王圣贤信仰、良知心性信仰，以及符合儒教义理的民间信仰，如关帝信仰、文昌信仰、城隍信仰、妈祖信仰等。③ 然而，只要稍微了解中国大小思想传统，我们就不难发现，上述信仰中的几乎一半都属于道教信仰，与儒家思想是没什么关系的。更何况，儒家经典中对"天"和祭祀有所论述就能证明儒教的存在吗？如果我的系列文章都提到"天"和祭祀，是否能证明我创立了一种宗教？

　　儒家思想包含政治哲学、伦理学等多个面向，其中自然包含宗教性，但包含宗教性并不能证明其就是宗教。子曰："未知生，焉知死。"（《论语·先进》）这一观念在孔子思想中一以贯之。很多哲学家和宗教学家都曾指出，孔子思想的最大价值在于把人从多神体系中解放出来，人道主义

---

① 蒋庆、陈明、康晓光、余东海、秋风：《中国必须再儒化——"大陆新儒家"新主张》，（新加坡）八方文化创作室 2016 年版，第 27 页。

② 同上书，第 28 页。

③ 同上书，第 31 页。

是孔子思想的根本特点，这一特点导致汉人成为一个早熟的民族。抛开这一根本特点而言儒家的宗教性，只能是牵强附会，曲为解说。

儒教是否宗教是一个聚讼纷纭的话题。如果以基督教、犹太教、佛教的标准来评论，儒教当然不是宗教，因为它的超越性不够，否则以儒家在汉武帝以后的独尊地位而论，道教就不可能产生，佛教也不可能入华；但如果我们重新定义"宗教"的所指，也未尝不可说儒教是一种中国式宗教。作为表面上的名实之争，这个问题是没有意义的，是可以取消的。但更深刻的问题在于，蒋庆主张儒教是宗教背后的意涵是什么，在现实中他的诉求是什么，这种诉求是不是可以接受的？

说到底，蒋庆看重的并不是儒家的宗教性，而是其作为政教和教化的作用。换言之，他在乎的是"圣王合一""政教合一""道统政统合一"。这一点，只要看看蒋庆落实儒教的具体设想就一目了然了。

蒋庆为重建儒教设计了两条路线：上行路线、下行路线。

所谓上行路线，就是将现有政治秩序"儒化"：

> 将"尧舜孔孟之道"作为国家的立国之本即国家的宪法原则写进宪法，上升为国家的意识形态；也就是说，恢复儒教古代"王官学"的地位，把儒教的义理价值尊奉为中国占主导地位的统治思想，建立中国式的"儒教宪政制度"。①

为了落实这一构想，需要建立新的科举制度与经典教育制度，不仅有志从政者必须通过《四书》《五经》的考试，而且在国民教育中，从小学到大学，都必须读经。

蒋庆认为，上行路线是"正途"。但他也知道，上行路线推展起来太困难，因此在推展上行路线时，他还找了一个下行路线作为备胎。所谓"下行路线"，就是走向民间的"变通路线"：

> 在民间社会中建立宗教性的儒教社团法人，成立类似于中国的基

---

① 蒋庆、陈明、康晓光、余东海、秋风：《中国必须再儒化——"大陆新儒家"新主张》，（新加坡）八方文化创作室2016年版，第29页。

督教会或佛教协会的"中国儒教会",以"儒教会"的组织化形式来从事儒教重建与复兴中华文明的伟大事业。

……

但与其它的宗教组织的关系并不是平面的平等关系,"中国儒教会"因为儒教是中国历史中长期形成的中华文明的主体,所以拥有其它宗教组织没有的政治、经济、文化、组织方面的特权……不仅有参与政治的特权,有获得国家土地、实物馈赠与财政拨款的特权,还有设计国家基本政治制度与基础教育制度的特权,有设计国家重大礼仪的特权,有代表国家举行重大祭典仪式的特权,以及有其它种种特权。[①]

蒋庆还执着地为儒教的复兴规划了十个方面的内容:政治形态、社会形态、生命形态、教育形态、慈善形态、财产形态、教义形态、传播形态、聚会形态、组织形态,真应了那句话"儒教要把中国管起来",而其长远抱负则在于,"要把地球管起来"。

在此略过蒋庆所设计的其他九个形态,照抄一段儒教的财产形态,即可知蒋庆所指的儒教应该享受的特权是什么:

历代书院建筑与学田祭田等地产,文庙建筑与学田祭田等地产,孔庙建筑与学田祭田等地产均归儒教所有;(按:"中国儒教会"成立"儒教财产清查委员会",将中国历史上属于儒教的财产特别是各种书院文庙建筑与学田祭田等不动产清查登记在册,提交国家请国家以法律的形式归还儒教,而损毁湮灭或被占用无法归还者,则由国家以法律的形式给予相应的财产补偿。另外,曲阜孔庙由国家负责维修保护,由"中国儒教会"进行管理,孔府与孔陵则归还孔子后人并由孔子后人管理,管理费用则由国家拨给。)历代圣贤儒士之祠庙、地产、故居、坟茔、遗稿、遗物,历代圣贤儒士过化之文化古迹与各种文物,历代古圣王陵墓、陵寝、陵园,历代帝王之祠庙与忠烈祠、关帝庙、

---

① 蒋庆、陈明、康晓光、余东海、秋风:《中国必须再儒化——"大陆新儒家"新主张》,(新加坡)八方文化创作室 2016 年版,第 30 页。

文昌阁、城隍庙以及各种儒教宗教遗迹如北京天坛地坛日坛月坛社稷坛与历代帝王庙等均归"中国儒教会"所有、管理与经营；儒教接受国家土地与实物等馈赠及定期财政拨款以维持儒教日常运作；另成立"中国儒教复兴基金会"接受儒教信众与社会人士广泛捐款为复兴儒教提供经费支持；国家代儒教开征"儒教遗产使用税"：凡以各种方式出版的赢利性的儒教古籍、使用具有儒教内容与人物形象的商标、广告、公司企业名称、经贸旅游活动、以招商为目的的节庆活动、以儒教内容为题材的赢利性的文艺作品与影视作品，均须通过国家代理征税的方式向儒教交税。(按：任何人类正统的大宗教都具有其特定的财产形式，都必须依靠财产的支持才能存在并运作，儒教当然也不能例外。)儒教在很大程度上是礼教，礼教的落实就更需要财产的支持。这是常识，世界上没有无财产的宗教，儒教具有其特定的财产形式不值得国人惊奇。儒教在历史上曾拥有很多财产，只是古代没有采取法律的形式。在今天的法治社会里，儒教必须具有法律的形式，即必须具有宗教社团法人的法定身份，才能独立地行使民事权利拥有自己的财产权并支配自己的财产用于儒教文化事业。这一具有宗教社团法人法定身份的形式就是"中国儒教会"，"中国儒教会"是儒教财产的合法所有者与支配者，历史上儒教的所有财产都必须由"中国儒教会"接收、所有与支配……由此观之，中国归还儒教的财产只是时间问题。此外，国家代儒教开征"儒教遗产使用税"也不值得惊奇，因为现代的德国就是国家代基督教征税的。[①]

一种宗教，如果是人民所欢迎的，何必依靠特权布道？倘不是人民所欢迎的，依靠特权就能深入人心吗？若不能，这样做有什么意义呢？蒋庆把儒家在近代的式微归咎为知识分子全盘反传统，因此只能靠强力复古，但如果儒家生命力顽强，又岂是一帮"食洋不化"的知识分子能够斩草除根的？蒋庆对儒家是不是太不自信了？蒋庆试图通过权力来复兴儒教，既然是宗教，教主是谁呢？是现实的最高执政者还是民间的儒家学者如蒋

---

① 蒋庆、陈明、康晓光、余东海、秋风：《中国必须再儒化——"大陆新儒家"新主张》，(新加坡)八方文化创作室2016年版，第36—37页。

庆本人？蒋庆寄望圣王合一，如果他所寄望的王不听儒家的教诲，甚至有做秦始皇的抱负，蒋庆就不担心再来一次"坑儒"吗？

蒋庆的儒教国教运动并不是什么新论，康有为、陈焕章当年就搞过国教，结果如何呢？

陈明的儒教公民宗教说的立论指向与蒋庆截然不同。陈明反对儒教国教论，他认为儒教属于宗教，但他认为他的"公民宗教论"是儒教的一种最薄的版本：

> 我老是想把儒家的身段放低，就是为了实现与自由主义结合的目标，就是为了更好地应对权利意识、制度架构等问题。①

那么，什么是公民宗教呢？

陈明对公民宗教缺乏一个严格的定义，但通读他的论述，我们可以总结出其公民宗教具有如下几个特点：

（一）现代社会是公民社会，公民宗教是一种公共宗教，体现了儒教对群体、对社会生活的关心超过了对个体生死问题的关心。（二）公民宗教就是要把儒教义理生活化，把儒教信仰拉回中国人的生活和生命。因此，公民宗教走的完全是下行路线，它希望重新寻找和建构儒教的社会基础，从中国人的生活中去寻找儒教的根，然后再去激活它、重建它。（三）作为一种宗教，儒教对生命问题的论述主要是从生即怎么活的角度展开论述的，而对死的问题则关注不够。现代社会宗教主要是作为个人生命问题的解决方案而存在，所以儒教有必要在这些方面加以补充，建立起儒教的相关论述，做出不同于佛道教却又是非常中国的灵魂叙事。（四）中国是多民族国家，也是一个现代性尚未完成的国家，因此儒教需要在信仰和制度上保持开放性。对内，考虑到不同民族文化的差异，儒教需要适度调适；对外，需要为制度进步预留接口。

总之，如果说蒋庆、康晓光等人是希望直接进入政治来影响社会，陈明则是想让儒家思想进入社会，成为社会的有机构成，通过作用社会来作

---

① 蒋庆、陈明、康晓光、余东海、秋风：《中国必须再儒化——"大陆新儒家"新主张》，（新加坡）八方文化创作室2016年版，第89页。

用于政治生活问题。

陈明反对把儒教教条化、原教旨化，表面上看，他的论述是在迁就现实，但实际上，他有自己的哲学基础。陈明对儒家义理的主张是即用见体、即用证体、即用建体。换言之，他认为并不存在一个固定不变的"道"，所以他把自己的工作定位为"原道"——寻找"道"。

对于儒教意义上的下行路线，秋风的主张更为彻底。秋风根本就不赞成儒家是宗教，也不赞成儒家以儒教形态复兴的做法。秋风认为，儒教在历史上只是文教，今后也只是文教，在一个文教的基础上，应该允许多个宗教的存在。

在详细考察、辨析了《论语》原义以后，秋风得出的结论是：

> 儒家之本在"学"，儒家发挥作用之渠道是"教"。两者结合，就是文化，也即以文化人，以文教人。儒家向来是一个"文教"体系。①

从现实的角度考虑，秋风之所以反对将儒家当成宗教，因为"凡是某种宗教暂时占据主导地位的时候，一定会有宗教不宽容"，"现代意识形态之间始终存在你死我活的斗争的可能，而如果在意识形态之下有儒家价值作为共同底线，那么，意识形态战争的烈度就会被控制"。②

总的来说，在儒教这个问题上，笔者反对蒋庆的儒教说，同情地理解陈明的公民宗教说，但认为其具体内涵尚待严密论证。在21世纪的中国，要从头构建一个宗教，事实上相当困难。在某种程度上，笔者赞成秋风关于儒家是一种文教的主张。这里的要点在于，从现实的角度考虑，中国人重建道德伦理离不开对儒家价值的再次激活，但如果依赖权力这只看得见的手来激活，结果只会适得其反。

五　儒家复兴三议

在以上述评之后，本节将正面表述笔者自己对儒家复兴的看法。

---

① 蒋庆、陈明、康晓光、余东海、秋风：《中国必须再儒化——"大陆新儒家"新主张》，（新加坡）八方文化创作室2016年版，第261页。

② 同上书，第262页。

一方面，作为一个延续了几千年的思想传统，儒家对中国人来说乃是一个客观存在，也可以说，儒家思想已经成为中国人的 DNA。你可以在文章中"非孝"，但你很难在面对亲友时以不孝为荣；如果你是下属或晚辈，你可以主张平等，但你进了会议室或餐馆，一般还是不会坐到上司或长辈应该坐的座位上去。从这个角度论，反儒家既无必要，也无可能，因为人是无法揪着自己的头发将自己拔离地面的。理性的态度不是无视它，甚至拒斥它，而应该是面对它。

另一方面，儒家思想与现代性之间并非完全相斥的关系。虽然儒家无法开出自由民主，但儒家并非专制主义，儒家和现代性之间完全可以进行求同存异式的融汇。从保守主义（古典自由主义意义上的）的角度看，真正的自由只能在传统和习俗的基础上内生，因此即便是早年极端反传统的自由主义思想家殷海光，在其晚年遗著《中国文化的展望》里也表达了对中国思想文化传统进行创造性转化的认可和努力。海内外其他思想、学术大家如李泽厚、林毓生、余英时等人对此也都有详细论述，国内学者秦晖甚至提出了"引西救儒"的主张。可以这样说，到目前为止，海内外重要的自由主义思想者和知识界主流都认为，将中国思想文化传统（以儒家为主体）进行创造性转化是必要的，也是可能的，这几乎已经成为一种共识。

儒家为何能与现代性（以自由主义为代表）融汇不是本文论述的内容，这方面的内容上述诸家论之甚详。以下主要以儒家与现代性融汇的时代命题为背景，谈谈笔者对儒家复兴的观点，姑且称之为"儒家复兴三议"。

第一议：建立历史感。如今一些新儒家主要从历史的角度论述儒家思想对中国的合法性。他们的逻辑是，历史上，儒家思想是中国的意识形态，因此它今后也应该是中国的意识形态；古代中国的强盛是儒家导致的，因此儒家仍然有能力引导中国走向复兴。这些论者笔下的古代中国和儒家几乎尽善尽美，按他们的逻辑，我们只要复古即可，根本没必要开新。

这不是一种客观理性的、历史主义的态度。果真如此，中国在近代遭受西方列强的挑战，为何一触即溃？如果说儒家思想是中国历代王朝的意识形态，那么，它应该为中国近代的衰落承担什么责任？

很多人说，中国近代在遭受西方列强的挑战时之所以毫无抵抗之力，不是因为我们的文化不好，只是因为我们的船不坚、炮不利，也就是所谓器物方面不行。然而，需要追问的是，中国在器物方面落后的原因又是什么？更何况，中国近代的衰落仅仅是因为在器物方面不如人吗？

鸦片战争是中国古代和近代史的转折点，历史学家茅海建先生的《天朝的崩溃》是公认的研究鸦片战争的经典学术著作。只要认真读读《天朝的崩溃》，任何人都不难得出结论：中国近代的衰落绝不仅仅是所谓器物不如人所致，如果要得出一个宏大的结论，又如果我们所定义的文化包含器物、政治制度、哲学和意识形态等几个层面的内容，我们甚至可以说，中国近代的失败就是中国文化的失败，而文化失败的重点是意识形态的失败。笔者认为，茅海建的书名《天朝的崩溃》直接指向的其实就是中国意识形态的失败，"天朝"本身就是一个意识形态观念，也是中国意识形态的精确概括和浓缩。

又有人说，儒家作为意识形态本身是好的，只是明清两朝的政治制度没有充分落实儒家的政治思想。诚然，以清朝为例，君权主义、种族主义、专制主义发展到了历史的顶峰，而这些思想是违背儒家义理的，但问题在于，儒家如果作为意识形态是强势的、有效的，所谓"道统高于政统"，它怎么能被各种形式的专制主义压倒呢？反过来看，如果说儒家道统确实被专制政统压倒了，那么儒家是否还是专制王朝的意识形态呢？

新儒家爱讲历史，放宽历史的视界，让我们来看令中国人感到光荣的汉唐两朝。这两个朝代无疑是最强盛的，但在这两个朝代，儒家真的是强势的政治意识形态吗？汉朝皇帝曾亲自说过，汉家自有家法，素以王（儒）霸（法）道杂之。而唐朝的意识形态显然更非儒家一统，否则就不会有韩愈的《谏佛骨表》了。

所以，如果儒家思想是中国古代王朝的意识形态，相应的历史结论就是，它并不能带来当代新儒家最看重的国家的强盛；而如果它不是中国古代王朝单一的意识形态，自然也就不能以此证明它今后应该是中国主导的意识形态。

其实，一言以蔽之，中国古代王朝的意识形态就是"儒表法里"，儒家讲仁爱，法家倡专制。因此，新儒家极力反对人们将儒法两家混为一谈。他们说，儒家并不主张专制，儒家最多是被专制（法家）利用了。

如今的世界潮流当然是反专制，因此必然要反法家，但从另一个角度则可追问：两千多年来，法家为什么要利用儒家而不利用其他家？"儒表法里"之所以长期存在，至少说明它们并非完全水火不容。这就像婚姻一样，夫妻双方如果截然对立以至对抗，最好的选择是离婚，儒法两家在历史上为何却不离婚呢？

建立历史感必然要求直面历史，既不夸大历史上儒家的作用，又不避讳儒家的不足。只有这样，儒家的言说才能赢得更多人的认可。那种为辩护而辩护的做法，客观上只能拉大儒家与人们的心理距离。

新儒家要直面历史，首先需要清楚地回答"儒表法里"是如何可能的，以及儒法两家如果脱钩，儒家应该做哪些刳毒疗伤的工作。

第二议：建立现实感。儒家思想既是一种政治哲学，又是一套道德哲学，同时又包含宗教性。生活在21世纪的今天，不得不说，作为政治哲学的儒家已经过时了。儒家的政治思想无法回应当代社会公民对政治合法性（统治源于同意）的诉求，也不能为走出王朝周期律的死循环找到答案。从政治权力制衡的角度看，虽然钱穆先生多次指出，中国传统政治其实是有制衡的，比如相权对君权的制衡、谏议机构对行政的制衡、天道对君权的制衡等等，但不可否认，这种制衡往往是形式上的，很难起到根本的、分权式的制衡效果。当代新儒家即便无法压抑参与政治重建的冲动，至少也应该对政治怀抱必要的审慎态度。它最多可以对政治起到一种范导作用，而不能与现实政治捆绑。毕竟，内圣开外王既不是历史，也不可能成为现实。

但儒家的道德哲学并未完全过时，儒家的仁、义、礼、智、信、中庸、和谐、恕道等价值具有超越时空的普世性。这一点不用论证，只要问人们是不是愿意要这些价值就很能说明问题了。儒家的希望、土壤、着眼点不在庙堂，而在民间，在重建社会的道德基础，在敦化风俗。儒家应该参与公民社会建设，而在参与公民社会建设的过程中，儒家的作用其实就在于成为道德实践的倡导者、传播者和带头人。所谓"人能弘道，非道弘人"，重建道德的根本不在学理阐释，而在躬身行道，德行的力量远远大于文字言说的力量。

说儒家应该参与公民社会建设，很多人可能会觉得奇怪。其实，哲学家西尔斯就认为，儒家所代表的精神，是今天的公民社会最重要的资源。

因为公民社会是文治的社会，反对滥用暴力，而这是儒家的基本精神，儒家倡导圣贤人格而不是英雄人格；更重要的一点是，公民社会是民间的，公民社会需要知识分子参与社会、关切政治、倡导文化。儒家的士君子就是现代社会的知识分子，乃是积极入世的。

中国社会的道德重建肯定会依赖本土思想资源，儒家在其中大有可为，而且重建道德是儒家的本职和使命。新儒家之所以普遍希望将道德注入政治，是希望提升政治的道德水准。但是，道德直接介入政治必然会被权力异化。从这个意义上说，笔者与一些新儒家的分歧主要不是价值论上的，而是认识论上的。其实，如果我们扩大对政治的定义，把政治定义为一个社会的治理秩序，我们将发现，专注于道德重建的儒家的政治作用并非减弱了，而是增强了。社会的道德水平的提升，最终必然反映到政治上，因为任何人（包括官员）都生活在社会中。从这个意义上讲，深入民间推动道德重建，其实间接地就参与了政治重建，而且，这种重建路径是最牢靠的。从这个意义上讲，推动书院复兴，大张民间讲学之风，推动传统文化经典进各级各类学校，推动民间互助慈善等等事业，都是儒家的题中应有之义。

必须指出的是，儒家在推动民间道德重建的过程中，应该抛弃依靠政府力量强行推动的思路和做法。任何好的东西只要有人诚心推广，自然会赢得人们发自内心的认可，借助强力只能增加人们的恶感，结果适得其反。要相信思想、文化、信仰领域市场自由竞争的力量。

另外，儒家在推动民间道德重建的过程中，也应该根据社会的变化调整其具体着力方向。例如，如今的农村基本上只剩下留守老人和儿童了，再试图恢复祠堂，以此作为乡间祭祀、文化场所和公共事务调解场所就显得很不合时宜了。

儒家进入民间，还应该重视小传统的变迁。这样，自然就能淘汰掉儒家思想中已经不能适应时代的具体主张。老子说："江海之所以能为百谷王者，以其善下之。"（《老子》六十六章）儒家若有志于中国社会的道德重建，必须具备"善居下"的务实意识。

第三议：坚持批判性与开放性。当代海外新儒家学者杜维明先生在与笔者对话时曾一针见血地指出"没有批判精神,儒家就死了"①,此言堪称振聋发聩之论。

儒家的批判性首先体现在对现实政治权力的批判上。在春秋战国时期,孔孟都以批判现实政治为职责。孟子认为,作为一个儒者,有五种资源可以同时调动起来:一是强调人的主体性;二是民本思想;三是强烈的历史意识;四是天道意识,主张敬畏感;五是有未来指向性,所谓"为万世开太平"。明朝为什么要把孟子牌位移出孔庙?根本原因就是孟子思想具有强烈的现实批判性。历朝历代的清流也都有批判现实政治的传统,这体现了儒家刚健有为的入世精神。中国知识分子有关切政治的传统,历史上也以参与政治为正途,但按儒家义理,参与政治并不意味着放弃知识分子的批判精神和独立人格,知识分子要转化政治,而不为政治所转。

反观当今新儒家,不少人不仅放弃了批判政治的传统,反而加入了谄媚的行列且乐此不疲。这是根本有悖于真儒家之精神的。

在当下,新儒家的批判性还应该体现在对儒家思想本身的批判性扬弃上。任何思想传统要保持活力都需要进行自我批判。从这个意义上说,哈耶克是西方文明的批判者,黄宗羲是儒家思想的批判者。只不过,中国的注经传统抑制了生活在这一传统下的思想者的批判锋芒,以至于像戴震这样的思想家也不得不先呈现出朴学家的面目,否则就难以取信于人。

儒家不是一个无可指责、毫无缺陷的思想传统。至少,它在历史上与专制政体的关系是需要切割的。儒家在宗教的超越性方面也不及犹太教、基督教、伊斯兰教;在理性思辨方面不如西方哲学;在政治哲学及制度设计方面不及自由主义。

对自身的批判源于开放的心态,既向各大宗教开放心灵,又向自由主义等西方政治哲学和制度思想开放。其实,儒家义理本身就要求儒家保有开放心态,《论语》首句就是"学而时习之",儒家最注重的就是学习,当代新儒家不应该故步自封。

如今的新儒家习惯于把儒家的一切教条都说成是不可变更的黄金律。当批评者指责儒家某些原典的具体字句已经不适应现代社会时,新儒家普遍的做法是论证批评者理解的这些字句的意思不是原典原义,他们成了儒

---

① 萧三匝:《站在刺猬这一边》,南海出版公司 2016 年版,第 136 页。

家的辩护士。为儒家辩护是可以理解的，但切忌过头，过头至少有违中庸之道。理解任何文章的原义都有个具体的语境问题，也就是针对性问题，时过境迁，还认为这些文句都是对的，就是刻舟求剑式的愚昧。

从这个角度看，当代的读经运动首先就存在一个删经和重新解释经典的任务。比如，现在幼儿园老师教儿童读《三字经》，其中有"君臣义"一语，此语当然需要重新解释。

现代新儒家冯友兰认为，对中国思想传统应该"接着讲"，应该抽象地继承。1995 年，在冯友兰先生百年诞辰纪念会上，李慎之先生将冯先生的"接着讲"进行了引申发挥，又加了"借着讲""通着讲"两个维度。冯友兰和李慎之的观点是高明的，因为他们都不主张"照着讲"，而主张与时俱进、立足当下、放眼未来。总之，当代大陆新儒家需要大胸怀、大气象。

如果问笔者对当代大陆新儒家有什么建议的话，我想说：要紧扣孔子"仁者爱人"的宗旨，爱活着的中国人。不要担心中华性的丧失，文化是一个动态构建的过程，不要试图用自己理解的具体教条强迫人削足适履。少一点居高临下式的精英主义，相信每个人心里潜藏的道德力量，而这种道德力量，就是"仁"，就是"良知"。如果能反求诸己，同时能唤醒大多数人的良知，这个社会何愁不能河清海晏？

（原载《文史哲》杂志 2017 年第 1 期）

二 评"政治儒学"

让孔子直通古今是不现实的

——从中国政治思想史视野看"儒家宪政"论思潮

刘泽华等

10月13日，习近平总书记在主持中共中央政治局第十八次集体学习时强调："我们要对传统文化进行科学分析，对有益的东西、好的东西予以继承和发扬，对负面的、不好的东西加以抵御和克服，取其精华、去其糟粕，而不能采取全盘接受或者全盘抛弃的绝对主义态度。"本期"学海观潮"刊发南开大学教授刘泽华与其他几位学者的对谈，就儒家的政治思想与"儒家宪政"问题发表见解。

刘泽华：我先谈谈儒家政治思想的历史实质问题。对历史上儒家政治思想的分析和评价，应该坚持一分为二的原则，坚持客观中肯和实事求是的历史的科学态度与立场。我认为，在政治上儒家的主流是维护君主专制体制的，但我从未全盘否定儒家思想的价值。

在历史上，儒家对"道"的强调，对现实君主的批判，是否会导致对君主制度的否定呢？我认为，不会。从思维逻辑上看，这种批判是以一种理想化的君主政治为基本前提和尺度的，对君主的批判不是对君主专制制度的否定，而是从更高角度对君主专制制度进行肯定和论证；无论其批判火力如何之猛，甚至达到否定个别君主的地步，但决不会把人们引向君主制度的对立面。

进一步说，儒家政治思维有一个根本特点，即它具有一种"阴阳组合结构"的性质。也就是说，儒家一般是在一种"阴阳组合结构"中进行政治思维并阐明其政治理念的。我们大体可以从各种错综复杂的政治思想观念的关系线索和脉络中归纳概括出一些结构性的阴阳组合观念或命题，诸如：天人合一与天王合一，圣人与圣王，道高于君与君道同体，天下为公与王有天下，尊君与罪君，正统与革命，民本与君本，人为贵与贵贱有序，等级与均平，纳谏与独断，等等。这些组合性的观念并不是一种等同的或对称性的观念，而是有主有辅，有阴有阳，主辅两方虽然互为条件、互相依存、互相渗透，是一种有机的组合关系，但主与辅两方也是不能转化、颠倒和错位的。譬如，君本—民本的组合关系，君本以民本为基础，民本以君本为归宿，两者互相依存，胶结在一起，形成一种组合关系，但是，君本的主体位置是不能变动的。因此，从"阴阳组合结构"的政治思维特点的角度，我们可以更深刻地理解儒家政治思想理念的历史实质，而不至于被某些单一观念或命题的表面意义所迷惑，从而失去对其政治思想本质的历史洞察与全面理解。因此，就其历史实质来讲，我认为，儒家政治思想的主旨是王权主义，与近代以来旨在限制君主权力的宪政主义毫不相干。当然，这并不意味着全盘否定儒家思想的价值。

一 重建"儒教政治"没有可能

刘泽华：这些年有关国学、儒学复兴的讨论中，古今直接贯通甚至古今一体论甚为时兴。譬如有人主张建立"儒教"，实行"儒教政治"，这些都是直接打通古今，把古代的思想浩浩荡荡一路引向现代社会。这些说法涉及学术的公共性问题，不可不辨。

谈论一种意识形态首先要关注其历史定位问题。历史进程中有无阶段或形态上的区分，这是个大前提。我认为，历史进程中有阶段或形态上的区分，至于如何区分则是一个需另行讨论的问题。不管如何，古典儒学（近代以前的儒学）是前现代社会中的一种意识形态。具体来说，古典儒学具有如下三个基本特点：第一，等级人学。很多学人说儒学是"人学"或"成人之学"，我认为这种概括不确切，准确地说，应该是"等级人学"。第二，由此引出古典儒学的主旨是君尊臣卑，相应的是倡导"天王圣明"与臣民文化。第三，基于上述两点，古典儒学的主要功用是帝王之具。因此从学理上说，我认为不能把古典儒学体系全盘移植到现代社会。道理很简单，作为一种意识形态的儒学是前现代社会的，把它整体移过来是反历史的。

在我看来，前现代的种种思想只能作为一种资源，而不可能成为现代社会的"根""主体""纽带"。当然，现在新儒家有诸多"返本开新""创造性转化"等提法，对这些提法我大体上赞同，因为他们转化出来的"新"，多半是现代价值，是他们的"创造"和"开新"的成果。有些人把自己开创的"新"成果说成是古典儒家固有的，这不符合历史事实。另外，在他们所说的"新"成果中，一些人把社会主义排斥在外，这点我也不赞成，因为社会主义中有相当丰富的现代价值。总之，我们不可低估一些思想家有超越现实的超前性，但思想主体不会超越他那个时代。

现在，有些学人常常把"中华复兴""中华文化复兴""传统文化复兴""儒学复兴"等概念搅和在一起，互相推导、互相包含、互相置换，尤其是把古典儒学抬到吓人的高度，这很不适宜，也不符合逻辑。试想，中华文化复兴怎么能与儒学复兴互相置换呢？古典儒学已经成为历史的陈迹，是不可能被全盘"复兴"的，道理很简单，因为社会形态已发生大变化，而我们是现代环境中的人！即使回到孔子的时代，儒家也在程度不同地发生变形，孔子死，儒分为八。其实稍加留意，孔子在世时，其忠贞的弟子就已经分化了！由此也证明，让孔子直通古今是不现实的，那种意图在当下全面"复兴儒学""重建儒教"、实行儒教政治的观点和主张不仅不可能，而且是有害而无益的。

二　披着新外衣的"伪装"

张分田：我认为，就本质特征而言，大陆新儒学思潮以"儒家"为旗帜，以"儒学"为门面，的确是一种力图建立"儒教国家"的思潮。从其思想特征及学术手法来讲，其实我们可以将其判定为一种当代形式的"伪儒学"。

"儒家宪政"论是"儒家民主"论的一种表述方式，而"儒家民主"论是一些现代学者杜撰的一种前无古人的说法。古代崇儒者力证"儒家尊君"，而现代崇儒者力证"儒家民主"。前者的政论讲究"亲亲尊尊""为国以礼""复礼归仁"，旨在维护君主制度、宗法制度、等级制度，因而无论"新"到何种程度，依然不失儒家本色；后者的政论为"儒学"添加了舶来的"民主""宪政"等新外衣，"新"则新矣，却尽失儒家本色，只能归入"伪儒学"一类。

大陆新儒学思潮也有一些更为贴近儒家本色的政治构想。典型例证莫过于蒋庆设计"'为民而王'的政治"，并明确宣称"不是由民作主，亦不是以民为本"；康晓光"反对'主权在民'原则"，并主张实行"儒士共同体专政"。"专政"及"不是由民作主"确实是儒家的主张。梁启超、萧公权等著名学者很早便提出：儒家政论的最大弊端是没有"政由民出"的民治、民权理念。在儒家看来，唯有君主有资格名正言顺地"专政"，故"人臣无专制之义"。"君主专制"，亦即"君为政本"及"政由君出"，实乃儒家的核心政治价值。只要认真翻检一下《十三经注疏》，就会发现儒学体系压根便没有"宪政"的容身之地，《论语》《孟子》极力维护的权力结构符合现代政治学的"君主专制"定义，就连"天人合一""阴阳和合"也旨在论证君主制度、宗法制度、等级制度及与之相匹配的"君臣之义"出自"自然之理"，乃是"天经地义"。但这些与大陆新儒家所添加的"民主""宪政"又是扞格的，由此可见他们的进退失据之态。

概言之，如果不能为帝制提供全面系统的理论支撑，儒家经典怎么可能被奉为"帝典"？如果"民贵君轻"不是帝制的统治思想，《孟子》怎么可能受到宋、元、明、清皇帝的热捧，乃至成为科举考试命题及试卷评判的主要依据？儒学占据官方学说地位长达两千多年，并没有导出"虚君共和"。显而易见，"儒家宪政"乃无根之谈。

三　时空错位的制度构想

李宪堂：我的基本看法是，儒学与"宪政"是不可兼容的，因为它们是两套核心价值完全不同的制度安排和规则体系。

儒学号称"内圣外王之学"，所谓"内圣"，实质是先预设了天道秩序的绝对性，然后通过对本性的裁制使人调适、投诚于这先在的律令和法则；"外王"不是政治和军事上的征服，而是用"道德"这装饰性涂料把人间的坎坷与缝隙抹平。至于儒家礼乐相成、德刑互补的社会治理思想，不过是以类处理为前提的"同质化"操作技术。在儒家的政治思想理念中，"道""王""圣"三位一体，成为世界一切秩序和意义的根源，王权笼罩一切，"宪政"从何而求？

也许大陆新儒家会争辩：我们主张的是中国特色"儒家宪政"，与西方的"宪政"不兼容又有什么关系？对此，我的回答是：作为一种制度创新，"儒家宪政"完全有权利自成一体，拒绝接受"西方宪政"的价值尺度的评判。但遗憾的是，翻遍大陆新儒家的论著，也没能发现对"儒家宪政"学说的系统性阐释，更谈不上有一个完整的"宪政"实施方案，有的只是根据西方"宪政"的某些要素和名目所做的发挥和想象。

譬如蒋庆所构建的一套具有三重合法性基础并内含着分权制衡意味的中国式三院制的"儒教宪政制度"，几乎获得了大陆新儒家的集体认同，可以看作"儒教宪制"的立国纲领。但蒋庆的这套具有浓厚"公羊学"色彩的有关"儒教宪政"的宏大叙事，究其实却是对经典儒学的肆意篡改。在儒家传统里，权力合法性只有一个，那就是"天"或"天道"。"传统"所以有意义是因为它是由最先领悟了天道的圣王开创的，"民心"所以成为政治的依据是因为它是天意的指示器。儒家由文教载天道，由民心见天意，在逻辑上是圆通的，在操作上是可行的，把"天道"和"地道"与"人道"分离开来，便割裂了它们与生活现实的筋脉联系，不可能落实到政治操作层面发挥作用。

更能体现"儒家宪政"论者政治面目的是他们始终坚持儒士拥有对人民大众进行教化的绝对权力，而且，他们要求的不仅是教化权，还有统治权。蒋庆鼓吹"圣人有天然教化凡人的权利，曰'天赋圣权'，而凡人只有生来接受圣人教化的义务"；康晓光蔑弃"主权在民"这一宪政首要原则，要求"政治精英垄断政治权力"，建立"儒士共同体"的"专政"。从中可以看出他们政治上那种盛气凌人的傲慢、狭隘与偏执，由此而构建的所谓儒家或儒教"宪政"无疑是对弱势大众的暴政。

四　目的是确立"儒士共同体专政"

林存光：接着宪堂对"儒家宪政"论理论谬误的批评分析，我再补充一些自己的粗浅看法。我认为，在"儒家宪政"论者的诸多宏大历史叙事和政治宏论中，常常自觉不自觉地犯有一些低级的常识性谬误，不可不辨。所以我更愿意从常识的角度来审视"儒家宪政"论思潮的问题所在。

所谓的宪政不过就是对政府权力的限制，目的在保障人民所拥有的正当权利。然而，限制不是指一般意义上的限制，而是指客观制度上的根本限制，而根本的制度便是法律。然而，"儒家宪政"论者首先关切的不是限制政府或君主权力和保障人民的权利，而是将儒家道统确立为宪法这一国家根本大法的根本原则。这一将儒家道统置于绝对优先地位的政治诉求，与其说是为了保障儒家道统"拥有属于先人的那份主权"，毋宁说是为了赋予作为儒家道统之当代代表的儒士以绝对的统治权。

在康晓光的"儒家宪政"构想中，也有所谓"权利法案"，似乎也要顺应时代的发展潮流而赋予公民一定的政治权利。然而，事实上，他更关心的却是如何确保儒家道统通过由儒家来掌握文化领导权而"有效地控制现实政治过程"，不是由儒家政党"作为唯一的政党垄断政府"实行"儒家政党专政"，就是在儒家政党"作为竞争性政党通过竞选角逐政府控制权"而遭遇失败的情况下，仍然通过违宪审查的方式来确保"儒家道统的主导地位"。

如果说在康晓光的"儒家宪政"构想中，一会儿"不承认人民主权论"，一会儿又"承认民主的价值"，虽然自相矛盾，但它主要还是试图"直接诉诸民意正当性和文化正当性"，建构带有所谓"理性"色彩的"现代政体"，那么，蒋庆则试图建构一种更富有神圣化的非理性色彩的"儒教宪政制度"。在蒋庆的"儒教宪政制度"构想中，需要建立一种中国式的具有现代宪政功能的"议会三院制"，它由"庶民院""通儒院"和"国体院"组成，分别代表着民意、超越（天道）和历史文化三重合法性。这套构想看上去很完美，具有完备的合法性与代表性，但其实，这套制度构想的主要目的是"复古更化"，就是重新确立儒教独一至尊的意识形态霸权地位，重新恢复历史上儒士阶级的特权统治地位。表面上看，三院之间是相互分立而彼此制衡的关系，但事实上这套制度构想的根本用意是要以代表超越性的天道圣法的儒士阶级和代表历史文化之国体的身份贵族的统治权，来限制代表世俗民意的人民代表的政治权力。由于蒋庆所抱持的只是一种"为民而王"的政治理念，既"不是由民作主，亦不是以民为本"，因此，在蒋庆的上述制度构想中，只会将庶民院置于权力的从属地位，真正处于领导地位而掌握国家统治权的必然是通儒院的大佬们，这与康晓光的"儒家宪政"构想旨在确立"儒士共同体专政"并无本质的区别。在他们的"儒家宪政"或"儒教宪政"构想中，儒家道统为最高之原则或依据，所谓的"民意合法性"或"权利法案"云云，不过是一种欺人之谈罢了。

为了达成上述目的，历史竟也成了被任意曲解的对象。秋风对"儒家宪政主义"传统的历史论说即为典型。秋风认为，儒家的政治义理从来都是"宪政主义"的，中国自汉武帝和董仲舒始便构建形成了一种儒家士大夫与皇权共治天下的"宪政主义"的政治实践传统，直至近百年来，"儒家宪政"仍然是"中国人构建现代国家之正道"，而在今天，儒家道统更应该成为"现代宪政的价值之源"，"以宪法延续、守护道统之理念，乃是唯一可行的立宪之道"。秋风虽然以历史立论，但其现实归宿仍然与康晓光、蒋庆的"儒家宪政"或"儒教宪政"论构想同归一致。

显然，在中国历史上，专制君权亦会受到这样那样的限制，然而，有某种限制是否就意味着便是一种"宪政"或由此形成了一种宪政主义传统，却是大可质疑的。董仲舒在以天权限制君权的同时，也赋予了君权以天命合法性的绝对专制权威，儒家士大夫在寻求与皇权"共治"的同时不得不首先认同和接受具有君主专制性质的政治架构，正如秋风自己所承认的，也正是"由于政治架构的专制性质"，"儒士在政治上的努力"事实上都"最终不能不归于失败"。而历史地讲，所谓的"共治"，事实上绝不可能是"政权"或"主权"的共有，而只能是"治权"的分享，主要也不是对君权的限制，而是对君权及其治理能力的扩展与提升，说到底，儒家士大夫与皇权"共治"的问题，不过是在具有君主专制性质的政治架构下儒家士大夫对政治治理的参与而已。

五　激进主义的文化主张

刘泽华：最后，我来总结一下大家的基本看法和观点：儒家政治思想的主旨与实质是王权主义的，而非宪政主义的；"儒家宪政"论者所谓的"宪政"，并不是要限制他们试图建立的儒家政府的权力，而是要限制人民的主权和参与政治的权利，因此，"儒家宪政"论者的真正目的其实不是"宪政",而是打着宪政的旗号,目的在建立政教合一的"儒教国家",实行"儒士共同体"对人民的专政统治。正因为这样,我们也就不难理解"儒家宪政"论者何以要极力主张"复古更化""儒化中国"以及以儒教儒学取代马克思主义的主流意识形态地位,且带有强烈而鲜明的激进冒险主义色彩。这种激进冒险主义给国家、民族和人民究竟会带来什么样的后果呢?毛泽东在《实践论》中曾提出"反对'左'翼空谈主义"的问题,我们认为,"儒家宪政"论者正是当代中国文化保守主义思潮中的"'左'翼空谈主义"者,他们无视中国历史发展的客观规律和现实需要,无视民心所向和人民的真实意愿,只是一厢情愿地把自己的幻想和偏见看作真理,把所谓儒家的理想看作整个国家和民族的意志,"离开了当前大多数人的实践,离开了当前的现实性",因此必然"在行动上表现为冒险主义"。另外,"儒家宪政"论者表现出一种极度自负和傲慢的心态,他们的主张一旦落于实践,究竟会给我们的国家和民族、给中国特色社会主义现代化事业带来什么样的后果,值得我们深思。

（原载《中国社会科学报》2014 年 10 月 29 日）

异想天开：近年来大陆新儒学的政治诉求

葛兆光

引言：从 2014—2016 年的三个事件说起

最近几年，在中国大陆思想文化界有三个事件相当引人瞩目。

第一个事件，是 2014 年某次群贤毕至的座谈会，有人在会上声称"现代中国的立法者，既不是孙中山，也不是毛泽东，也不是章太炎，康有为才是现代中国的立法者"，并强力论证康有为对现代世界与中国各种问题的先知先觉，从而激起一种"回到康有为"的潮流；第二个事件发生在 2015 年，原来还是同盟的大陆新儒家与台湾新儒家之间，出现了深刻分歧和激烈论战，这场论战先在新闻媒体上掀起，接着 2016 年初两岸儒门学者在成都又搞了一个"两岸会讲"，从事后发表的长达 81 页的记录来看，唇枪舌剑很有火气。第三个事件是 2016 年，大陆新儒学的五大"重镇"联袂出演，在新加坡出版了一本号称是"重拳出击"的著作《中国必须再儒化——"大陆新儒家"新主张》，全面提出当下大陆新儒学的政治诉求与文化理念，不仅试图给执政党重新建立合法性，而且提出关于未来中国的"通盘构想"，据称这是"儒家自'文革'后第一次集体发声，吹响了复兴儒学，回归道统，儒化中国的集结号"。

从 2014 年、2015 年到 2016 年，所发生的这些事件自有其内在脉络，它们至少可以象征三点：第一，大陆新儒学已经脱离港台新儒家的影响；第二，大陆新儒学关怀的中心，已经从文化转向政治；第三，大陆新儒学的领袖们，不再甘于在寂寞的学林中"坐而论道"，而是要从幕后走到台前，挽袖伸臂参与国家政治与制度的设计。换句话说，就是中国大陆新儒学不再满足于"魂不附体",而是要"借尸还魂"。

这当然并不奇怪。自古以来,儒家都希望在庙堂里为"帝王师",在政坛上"以经术缘饰吏事",至少也要在祭礼中"端章甫为小相"。只是近百年来,随着新儒家渐渐融入现代社会,接受多元理念和现代制度,不再提"罢黜百家",也无法直接操控政治或者制度,因此,这种直接"干政"或者"干禄"的意欲,在第一代、第二代甚至第三代新儒家那里,表现得并不明显。可近些年来,大陆新儒家高调宣布,要从心性儒学走向政治儒学,要从文化建设转到政治参与,这让很多学者感到愕然。当然,更让人感到惊诧的,乃是他们提的那些颇为惊世骇俗的政治设想:比如,他们提出大陆现政权要有合法性,就必须要确立儒教为国教;又比如,他们认为现代国家体制不合理,应当建立通儒院、庶民院和国体院;又比如,要改变来自西方的政治意识形态,代之以儒家的"王官学";再比如,要求政府恢复儒家庙产,恢复儒家祭祀,把儒家经典阅读作为中小学教育基本内容等等,归纳起来,就是力图建立一个政教合一的"儒教国"。这些从口号、观念到制度的论述和设想,改变了现代以来新儒家——1949年以后是海外新儒家——的基本理念和追求方向,使得大陆新儒家与自由主义、社会主义等一道,成为中国大陆思想文化论争,甚至是政治制度设计中的一个重要参与者。

"冰冻三尺非一日之寒",回顾这一剧烈变化,我总觉得这一现象并非突然出现,也许,它自有它的社会背景和历史逻辑。为了下面的讨论更加简明和清晰,我想把1980年代海外新儒家进入大陆,到1990年代大陆新儒家与海外新儒家开始"分途"并"判教",2004年大陆新儒家终于乘势崛起,差不多前后三十年的这几段历史一笔带过,直接从近年来海外新儒家与大陆新儒家的分歧,以及分歧的焦点开始说起。

一 "从思想立场上分道扬镳":严分夷夏的大陆新儒学

毋庸置疑,大陆新儒学是1980年代之后受到海外新儒家的启发,才逐渐滋生起来的,过去,他们曾把海外新儒家称作自己的"接引者",所以,无论在思想资源还是学术脉络上,应当说他们都是一脉相承,也是同气相求的。可是,在2011年的一次座谈会中谈到"普世价值"的时候,一位大陆新儒学的学者却激烈地抨击海外新儒家，说他们"很糟糕，没思想，没勇气，没出息"。

他用这样决绝的语气表达他的不屑和轻蔑。然而，这种不屑和轻蔑却让台湾的新儒家学者相当反感，觉得这简直是"沙文主义情绪"。台湾新儒家学者李明辉不仅在大陆新闻媒体上发表谈话进行批评，并且在后来的两岸儒家对话中当面质问，"用这种口气谈问题，谁能同你对话呢?"可是，其实这些台湾学者并不明白，正所谓"舍筏登岸"或"得鱼忘筌"，这时的大陆新儒学，已经不需要靠他们接引，也不需要与他们对话了，大陆新儒学要对话的"对手方"已经转移。他们也不像过去海外新儒家那样，需要借助西方哲学解读儒家思想，也不需要认同"普世价值"和"民主制度"了，因为他们觉得，过去的启迪者们"有太多这类普遍主义的话语，总是强调儒家与西方文化共通的那些方面"，这是有害的，而儒家就是要"攻乎异端，斯害也已"。所以，他们的口号是"拒斥西方，排斥异端"。

从努力发掘传统中国的儒家思想与现代西方的普世价值之间的共同点，到竭力划清中国思想的和西方价值之间的界限，这是一个很大的转变——我的一个年轻朋友形容，这是从宣称"你有的我也有"到自夸"你没有的我有"的变化——甚至可以说是基本立场的转变。在这里，仍需简略回顾两岸新儒家几十年来的演变过程。关于1980年代以来新儒家在大陆的曲折演进，有很多学者的回顾和叙述，这里不妨省略。只是需要重复提醒的是，1980年代重新进入中国大陆的海外新儒家，一方面肯定现代价值，一方面推崇传统意义，因此与当时中国大陆刚刚改革开放时的"文化热"，也就是追求现代化的大趋势并不根本冲突。尤其是，带有深刻社会批判和传统关怀，又有康德等西方哲学作为解释的新资源，加上从海外与港台的"进口"，并且还有"亚洲四小龙"成功经验作为实践证明，1980年代海外新儒学特别受到一部分大陆学者，也包括现在与海外新儒学分道扬镳的大陆新儒家的欢迎，很多人都在积极拥抱这一"舶来思潮"。

应当看到，在海外传续不绝的新儒家，无论是唐君毅、牟宗三、张君劢，还是尚有争议的钱穆，也包括在大陆儒家思想传播中很有影响的杜维明，尽管对中国传统文化的花果飘零痛心疾首，但至少他们对现代价值如民主、自由、人权等等还是基本肯定的。同时，他们对于儒家思想的阐发也依赖两方面学理的支持，一方面是来自对西方思想（如康德哲学）的理解，一方面是来自对中国历史（道统与政统）的发掘。因此，他们确实主要把精力放在社会伦理、人文精神和思想资源的阐发上，正如有学者说，当时"主张新儒学的都是一些学者、教授，他们的职责是研究学术，他们也希冀他们的学术能够对现世有些微补益。但这种补益主要是作用于知识分子的心灵，在传统文化与现代世界激荡、交会、融合的时代氛围中对其立身行事方面指点一二。他们从未奢望，他们的思想学术能像后来居于意识形态的学术那样武装群众，产生'不可估量'的现实作用"。

显然，这种可以视为"温和"或者"融合"的路径，大体上还是理性的思想文化学说。在他们心中，尽管担心中国文化精神的衰落和飘零，但是仍然要尊重现代世界的普世价值或者国际秩序，尽管这些强调民主、自由和平等的普世价值，确实最先倡自近代西方，而以民族国家为基础的国际秩序，也确实最早奠定于近代欧洲，但这并不妨碍中国人接受这些"好东西"。用一个简单的比喻，就是如今世界像一部宏大的交响乐，中国是要加入这个交响乐乐队，用自己的政治和文化给这部乐曲增加复调、丰富声部，使它显得更丰富和更华丽？还是用不和谐的节奏、韵律甚至音量，压倒它并且取代它？这是两种根本不同的进路。应该说，海外新儒家基本上采取的是前一种方式，而后来的大陆新儒家则试图采取后一种方式。正是因为如此，后来，前面那种"坐而论道"的书斋儒学，才被试图"建立制度"的大陆新儒家看成是"纸上谈兵"，他们甚至觉得，承认普世价值不仅过于"西化"而且"有害"，本质上就是"自我夷狄化"。

什么是"自我夷狄化"？要知道，"夷狄化"是一个非常严重的指控，因为它把分歧不仅看作是价值观的差异，而且提升到了文明与野蛮的冲突，甚至变成种族与文化之间的绝对对立。为什么新儒家的思想会从中外一家，变成严分华夷？难道仅仅是大陆新儒学为了在海外新儒家之外别求新声吗？看上去似乎不像。应该说，摆脱海外新儒学的思想笼罩，另立山头和开宗立派的想法，当然在1990年代以后，就在大陆儒家学者中逐渐滋生了。1995年，蒋庆的《公羊学引论》出版，更明确宣布自己的"政治儒学"与海外的"心性儒学"分手，这似乎也是大陆新儒学正式告别学院学术，进入政治领域的宣言书。2003年，蒋庆的《政治儒学》出版，更宣称理想政治"就是体现礼乐精神、王道理想、大一统智慧、三世学说以及天子一爵等儒家思想的政治制度"，只有儒家的政治理念和政治制度，才能让东亚各国人民"安身立命，生息繁衍，过着儒家式和谐而稳定的政治生活"。

但耐人寻味的是，这种腔调在近几年，越来越激烈，越来越热火，也越来越极端，他们批评他们的新儒家前辈，从五四以来就"再也没有这种寻求制度基础的抱负了，因为他们眼中只有这套西方制度，所以他们的全部勇气就是，如何重新阐发儒学，以便与西方制度相适应而已"。并且断言，"无论是梁漱溟和熊十力，还是张君劢和钱穆，都致力于把中国引到西方科学与民主的道路上去"，这个道路"对于儒家来说，则完全是一种失败主义"。

更严重的是，他们把这种思想路径的分歧，提升到种族和文明差异上，把这种本可讨论的分歧，变成绝对不可通融的立场。众所周知，批评"普世价值"，把自由、民主与人权统统弃之如敝屣，并送还给"西方"的论调，在中国大陆一直不罕见，不过，把这种思路引上"华夷"之辩，大陆新儒家倒是独一份。一个自称儒家的学者说，如果我们把外来的价值"普世化"并且尊奉它，那么，就"意味着我们是自我夷狄化"。

为什么赞同"普世价值"就是"夷狄化"？难道说，仅仅是因为现在的"普世价值"来自西方？让人很难相信，有人居然至今还抱持"中国戎夷，五方之民，皆有性也"即所谓"非我族类，其心必异"这种观念。更让人难以相信的是，他们一方面依据传统中国的华夷之辩，一方面又加上了西方的丛林法则，提出一个很有颠覆性的观点：过去的新儒家之所以不得不接受普世价值，是因为这些普世价值来自西方，为什么呢？因为近代以来西方强大，因而它成为世界不能不遵循的原则。但是它与中国传统价值根本抵触，只是由于西方现在仍然强大，所以，我们暂时没有办法。他们说，儒家也并不是不讲普世价值，只是要让我们东亚儒家成为普世价值的"制定者"。

怎样成为价值的"制定者"呢？有的新儒学学者更有惊世骇俗的说法。一方面，他们把中国和日本连接起来，不惜借助二战时代日本的"大东亚共荣圈"的说法，他们说，这个大东亚共荣圈，"理论依据确实是《春秋》那套夷夏理论",东亚"同文同种"的说法,不仅是汪精卫这么讲,孙中山、康有为也都这么讲,所以,它"不是汉奸理论,其本意是倡导中日联合起来对抗西方夷狄";另一方面,他们也援引古代东亚的历史,说过去东亚儒家价值,就曾经是通行天下的普世价值。为什么?因为"当时中国周边都是些小国,打也打不过中国,骂也骂不过中国,这样,中国的价值就到了普世价值"。他们把价值之争变成了种族之争,更从种族之争引申到了力量较量,看上去,他们毫不在意"民族主义"这种政治忌讳,有一位学者居然说,只是因为现在"中国还搞不过美国",所以我们还不能对外讲"夷夏之辩",但是,将来中国强大了,"没人打得过我们",这个时候,我们也要普世遵循我们的价值,这叫"以夏变夷",他们说,"一旦中国成了老大……真正有了自信的底气后,就可以大讲夷夏之辩了"。

"使天欲平治天下,当今之世,舍我其谁?"儒家历来口气很大,气魄不小,这也是新儒家的一贯家风,从二程、朱熹、陆九渊一脉宋代新儒家,到梁漱溟、熊十力、牟宗三以来的现代新儒家,都有很大的勇气和抱负。正如余英时先生所说:"从新儒家第一代和第二代的主要思想倾向来看,他们所企图建立的是涵盖一切文化活动的至高无上的'教',而不是知识性的'学';他们绝不甘心仅仅自居于哲学的一个流派。这个'教'的地位在历史上大概只有西方中古的神学曾经取得过,中国传统的儒教都没有达到这样的地步……新儒家虽然在现实上距离君临天下的境界尚远,他们的君临心态却已牢不可破。"但是,我们也应当承认,从第一代到第三代新儒家,毕竟还能理性思考世界大势,分析思想价值,对来自异域的西方文化,能够采取吸收和融合的姿态,可是,他们无论如何也想不到,他们原本只是要做"素王",在文化和思想上重建国人信仰,这在想象力上远远比不了他们的后辈,大陆新儒家要做的是"帝师",是要在政治和制度上重构国家与世界秩序。用他们特别喜欢比附的"西汉一朝"来说,也许前辈新儒家们,还只是"说称《诗》《书》",写写《新语》,"游汉廷公卿间名声籍甚"的陆贾,而后辈大陆新儒家要做的,却是能"与时变化",懂"当世之要务",在庙堂中指点皇帝"定汉诸仪法"的"圣人"叔孙通。

因此,大陆新儒家才说海外新儒家们"没出息"。他们批评牟宗三等前辈新儒家与李明辉等同辈新儒家，指责他们在这一点上发生根本谬误，他们也坦承，这是因为中国大陆近年来的崛起，导致现在的语境发生变化。也有的大陆新儒家学者说得比较客气，"唐、牟、徐代表的现代新儒家他们的人格和成绩虽然堪称里程碑，但在今天，在新的问题浮出水面可以看得很清楚的时候，儒学确实要尝试开辟新的进路"。那么，究竟是什么新的进路呢？据他们说，是"回到康有为"，在政治和制度上给中国立法。按照他们的说法："近百年来居于主流地位的现代新儒学，主要是由熊十力、牟宗三等人开辟的，因此我们现在讲'回到康有为'，实际上是在探索能否找到另一条现代新儒学的道路。"据说，这个现代新儒学的道路有三个步骤：首先，绕开或者超越牟宗三等人的路径，从心性儒学转向政治儒学；其次，否定西方的普世价值，确立中国儒家的绝对意义；再次，要提出一整套儒家有关政治和制度的设计，并且落实到现实之中。

应该说，这种"走自己的路"的想法，最初自有其特殊背景。我们应当注意到1989年"事件"的震撼和刺激。这一事件以及引出的中国政治状况，不仅是引发中国大陆思想界激烈动荡的原因，也是引发大陆新儒家与海外新儒家分道扬镳的原因之一。由于大陆政治状况与台湾不同，处在这个政治权力极其强大、意识形态笼罩一切的政治化背景中，所有的思想学说也都不得不随之政治化。大陆的一些儒家学者面临严峻的政治压力，试图表达一种与主流政治意识形态不同的立场和路径，不能不抛弃温和的或理性的学院化方式，这毫无疑问表明了一种反抗绝望的勇气。在这一点上，我们注意到1989年"事件"之后仅仅几个月，蒋庆就在台湾的《鹅湖》月刊发表长达三万五千字的《中国大陆复兴儒学的现实意义及其面临的问题》，这篇被视为"大陆新儒家宣言"的论文，其实，也可以看到大陆新儒家试图在政治上不认同主流政治意识形态，在思想上另寻立场和起点的意图。也正是因为如此，这篇论文才被认为是一个象征，象征着大陆新儒家"在中国大陆已作为一个学派而存在"。

但是，经过1990年代、2000年代，到了2010年代，与海外新儒家分道扬镳之后的大陆新儒学，虽然确实已经另起炉灶开宗立派，但是，却在百年历史的悲情记忆、当下崛起的亢奋情绪和思想论述的逻辑惯性的驱动下，走了一条他们可能自己也没有想清楚的极端主义道路。

二　政治方案加文化药方？大陆新儒学为当代中国设计的政治制度

　　用大陆新儒家自己的说法，他们和海外新儒家的不同，是从"内圣"到"外王"。什么是"从内圣到外王"？就是说大陆新儒学不再拘守于思想上"坐而论道"的空谈，而是要进入政治上"体国经野"的行动。有学者批评说，过去海外新儒学，只是三五个大学教授个人玩好和自言自语，虽然这使得儒学"得到形而上学的保存"，但也使得"原来制度化存在的儒学，现在已被撕成碎片，它基本上已失去了成建制的存在形式"。而他们则完全不同，他们要从文化与思想领域进入政治与制度领域，实践从"修身齐家"到"治国平天下"这种自内向外的儒家逻辑。可问题是，从"内圣"到"外王"说说容易，一旦进入实际操作领域，习惯于道德伦理教化，最多能够提出礼乐制度的儒家往往束手无策，无奈之下，他们往往只能移形换位，改弦易张，由公开的儒家变成隐藏的法家，或者干脆从法家那里挪用资源。当年海外新儒家的所谓"开出"说，始终是过去新儒家面临的窘境或门槛，但是，这一次大陆新儒学却决心开始迈出自己的一步。

　　他们的论述策略大致如下。

　　依照"夷夏之辩"，他们认为，中国应当舍弃自西方舶来的民主制度——尽管现实中国并没有西方式的民主制度——接受他们为现在的中国政权建立的中国式的天地人"三重合法性"。他们批评"民意合法性独大"的西方民主制度，用蒋庆的说法就是，这种经由选民选举出来的政府，只有"一国国民此时此地的现世民意认同"。请注意，他们的意思是说，这种民主制度选出的，是"一国国民"而不是"世界人类"，是"此时此地"而不是"天下万世"的政权。他认为，一个"为万世开太平"的政府，不只需要民意，而需要"超越神圣""历史文化""人心民意"也就是来自天、地、人的三重合法性。

　　很可惜，这只是"乌托邦的想象"或者是"被发明的传统"。在历史上，我们很难找到一个具有理想中三重合法性的王朝，无论是"益干启位，启杀之"的夏，杀得"血流漂杵"才建立起来的周，还是"楚汉相争"打得一塌糊涂的汉，还是"玄武门之变"才稳定权势的唐，或是靠欺负孤儿寡母"黄袍加身"最终还得"斧声烛影"的宋，成就王朝的合法性，一半要靠枪杆子。在现实中，我们也很难要求全球专为中国进行选举，也无法让现实政权符合过去、现在、未来的各种诉求，更无法照顾到想象中的非"现世"的所谓"永恒"民意。因为政治合法性如果不经由现存国民的意志表达，那么，有谁能证明那个既超越现世现存的人心民意，又赋予当下政权合法权力的"天地人"，有永恒性、绝对性或神圣性呢？除非你再次搞出"天授神权"的老办法来，把执政者说成是奉天承运的天子或圣人。我们知道，传统"政权"合法性之建构，通常是通过以下途径：一是获得天或神的超异力量的护佑，二是依靠官僚管理的系统的有效统治，三是依靠统治者个人力量。古代中国的皇权虽然有其特殊性，借助了很多儒家资源，较一般意义上的王权更强大，可以把政治统治、宗教权威与文化秩序都集于一身，但它的"合法性"仍无非是这些来源，即借助仪式获得天地宇宙神鬼的确认、依赖权力重新建构和书写历史以及倚仗军事力量的有效控制。也就是说，它的合法性仍是权力自己赋予自己的，并不像大陆新儒家所渲染的那样永恒，也不像他们自己说的那么道德。卢梭曾说，没有任何执政者"强大得足以永远做主人，除非他把权力转化为权利，以及把服从转化为义务"。可是，大陆新儒家却想象出来一种既代表宇宙的永恒真理又代表全人类利益的政治体制，他们认为，这就可以让执政者"把权力转化为权利"，让民众"把服从转化为义务"。

那么，这个美妙的方案怎样具体落实呢？按照蒋庆的构想就是建立通儒院、庶民院和国体院。他说，应该由普选与功能团体选举的代表建立"庶民院"；由儒家学者选举和委派"精通儒家经典"的学者建立"通儒院"；由历代君主后裔、历代名人后裔、再加上各种政府官员、宗教领袖和大学教授，由衍圣公作为议长，通过世袭和指定来建立"国体院"。据他说，"庶民院"属"人"，代表了现实现存的人心民意；"通儒院"配"天"，是（儒家）知识精英的意志，"国体院"属"地"，代表了（贵族）政治传统的精神。

可是我们要问，"儒家经典"就一定是真理，并且可以治理好国家吗？"四书""五经"在现代，仍然可以作为考试与任职的依据吗？儒家精英就天然是一个国家的最高立法者吗？孔子后裔凭着血缘，就可以天然担任"国体院"的议长，并有权指定国体院的成员吗？按照他们的说法，"合法性解决的是权威与服从的关系"，有了合法性就有了"权威"，就可以让民众"服从"，而民众的"服从"，当然就可以让社会有"秩序"。可问题是他们的"权威"仍然来自他们自说自话的儒家领袖、儒家精英和儒家经典。他们也曾非常热心地向政府提出"维稳"的策略，他们说中国不能仅仅"靠经济增长来支持政治稳定"，现在的政府虽然在经济上有效率，但在政治上还"没有为现存秩序提出一套能够自圆其说的东西"，所以不能使秩序稳定，这是因为政府还缺乏儒家提供的"合法性"。可是，非常吊诡的是，从学理上说，这个所谓"合法性"必须有不言而喻的来源，只有这个来源具有权威，它才能成为合法性依据。遗憾的是，儒家学者无法自我赋予儒家以合法性，贵族精英也无法证明自身拥有天然的合理性。就像俗话说的，"皇帝轮流做，明年到我家"，谁是天生的统治者呢？就连古代皇帝，也要通过历史（论述前朝弊政和本朝德政）、封禅（祭天祀地祈求上天护佑）、符瑞（发现象征天意的祥瑞符玺）、德运（比附五德始终），甚至神话（皇帝的出身传说）等，来证明自己的合法性，那么需要追问的是，儒家设计的这个"建立在儒家文化上的'大一统礼乐刑政制度'"，它本身的合法性来源究竟在哪里？它会不会就是传统时代那个披着儒家外衣的君主专制体制？

也许，他们不需要这样追问，作为信仰者，信仰总是不需要也不能质疑的，但是作为思想者，思想却是随时要追问的。其实，即使是古代的儒家学者，他们对于宇宙、社会与政治终极依据的追问，仍然必不可少。当年，程颐曾问邵雍，"此桌安在地上，不知大地安在何处？"幼年的朱熹也曾问父亲，头顶上是"天"，"天之上是何物？"天和地也不是最终可以自我圆成的终极依据，那么我们也想追问，谁来赋予三重合法性？凭什么它们就是合法性？毫无疑问，"通儒院""国体院"和"庶民院"，并不完全来自古代儒家的模板，似乎也暗度陈仓，偷偷地参考了西方政治制度的设计，"三位一体"即道统（儒家政治哲学）、政统（政府）和学统（儒士共同体）之间，也曾借鉴了西方政治设计中的三权分立，即互相监督与彼此牵制。但是，他们怎么就敢于拍胸脯保证，只要进行这样的制度安排，就可以"实现中国人所说的'长治久安'，就不会有'稳定压倒一切'的焦虑"?

尽管我理解，这是对当局恳切的进言，但这仍然是一厢情愿的想象，它并不能自我证明它必然是一个良好的政体，那么，保证这个政体具有天地人三重合法性的证明在哪里？或者说，那个隐匿在云端之上的神圣权威在哪里？他们没有细说，这里请允许我做一些推测。我注意到，在大陆新儒家学者那里，有的话，过去讲起来多少有些遮掩，近年来，却开始清晰而且大声地说出来了。有一位学者说，在政治方面，儒家的制度基础中"君主制"相当重要，"君臣之伦作为儒教之政治性伦常，在门外之伦中最为重要"。

那么很好，难道要让中国回到帝国时代，重新恢复君主制吗？正如前面我提到的，一些大陆新儒家学者终于拿出手中的王牌，原来，他们认为中国思想与政治，应当回到被他们称为"现代中国立法者"的康有为那里，然后再从康有为那里重新出发。据他们说，"回到康有为"有着非常深刻的原因，最主要的原因是因为现代中国是在大清帝国"疆域规模"和"族群结构"基础上形成的，要维持清朝的而不是明朝的疆域、族群，并"实现其向现代共和国过渡转型"，只能采取康有为的"保救中国之亟图，先求不乱，而后求治"。那么，怎么能够不乱呢？他们说，康有为已经想到了"外力冲击，少数族群主政，地域广阔，族群复杂"这些因素，同时也想到了由于从清代中国到现代中国，疆域、族群那么庞大和复杂，因此，缺乏一个国家认同的基础便无法凝聚人心。所以，康有为才提出"君主论"和"国教论"。说得明白些，也就是一方面，君主作为各族共主，可以维系多族群的帝国；另一方面，儒教作为国家宗教或者公民宗教，正好可以"形成一个代表国家凝聚和民族认同的符号"。特别是，康有为在现代国际巨变的环境中，先是主张保全大清帝国而提倡"君主立宪"，后来中华民国建立，"共和大趋势似乎不可逆转"，他就主张"虚君共和"。这种保存君主制的努力，是因为"辛亥革命以后，中国马上就面临分裂的危机……对康有为来说，虚君的意义在于使现代民族国家能够有效地继承清帝国统治的广大疆域。可以说，在康有为看来，'虚君共和'不仅能够使中国转型成为一个现代民族国家，同时又能够使众多民族都在这个民族国家中容纳下来"。

如何维护这个延续自大清帝国的多民族国家？这的确是一个值得讨论

的真问题。但是，维系统一的中国，消泯族群之隔阂，建立现代的国家认同，如果不是在公平、自由和民主的基础上，推动制度的认同，并兑现每个人的"国民"身份，给每个国民提供安全、幸福和自尊，从而使之自觉接受国民身份，认同这个国家，还能有什么途径呢？难道现代中国还能够回到康有为，回到大清朝，依靠类似清代的大皇帝以六部、理藩院、盛京将军等不同制度管理帝国的方式？难道能像他们所想象的，维持庞大帝国疆域和族群，必须依赖儒家精英人士，并要求各族都接受"儒教"吗？难道能像他们所期待的，不仅按照康有为方案维护大清的一统，而且还要在中国崛起背景下"不必局限于本国领土"，以中国首都为中心，按照由内向外、自近及远的"新五服制"，不仅完成"内部同化"，还要实现"外部整合"，由中国重新安顿周边与世界吗？

据某些自称"新康有为主义者"（或康党）的人说，康有为开出的药方，关键是"虚君共和"。那么，谁来作这个高居万民之上的"虚君"呢？他们自问自答，"谁有资格做这个虚君呢？要么是清帝，要么是衍圣公"。还有一个学者干脆明白地说，康有为的伟大贡献之一，就在于他提出近代中国需要"君主制"。他们解读康有为，说晚清"中国是一盘散沙，需要有一个传统的权威，而且只有军民共主，才能维护中国统一"，无论是立宪还是孔教，都需要"藉由君主的权力来达到这个理想"。所以，康有为"跟光绪皇帝并肩战斗"，才显得"鹤立鸡群无人比肩"，"仰望星空脚踏实地"；另一个康有为崇拜者说得非常坦率，他认为，国民党和共产党的"党国论"，解决的只是"原子化的自由个体，和把个体整合起来的外在强力，即组织力和动员力"，但"君主制对于现代国家的意义，则阐明了凌驾于个体自由意志，亦即民意之上的神圣力量，以及把个体组织起来的等级原则"。所谓"凌驾于个体自由意志"及"民意之上的神圣力量"，换句话说，就是要有一个代表天意、君临天下的皇帝，以及把个体组织起来的"等级原则"，说得明白一些，就是君君臣臣父父子子的宗法制度。

可是，1995年蒋庆在《公羊学引论》中曾经反复批评，古文经学把君主制"绝对化""永恒化"和"神圣化"，说他们是"无条件维护君主专制"，而公羊学为代表的今文经学，则"不承认现存制度具有无限的合法性和绝对的权威性"。同样是自称信奉公羊学的大陆新儒学，为什么二十年之后对于君主制的立场和腔调却完全变了呢？关于这一点，我们下面再说。其实，这种用理论和术语包装起来绕着弯讲的话，不妨直截了当地说出来，就是今天的中国，需要一个象征宇宙意志的"君主"，无论是"虚君"还是"实君"，他既代表政治上的权威，也代表神圣的意志，还代表儒家的真理；今天的中国，还需要重建内外上下、井然有序的等级社会；当然，还需要"儒教"，作为维系民心的宗教。

那么，这是不是意味着，今天的中国既不需要自由，也不需要民主，更不需要平等呢？

三　缘木求鱼抑或曲径通幽？"儒教国"与"再儒化"

前面我们说到，大陆新儒家呼吁"回到康有为"，这是因为康有为对现代中国的构想中，除了君主制即"虚君共和"之外，另一个关键即中国"再儒化"或建立"儒教国"。这一点无论是推崇康有为的，还是对康有为略有保留的大陆新儒家学者（甚至也包括一些非新儒家学者），似乎都基本认同。比如，康晓光就曾经给未来中国勾画新的蓝图，他说这个新蓝图的"灵魂，还是我们中国儒家的思想，而不是西方的马克思主义或自由主义，所以，我把这种关于未来的通盘构想称之为'儒教国'，而建立儒教国的过程就是'儒化'"。

大陆新儒家五大重镇共著书名"中国必须再儒化"，就是在传达他们的这一理想和抱负。可问题是，如果不算康有为近百年前的那些论述，到现在我们还没有看到大陆新儒学给这个他们构想中的、政教合一的"儒教国"提出一个完整方案。当然，从零零星星的言论中，我们也大体上看到，这个"儒教国"其实并不新鲜。简单说，它基本上就是恢复传统时代中国的家庭、社会与国家，回到传统时代的结构、秩序和习俗，按照他们的说法，儒家的制度基础就是"政治方面的君主制和科举制，教育方面的书院制，至于社会制度方面则是宗族和家庭"。

不妨从各种议论中归纳一下，他们设想当代中国应该建立的社会结构和伦理秩序是怎样的呢？第一，他们认为儒家遗产中，在"社会制度方面则是宗族和家庭"，因此，他们主张在乡村应当依赖宗族，重建祠堂，恢复礼制。一个新儒家学者说，农村的民主选举制应当取消，代之以

"恢复传统的礼治和长老统治模式"。第二，重建宗族必须要改造家庭，如果没有家庭这个基本单位，也就无所谓宗族。可是，家庭中必然有夫妇，按照他们的说法，现代家庭以"爱情"作为建立家庭的基础，只是"妾妇之道"，而传统的理想家庭是内外有别，也就是说"男主外女主内"是正确的。第三，他们强调，男子是家庭之主，女性应当回归家庭，"男人从奴隶到将军，符合人类文明进步的轨迹"，女性应当以作为母亲、辅佐丈夫为"志"，"夫妻之道"就是延续后代，如果离婚，女方不能分割家庭财产。

也就是说，他们试图在传统中国乡村社会那种家庭、家族、家族共同体的基础上，按照儒家理念重建当年许烺光、费孝通所说的"父子主轴""差序格局""礼制秩序"和"男女有别"的社会，实现《孟子·滕文公上》所谓"父子有亲，君臣有义、夫妇有别、长幼有序，朋友有信"的秩序。当他们把这种家族秩序放大为家国秩序，也就是当他们把这种秩序从"家"到"国"，从"父子"关系衍伸为"君臣"关系，就构成了传统时代儒家理想中的有等级、有上下、有内外的社会伦理和政治秩序。一个新儒家学者解释说，现代人批判古代君主制度"纯粹是尊卑关系"，完全是对古代君主制度的误解，因为君主制度出自家庭制度，所以，"君臣关系是情义兼尽，恩威并重"。他们相信，在这样的社会基础上，他们提倡的儒教或者儒教之国，才能真正建立起来。

在儒家对旧时代的历史记忆中想象未来的理想社会，大陆新儒家把这种传统中国乡村生活秩序，看成是一种最美好的生活状况，他们试图按照传统儒家三纲五常（或三纲六纪）来规范现代中国人的生活，并且在这种社会基础上，建立他们所谓的"儒教国"。蒋庆曾说，他完全同意康晓光有关"儒教国"的看法，"应该把儒教重新定为国教"。并且说，如果把儒教作为国教，则需要具备三个系统，一是教义系统（经学与教育），二是意识形态系统（解决合法性的王官学），三是社会系统（风俗与礼乐）。可是，如果按照他们设想的"风俗与礼乐"建立起来的社会，还会容忍平等、自由、民主和人权这些现代价值吗？

隐隐约约地，我们从这里看到了大陆新儒学与过去新儒学之间的确有某种传承和联系。比如，冯友兰在《新事论》中，对于家庭和女性的观念就有一些这类意思，冯友兰就曾设想过，应当重新让女性回到家庭之中，后起的大陆新儒家学者学到了这一点。可是，他们要比冯友兰走得更远，在私下里谈论时，他们不仅要求女性回归家庭，甚至把辜鸿铭著名的茶壶与茶杯的比喻也拿过来，说出对女性的歧视和轻蔑，以至于一些乐于和他们共论新儒家的女性学者，也表示实在无法接受这种极端言论。

为了实现他们的这种社会理想，他们还进一步要求中国通过教育实现未来的"儒化社会"。按照他们的设想，"儒化社会"之步骤如下：一是"最关键的，是把儒学纳入国民教育体系，从小学到大学都要设立国学课"，恢复小学和中学的"读经科"，在大学恢复"经学科"，作为通识教育的基础课程；二是在儒学之士中选拔贤能，"有志从政者必须通过《四书》《五经》的考试才能获得从政资格，就如同当法官要通过国家司法考试一样"，各级党政干部也要把儒家经典当作学习的主要内容，"在现代环境中重建中国政教治理模式"；三是恢复孔子的国家祭典，重建各地的家族祠堂，也建议在儒教信奉者家中和祠堂、讲堂、会所中恢复供奉"天地君亲师"牌位。

不难看出，这种让中国全面儒化的设想，目标是把中国变成儒教国，而中国变成儒教国的关键，当然是儒教必须成为"国教"，儒学则顺势成为"王官之学"。蒋庆说："所谓'立儒教为国教'是在当今历史条件下，将尧舜孔孟之道入宪，即在宪法中明载'尧舜孔孟之道为中国立国之本'。由此来完成儒家'王官学'的现代复位。"姚中秋也说："国家需要有'王官学'，以养成社会领导者群体。"那么什么是"王官学"呢？姚中秋比较含蓄地说，就是有主导地位的"经史之学"，而蒋庆说得更明白，"王官学"就是"国家主导意识形态"！可是，要是按照康晓光的说法，成为国家主导意识形态似乎还不够，还应该成为绝对的宗教信仰。他回忆儒家辉煌的历史，不无感慨地说："历史上儒家是一个最成功的宗教。皇帝就是它的教皇，整个政府就是它的教会，所有的官员都是它的信徒。老百姓也要接受儒家教化。这是一个非常成功的政教合一、教教（宗教和教化）合一的体制。"原来，他所追求的，远不止儒教成为"国教"，而且要让中国变成一个政教合一，官员、士绅、民众在政治、信仰、学术以及生活上绝对同一化的国家。

"药方只贩古时丹"，大陆新儒学在未来理想社会的想象上，其实拿不出新的东西，这是没有办法的。近代以来，中国的社会结构、政治制度、生活方式都发生了巨大的变化，可是，他们想象未来的政治资源却只来自传统中国，制度设计又完全拒斥儒家之外的其他资源，思想文化和意识形态则固守在儒家五经四书之中，因此，他们只能在旧时风景中幻想未来蓝图。正如霍布斯鲍姆（Eric. Hobsbawm）所说，这是"为了相当新近的目的而使用旧材料来建构一种新形式的'被发明的传统'"，只是由于他们暗度陈仓式地设计未来理想国家、宗教与社会的时候，由于拒绝各种其他资源，又没有可供参考的另类思路，只好把古代中国政治制度作极端化想象，并且不自觉地沿袭了某些极端宗教"政教合一"的模板。试问，如果他们对今天所谓充满"现代性弊病"的社会，开出的诊断书只是"有病"，而他们开的一剂药则只是"复古"，那么，这能够让社会摆脱弊病，让儒家起死回生吗？其实，他们自己也看到，经历了"三千年未有之大变局"，那些儒家赖以存续的社会基础，在晚清民初以后逐渐崩塌，君主制已经崩溃，科举制也已经废除，乡村家族社会在现代渐渐瓦解，儒家的价值观念也在日益衰落，总之传统儒家的理想差不多接近破灭。所以他们才会认为，这就是"中国"之所以不再"中国"的原因，蒋庆曾激动地说："悲乎！中国五千年之大变局，未有甚于中国之无儒生也，中国之无儒生，非特儒家价值无担当，且中国国性不复存；中国国性不复存，中国沦为非驴非马之国矣。"也就是说，"中国"已经不再是"中国"，所以，他呼吁"归来乎，儒生！未来中国之所望也"。

可是，如果按照他们这样设计，这个未来"中国"将会怎样呢？

四　"时时误拂弦"：异想天开的大陆新儒家们

作为一个历史与文献研究者，我不想一一挑剔这些"有志图王者"历史论述和文献诠释中的错误，尽管这些错误既明显且荒谬。一般来说，他们并不在乎历史与文献的准确与否，他们对儒家经典与思想的诠释策略是，第一，改变近代以来把"经"作为"史"来理解的立场和趋势，重新捍卫儒家"经"之神圣性，把原本已经学术化的现代经典研究，重新转回到绝对信仰化的经学解读和义理阐发；第二，因为他们引经据典的目的在于介入现实和指导政治，因此，他们往往把古代经典作过度诠释，不是抽离其历史语境，就是进行有目的的引申；第三，由于他们把儒家

（或儒教）作为信仰，故而有宗教信仰者般的绝对立场，形成逆向"东方主义"的思路。也就是说，为了对抗和抵消西方的文化、制度与价值，因此，凡是据说被西方形塑、强调或批判的"东方"，反而要特意格外高扬，因而凡是传统儒家的文化、制度与价值就一定要捍卫，无论这些东西是否真的是古代儒家的，也无论这些东西是否适应现代中国。当然，我愿意同情地了解他们的政治立场和现实关怀，因此，我并不想过于学究气地从历史与文献这方面攻错。我倒是更愿意提醒读者注意，他们在谈论古代儒家传统和现代政治设想的时候，不时显露的用世之心，那种毫不掩饰的急迫和焦虑，似乎充满了字里行间。

为什么他们这样焦虑、兴奋与紧张？我注意到，近年来有几个新闻事件被大陆新儒家以及他们的同道在不同场合反复提起。一是 2013 年 11 月 26 日习近平到孔子故里曲阜考察并讲话，二是 2014 年 9 月习近平在国际儒联发表关于儒学与传统文化的讲话，三是 2014 年 5 月 4 日习近平到北大探望《儒藏》主持人汤一介并"促膝谈心"。我不太清楚中国领导人这些举动的"初心"是什么，但我愿意相信，这是在表达对传统中国文化的某种正面态度。但是，按照大陆新儒家们的解读，这就仿佛从西汉文景时代崇尚黄老转向汉武时代独尊儒术一样，象征了一个历史潮流和政治取向的大转折。按照他们的想法，这个时候，就应当是上"天人三策"的董仲舒登场了。有一位新儒家学者仔细分析了执政党的这种转向过程后，很激动地说：首先，是 90 年代初执政党"正面倡导'国学'，随后，它又把'中华民族复兴'作为主要政治目标，由此当然也就开始修正对儒家的态度"；其次，是政府在海外大量建立"孔子学院"，表示以孔子作为当今中国的正面形象和文化象征，这就"悄然改变了对孔子的官方评价"，说明执政党"试图基于孔子，重构其统治的正当性"；再次，是十七届六中全会公报，把中国共产党说成"既是中华优秀传统文化的忠实传承者和弘扬者，又是中国先进文化的倡导者和发展者"，这就等于宣告"中共希望化解文化与政治的冲突，政统与道统的对立"。因此，执政党领导人从 2013 到 2014 年的这三个颇有深意的举动，就给他们释放了一个重大利好消息，说明为了实现"中国梦"，迫使"中共领导人的文化立场在持续变化，从最初的反传统，到今天大体肯认儒家，而具有文明复兴之自觉，七十年代开始但尚不自觉的保守化过程，至此跃上了政治自觉的层面"。

"跃上了"这个词很形象，也许大陆新儒家认为，从此可以纵身一跃而登上政治舞台？其实，他们应当看看历史，尽管西汉时代的董仲舒上书建议"罢黜百家，独尊儒术"，曾获得汉武帝的瞩目，但他仍然仕途不顺，被主父偃和公孙弘先后排挤，只能终老在家。但是作为儒家政治意识形态推手象征的董仲舒，始终鼓励或刺激着后世儒家学者对于政治和制度的热情。"不是吾儒本经济，等闲争肯出山来"，大陆新儒学的前辈曾经也有过类似幻想，像梁漱溟就曾信心满满地说，"吾曹不出，如苍生何"，但被毛泽东痛斥并压在了五指山下，最终也只好叹息"这个世界会好吗？"可是，在大陆新儒家看来这不足为训，因为梁漱溟那个时代，儒学还处于困境，不免"花果飘零"和"魂不附体"，所以新儒学虽然在海外有所发展，但是并不成功。然而现在可不一样了，"更大的发展契机存在于中国的经济和政治的改革之中"，中国的经济奇迹，使得"背后的民族自信心，客观上为儒学的发展创造了真正的可能性"，而中国的政治改革，也"需要更多的思想资源，作为团结整个国家的基础"。特别是现在天地翻覆，正如崇尚黄老的文景时代，一下子变成了改宗儒术的汉武时代一样，换了鼓励甚至支持儒家的领导人，他们觉得这下子儒家真的可以"撸起袖子"干预政治、设计制度、改造社会，只是要等待执政党和政府的关注。因此，他们诚恳地建议说，利用儒家要有"应有的诚意和得体的方式"，委婉地指责现政府"缺乏古代帝王那种利用的艺术"，更有人急切地表白说，如今的儒家"和自由主义不一样，只是希望共产党换一套治国思想而已，这就是'罢黜黄老，独尊儒术'"。

可是时代虽然不同，历史却往往相似。秦汉以来的中国，历来君尊臣卑，一切权源都在于皇帝，儒生们即使出将入相，最多也只能"得君行道"，没有皇帝支持，任何"更化"都无从谈起。因此，他们并没有盛唐李白那种"仰面大笑出门去，吾辈岂是蓬蒿人"的自信，倒是总有宋代柳永那种"黄金榜上，偶失龙头望"的幽怨。所以他们并不具备宋代士大夫与皇帝"共治天下"的自信，却只能是"待诏金门"等候当政者垂询。难怪他们一再要说，"习近平（比邓小平）更上一层楼，讲中国梦，讲中华民族的伟大复兴"；又说"习近平……颇有儒味，在历届执政党最高领导人中，最有儒家修养"；甚至说"习近平作为执政党领导人，好的不能再好了，再进一步的话，就要变成中华领导人了"。

不妨再看一看 2016 年刚刚出版的《中国必须再儒化》。在五位"重镇"各自长篇的论述和访谈之后，这本书很有深意地附录了马浩亮的《红色新儒家习近平》，以及由编者任重执笔作为《代后记》的三篇文章（即《习近平纪念孔子，重建中共之争合法性》《习近平为何批评"去中国化"》和《习近平为何要纪念孔子》）。其中说："历史车轮滚滚，风云回环往复，个中兴味，真堪细品也。"的确，他们再三提及执政党领导人，其中暗示意味，确实值得细细品味。唐代李端《听筝》中有两句话，"欲得周郎顾，时时误拂弦"，说的是为了引起心中人的注意，不妨故意卖个破绽。在他们的论著中，如此频频提及执政党和领导人，把他们说成是"儒家"，这里究竟有什么用意？我特别注意到，蒋庆有关"儒家上行路线"的两段话，他先是说"因为儒家是'入世法'，注定要进入政治才能改变政治，因而才能在现世的历史现实中，实现自己治国平天下的道德理想，所以，儒家也并不是对现世政治持绝对的反抗态度与不合作态度"，因而政府和儒家之间，最好是"双赢"。如果说这些话还比较隐晦，那么，下面接着说的这段话就非常直白了，他说："历史告诉我们，政府利用儒家，儒家也利用政府，一部中国政治史与一部中国儒学史，就是在这种政府和儒家利用与反利用中曲折发展的历史。"

我不知道这个"利用"，究竟是"邀君希宠"，还是"得君行道"，不过把自己的政治意图说到如此直白的地步，却实在罕见！

五　结语：重蹈覆辙？历史重演？

翻阅大陆新儒家们的文献，我们看到，从 1990 年代起他们开始与海外新儒家分道扬镳，另揭以公羊学为基础的"政治儒学"；到 2004 年蒋庆邀请盛洪、陈明等在贵州阳明精舍以"儒学的当代命运"为题会讲，与当年官方组织的"文化高峰论坛"中许嘉璐等人发起的"甲申文化宣言"遥相呼应，掀起所谓"文化保守主义"潮流；再到本文一开头所说 2014 年以来"回到康有为""两岸儒学会讲"及"中国必须再儒化"等事件，大陆新儒家从文化儒学转向政治儒学，从道德伦理阐发转向政治制度设计，从思想学说转向意识形态，逐渐与自由主义、社会主义鼎足而立，在 21 世纪成为中国大陆政治与思想舞台上绝对不可忽视的一股力量。

对于大陆新儒学之崛起，其实，大可不必从先秦儒家、汉代经学、宋明理学甚至 20 世纪新儒学（及海外新儒学）这种学术史脉络上去追溯它的思想脉络和历史渊源，这未免太学究气，倒是不妨放在当代中国政治与思想语境中，去理解它的产生背景与现实动机。有一位新儒家学者曾经两次三番提醒海峡对岸的儒家学者说，大陆新儒家与港台新儒家不一样，"我们大陆新儒学首先是在对现实问题的思考中，在与左派的革命叙事与右派的启蒙规划中萌芽产生的，是在这样的过程中才逐渐意识到'五四'以来的那种哲学进路，存在着西方中心的预设，儒家文化价值的证成是一个实践的过程，不能经由与西方某个哲学家或体系的同质性论证实现，而只能经由对于中国社会问题及其所需要文化功能的解决承担完成。我们是被逼出来的"。

的确，大陆新儒家的背景在当下，关怀也在当下，对当下中国的现实关怀，才逼出了与海外新儒家分道扬镳的大陆新儒家。那么问题是，究竟什么在"逼"它？显然是当下中国的时势。试图"得君行道"的大陆新儒家学者大都很注意时势，他们提出的政治蓝图和制度设想的背后，显然有对"时势"的判断。在他们近几年的诸多言论中，我们可以发现他们反复提到中国大陆的经济腾飞和国力强大，在他们看来，现在中国在世界上已经是"坐二望一"，这不仅是一个"中国崛起"的契机，也是儒家"魂兮归来"的契机。"国力日益强大的中国，应当接续道统，重拾儒家'以天下为一家'式的世界观念。这一观念体系，更宜于在一个冲突四起而又利益粘连的世界中维持公义与和平。"面对当今重新洗牌的世界，他们追问："这是一个世界，还是两个世界？中国与美国能否共同治理世界？中国处于上升阶段，一旦超过美国，世界将会怎样？"他们相当自信地认为，如果说 19 世纪是英国世纪，20 世纪是美国世纪，那么，现在 21 世纪已经是"世界历史的中国时刻"，而这个"中国时刻"，就应当是"大陆新儒家"登场了。

是该新儒家登场了吗？在中国古代历史上，所谓儒家登场，最被人传颂的就是西汉董仲舒上天人三策，提倡"罢黜百家，独尊儒术"，从而奠定中国政治意识形态主轴的故事了。前面说到，董仲舒是当代大陆新儒学仰慕和追踪的榜样，一位大陆新儒家学者就说，"新中国最接近汉朝，开创者都是平民出身"，这是他们的历史判断。他们特别是反复提及拓展疆土的汉武帝时代，显然觉得现在崛起的中国，就像采取黄老之学施行"无为而治"策略的文景时代刚刚过去，即将迎来"外攘夷狄，内兴功业"只能独尊儒术的汉武时代一样。"当统治者把所有的捷径都试了一遍，都走不通，走投无路，就会被迫转到儒家。"因此，他们觉得现在大陆新儒家登场，就应当像董仲舒一样，等待汉武帝垂询，与汉武帝形成"士大夫与皇权共治体制"，完成所谓"革命"或"更化"，并且"在郡县制的基础上，兴起文教，塑造儒家士大夫这样一个社会领导阶层"。

今天的中国大陆，真的就像西汉文景时代转向汉武时代了吗？也许是的，中国大陆的思想世界，也许正如他们所说，大陆新儒家开始与自由主义、社会主义鼎足而三，各自为未来中国设计路径。作为一个"入世"的流派，我可以理解他们不甘心蛰居传统一隅，也不甘心只是坐而论道。然而问题是，现在他们随着中国政治大势的变化，一方面与民族主义或国家主义思潮联手，一方面逐渐向政治权力与意识形态看齐，一方面在国内的论坛上高谈阔论指点江山，一方面又依靠某些所谓"国际学者"赏识，向左派靠拢跃上国际学界。在这样的情势下，他们或许会忘记，儒家历史上真正的政治批判者与思想阐发者，恰恰应当与政治权力保持距离，也就是应当"务正学以言，无曲学以阿世"。即使想干政或干禄，最好也看看西汉儒生的命运，董仲舒虽然上天人三策，但在汉武帝眼中仍只是五经博士之一，充其量是"通五经，能持论，善属文"的业儒书生，最终被贬斥以"修学著书为事"，而真正得到宠用并能位至"丞相，封平津侯"的，却是策划排挤董仲舒，"为人意忌，外宽内深"，"习文法吏事，而又缘饰以儒术"的公孙弘。

其实，大陆新儒学群体中，也不是没有稍微清醒的学者，在他们兴高采烈地大声喧哗时，也不是没有善意提醒的冷静声音。一个也许自认儒门内的学者虽然极力推动儒教制度化，但也忧心忡忡地说，在儒教的政治化和制度化上有一些需要警惕的地方，就是"体制化的儒教是否会重走制度化儒教的旧路，从而再次出现一个与国家政治紧密结合在一起的儒教或政教合一的情况"；一个儒门之外的学者曾在讨论时提醒他们说，首先，你要考虑何为中国？如果承认中国是多元文化、多元族群，那么儒家就要"拿出一个普适主义方案"；其次，儒家要在思想市场上参与自由竞争，绝不能"定于一尊",如果这样就是"自寻死路";再次,是儒家要"与政治或者政治制度的建设保持一定的距离",任何主张儒教入宪或建立通儒院的做法都是"时代错位的呓语"。

可惜的是,现在越来越亢奋的大陆新儒家,在越来越膨胀的中国崛起时代,似乎已经听不进这些苦口良言了。

[原载《思想》(台湾)第 33 期]

专制与等差是孔孟之道的核心

——访南开大学历史学院教授张分田

本报记者

　　中华文化积淀着中华民族最深沉的精神追求，是中华民族生生不息、发展壮大的丰厚滋养。中华民族的伟大复兴，离不开对优秀传统文化的继承和发展。在大力弘扬优秀传统文化的时代语境下，"儒学复兴"再次成为学界关注的热点。

　　我们应当承认，作为中国传统文化的重要组成部分，儒学的确蕴藏着解决当下困境的某种启示。但罔顾历史事实夸大儒学现代意义的态度并不可取。粉饰儒学、美化旧俗的种种乱象必须引起高度警惕。对高喊"回到孔孟去"的主张，不可不辨。围绕儒家历史上的政治实践、儒家政治思想的历史实质、儒学现代价值等问题，记者专访了南开大学历史学院教授张分田。

一　儒家有"仁者爱人"，也有"仁者杀人"

　　《中国社会科学报》：新文化运动打倒孔家店，是中国人在封建纲常礼教的残酷压迫下生活了上千年后的历史性选择。但现在有一个非常奇怪的现象，一些崇儒者甚至为"三纲五常"写起了辩护词。历史上儒家政治实践的残酷一面似乎被选择性遗忘了。儒家所谓仁政的历史真相究竟是怎样的？

　　张分田：孔孟之道是君主专制制度的统治思想及价值符号，即使完全彻底地实现，也只是一种理想化的君主专制，这就注定它势必成为真情与伪善、理性与谎言、理想与幻梦的综合体。就积极因素而言，它是一些具有普遍意义的政治法则的借寓之所；就消极因素而言，它是专制统治的谋士及辩护士。由于积极因素与消极因素同胎共体，难分难解，因而孔孟之道既可以造善，也可以作恶。作恶也是孔孟之道全面实现的重要表现。唯其如此，儒家才能坐稳官方学说的"宝座"。

许多人只知道儒家有"仁者爱人"的说教，不知道儒家还有"仁者杀人"的理论。孔子赞赏霸道，这一类儒者曾经居于多数。孟子讲"仁义"，只要读一读庞朴先生的《中国文化十一讲》，便可知晓"杀的理智"原本就是"仁义"的题中之义。《乐记》将"王道"定义为"礼、乐、刑、政"。历代王朝的刑法及基层社会组织的私刑均依据儒典制定并实施，违逆"纲常名教"属于必杀之罪。大开杀戒的儒宗代有其人，孔子也名列其中。戴震抨击的"以理杀人"则是比刑罚更甚的以"天理""经义""礼法"摧残生灵。相关事实不胜枚举，可以写一部题为《张扬"仁义"的专制统治》的专著。

二 孔孟"民本思想"是帝制的根本法则

《中国社会科学报》：在一些崇儒者那里，"吃人"的封建礼教不应归罪于儒学，因为它被后儒篡改了，被帝制阉割了。您如何回应这种观点？

张分田：宣扬"孔子至圣，德盛神化"的儒者绝对不会想到重大弊端恰恰源于孔孟之道。"孔子无过，错在众生"的论证方式传承了两千多年。许多夸大儒学现代价值的人也沿袭这种说辞。他们倡导"回到孔孟去"，论据之一便是：孔孟大儒的"民惟邦本""民贵君轻"是讲"民主""民权"的，只可惜一部真经遇到了歪嘴和尚，被后儒篡改了，被帝制阉割了。我认为，这种说法既不符合历史事实，也缺乏历史感和现实感。

《中国社会科学报》：儒家的"民本思想"也在历史上得到了实现吗？

张分田：为了厘清事实，我分析了中国古代的很多典型个案，检索的文献涉及"四书五经"及各种重要经学著作，所有重要思想流派著名代表人物的著作，历代国家文诰、帝王著述、朝堂议政、名臣奏议、科举试卷，乃至各种史籍笔乘、宗谱家范、宗教文献、笔记小说、诗词歌赋、通俗劝善书、占卜用书等。我的结论是：儒家"民本思想"始终是中国古代统治思想的重要组成部分。其至可以说，中华帝制的政治原理是以"民本思想"为基础框架而精心构筑的庞大的思想体系。后面我会详细论述，这里我先说明一下，古代的"以民为本"与现代的"以民为本"有本质的差异。

有许多著名学者做出过"君主专制兴，而民本思想衰"的判断。而我的研究却发现，帝制越兴旺，"民惟邦本"理论就越发达；君权越集中，"民贵君轻"观念也就越普及。在帝制时代，儒家"民本思想"在政治精神、政治制度和政治过程等各个层面都得到了自我实现。

其一，儒学被帝制尊崇达两千余年之久，并作为公认的核心政治价值而支配社会各阶层的政治意识和政治行为。在思维方式、理论结构和命题组合上，无论《春秋繁露》《五经正义》《四书集注》等名儒之作，还是唐太宗、明太祖、清康熙帝、清乾隆帝的帝王著述，其"民本思想"均与《孟子》有本质的相似性，大多比《孟子》的表述更清晰，言辞也更激烈。

其二，通晓"民本思想"始终是选拔官僚的主要条件，历代科举考试试题便是明证。自从《孟子》被列为科举考试科目之后，包括皇帝及皇子在内，读书人必须诵读《孟子》，从政者大多精通"民贵君轻"。明朝进士黄洪宪的《邻人曰》和举人艾南英的《民为贵》是典型例证。这些科举制文均被作为范文收入清乾隆帝指令编纂的《钦定四书文》。因此，朝堂之上、著述之中援引"民贵君轻"及其基本思路的事例越来越常见。在特定情境下，朝臣们甚至会依据"君为轻"而另立皇帝，宋高宗、宋端宗、明代宗都是典型例证。

其三，皇帝们大多赞成"民贵君轻"的基本思路。汉高祖认同"王者以民人为天"，隋炀帝标榜"非天下以奉一人，乃一人以主天下"，唐太宗论证"君依于国，国依于民"，元世祖赞赏"民为重，君为轻"，元英宗告诫臣下施政莫忘"民为重，君为轻"，明太祖将"民贵君轻"题写于宫廷建筑，清康熙帝赞扬"社稷为重，君为轻"的说法"实千载忠臣之语"，清乾隆帝吟诵"藐予小子识君轻"和"自昔识君轻"的诗句。还有一批皇帝钦定、亲著或撰写书评的书籍皆有论证"民贵君轻"的文字。清乾隆帝甚至批评孟子归咎于社稷的说法违背孔子的思想，"实有悖于理之处"，称"即有过，亦在君与民而已"。

其四，孔孟"民本思想"堪称帝制的根本法则。帝制的国家宪章、权力结构、治理体系、法律制度、君位继承制度、帝王及储君教育制度、官僚培养及选拔制度、谏议及民意采集制度、礼乐及名号制度、国家祭祀制度、应答天谴民怨的"禹汤罪己"程式、维新变法的"与民更始"程式、禅让大位的"天与人归"程式等，其经典依据都采自"四书五经"，孔孟"民本思想"是各种制度、程式及政策的主要理据。凡是即位诏书、禅让诏书等对王朝合法性及君权合法性至关重要的法律文件，都必然引据"立君为民""民贵君轻"。就连征收赋税、建筑宫室、兴兵动武也往往引据"民本思想"。文景之治、光武之治、贞观之治、洪武之治、康乾之治等都是实施"民本思想"的产物。

《中国社会科学报》：孔孟"民本思想"为什么能够得到如此全面的实施？

张分田：根本原因是孔孟学说与君主专制是相互契合、高度匹配的。"民本思想"主要回答"为何立君""如何立君""何以为君"等问题，侧重从君民关系的角度提出并论证这类问题的答案。设君之道、为君之道是"民本思想"的关注点，界定"民"是为了界定"君"。"民本思想"是关于民的政治思维，而实质是关于君的政治思维。甚至可以说，"民本思想"是帝王观念的组成部分乃至附属品。

三　孔孟之道不可能自发地导出民主思想

《中国社会科学报》：孔子说"以道事君"，孟子讲"诛独夫"，这不能说明"儒家反抗王权，批判专制"吗？

张分田：这种观点只见皮毛，未见本质。实际上，必须规范、限定、制约君权是中国古代政治思想家的共同主张。诸如《韩非子》主张统治者"以道莅天下""以道正己"，告诫他们"战战栗栗，日慎一日，苟慎其道，天下可有"，否则"天子失道，诸侯伐之"。不可否认，这一类思想蕴含着丰富的积极因素。但是，从核心价值观及基础框架看，《论语》《孟子》《韩非子》并没有本质区别。

我发现，以孔孟之道为典型代表的中国传统理想政治模式理论的基础框架，由系统回答十大经典问题的十大经典命题构成，包括主要回答政治的本原、本体和本质问题的"立君为民";主要回答国家元首及政治主体问题的"天下为公";主要回答国家形式问题的"天下一统";主要回答权力结构及政权组织原则问题的"政由君出";主要回答政治关系及其一般规定性问题的"君臣合道";主要回答施政纲领问题的"君主无为";主要回答政治过程问题的"广开言路";主要回答社会公平问题的"平均天下";主要回答社会道德教化问题的"孝治天下";主要回答制度建设及法律规范问题的"法理天下"。这些命题将政制理论与政事理论有机地统一在一起,全面回答了系列重大理论问题。历代著名思想家普遍使用了这一基础框架,从而形成独具特色的"中国古典政治学"。

如果适度超越"民主与专制"的评判尺度,就会发现中国传统政治思维很不简单,其现实的态度、缜密的构思、周详的规范、精巧的设计和理性的关切,在世界古代史上无可匹敌。对这个历史现象应当给予客观、公正的评价。但我们必须清醒意识到,某些积极因素并不意味着儒家"反专制"。由于是特定历史时代的产物,这一套博大精深的政治学说体系明确将"专制"及"君主专制"作为核心范畴和首要命题。

《中国社会科学报》:换言之,孔孟之道并不能自发地导出现代的民主思想?

张分田:"孔子尊君,孟子尊道"乃是古人之公论。"尊君",即尊崇君主制度;"尊道",即尊崇君主制度的一般法则。"四书五经"没有"民权""宪政"思想,其"民主"一词也是指"为民做主",亦即专制。只要本着实事求是的精神通览"四书",就会发现孔孟之道与君主专制相互契合。

孔孟的政制理论有几个核心命题,即《论语》的"礼乐征伐自天子出";《左传》引孔子的"唯器与名,不可以假人"和"贵贱不愆,所谓度也";《中庸》引孔子的"非天子,不议礼,不制度,不考文"和"尊为天子,富有四海之内";《孟子》引《泰誓》的"天佑下民,作之君,作之师";《孟子》引《诗经》的"溥天之下,莫非王土。率土之滨,莫非王臣";《孟子》引孔子的"天无二日,民无二王";《孟子》的"无父无君,是禽兽也"等。这些命题所设定的政体形式和权力结构完全符合现代政治学的"君主专制"定义。

实际上,儒家原本就是用"专制"论说君主制度、宗法制度、等级制度的一般规定性的，即唯有君、父、夫有资格专制，"妇之从夫，犹臣之从君，子之从父，无专制之义，无刚亢之法"。在儒家看来，"阳有专制之功"，"阴无专制之义"，"天人合一"的"自然之理"注定尊者专制是人类社会的普遍法则。这种理论怎么可能为"民主"留下容身之地！

《中国社会科学报》：那您如何评价清初政治批判思潮？黄宗羲、王夫之的思想不是蕴含着民主色彩吗？

张分田：正如萧公权所指出的，黄宗羲"仍因袭孟子之故辙，未足以语真正之转变"。这说明孔孟之道不可能自发地导出民主、自由、人权思想。

我对清初政治批判思潮的评语是：形成群体，汇成思潮；关注现实，切近实际；思想激烈，言辞犀利；议论精彩，不乏创见；立论思辨，思想升华；引领潮流，显露新意；因循传统，未脱窠臼。

《中国社会科学报》："未脱窠臼"的判断是怎么得出的？

张分田："未脱窠臼"的判断是依据一个证据链得出的。诸如主张"循天下之公"的王夫之是一位思想巨人，然而专题辑录他的尊君思想却颇似一部主张绝对君权的著述。黄宗羲笃信"宇宙一团生气，聚于一人，故天下归之，此是常理"，将平天下的希望寄托于"令君心自悟"。《明夷待访录》"天下为主，君为客"那一段的思维逻辑是：无君之时，天下混乱；王者大公，天下太平；君主谋私，则为大害。这种"设君之道"古即有之。清初政治批判思潮的思维方式、理论范式、基本思路乃至激烈话语，在历代王朝的官方学说中也不难找到。唐太宗的《金镜》《民可畏论》便是典型例证。

通过对中国古代政治批判思想的系统研究，我发现了一个具有普遍意义的"尊君—罪君"政治文化范式，除少数无君论者外，没有人超越了这个范式。在新的历史条件下，儒家政治思维方式严重阻滞了中华民族的观念更新，而清初政治批判思潮的局限性恰恰是典型例证之一。

特别值得注意的是，就在一批在野思想家高举"天下，天下人之天下"的旗帜，将儒家"民本思想"推向极致的时候，皇帝们也在以"立君为民""天下为公""民贵君轻"为皇权定位，为帝制张目。就理论的基本架构而言，二者存在实质的相似性。这一历史现象应当纳入我们的研究视野。

上述历史事实的存在必然导致现代崇儒者面对一个自设的价值判断困境：如果孟子的"民贵君轻"可以定性为"反专制"，那么众多皇帝的"民贵君轻"又当如何定性？他们的经典依据是《孟子》，解读也没有背离孟子的基本思路，许多话语甚至比孟子更明确、更到位、更精彩，却显然无法用"反专制"来定性。难道"民贵君轻"既可判定为"民主"，又可判定为"专制"吗？

四　真儒学扶植纲常，伪儒学标榜民主

《中国社会科学报》：有关帝制与儒学的本质属性的论争是一个老问题。在新文化运动时期就有批判儒学与维护孔教之争，维护帝制国学的人主张立孔教为国教，甚至论证"孔孟民主"。今天的一些崇儒者又走了回头路。大陆新儒学思潮的一大主张即是声称孔孟有"民主""宪政"思想。

张分田：古之"儒家"只讲"为民做主"，今之"儒家"却讲"民主宪政"。要想认清儒家的真面目，必须鉴识真儒学与伪儒学。

"儒家"这个概念有与生俱来的缺陷，后来又被人们滥用，用其评判历史很容易导致形式逻辑的错误。逻辑混乱的典型当属"现代新儒家"。他们为孔孟打上"民主"标签，以便将其与帝制及后儒区隔开来，于是"儒家"被分为两类，一类是"民主"的，另一类是"专制"的。"儒家"一词竟然用于指称两种本质相反的思想，相关评说必然存在逻辑悖谬。轻信某些"新儒家""新儒学"及"国学大师"的说法是导致许多人弄不清儒家真面目的重要原因之一。

名副其实的儒家以"正君臣、父子、夫妇之义"为治学宗旨，即司马谈《论六家要旨》所说的"列君臣、父子之礼，序夫妇、长幼之别"。现代的"新儒家""新儒学"形式上颇似儒家，而其核心价值观是从现代西方主流思想移植过来的。这批人虽推崇"孔孟"，号称"儒家"，标榜"儒学"，却违背了儒家的"君臣之义"。因此，现代类型的"新儒家""新儒学"理应被界定为"伪儒家""伪儒学"。

现代伪儒学的显著特征之一便是公然倡导伪易。牟宗三渲染"中华道统"的"内在超越"路向，面对质疑，他竟然诡辩："即令没有，我们

也应当使它有。"这无异于公开宣称要用作伪的手法无中生有，用讹变的方式变黑成白。"大陆新儒学"思潮继承了这种手法。他们深知欲达到行销"儒教中国"和"儒家宪政"的目的，必须迎合现代中国人的口味。唯有掩盖孔孟之道的真实面目，为"儒家""儒学"注入舶来的"自由主义""民主主义""宪政主义"，才能蒙骗不明底细的人。真儒学扶植纲常，伪儒学标榜民主，二者之间的分野十分清晰。

《中国社会科学报》：为什么"伪儒学"在当下还颇有市场呢？

张分田：我认为，导致现代伪儒学思潮泛滥一时的因素错综复杂。根本原因是传统势力的强韧，主要推手是反体制势力的图谋，社会根源是宗法社会及宗法观念的残余，其他重要因素有各种"小圈子"及贪腐群体的特殊需要、某些"国学大师"及传媒的学术造假及文化造假、"国学热"的盲动性及借机牟利行为盛行、许多机构"弘扬传统文化"的具体措施失当、广大干部群众对传统文化缺乏全面深入的了解，等等。

研究传统文化必须实事求是，弘扬优秀传统更要实事求是。隐去真相的"弘扬国学"，弄虚作假的"文化传承"，对民族与国家的根本利益和长远利益的损害甚大。然而，令人扼腕的是，在当下学界，将糟粕当精华的现象司空见惯，许多专家学者有意或无意地参与了文化造假，这是造成思想混乱的重大因素之一。因此，遏止现代伪儒学思潮的有效途径之一是遏止文化造假之风。

"前事不忘，后事之师"。客观、全面、准确地陈述和评说中华民族的历史，为弘扬中华优秀传统和缔造中华现代文明提供优良的学术资源，这是中国学术界义不容辞的责任。

五　儒家之"仁"以尊卑、主从、贵贱为前提

《中国社会科学报》：一些人主张用"弘扬儒学"的方式弘扬社会主义核心价值观。您怎么看待这种现象？

张分田：主张用儒家的和谐观构建现代和谐社会也属于这一类。这种人不是对历史无知，就是别有用心。

尊者专制的制度伦理注定了孔孟之道的核心价值观是专制与等差。这一核心价值观浸透了儒家所有的范畴和命题，包括道、德、仁、义、礼、

智、信、忠、孝、节、义、诚、和、敬，乃至"止于至善""自强不息"。《易传》的"天行健，君子以自强不息"及与之相匹配的"地势坤，君子以厚德载物"便是典型例证之一。

何谓"天行健"及"地势坤"？《周易》及历代儒者的阐释是："天尊地卑，乾坤定矣。卑高以陈，贵贱位矣。"居上之"天"为阳、为乾，居下之"地"为阴、为坤，"天地之道""阴阳之数""乾坤之体"注定万物皆有"君臣之辨""尊卑之序""贵贱之位"。一般说来，"阳以刚为德，阴以柔为用"；"健"乃"乾之训"，"顺"乃"坤之训"；"天行健"亦即"天行乾"，"地势坤"亦即"地势顺"；"行乾"之天"刚健"而"自强不息"，"势坤"之地"柔顺"而"厚德载物"；"天道即王道"，"地道即臣道"；"王道即天道"，"臣道即地道"；"自强不息"为"君德"，"厚德载物"为"臣道"；君臣、父子、夫妇、兄弟、长幼皆有"君臣之义"，为君则行君道，为臣则行臣道。简言之，"天人合一"的自然法则注定了一切为君者（含君、父、夫等）属阳、类天、行乾、性刚、居上、位尊，而一切为臣者（含臣、子、妻等）属阴、类地、势坤、性柔、居下、位卑。因此，一切上下等级之间都有尊卑、主从、贵贱之别，所谓"本乎天者亲上，本乎地者亲下，则各从其类也"。显而易见，专制与等差是《周易》的核心价值观。

在"四书五经"中，这样的例证还可以举出很多，诸如《孟子》的"天无二日，民无二王"，"不顺乎亲，不可以为子"，"以顺为正，妾妇之道也"，等等。儒家之"仁"与"和"显然是以尊卑、主从、贵贱为前提的。

六　中华民族伟大复兴靠的不是儒学

《中国社会科学报》：儒学观之争的焦点是儒学现代价值之争，而儒学现代价值之争的实质关涉中国现代化途径之争。我们应当如何正确评估儒学的现代价值？

张分田：这是一篇颇有难度的大文章。我仅列举几个容易被人们忽略的要点。

许多人将诸多思想精华统统归属于儒家，这是错误的。以"民本思想"为例，"立君为民""以民为本""民贵君轻"的思想源远流长，既不是孔孟首创，也不是儒家独有，而是中华民族群体性政治智慧的结晶，反映了中国古代政治文明的重要特点，很值得深入研究，并充分肯定其历史价值。但是，这些思想精华毕竟是王权帝制的产物，不应夸大其现代意义。如果在实行社会主义民主的现代中国弘扬"民贵君轻"，势必贻笑大方。

拿破仑用狮子的睡与醒比喻中国的态势。睡与醒主要是指一种精神状态。当初中国为什么沉睡了？这只能归咎于思孟学派的"四书"支配了人们的精神世界，正是在皇帝、官僚、士子集体修习"民贵君轻"的读书声中，中国落伍了。甲午之败乃是国家之败；国家之败败于制度，败于文化，败于教育；当时的制度、文化、教育可以归结为帝制、礼教、儒学这三个关键词。如今中国为什么醒了？这应当归功于儒家的边缘化。群体性的觉醒推动了国家精神要素的全面改造。中华民族伟大复兴靠的不是儒学，这是一个基本的历史事实。

《中国社会科学报》：但现在有些人喜欢把"中华复兴"和"儒学复兴"混为一谈，甚至提出要"重建儒教国家"。

张分田：名副其实的儒教国家已经被中华民族伟大复兴的历史进程彻底颠覆，推行儒教政治的社会基础也被基本铲除。凡是有一点历史常识的人，都会坚决反对"重建儒教国家"的政治图谋。任何开历史倒车的人迟早都会在现实面前碰得头破血流，复辟帝制并尊崇孔教的袁世凯、搞国家儒学的伪满洲国皇帝溥仪和将三民主义儒学化并推行尊孔读经的蒋介石统治集团都是前车之鉴。

"帝制"与"儒学"一个是硬件，一个是软件，共同构成中国古代文明的政治基础和文化基础。君主专制及孔孟之道，既是推动中国古代文明兴盛的政治因素和文化因素，也是促使中国古代文明衰亡的政治因素和文化因素。中国特色社会主义是颠覆君主专制及孔孟之道，开创中华新文明、新传统的产物。孔孟之道的核心内容已经丧失了继续存在的历史条件。

历史经验告诉我们：每当社会形态发生重大变革，其实质性的变革就是旧制度的核心价值观逐步退出历史舞台，新制度的核心价值观逐步占据主导位置。无论奴隶社会被封建社会所取代，还是封建社会被资本主义社会所取代，这种思想文化的质变一再重演。核心价值观变革的实质是改造文化基因，这就意味着原有的文化基因有的可以传承，有的必须剔除。中国特色社会主义的核心价值观倡导民主、平等、自由、法治，而孔孟之道的核心价值观倡导专制、等差、名教、人治。无论儒家有多少精彩的东西可供借鉴与传承，其核心成分都必然会被现代社会所剔除。儒家最看重的尊者专制及等差名分，恰恰是现代社会所要抛弃的。剔除以孔孟之道为代表的传统文化的文化基因缺陷是缔造中华新文明、构建中华新传统的重大任务之一。中华文明的复兴绝对不能走"回到孔孟去"的道路。

（原载《中国社会科学报》2015 年 5 月 27 日）

试评"回到康有为"之谬说

林存光

近年来出现的一个热点话题就是,一些自命为"大陆新儒家"并自相标榜为"康党"的学者所提出的"回到康有为"[①]。

据说,"大陆新儒家"之自命为"大陆新儒家"乃是因为不同于"港台新儒家","港台新儒家"比较重视儒家"心性之学",而且其哲学思想和论述具有太多西方化的形上学色彩,而"大陆新儒家"则更多关注儒家"政治之学",热衷于创制立法而欲建构一套具有儒家传统特色的政法制度,关于这股思潮我在他处已多有评述,在此只专门就"大陆新儒家"近年来提出的"回到康有为"这一话题略谈一点自己的感想和看法。

据说,"回到康有为"是为了"扶危定倾","重新挺立"由传统思想和传统制度构架支撑的传统中国这一千年古宅,以便"使亿兆国人能安宅于此,乐业于此",为此,唯一需要的便是必须"从外面运来新的材料,重新加固和修缮,即可焕然一新"。那么,具体怎么做呢?就是"回到康有为"。而康有为又究竟是一个什么样的人物呢?首先,康有为是一个变法者,康有为要变的法,"一个是祖宗之法,一个是数千年来孔子所立之法",因为不如此不足以"引进西人之新法",因此可以说,"康有为变法的目的,是想把中国引向西方那条道路";而同时康有为又是一个立法者,因为作为变法者的康有为,"其实是效法孔子",孔子是一个立法者,而且"作为圣人,不是因为他的道德心性,也不是所谓'万世师表',而是因为孔子改制,即为万世立法",而康有为也是这么干的,他

---

① 曾亦等:《回到康有为》,原载《天府新论》2016 年第 6 期,2016 年 11 月 6—8 日发布于"儒家网"。

变了孔子之法，意在"要订新法"，所以他才不愧为"现代中国的立法者"。但问题是，康有为效法孔子而变法，不光把祖宗之旧法给变了，还把孔子所立万世之法也都给变了，而主张"回到康有为"的"康党"们却无意于把康有为所立之法也给变了，这便是他们的基本立场。其实他们并不想像康有为追随效法孔子那样，也追随效法康有为，而是要坚定地维护和保守康有为所订立之法，而在康有为所订立之法中，令他们最感兴趣、倍加珍视的便是君主制和国教论。表面上看，这两者似乎是中国固有之旧物，而非康有为所"引进西人之新法"，中国已有数千年的君主制传统，亦有自己的国教——儒教或孔教，但是康有为既是"现代中国的立法者"，他不可能只是原样继承和恢复这两样东西，不然他变祖宗之法和孔子之法以引进西人之新法也就变得毫无意义了。依"康党"们之见，"君主制在今天的中国已经不可能了，但是……还是需要一种替代物"，而"国教"则是"现代中国应有的部分"，于是，这两样东西也就自然成了现代中国所必需的了，具体而言："君主制对于现代国家的意义，则阐明了凌驾于个体自由意志亦即民意之上的神圣力量，以及把个体组织起来的等级原则。至于国教，则提供个体以一种精神和信仰的力量，以此制约个体之分散性，且将个体塑造成有道德的私民与服务于国家的公民。"所谓"现代国家"，说到底也就是由西方人所创造发明的现代民族国家，尽管其中有人对此进行了反思和质疑，但就"康党"的基本政治立场和态度及其念兹在兹而深切关注的现代中国的民族认同和国族建构问题来看，他们基本上是站在西方人所建立的基于民族国家的世界秩序框架内来思考问题的，因此，如果我的理解不错的话，从他们的相关言论，我们自然可以推出一个最终的一般结论，那就是"回到康有为"，坚持走西方现代民族国家之路，或者坚持走现代民族国家的西化之路。

毫无疑问，在所谓"康党"之间并非没有分歧和争议，他们的观点和看法绝非完全一致，从其发表的会议讨论的真实记录中，我们也看不到他们对相关问题的严肃、认真、系统、全面和充分的论证，给人的印象和感觉常常是一些闲聊、扯淡式的"儒家论述"，其中充满了思维的错乱和逻辑的含混。譬如：所谓"回到康有为"这一说法本身便是笼统而含混不清的，似乎只具有吸引人们眼球的那种"标题党"之标签和口号的意义。据"康党"们所说，其实康有为本人就是一个思想极为复杂的人物，如有人说："现代思想都是'五四'的徒子徒孙，至于康有为的思想，要复杂得多，因为他是直接从传统思想中生长出来的。同时，我认为，他对现实问题的思考，又足以成为现代各种思想的源头。"所谓现代各种思想，想必什么激进主义、自由主义、保守主义之类都包括在内，既然康有为是它们的源头，如此说来，所谓"回到康有为"真是一个笼统得不能再笼统，也含混得不能再含混的思想命题了。当然，"康党"们自己还是非常清楚而有其高度选择性的，那就是他们只是毫不含糊地要回到那个维护君主制和倡导国教论的保守主义的康有为，但问题是，你必须首先把激进主义的康有为和自由主义的康有为像切毒瘤一样从康有为身上切除掉。

　　一方面，"康党"们切除了激进主义的康有为，也就等于切除了康有为"公羊三世说"中的第三世即孔子儒家太平大同之教的最高级理想社会阶段，即彻底否定了其《大同书》中的社会理想。尽管康有为本人"一直秘而不宣"、非常审慎地拒绝公开出版他的《大同书》，但他也终生未曾公开宣称过要放弃他的三世说和大同理想，一个被切除了太平之世和大同理想的康有为还是不是康有为其实是很值得怀疑的，但主张"回到康有为"的"康党"们却的确是只要"小康"而不再对太平大同理想抱有任何希望的，所谓"张三世"其实只剩下切除后残余的"两世"而已。正因为人为地切除了激进主义的康有为，所以他们也只是讲"改良"，并彻底否定康有为以后或"五四"以后的一切政治和文化的激进主义，乃至只是追溯"到'五四'或新文化运动那里找激进主义的根源"，而不怎么愿意追溯到作为"现代各种思想"之源头的康有为那里找激进主义的根源。既然"三世"只剩"两世"了，因此，他们所谓的"异内外"，也就只能是"见治升平，内诸夏而外夷狄"而已，至于"著治太平，夷狄进至于爵，天下远近小大若一"，就像"修文德，来远人"一样，恐怕只能被他们看作"完全是不通时势的迂腐之见"。在"康党"们看来，"现代政治是以民族国家为前提的，已经不是'修文德，来远人'的时代了。这种儒家，我只能称他为'愚家'！真正的儒家，绝不能像他这样！"不管他们得出这一一般性结论的立论根基是否只是建立在一个虚设的极端特例之上，也不管他们如何宣称"可以肯定的一点就是，由中国参与建构的国际新秩序，肯定不同于西方人主导的弱肉强食的旧秩序"，但他们的真实用心却因"赤裸裸地宣扬霸权"而暴露无遗了，他们竟然从孔子

《春秋》对霸功的肯定和称许中发现了一个惊人的秘密，即"儒家是非常法家的"，换言之，孔子《春秋》所肯定和称许之"霸功"也就是法家所鼓吹和主张之"霸道"，不仅如此，这一发现更使他们通过"春秋公羊学"直接对接上了西方现代民族国家之霸权主义和帝国主义的原则立场，那就是"对内可以多讲些仁政，对外则何妨讲霸道呢？"这样的"康党"式"儒家"们的确是够不迂腐的，他们干脆脱掉和抛弃了在他们看来大概只不过是一件"虚假外衣"的儒家王道的"伪装"，直接鼓吹和倡导起民族国家之"霸道"和"霸权"了，但也因此暴露了自己"伪儒"的真实面孔。

另一方面，"康党"们切除了自由主义的康有为，也就等于切除了自由、民主、平等等康有为从西方引进的"新法"，那么所谓"康有为变法的目的，是想把中国引向西方那条道路"，或者必须"从外面运来新的材料"来"重新加固和修缮"传统中国这座千年古宅，又究竟意味着什么呢？譬如君主制和国教论，究竟哪一样是康有为从外面运来的新材料而能够把中国引向西方那条道路呢？如上面所说，君主制应该说是中国所固有的东西，只是在"康党"的理解中实现了它的华丽变身，具有了"现代国家的意义"，不过，按照康有为的公羊三世说，究竟是据乱世的君主专制还是升平世的君主立宪才具有"现代国家的意义"呢？如果说"现代国家"意味着是一种"凌驾于个体自由意志亦即民意之上的神圣力量"，显然只能是绝对的君主专制意义上的君主制才能具有这样一种意义，但有的"康党"却告诉我们说"康有为接受了共和国的现实，即便他主张君主制，也只是'虚君共和'而已"，试问：既然是"虚君共和"，又怎么可能作为一种"神圣力量"而"凌驾于个体自由意志亦即民意之上"呢？至于康有为的国教论，想当年康有为意欲模仿耶教而建立孔教并主张立孔教为国教，显然是引进或从外面运来了一些西方宗教的形式化的"新的材料"的，但也至多只是一"不中不西即中即西"的东西，而且，"康党"告诉我们说，作为变法者和立法者的康有为把孔子之法都给变了，那么，康有为所谓的"国教"或要全国人民信奉的"国教"又岂不只是康有为本人之教，而所谓"孔教"又岂不只是打着孔子名号的伪孔教？果如是言，那么，"康党"所谓的"国教"——"国家宗教"或"公民宗教"，又究竟是一种什么东西呢？与康有为的"国教"究竟是一种什么关系呢？究竟是康有为本人所立之教，还是仍然伪装成孔教或假装以孔子为教主的国教？

据上所言，"康党"们似乎手中握有一把奇妙的手术刀，也似乎拥有一种神奇的切割术，他们"回到康有为"，不是把康有为的思想作为一个整体来认真对待，而是先把它加以阉割，切除掉一些激进主义和自由主义的思想毒瘤，但实施切除手术之后，究竟还剩下一些什么玩意儿而值得"康党"们能够欣欣然地自居为康有为的传人呢？无非就是"在今天的中国已经不可能了"的君主制和"不中不西即中即西"的国教论，而"康党"们所做的工作也无非是，一是为已经变得过时或不可能了的君主制寻找一个"代替物"，结果找到了"现代国家"，其实也就是由西方最早建立的现代民族国家；二是未经充分论证就想当然地认为国教乃是"现代中国应有的部分"，但是呢，很可惜的是，"这个前景还没有浮现出来"。但不管怎样，"因为康有为清醒意识到，对于共和国来说，如果没有君主制，没有国教，终有分裂之虞。可以说，直到现在，中国还没有摆脱这个危险"，所以，"康党"们认为："我们现在重新思考康有为，乃至回到康有为，其意义正在这里。"不过，就目前的形势来看，一百多年过去了，我们一直在学习西方，已经有了一个逐渐强大起来的"现代国家"，这似乎是"康党"们也承认的，那么，唯一剩下来要做的事情，也就是"国教"那点事了。而想当然地强加给国人一种统合性的国教，究竟是能够解决"分裂之虞"呢，还是会像当年陈独秀批评康有为所说的那样，"平地声波，惑民诬孔"①，乃至无端引生和制造出思想—意识形态的分裂与混乱之虞呢？这是"康党"们应该像康有为审慎地看待他的《大同书》那样而应该审慎地加以认真思考和理性考量的，但他们不愿也不想这样做，只是一门心思要"回到康有为"，汲汲于回到"五四"之前的康有为，而鄙夷不屑于追随"五四"之后的新儒家，旧话重提而又了无新意，不仅把康有为切割得面目全非，而且还彻底否定掉康有为和"五四"以后的各种现代思想，甚至"左"（派）、右（翼）任我笑骂，否定完、笑骂完之后，"康党"们就不怕自己变成"虚无党"吗？不过，

---

① 陈独秀：《驳康有为致总统总理书》，《独秀文存》卷一，见《民国丛书》第一编第92册，上海书店1989年版，第97页。

他们却不这样认为，只因为说了一句"回到康有为"，顿时感觉自己的"儒家"形象和身价辈分高出了他人许多，殊不知思想上阉割了康有为，自己自居为康有为传人的身份因此变得甚是可疑，而且自己也会像切割后的康有为那样变得面目全非，还谈什么辈分！谓余不信，试看他们上述的种种言论和说法。

此外，"康党"们还有一些令人费解的含混说法和荒谬的思想观念，比如：有一些对康有为思想有专门精深研究的"康党"说，康有为的思想是"直接从传统思想中生长出来的"，试问：康有为就从来没有受过晚清以来逐渐传入的西方思想的任何影响吗？如果没有受过西方思想的任何影响，康有为又干吗要变法，而且还"想把中国引向西方那条道路"呢？还有，康有为本人的终极理想是人人独立自主、自由平等，然而，"康党"们既然完全放弃了这一终极理想，所以也就热衷于或极力要为人生而不平等的自然事实作合理化论证了，他们认为父子之间是"完全不能讲平等"的，"否则，会天下大乱的"，"西方人却把父子搞平等了"，"这简直是悖逆父子之伦"。试问：西方人讲父子平等，悖逆父子之伦，结果搞乱了自己，这不正好可以让主张"对内可以多讲些仁政，对外则何妨讲霸道"的"康党"们省却许多对外讲霸道而多留些时间对内讲仁政的机会了吗？又或者这让"康党"们不是有了更多可以用儒家的"不平等"之教去教化西方人的机会了吗？还有的"康党"不是把《大学》所谓"民之所好好之，民之所恶恶之，是谓民之父母"理解为为民父母、担负保民养民之责者亦当尊重民意，反而曲解成"政府犹如父母"，应把人民当作"不懂事的孩子"而需要在精神上加以管教的意思。诸如此类，不一而足。

总之，在主张"回到康有为"的"康党"们看来，君主制是个好东西，国教论是个好东西，法家的霸道、西方的霸权和神圣而强大的现代民族国家是个好东西，不平等的等级制是个好东西，把人民当作愚昧无知而不懂事的小孩子加以精神上的管制教化是个好东西。这就是所谓的"康党"，也就是所谓的"大陆新儒家"！试问：这样的所谓"儒家"，究竟是现当代新儒家思潮中生长出的一朵"奇葩"呢，还是其中的一种只会污染"儒家"之象征符号的变态异种？如果是前者，我们当然需要对它加倍爱护、珍惜、灌溉、培育，但如果是后者，那么由它所引领的儒学创新及其走向复兴的未来前景实在是令人堪忧的。

本人就"回到康有为"的话题拉杂说了这许多，究竟想说明一些什么问题呢？其一，借用清儒阮元说过的一句话讲就是："若立一说，标一旨，即名为大儒，恐古圣贤不若是之易也。"① 其二，"五四"之后的新儒家梁漱溟先生尝言："'人类设非进于天下一家，即将自己毁灭'（One world，or none）；非谓今日之国际情势乎？"② 显然，这完全不在"康党"们的问题意识和理论视野之内，因为他们所关注而念兹在兹的只是神圣的现代国家之民族认同与国族建构的问题，当然这在维护一国自身之生存、安全和团体的意义上也是很重要的，不过，在我看来，其思考仅仅止乎此，未免显得有些狭陋，也正是在此意义上，"回到康有为"恰恰不是"政治成熟的表现"，而是"政治幼稚病"的象征。其三，依我之见，吾人今日从事政治思考的事业，必须首先能够认真对待、积极应对和妥善处理现代多民族国家和全球社会之优良治理及其思想多元、文化多样之事实问题，必须能够学会容忍异己和政治上的慎思——努力追寻和探究既和而不同而又求同存异的人类共同生活之道，而且就像儒家历来所强调的那样，人们必须首先能够做到诚意慎独即"审慎地独在"，然后才能努力去"修己以安人"，这其实是一件非常不容易的事，试问：不需要别人发"牌照"给你而自命为"儒家"之人，你自己真的先做到了吗？正如《大学》所言："君子有诸己而后求诸人，无诸己而后非诸人。所藏乎身不恕，而能喻诸人者，未之有也。"

（本文为林存光《道义、权力与政治——儒家政治哲学与政治文化论集》一书《后记》中主要内容，学习出版社 2017 年版，第 265—274 页）

---

① 阮元：《十驾斋养新录序》，见钱大昕《十驾斋养新录》，陈文和、孙显军校点，江苏古籍出版社 2000 年版。

② 梁漱溟：《人心与人生》，见《梁漱溟全集》第三卷，山东人民出版社 1990 年版，第 526 页。

"儒家宪政"只是时代错置的幻想

刘东超

作为一个不大不小的议题，"儒家宪政"论在近几年的学术界激起了一些波澜。这又一次表明当代儒学思潮善于跟风抢热点。宪政一词来自西方，国内一些有自由主义背景的学者借之讨论中国当代政治改革问题。少数儒家学者顺手接过这个概念并加了一个儒家的定语，用以表达他们希图把儒家义理贯穿进宪法和政治领域的主张。这种做法引起了一些社会关注和争鸣。在讨论中，坚定地主张"儒家宪政"的论者较少，大多为批评的文章，也有一些文章着眼于相关历史史实和脉络的梳理。正如诸多论者所指出的，"儒家宪政"论存在明显的问题，主要表现于两个判断：一个是中国古代就实行过"儒家宪政"，一个是中国今天需要"儒家宪政"。略加考察就会发现，这两个判断无一可以成立。

论证中国古代实行过宪政的学者有秋风、杜钢建等人，其中秋风的论述最为详细。他将儒家的历史追溯到中华文明肇始的五帝时代，认为在尧、舜、禹时代，华夏治理之道就具有宪政主义的指向。他举出的证据是《尚书·尧典》所说的"合和万邦"之道，《舜典》和《大禹谟》《益稷》所揭示的"共治"之道，《皋陶》中的"天叙有典""天聪明自我民聪明"的政治神学，等等。作为先民在原始社会末期军事民主制时代处理天人关系、方国关系的这些基本理念，确实反映了中华文明在那个阶段的思想成就。但是，这些先人的思考属于国家政治法律规范的起始形态，是相当原始和朴素的，可以说距离宪政十万八千里之遥。因为任何宪政都只能是近代以来的事情。实际上，人类各大文明在文明初期都曾形成过规定各种社会关系的法律体系和思想。比如，古巴比伦有汉谟拉比法典；古埃及远在公元前3200年的美尼斯时期就已经制定了自己的成文法；古印度也有摩奴法典。如果说我国在尧、舜时期已经有宪政主义的指向，那么，这三个古代文明也早在三四千年前就有宪政主义的指向了。这些先民思想是关于社会成员权利和义务关系最为基本的原则，既是人类处理文明时代社会关系的历史起点，也是逻辑起点。当然不能说这和近代的宪政没有一点关系，但由于其时间跨越了两三千年甚至更久，这种关系在学理上是可以忽略不计的，或者说没有多少思想史意义。

秋风还将周代封建制说成是自由的宪政制度，认为其基本架构是自由人通过书面契约所建立的君臣关系，双方可以自由地解除这种关系。这里涉及对许多文献和史实的解读，但更重要的是需要分析"自由"和"契约"两个概念的运用。在此，我们可以将这两个概念的意义划分为广狭两个层面。在广义上，如果完全离开社会历史的制约，在完全抽象的意义上来理解二者，在所有人类社会甚至在动物界都存在着某种程度的"自由"和"契约"。比如，在猴群中我们能看到猴王和一般成员之间常常会互相梳理毛发，这是动物之间的"契约"现象；而在一般情况下，普通猴群成员的活动也是相当自由的，只要它不触犯猴王利益，它的活动没有其他猴来干涉。人类社会中这种层面的契约和自由就更普遍，在奴隶社会中甚至在监狱中都存在。但是，这不是近代意义上的"自由"和"契约"，后面这种狭义的自由和契约一定要建立在人格平等基础之上、一定要得到法律的承认和保护。这当然和猴群中及宗法集团中的低级契约和自由存在根本形态的不同。秋风所说的周代自由和契约只能是前近代的，属于二者的广义运用，或者说，他只是在借助近代概念来表达前近代制度而已。也正因此，我们在他所说的自由宪政制度之下，看到了大量宗法社会中的"不自由""非契约"。"溥天之下，莫非王土；率土之滨，莫非王臣"就是一个典型表达，一切人和物的所有权都掌握在周王手中，还需要什么契约吗？诸侯时常需要派出子弟去周王处作为人质，诸侯军队（在西周时）也掌握在周天子的守臣手中，这是什么样的臣下"自由"？因此，说周代封建制就是自由的宪政只能说他是对历史的妄议。如果秋风硬要这样说，也只能说他偏离了"自由""契约""宪政"这类近代概念的本始意义。

"儒家宪政"论者的另一个基本判断是当代中国存在危机，需要"儒家宪政"来救治，康晓光、蒋庆等主要着眼于意识形态危机（他们称之为正当性或合法性危机)。康晓光认为,中国市场化改革导致中共实践与其意识形态严重背离,不但无法为现实秩序提供正当性论说,反倒成了批判现实的有力武器。中共的社会主义初级阶段理论虽然在逻辑上尚能自圆其说,但难以使人心悦诚服。因此,要把中国政治的正当性建立在儒家道统和政统的基础之上。但是,他对执政党在意识形态中国化上的努力及其取得的进展注重不够,没有看到中国特色社会主义理论作为一个开放的体系逐渐提升了自己的适应性。还有,用正当性危机的概念来表达中国主流意识形态遇到的问题似也有言过其实之嫌,因为他没有看到其正在充分展示的自我更新和创造能力。相较之下,他寄予希望的"儒家宪政"倒离现实更远,僵化和教条的色彩更重,对于中国面临问题的解决更为无力。不过,比较起蒋庆等人,康晓光要理性得多,他明确提出吸收马克思主义和资本主义政治文明中适合中国国情的成分。但他坚持儒家的主体地位仍然会使他面临许多学理难题,恐怕更无法解决当代中国政治面临的许多现实问题。

当代儒家试图通过论证"儒家宪政"在历史上曾经存在以证明其正统性,试图通过论证它能解决当代问题来证明其必要性。可是,这两种论证都是不成立的,而这正好说明"儒家宪政"不仅是不必要的,而且从来也没有存在过,它只是一些论者的脑中幻想或误区而已。

充分地吸取包括儒学在内的传统文化建构当代中国政治法律思想和制度当然具有相当的必要性,但其前提在于保持意识形态的连续性并深入总结三十余年改革开放的实践经验。坚持这一前提的目的在于保持中国社会政治框架的基本稳定和持续优化,其最终指向当然是全体人民的根本福祉。

(原载《中国社会科学报》2014 年 12 月 22 日)

大陆新儒家"托古改制"平议

张师伟

在现代中国的道路、理论及制度选择中，文化上的何去何从，从来都不是一个简单的选择。文化争鸣的背后与结果都与一定的道路、理论及制度选择紧密关联。值得注意的是，在传统中国迈步转向现代，进行道路、理论及制度选择的时候，儒家传统总是试图以完整的儒学框架来抗衡漂洋过海而来的现代性，从要求保持完整的纲常伦理，逐步地退后，到要求保持社会的伦理本位，再到要求以儒学来确保现代化的民族性，最后要求以儒学来建构属于自己的政治现代性。作为一种思想资源，传统儒学当然需要有人本着面向未来、面向世界和面向现代化的原则与精神，进行专门的学理探讨与研究，自觉地进行儒家观念的现代转化，古为今用，为实现中华民族的伟大复兴，建设中国特色社会主义贡献智慧。但是，现代中国毕竟已经成功解决了道路、理论及制度等的选择，历史形成和发展起来的儒学作为一种思想观念，仅仅是一种可以批判继承、转化和使用的传统思想资源。

鉴于儒学在中国传统文明演进及社会中的广泛影响，以及儒学对政治及伦理、社会、人生等的结构性影响，传统儒学在现代的每一次复兴都存有非常明确而强烈的政治目的。现代新儒家的出现并不仅仅是出于一种文化忧虑，而且具有强烈的政治考量。他们试图把现代政治建立在儒家"普世伦理"的基础上，或者是试图完全用传统儒学来建构一个脱离西方影响的现代政治"新秩序"。民国时期及当代海外、港台新儒家的主流是寻求儒学的普遍性，并在此基础上使其能承载现代的民主与科学。他们注重分析儒家心性世界的内圣构造，并试图以民主和科学的要求为根据来改造或优化心性世界。20 世纪 80 年代以来，大陆出现的新儒家则明显表现出了对民主和科学的排斥,他们将注重分析内圣构造并试图以民主与科学改造、优化心性世界的现代新儒家称为心性儒家,而将自身所追求的以排斥民主和科学影响的制度建构为取向的新儒学称为政治儒学,试图在国家的制度架构与民间日常的权威规范方面产生实质性影响。大陆新儒家推崇的所谓政治儒学,就是对传统儒家制度建构经验的挖掘和承传,试图建构一个完全排斥现代西方影响的儒学政治现代性社会秩序。从制度建构与规范方面来考虑民族特性,试图维护儒家在制度与规范方面的完整形态,反对接触、输入、学习和借鉴西方现代政治的民主、自由、人权、法治等,这是鸦片战争至辛亥革命时期儒家政治保守主义的一贯做法。儒家根基于传统社会在政治上的保守,一方面表现在对传统君父纲常的着力守护,另一方面又表现为对现代政治秩序与价值的坚决排斥,其政治保守主义的内容集中起来就是复古。文化上的尊孔和政治上的复古,在民国初期多有表现,李大钊等对此已经有了非常深入且有说服力的分析。在1921年以后,现代新儒学借助于西方哲学资源,试图在文化保守与民主、科学之间找到一个平衡点,以儒家心性本体或方法等来支撑现代政治的民主与科学,其余波流韵直至今天还在港台及海外新儒家中传衍生息。尽管几乎完全排斥西方哲学方法与话语的大陆新儒家也经历过西方哲学等的熏陶,但他们不仅着力于文化的保守,而且试图以儒家文化保守的根基来构筑政治上的复古。

文化保守和政治复古之间并无必然的因果关系。与大陆新儒家同为文化保守主义者的港台及海外新儒家,也确实并不是政治上的复古主义者,而是始终着力于进行文化保守主义和现代政治民主与科学的无缝对接。他们不仅追求使中国的民主与科学有自身的民族特色,而且还试图将儒家优秀文化转化成为现代民主与科学在中国的"源头活水"。自20世纪80年代在大陆兴起的新儒学对现代民主、科学的态度与方法,多少类似于魏晋至隋唐时期儒家学者排斥佛教的态度与方法,不问其理论与实践的具体合理性如何,也不问其在现实中的实际影响力怎样,而试图以自己传统一贯的儒学一概否定、排斥之,以便独占人的精神世界,垄断性地占据影响政治的理论、舆论阵地。但现代大陆新儒家毕竟不能完全忽略现代民主与科学的影响,不过他们却试图在传统儒家思想资源中发掘出他们得自现代民主与科学的概念,反复论证中国传统儒家资源中存在民主、宪政、公民等概念，表面上是在进行思想史的概念分析，实际上是试图用现代概念移花接木，为传统儒家进行制度还魂。从概念研究上说，所谓政治儒学不可避免地要借用一些现代概念，因为文化保守何以必须有、何以必须聚集传统儒家，并不是一个不言自明的共识，而需要大陆新儒家学者用一套完整的理论体系进行大量的分析和解释，并将完成后的理论阐释作为将传统儒学推向广大民间社会的根基。因此，从概念研究的角度看，大陆新儒家的研究立足于信仰，其理论目的不仅在于复活并巩固传统儒学在现代的信仰地位，更在于普及儒学传统的一些政治价值观，以替代根源于并维护民主和科学的自由、平等的现代政治价值观。他们在文化上的保守主义既表现在对传统儒学的信仰，也表现在他们因为信仰儒学传统而排斥儒学中所没有的外来价值。大陆新儒学对传统儒学的信仰与宣讲，不仅成为大陆各地国学热的一个重要因素，而且还成为汇合各地各种国学热、儒学热的轴心，并由此轴心而汇集起了以大陆新儒家学者为核心成员的包括学界、实业界等的儒学宣教团体。这些团体或基于学理宣讲，或基于国学的古为今用，或基于普及儒家信仰，虽然目的、层次和面向不同，但是无一例外都在价值上厚儒家之古而薄民主、科学之今，因此他们在文化上无疑都属于保守主义者，试图恢复儒学对社会及个体等的整体性影响力、塑造力与规范力。不论是从人文社会科学学科体系划分与研究范式的反思入手，还是试图以儒学信仰完整地塑造今天的人入手，其实质都是试图对现代人在价值信仰上进行传统儒学的彻底再造。

2015 年 11 月，大陆新儒家在深圳筹备成立的"中华孔圣会"，无疑是以弘扬儒学价值观为主题的文化保守主义的集大成者，但"中华孔圣会"的成立却又超越了一般意义上的文化保守主义，已经试图从民间着手整体性推进传统儒学的现代复兴，从而开始了儒家传统意义上的政治复古。当然，儒家在政治理想与价值层面从来都是主张面向"三代"进行政治复古的，而历史上儒学所主导的改革与改制也多托古以改制，其所以如此则是因为儒家政治建构的一般逻辑就是从圣人崇拜开始，以圣王教养万民为过程，终将达到人人至于至善的结果。在儒家视域里，三代圣王作为政治治理的榜样，具有普遍超越价值，任何时代的任何治理者都当效法三代、归于三代，而所谓止于至善则表现为普遍永恒不忍人之心及纲常伦纪。儒学曾自许为名教，但并不是宗教，其所努力也并不是创建信仰的宗教，而在于心性之善、人伦之理及秩序之礼，即儒学是要求人人在衣食住行举手投足中贯彻、落实圣人阐明的仁爱礼乐，即使真的需要借助于权力来推广和护卫名教，传统儒学也向来推崇圣王，圣王之兴则归之于气化流行之中正，形象地说就是"天子受命于天"。"中华孔圣会"作为大陆新儒学骨干推动建立的社会组织，其源头并不在于先秦之孔子，而在于清末之康有为。康有为看重西方社会的宗教在政治系统中的重要作用，而主张以儒学为儒教，其实质却试图在儒教的幌子下自做领袖，保国、保种、保教，突出欲要保国，须先保种，而欲要保种，又须先保教，保教以保种，保种以保国。大陆所谓政治儒学的政治追求如果按照其逻辑来看，实际上也差不多是从尊孔教开始，强调以孔子之教自立于世界，强调信仰孔子之教对于民族国家的极端重要性，以一种别样的形式陷入了"天不生仲尼，万古长如夜"的崇圣逻辑。只要这个崇圣的逻辑有了一个踏实的支点，圣人崇拜就会由政治儒学的学说通过"中华孔圣会"四处蔓延开来。圣人崇拜就是把自我交给圣人支配的一种心理情结，这种情结在很大程度上会洗掉或覆盖掉自新文化运动以来的现代政治新价值，而完全回归于由所谓儒家道场所营造的一套崇圣无我的心理状态。这个心理状态出现的实质就是政治儒学以宗教道场的手段将公民的平等改造或重塑为圣贤对大众的支配。

一套复古的衣冠下，祭奠、叩首、跪拜、演礼、讲经，在这个仪式或情景中营造出了圣人与大众的本质区别，而这个区别的关键就在于确立或重新肯定社会关系中的尊卑贵贱主从等纲常伦纪。一方面，"中华孔圣会"建立了尊崇孔子的组织网络，确立了崇圣尊孔的一套衣冠、礼仪，筹备开展以信仰推广为目的的一系列活动；另一方面，作为"中华孔圣会"最核心的一些骨干成员则在论证辛亥以来就已经被打倒的三纲五常的普遍合理性；最后则是尊孔崇圣的教育、经济、社会、文化、政治等资源在"中华孔圣会"中的组织化汇集。对此应当予以清醒的关注。

（原载《中国社会科学报》2016 年 03 月 22 日）

从国家治理现代化看大陆新儒家

刘晨光

在国家治理现代化过程中，大陆新儒家可能扮演什么角色，将取决于它是否能够满足国家治理现代化的要求，以及能够满足什么层面的要求。我们应该从国家治理现代化的要求出发来看大陆新儒家，而非从大陆新儒家的诉求出发来看国家治理现代化；大陆新儒家也应将自己的诉求与国家治理现代化的要求相适应，而非相反。本文试分三个层次来分析这个问题。

一　大陆新儒家的谱系与诉求

在清末朝政震荡、学术凄惶的局势下，"中体西用"的主张是颇具担当的挽救努力，但最终无济于事。废除科举制是时势催迫下的不得不然，不啻一场政治革命。从此，儒家在中国社会，主要作为一个知识群体而存在，不再直接掌握政治权力。面对西方价值与制度的冲击，新儒家试图保守中国本位的文化观念，但面对中国政治业已发生的走向共和的实质转型，新儒家似已很难与新政制重新紧密结合。而后在革命与战争的时代巨变中，新儒家的现实政治意义就更加微弱了。

新中国的成立是一个分水岭。新儒家知识人不得不在北京与台北之间作出选择。国民党在政治上的亲美化，促进了脱离大陆的新儒家与自由主义的联姻。与港台或海外新儒家不同，留在大陆的新儒家认同新生的人民共和国和共产党政权。前者认为中共已经离弃了中国文明传统，特别是"文化大革命"为其提供了口实，但留在大陆的新儒家认为，恰恰是中共继承了中国文明传统"天下为公"的大道与根本精神，并有了新的生发创造。

而到了新时期，大陆新儒家又有所不同。它的出现，一开始主要由大陆市场化改革后人文精神的流失与信仰危机的凸显而引发，其诉求也主要局限在心性领域。但其中有一部分学者，对市场化的不满逐渐蔓延到对整个"现代性"的不满，因此主张回到前现代的"原初儒家"，甚至认为应该建立儒教并奉为国教。依此主张，必然要对现行政治制度施行根本改造。这是以"儒家保守主义"或"儒家原教旨主义"面目出现的政治激进主义。另外也有一部分人，同样认为大陆新儒家应有政治诉求，但他们所主张的政治价值，虽然不是要回到前现代，而是要实现传统与现代的融合，但他们更青睐的是具有浓厚西方自由主义色彩的"儒家宪政"。他们与港台及海外新儒家有相当的共性，即以"儒化"为表，以"西化"为里，虽然不像儒家原教旨主义者一样激进，但同样认为有必要改造现行政权及其价值基础。

当然，大陆新兴儒家或对儒家有好感者中，也有少部分人试图继承熊十力、梁漱溟等第一代大陆新儒家的思想遗产，打通新中国与旧中国，融贯马克思主义与儒家传统。这一工作的展开有两种路径。其一，是从中国文明传统来看马克思主义，把中国化马克思主义纳入自身数千年的连续性演变中，成为中国文明机体一部分；其二，是从马克思主义来看中国文明传统，为其赋新义，让其说新话。二者异曲同工之处在于，它们都接受和认同马克思主义已成为中国文明传统的一部分，中国文明传统以现代社会主义的形式实现了再造与新生。

二　国家治理现代化的实质与要求

中国国家治理现代化以现代国家建构为基础，而从传统国家向现代国家的转型，意味着政治正当性的基础从"君主主权"向"人民主权"的变迁，以及政治形态从王朝政治向民主政治的变迁。问题在于，中国应以什么样的路径走向民主共和？

现代世界由西方资本主义文明开创，资本主义对于人类发展和进步曾做出巨大贡献，但进入19世纪后，它内在的弊病越来越明显，种种社会主义思潮兴起。马克思主义作为科学的社会主义，是对资本主义的批判和超越，旨在实现一种更好的现代化。在中国，资产阶级革命以失败告终，资本主义道路走不通。以马列主义为指导思想的中国共产党，领导人民进行革命，从一开始就朝着社会主义的方向，最终成立了社会主义的人民共和国。显然，中国所追求的是社会主义的民主共和。在此阶段，社会主义国家的创立只是开始，国家所实现的社会主义水平和程度仍是初浅的、不成熟的。社会主义规定了国家的性质和方向，真正建成一个现代化的社会主义国家需要长期历史过程。新时期以来，中共更加清醒地认识到中国在历史中的真实处境和方位，提出"改革是第二次革命"和"改革是社会主义制度的自我完善与发展"等论断。十八届三中全会进一步提出："全面深化改革的总目标是完善和发展中国特色社会主义制度，推进国家治理体系和治理能力现代化。"

中国所追求的国家治理现代化，从根本上说，就是中国特色社会主义制度的自我完善和不断发展，以真正实现人民的民主共和与国家的长治久安。具体而言，它包括国家治理体系与治理能力的现代化，也就是制度本身与制度执行能力的现代化。这意味着，一方面，我们要沿着社会主义方向不断完善和发展国家的各项制度以及相应配套的体制机制；另一方面，我们绝不犯"唯制度主义"的毛病，同时认识到再好的制度都需要人来执行。优良的制度固然重要，让制度有效运作同样重要。治理体系与治理能力、制度与制度执行能力是辩证统一的关系，二者缺一不可。

特别就政治发展而言，中国要实现的根本目标是党的领导、人民民主和依法治国三位一体，而对于国家治理现代化而言，这一目标同样是总的遵循。实现国家治理能力的现代化，最重要的是实现中共执政能力的现代化；实现国家治理体系的现代化，最重要的是建成现代化的高度发展的社会主义民主政治和社会主义法治体系，并使党的执政体系与社会主义民主法治体系相互配套、相得益彰，构成有机统一、优良有效的国家制度体系。

三　从国家治理现代化看大陆新儒家

从国家治理现代化的要求出发来看大陆新儒家，我们可以有以下基本认识。

　　首先，国家治理现代化决不意味着与传统的完全断裂，相反，任何一个国家的治理体系都是置身于这个国家的特殊国情与具体历史之中，对于中国这样拥有数千年历史的文明古国而言，尤其如此。故而，绝不能认为儒家文明传统已经成了历史博物馆中的陈列品，对于国家治理现代化毫无裨益。

　　其次，由上可知，国家治理现代化包括了对于儒家文明传统某种程度的继承，但这种继承是在现代政治文明基础上的继承。儒家文明传统，特别是君主制下的王朝政治，所立足的政治价值基础与社会主义的自由、平等、民主、法治观念等根本不同。对于儒家文明传统的继承，不能走向另一个极端，以致像"原教旨主义儒家"主张的那样，完全撇开现代政治文明，甚至不惜否定现有的基本政制框架，试图以激进主义的"复古"方式另起炉灶。

　　再次，对于国家治理现代化的理解，不能不顾国家的社会主义性质和方向，把自由、民主、法治等现代政治价值抽象化、去语境化，最终竟以西方自由主义政治为标准，把现代化等同于"西化"。相较于"原教旨主义儒家"而言，"西化儒家"更值得警惕，因为前者的偏执与荒谬很容易识别，后者却具有极大的迷惑性与破坏性。比如有些"儒家宪政"的主张，其实是以西方"基督教宪政"为模板，大胆进行理论构想，肆意裁剪中国历史。

　　复次，一个自然而然的基本结论是：大陆新儒家若要有裨益于中国的国家治理现代化，前提是要接受和认同中国以社会主义道路建设现代化强国的现实。因此，寻找国家治理现代化与儒家文明传统的契合点，主要应该通过发掘儒家文明传统中的社会主义因素，包括经济、政治、文化、社会、生态等各个方面；再者，就是要注重发掘儒家文明传统中具有恒久性的基本特征和因素。这意味着，国家治理现代化对于儒家文明传统的继承，不应该沉陷于某些太过具体的内容，而应该着重从抽象层面继承儒家文明传统的优良特质。比如，儒家文明传统具有如下突出特质：政治不单纯是技术性的统治，更承担着文明教化的功能；统一的价值观和意识形态对于人心凝聚和政治认同非常关键；等等。置身在这样的传统中，中国国家治理现代化应该从广义的文明教化角度来理解"治理"，特别要注重中国共产党这一"先进性团体"和社会主义核心价值观的建设。

又次，儒家之所以能够成为中华文明传统的主体，最根本的是因为它深刻把握了政治生活中的"常道"，最为重视日常生活伦理，特别强调君子德性的修养和家庭伦理的养成。所以，儒家文明传统可能对于国家治理现代化做出的较大贡献，应该也是在"修身齐家"的社会层面，有助于整个社会道德精神的养成和道德氛围的塑造。大陆新儒家实该在此方面多加努力。可喜的是，目前一些民间书院开始兴起，对于促进社会人心的向上产生了一定的积极作用。当然，就中国共产党这一"先进性团体"而言，每个党员更应该把提高修养、改善作风视为安身立命的根本，把个人品行与政治德性、生活习惯与工作作风、家庭伦理与社会风貌的改善和提升统一起来，带动整个社会的进步。大陆新儒家若能在此方面有所作为，将对于中共党建以及整个国家的政治文明建设产生深远影响。

最后，我们应该认识到，即便在传统王朝政治下，儒家所承担的功能也是有限的。中国文明传统虽然以儒家为主体，并常被称为"儒家文明"，但它所包含的内容实际上要广大得多，道家、法家、兵家、纵横家等都在历史中发挥过不可替代的作用。比如在王朝治理层面，法家就扮演着重要角色，以致有"儒表法里"之说；而在乱世需要拨乱反正之时，纵横家、兵家等便显示威力；在新朝初建、民众需要休养生息时，黄老之术往往影响较大。要实现国家治理现代化，建设一个强大的得人心的社会主义民主法治国家，固然应该重视对儒家优秀治理思想的继承，但还应该从包括其他各家学术在内的整个中华文明大传统中吸取治理智慧。

（原载《中国社会科学报》2015 年 4 月 13 日）

真儒何在?

——再评蒋庆

黄应全

三年前，我写过一篇评蒋庆的文章（《政治儒学还能复兴吗？——评蒋庆〈政治儒学〉》），颇有反响。在该文中，我对儒学的看法已经表达得很清楚了，因而我以为自己可能不会再有兴趣去评论蒋庆及其门徒的复兴儒学之举了。但是，前几天，我在凤凰卫视上看过蒋庆所作《儒学在当今中国有什么用？》的讲座之后，又忍不住想对蒋庆重新评说一番。原因很简单，我有一种强烈的感觉，蒋庆已经走火入魔，于正道大大"歧出"了。

一

说实话，由于我的一些朋友就是儒学的忠实信徒，有的甚至就是蒋庆的忠实弟子，因而我可以近距离接触到当代儒生们的某些生活侧面。我最大的体会是，儒生们越虔诚，他们面对的"存在困惑"就越大。儒生们的"存在困惑"在于：儒学对于信徒们立身处世有着极为严格的要求，然而要按照这些要求行事却又非常之艰难，乃至根本没有实际的可能性。这在今日如此，在古代也不例外。为了活下去，儒生不能不苟且，不得不向现实妥协。所以，我有时拿我的儒生朋友开玩笑，说他们事实上都在"曲学阿世"。我的儒生朋友也承认他们总是会为如何按儒学待人处事而苦恼不已。我认为，儒者有"存在困惑"非常自然，没有"存在困惑"的儒者必定不是真正的儒者。说来奇怪，蒋庆的讲座虽然说的是儒学对于当今中国有无比的用处，乃唯一的救世良方，但让我联想到的却是儒生们的"存在困惑"。蒋庆口口声声讲儒学可以救人，但我想问的是：儒学能否救己呢？或者，更直接地说，儒学救了蒋庆自己没有？如果连蒋庆自己（连同蒋庆的亲信弟子们）都没有因儒学而得救，那儒学如何还能救别人、救中国、救全球呢？有鉴于此，在这里，我不想直接讨论蒋庆的那个讲座，我想谈另一个问题：什么是真正的儒者或者如何区分真儒假儒？蒋庆是不是真正的儒者？

我之所以想谈真儒假儒问题，还因为我想到了郑家栋。郑家栋事件发生以后，围绕"郑家栋事件与儒学有无关系"，曾经发生了很大争议。儒学信徒陈明和自由主义信徒徐友渔都认为郑家栋事件与儒学无关。我当时曾匿名发表文章（只在网络上），坚持郑家栋事件与儒学有关，而且认为关系非同一般。我的意思是说，郑家栋事件凸显了当代大陆儒学面临的一个极为关键的问题，那就是：谁是真正的儒者？我想，无论郑家栋如何辩解，郑家栋算不得真正的儒者应该是没有问题的。从郑家栋回到蒋庆，我想问：蒋庆与郑家栋有根本区别吗？蒋庆是不是真正的儒者呢？

我在上一篇评蒋庆的文章中有一个判断，那就是：蒋庆是当今中国大陆新儒学的最大代表。现在想来，就其对儒学的态度上讲，当初的评价是大体不错的，但是仍然不够周全，遗漏了一些极为重要的方面。这些重要方面出自我此后对蒋庆其人的零星观感，既来自蒋庆所做的一些公共层面的事（如幼儿读经事件），也包括我所了解到的蒋庆的一些私人层面的事。现在，我仍然相信蒋庆对儒学是虔诚的，仍然相信蒋庆对儒学的理解远远高过国内很多以儒学知名的大教授，仍然相信蒋庆是当今大陆新儒学的领军人物。问题在于，一方面我对蒋庆信仰儒学的纯洁性已然有所怀疑，另一方面，我有上述这些的信念并不意味着我认为蒋庆之路是完全正确的。恰恰相反，我坚决相信蒋庆之路存在致命的错误。具体地说，我认为蒋庆复兴"政治儒学"（即他所谓"王道政治"）的企图是绝对错误的。而且，我认为，这一错误对蒋庆的儒学信仰不是可有可无、无关大局的，而是根本性、原则性的。在我看来，反对民主政治、复兴王道政治，这一举动彻底葬送了蒋庆儒学复兴大业的合理性。原因很简单，今日中国很多有识之士都已经领悟到，决定国家民族前途的根本不是文化（心性）而是政治（制度），因而政治主张比文化主张对于一种学说更为根本。蒋庆反对民主政治、主张王道政治便意味着蒋庆儒学的核心层面是错误的。

这一点，我在上一篇评蒋庆的文章中已经讲到了。让我非常失望的是，我的批评丝毫没有引发蒋庆的反思，他现在已经变本加厉，其"王道政治"概念便是此后发展出来的。听了他《儒学在当今中国有什么用?》之后，我就更加不以为然了。任何人都不难看出，蒋庆丝毫不觉得他的观点有问题，偏执到了无可救药的程度。我不得不问：蒋庆为什么会这样？蒋庆的态度是虔诚的儒者不可避免的态度吗？于是我再次觉得，真儒假儒问题乃是当今儒学亟须回答的首要问题。

二

蒋庆在接受讲座主持人曾子墨采访时对于原教旨主义问题的回答很有意味。曾子墨问蒋庆，有人说他是儒家原教旨主义者，他怎么看。蒋庆答，"原教旨"在西文中本义为基本教义，原教旨主义本义为坚持基本教义不动摇，并非贬义，因此，如果按"原教旨主义"原义，他就是儒家原教旨主义者。这个回答很机智，原则上讲也没错。任何一种足以自成一体的学问必有某些核心成分，信奉该学问者对它们必须坚定不移，否则就可能变成该学问的投机分子乃至叛徒，因此，如果儒家原教旨主义是指毫不动摇地坚持儒学核心要旨，那么儒家原教旨主义不仅是无可厚非的，而且是值得尊敬的。在我看来，由于今日中国与蒋庆一同倡导儒学复兴的人中某些人确实存在"机会主义或实用主义"（蒋庆用语）嫌疑，因此，蒋庆自愿接受褒义的儒家原教旨主义者称号表明他在儒学复兴者中确有高人一筹之处。我也相信，虽然儒学可以修正，但是有一点是不可修正的，那就是，儒学不仅是一种道德主义，而且是一种无功利的道德主义。一旦试图把儒学的道德功利化，儒学便不复为儒了。诸如"即用见体"说便有了实用主义、功利主义嫌疑，偏离了儒学根本精神。所以，仅就蒋庆反对把儒学机会主义化、实用主义化、功利主义化而言，蒋庆的原教旨主义是正面的、值得肯定的。但是，不要忘了，"原教旨主义"一词还有贬义内涵，而且我们通常都是以贬义视之的。那么，从贬义上称蒋庆为儒家原教旨主义者是否有理呢？显然，蒋庆及其门徒是绝对不答应的。但我的问题不是蒋庆接不接受，而是蒋庆实际上是不是一个贬义的原教旨主义者。何谓贬义的原教旨主义？贬义的原教旨主义也是指坚持基本教义不动摇，但此处的基本教义乃是指站不住脚的、过时的、不合理的基本教义。贬义的原教旨主义乃是指顽固不化地坚持不合理的、僵化的、过时的基本教义。它是贬义的，因为人们（当然是非原教旨主义者）已经断言原教旨主义者所坚持的东西是错误的。因此，如果称蒋庆为贬义的儒家原教旨主义者有理的话，那就意味着蒋庆所坚持的儒家基本学说有错误。儒学复兴者中的某些人显然就是这样认为的。他们认为蒋庆所坚持的儒学教义很多是僵化过时的，儒学必须与时俱进，随着时代的变化修正自己，才有望真正复兴。从这个角度讲，我以为儒学复兴者内部对蒋庆的"原教旨主义"批评还是有其合理之处的。我与这些内部人士的不同之处只在于，他们认为蒋庆错误的我未必以为真的错误，他们认为蒋庆正确的我未必以为真的正确。也就是说，我也认为蒋庆是儒家原教旨主义者，但我的理由与儒学复兴运动内部持不同意见者大大不同。

回到真儒假儒的问题上来。原教旨主义问题实际上便是真儒假儒问题。判教是任何宗教不可避免的头等大事，儒教也不例外。蒋庆所批评的那些机会主义者或实用主义者显然在蒋庆自己看来不是真儒，蒋庆之所以自居儒家原教旨主义者则可视为他相信自己才是真儒，而那些批评蒋庆是原教旨主义者的人则认为自己才是真儒。（有一个普遍原理：批评别人错误的人必定相信自己正确，因为不相信自己正确就不可能批评别人错误。）那么，蒋庆究竟是不是真儒呢？我的回答是，以儒学最根本最核心的层面衡量，蒋庆很难说得上是真儒。

什么是一种学说最根本最核心的层面？那就是该学说生死攸关的那一层面。你可以不信它、只要你信它你就必须接受的那一点或那几点，便是该学说最根本最核心的东西。那么，什么是儒学最根本最核心的层面呢？在我看来，那就是道义为上、功利为下。一个真正的儒家信徒必须是把道义置于一切利益（如金钱、权力、名誉等等）之上的人，所谓"君子喻于义，小人喻于利"，说的就是这一点。有人要问，儒家学说千千万，你怎么说义利之别是儒学的核心呢？我的观点是，儒家的道德主义在古代有很多具体内容，有的已经过时，因为它们明显不合理。如"君为臣纲、父为子纲、夫为妻纲"，"男女授受不亲"，"忠臣不事二主，烈女不嫁二夫"等，即便好古如蒋庆，恐怕也得承认它们大体上已经过时。有的虽未过时但争议性很大，不足以成为权衡儒学真伪的根本尺度。如，关于性善论，除了孟子主张性善，还有荀子主张性恶，董仲舒主张性善恶混，但他们都是儒者。关于"人皆可以为尧舜"说，虽是孟子提出，韩愈等也阐发过，但宋儒之前，儒家似乎并不十分强调人人都可做圣人，多半以为成圣成贤只是对儒者的要求。可见，性善论、成圣论都未必是儒学根本。最值得一提的是对儒学极为关键的"仁"学。仁的基本含义为有差等的爱，不同于基督教的博爱，我认为它也不是儒学的核心。与很多人不同，我认为，在儒家之"仁"和"义"中，不是仁比义重要，而是义比仁重要，因为儒家之仁（有差别的爱），局限性太大，内含某种私心，有袒护亲近之人（即自己人）的嫌疑，与儒家超功利的"义"有明显冲突——虽然这是儒家原教旨主义者不愿承认的，但这便是传统儒学过于天真地相信价值和谐之理想、不愿正视价值冲突之现实的表现之一。儒学至今尚未过时且毫无争议的东西是它的道德主义。由于儒家道德不是功利性的道德，而是超功利的道德，因此我认为把儒家的道德主义称为"道义主义"更为准确。道义主义即道义至上，置一切利益计较于度外。儒者最根本的特质不在于履行孝悌忠信（这些只是用而非体），而在于以道自任，具有道义担当精神，具有所谓"士大夫情怀"。真正的儒者让人肃然起敬之处在于其铁肩担道义、不顾一己之私利的精神。有人会说，蒋庆可能不认同你的说法，并且即便你说得对，那么难道你所说与蒋庆所言有何区别吗？你凭什么说自己比蒋庆正确，竟然敢由此怀疑蒋庆不是真正的儒者呢？我的答复是，我所理解的道德比蒋庆更宽泛，包容性更大，既包括常规意义的道德，也包括非常规意义的道德，而蒋庆所理解的道德基本还停留在常规意义上。

终于讲到关键之处，让我慢慢道来。蒋庆最大的错误在于他没有分清两种不同的道德类型，仍然只知道古代儒家传下来或普通人所理解的那种直线式的道德，而对另一种先儒不知、常人不晓的"迂回式"道德缺乏真正的领悟。我觉得，在今天做一个真正的儒者，最关键的便是要对不同的道德类型有清醒的认识，因为不知道在直线式道德之外，还有一种迂回式道德，便会出现一种悖论式的现象，即自以为非常道德的行为实际上却非常不道德的，最狂热的道德主义者实际上是最可怕的道德破坏者。现代世界在道德学说上最伟大的发现当数马克斯·韦伯关于"心志伦理"（又译"意图伦理"）与"责任伦理"的区分。心志伦理乃是直线伦理，责任伦理则是曲线伦理。（关于韦伯"心志伦理"与"责任伦理"之分的学说，我计划另作文章阐述，此处从略。）可以说，古代儒家道德观在具体的层面上主要属于"心志伦理"，只有在最普遍的层面上才可同时包含"心志伦理"和"责任伦理"。比如，宋儒的"义利之辩"在最普遍的层面上可同时适用于心志伦理和责任伦理，因为无论心志伦理还是责任伦理，以道义为目的还是以功利为目的都是判断一个人道德与否的必要条件，一个从自己（如蒋庆）或自己小集团（如蒋庆所在的儒学派别）的利益出发而不是从国家民族乃至全人类的利益出发，无论从心志伦理还是责任伦理角度看，他都是不道德的。但是，与"义利之辩"密切相关的"王霸之争"却只涉及心志伦理而与责任伦理无关，因为虽然王道与霸道之别是尚力与尚德之别，但问题是，即便儒家所谓"德政"，也只是从心志伦理构想出来的，从责任伦理角度看它完全可能不是真正的德政，反倒是不道德的政治。今天的儒者应该清醒地意识到，今日儒学必须修正自身，在涉及天下国家的大问题上儒学应该建立在责任伦理而非心志伦理基础上。蒋庆的问题在于，即使他毫无私心，他也只处于心志伦理范围之内。儒者都应该有强烈的道义感，但现代儒者必须明白，心志伦理意义上的道义感与责任伦理意义上的道义感是完全不同的。我以为，蒋庆虽然也知道心志伦理与责任伦理这对概念，但并没有真正认识到它们的内涵（他在《政治儒学》一书中坚称儒学符合责任伦理，便典型地体现出他对责任伦理没有真正的认识），因而他的道义感仍然是古代儒生惯有的心志伦理意义上的道义感。儒家强调要有是非之心，这非常正确，但问题是，如果你的是非观是错误的，你的是非之心也必定是成问题的。应该从责任伦理角度去判断的事情，你从心志伦理角度去判断就很可能出错，而且很可能出大错，因而真正的儒者理当百倍警惕。蒋庆却一味放纵自己的道德激情，所以我怀疑他严格说来算不得真儒。

让我说得再具体一点。大家知道，李慎之是个自由主义者，但我的同学、蒋庆的弟子王瑞昌却撰文宣称李慎之骨子里是个儒者，因为他忧国忧民的情怀实为儒家士大夫以天下为己任的情怀。此说我开始时有些异议，但我现在觉得完全有可能。激烈批评儒学为专制制度帮凶的人也许才是现代社会真正的儒者。我觉得，今日真正的儒者恰恰应该是民主制度的拥护者。相反，反民主制度的儒者不是真正的儒者。原因是，现代儒者的道德观理应不同于古代儒者。古代儒者希望建立大同世界，蒋庆所谓王道政治便是达于大同世界的根本途径（大同世界便是王道乐土）。大同世界是绝对合理的世界，但现代儒者理应知道人类根本不可能建立绝对合理的世界，最多可以通过民主政治建立一个相对合理的世界。现代儒者对于人类社会必须具有一种悲剧意识，那就是，虽然我们万分渴望完美的社会，但是我们永远不可能建立一个完美的社会。至于为何不能建立完美社会，原因很多，姑列举三项：第一，人性有自私（儒学所谓"性恶"）的一面，"道心"永远无法消灭"人心"，即使如孟子所说，"人皆可以为尧舜"，但这只是从潜能上说的，实际上无人可以为尧舜（圣人），连先儒奉为圣人的孔子也只是人为塑造的神话（这不是要亵渎孔子和儒家，而是要表明实际情形）。第二，人类无法避免"诸神之间的战争"，即人类所追求的各种正面价值（"神"便代表这些价值）之间并不天然和谐，而是经常发生冲突，此之谓"善与善的冲突"。这一点传统儒家根本没有触及，儒家只知"善与恶的冲突"，不知"善与善的冲突"。"善与善的冲突"是马克斯·韦伯、以赛亚·伯林、约翰·罗尔斯等人反复论证、值得再三玩味的观点（伯林和后期罗尔斯对自由主义的论证就建立在这一基础上）。第三，大规模人际互动无限复杂，远非个人决策或面对面交往可比，难以直观把握。很多时候，直观上看是道德的行为实际上却是不道德的，而直观上看是不道德的行为反而是道德的。此为社会学、经济学经常讨论的问题。比如，市场经济为何优于计划经济，乃是因为哪怕是让圣人如尧舜禹汤文武周公来掌管计划也不如让每个凡人（按规则）各自追求自己的利益（此在直观上看是不道德的，要找例证可参看蒋庆的诸多谴责之辞）更能造福黎民百姓和国家社稷（这一例子也表明所谓王道政治之谬）。上述几点并不仅仅是表明完美世界乃是难以企及的目标，更重要的是，它们表明完美世界纯属幻象。一切建立在这种完美世界基础上的所谓社会理想乃是完全错误的，与此相应，一切力图建立完美世界的行为都是不负责任的，因而是不道德的。有鉴于此，当今真正有道义感的人乃是毅然决然地放弃虚幻社会理想、转而追求现实（即可实现）社会理想的人。由于我们迄今所知道的可实现之理想社会为民主社会，于是今日真正的儒者理当是拥护民主制度的人。（当然，我不认为儒者拥护民主制度需要相信民主制度是建立在性善论基础上的，用性善论证明民主制度实际上仍然囿于心志伦理范畴，儒者拥护民主制度应该以责任伦理为基础。）

由此说来，我怀疑蒋庆并非真儒，最根本的理由在于蒋庆便是坚决反对民主社会、追求大同社会的人。蒋庆又一次重复了20世纪已经反复呈现的悲剧性景观：最推崇道德的人实际上可能最不道德；并且，最虔诚地推崇道德的人实际上害人最深。我知道，这样说，蒋庆及其门徒可能会暴跳如雷。但是，我希望真正有良心的人即我心目中真正有儒学慧根的人对蒋庆式儒学应该保持高度的警惕。儒者伟大的品质是"先天下之忧而忧，后天下之乐而乐"，是"义之所在，生死与之"，然而，一旦对于"天下"应当如何、"义"的真意为何诸问题认识不清，为美丽的谬误（如王道政治、大同世界）所迷惑，便贻害无穷。俗语"好心办坏事"，便是当代儒者必须时时警惕的，尤其在关乎国家民族乃至全体人类前途命运的大事情上。看看蒋庆《儒学在当今中国有什么用?》，虚幻的道德判断随处可见，难道不该好好反省一下？

三

以上所说还只是假定蒋庆道德激情十分纯粹、没有掺杂个人或集团私利。事实上，如我前文所说，我已经很难相信蒋庆的道德激情纯净如水了。我们经常会发现，那些标榜自己正在从事伟大事业的个人或团体，事实上自觉不自觉地在以伟大事业的名义追逐个人或团体的私利。并且，不自觉的追逐比自觉的追逐更令人触目惊心（因为它常常会哄骗很多人，有时包括当事人自己）。蒋庆的儒学复兴行为便有此嫌疑。一般说来，私利大致包括三种，一是钱，二是权，三是名。看看蒋庆前一段时间的《关于重建中国儒教的构想》一文，可以轻易读解出蒋庆追逐这三种利益的企图，而且还颇为强烈。比如，该文反复谈到儒教与"权力中心"的关系，认为儒教在古代大多数时期都处于权力中心，将来也应该重新回到权力中心，重新成为"王官学"（即主流意识形态），为此要将儒学写入宪法，要建立新科举制度（当官要考《四书》《五经》），其权力欲望跃然纸上。又如，该文主张把各种涉及儒教的文物古迹全部划归儒教所有，还要求政府特别为儒教拨款，为儒教成立专门捐助中心，等等，让人不得不怀疑儒教在追逐金钱。至于捞名，蒋庆和他的追随者们大多是文人，他们复兴儒学的这一举动本身便足以解读为渴望成名的结果。以上这一切如果属实，一定是大大违背儒学喻于义不喻于利根本宗旨的，但是它们全都在"复兴中国文化"的大旗下变成堂而皇之的了。

粗略浏览一下蒋庆的文章不难发现，他用来合法化上述逐利行为的中心理由便是：复兴中国文化。但我想问，真的有一种称之为"中国文化"的东西需要复兴吗？我的观点是：没有，根本没有一种叫作"中国文化"的东西需要复兴，儒教需要复兴不等于中国文化需要复兴。首先，笼统地说"中国文化"是很误导人的，它是指中国古代文化还是指中国现代文化？儒教复兴论者当然是指中国古代文化，因为它们根本不认为存在中国现代文化，中国现代文化一概被视为西方殖民文化（蒋庆说，中国一百多年来一直是西方文化的殖民地）。但即便中国文化就是中国古代文化，那也不只是指儒教，还有佛教、道教呢。不仅如此，学者们早就发现，就连所谓儒释道三教说也不过是大体概括，还有无数民间文化常常被忽视掉了。那么，只是复兴儒教就等于复兴中国文化了吗？再者，蒋庆说儒教代表了中国的民族精神，问题是，真的存在一种叫作"民族精神"的东西吗？"民族精神""民族性格"乃至"民族文化"这些东西都是西方大约从赫尔德开始提出并流行开来的一种浪漫主义概念，其前提是假设一个民族等于一个国家，并且一个民族国家是一个有机整体，它像一个活生生的人一样有生命有特色。但是，这一学说早就遭到批判，它的实质是国家主义，它虚构了一种莫须有的东西（即作为有机整体的国家），再假设文化是这个东西的性格；结果，它漠视丰富的群体与个人的差异，为专制主义乃至极权主义提供了理论基础。蒋庆正面引用亨廷顿关于现代中国缺乏民族性格（陷入精神分裂）的观点证明自己，但是亨廷顿并不是真理的代言人。亨廷顿的"文明冲突论"本身就是一种简单化的理论，其基点是把一个国家、一个地区无穷的差异人为抹平，虚构出几种统一的"文明"，再讨论它们是否会冲突。亨廷顿无法界定现代中国的"文明"，这不是现代中国出了问题，而是亨廷顿的理论推导不下去了。蒋庆口口声声说今日中国学者成了西方文化殖民的俘虏，却不知他自己已经成了亨廷顿（汤因比，乃至整个赫尔德传统）的俘虏，这是不是很有点讽刺意味？

让我们稍稍审查一下蒋庆的观点。按照蒋庆，儒教不兴，国将不国。我要问：中国不再以儒教为主流意识形态，中国人就不成其为中国人了？

一个中国人信了基督教就不是中国人了？谁说只有儒教徒等于中国人？荒谬之极！在我看来，认同一个国家并不需要别的，只要这个国家实际存在而人们又觉得自己属于这个国家就足够了，不要说他可以不是儒教徒，哪怕它是基督教的魔鬼转世也没关系（恶人也可以爱国嘛）。最近黄建翔在世界杯上高喊"意大利万岁"被中国人骂，彰显了国家认同问题，但这是因为黄建翔认同到意大利去了所以国人骂他，绝对与他是基督徒还是儒教徒无关。我曾经说过，蒋庆的这套观念基于一种特殊主义信仰（西方的保守主义信仰），此信仰认为不存在普遍的人，只存在特殊的人。好像是著名保守主义者迈斯特有一句名言：我从没有见过人，只见过英国人、法国人、俄国人，等等。但特殊主义实际上是错误的，与儒家也是背道而驰的，因为儒家是普遍主义的，董仲舒所谓"天不变，道亦不变"便是明证。由此可见，蒋庆儒学是很成问题的。

如果不存在中国人＝儒教徒这个公式，那么蒋庆为儒教谋求特权就是毫无根据的。蒋庆复兴儒学的举动中最让人反感的就是蒋庆对儒家特权地位近乎贪婪的要求了。如果真的像蒋庆所说，儒教兴，中国兴；儒教灭，中国亡，那也罢了，因为那样虽然可能导致非儒教徒不得不承受不公正的待遇，但毕竟那个神秘的"中国"保住了，这点牺牲还是值得的。问题是，儒教兴亡并不等于中国兴亡，那么，凭什么还要给予儒教任何特权呢？我在上一篇评蒋庆的文章中讲到，我同意儒学复兴仅限于心性儒学和社会儒学两个层面，而且我坚信即使要复兴社会儒学，也必须像今日的佛教、道教、基督教一样没有任何特权地位，其成就大小只能通过与其他宗教公平竞争来确定。我的文章发表后，我的同学、蒋庆弟子王瑞昌（笔名米湾）表示赞成我社会儒学可以复兴的观点，但他坚持儒教应该在与其他宗教的竞争中拥有特权，原因是如果没有特权，儒教竞争不过佛教、道教等神道设教的宗教。我当时就觉得他的理由很自私：你竞争不过别人，就想借助政治权力获得特权，有这种道理吗？儒者也许马上又会搬出儒学乃中国文化精神命脉之类的论调来为自己要求特权辩护。但我已经说了，把儒者身份等同于中国人身份是说不通的。因此，儒教没有任何理由要求特权。

蒋庆还有一个为儒教要求特权的理由，那便是所谓政治需要合法性，而今日中国政治却陷入了"合法性缺位"的困境。他还声称，儒教可以提供三重合法性："神圣天道的合法性"，"历史文化的合法性"，"人心民意的合法性"。合法性问题的确是一个真问题，它是一个把权力转化为权威的问题。有了合法性，被统治者对统治者不是被强迫服从，而是心甘情愿服从。但是，第一，蒋庆夸大了合法性对于政治稳定的重要性。历史和现实中都有很多政府并不需要合法性仍能维持，因为政府垄断了暴力，人民却分散各处，人民即使不认可自己的政府，常常也无能为力（所谓敢怒而不敢言），被迫服从。当然，一个社会的长治久安可能确实需要合法性，秦汉统治的差别便在于合法性的有无。

第二，并非一切合法性都是正确的，有合理的合法性，有不合理的合法性。靠欺骗人民、麻痹人民得来的合法性就是不合理的合法性。纳粹上台也取得了合法性，但那显然是不合理的合法性。马克斯·韦伯曾有三种合法性之说：魅力（克理斯马）型、传统型、法理型。蒋庆的三重合法性理论可能出自韦伯，"神圣天道"对应于魅力（克理斯马）、"历史文化"对应于传统、"人心民意"对应于法理。假如蒋庆出自韦伯（可能蒋庆与韦伯无关，但这无关紧要），抛开内容严重不一致不谈，他和韦伯一样也犯了一个根本错误：没有区分正确的合法性与错误的合法性。韦伯的法理型合法性也可译作"合理型合法性"，但译作"法理型合法性"更准确，因为它不等于真正的合理型合法性，韦伯的"理性"是指程序化、规范化意义上的官僚式理性（即哈贝马斯所谓工具理性），而真正的理性不止如此。像"神圣天道""历史文化"之类在古代中国或许还能成为两种合法性（因为它们既能骗住人民也能骗住统治者），但在今日中国它们绝不可能，因为古人还可以被皇帝是天子、是龙子龙孙，"天无二日、民无二主"等等所蒙骗，今人早已不信这一套，它们也就失效了。自法国大革命以来，意识形态（一套关于社会政治的学说、信仰）已经取代神意和传统成为合法性的主要来源。但是，冷战结束以后，连意识形态也难以担当合法化的重责了。现在，足以提供合法性的只有一个，那就是政治科学（当然是真正的政治科学，假冒的政治科学又成了意识形态），因为只有它能告诉人民什么政权是可取的什么是不可取的。我的判断是，蒋庆还停留于意识形态时代。

第三，蒋庆的合法性概念本身就含糊不清。合法性有两个层面：一是某个政体本身的合法性，二是在确认某个政体合法性基础上某个具体政府

的合法性；前者如台湾民主制度的合法性，后者如"陈水扁政府"的合
法性。纳粹上台前魏玛共和国的合法性危机便是双重的，首先是民主制度
遭到否定，然后是兴登堡政府遭到否定。冷战结束后，西方很多国家在政
体合法性层面上已经不再有太大的危机（哈贝马斯所谓"合法性危机"
有危言耸听之嫌），顶多存在具体政府层面上的危机。蒋庆三重合法性是
指哪个层面呢？好像是指政体本身层面，但他又常常用它来谴责具体的政
府（当然是非常隐晦的）。中国今日面临的合法性问题首先是政体层面
的，但仅就这一层面而言，蒋庆的合法性理论可以说也是无的放矢的。政
体层面的合法性问题在当今社会无非是民主制与独裁制哪个更容易被人民
接受的问题，与所谓神圣天道、历史文化毫无关系。似乎只有专制制度才
需要诉诸君权神授、祖宗成法之类神意、传统的理由来迷惑人民，让人民
心甘情愿地接受统治，而民主制度乃是合理的统治，人民对它的认可不必
如此。蒋庆所谓"人心民意的合法性"就其指因为政府是人民选举产生
所以人民认可它的权威而言，尚可作为合法性的一个方面，但也仅只是一
个方面，民主制度的合法性就是这种制度整体的合理性，民选产生政府只
是其合理性的一个方面而非全部。如果"人心民意的合法性"只是指人
民的意愿，或者中国古人所谓"民心向背"，那它连民主制度合法性的一
个方面都不一定是，因为它就是合法性问题本身即人民认可统治者与否的
问题，如果人民已经认可政府了（即民心向着政府了），那政府就合理合
法了。所以，蒋庆人心民意的合法性模糊不清，一会儿指政府由人民选举
产生，一会又指政府得到人民认可，以致他认为单靠民意是不够的，殊不
知人心向背义上的民意本身就是合法性问题唯一的对象，所谓天道、传
统只是手段而已（而且是已经过时的手段）。可见，蒋庆根本就没有认清
何谓合法性问题。

　　此外，蒋庆之所以如此自信地认为儒家王道政治超越了民主政治，还
有一个原因是他误以为民主制度只是靠人民选举赋予它合法性的，并因此
他沾沾自喜地以为儒家诉诸神意、传统再加民选便超越了"西方制度"。
蒋庆的错误来源于他把民主制度按亚历士多德传统理解为，人民（尤其
指下层人民）当家做主的制度，即由人民来统治的制度（以致他经常引
用西方人早已提出的"多数人的暴政"来批评民主制）。实际上，这种朴
素的观念早就被否定了。现代民主制实际上是一种混合制度，它综合多种

制度要素（当然其中不包括天道神意、历史文化），其合法性论证异常复杂，你可以说它保障了自由，你可以说它确保了平等，你可以说它达到了"民有、民享、民治"，你可以说它确保了经济繁荣，你可以说它防止了极权专制，这一切都具有说服力。然而，复杂的事情还可简单处理，通常人们只需要感觉到它是迄今为止人类所能找到的"最不坏的制度"（丘吉尔名言）就够了。所谓合法性问题，无非就是一国国民是否认可自己国家的政治制度（或当前政府）的问题罢了。三重合法性对中国今日需要的合法性而言太文不对题了。

政治合法性并不一定需要专门的学说来提供，并且即使需要专门学说，也不一定需要在政府内部安置一个专门的部门来宣传此学说。民主制度赢得合法性的一大原因恰恰在于它不为自己设置专门的合法化部门。换言之，假如提供合法化的学说是意识形态的话，民主制的一大好处就是它在政府里没有自己的意识形态部门。这是政教分离的必然结果。民主制伟大的地方在于它绝不试图垄断思想，因为它相信垄断思想便是思想专制，因而是有违民主制原则的。蒋庆让人难以忍受的一点就是他力图再次"独尊儒术"，把儒学树立为官方意识形态，并成为政府的一个专职部门。蒋庆此举至少给人一种对思想专制缺乏警惕的印象，让人想起五四以来流行的儒学"吃人"说，怀疑儒学与专制是否有着天然的联系。当然，我本人并不认为儒学与专制制度有着必然的联系，因为中国古代最伟大的反专制主义者黄宗羲、顾炎武等人便是儒门中人。那为什么蒋庆会让人觉得儒学天生就是专制制度的帮凶呢？我推测有两种可能性，一是蒋庆个人潜在的政治野心在作怪，试图做"帝王师"。如果是这样，他就太可鄙了。二是他受到西方社群主义的影响，强调任何政体都不是中性的，都包含某种价值标准，于是他坚信民主制度并非普世性的，只是包含着西方价值标准的制度，中国制度可以吸收民主制度的某些成分，但必须"中学为体，西学为用"，以中国的价值标准为主。由于他认定儒学便是中国的价值标准，因而他坚决主张把儒学写入宪法，把儒学立为意识形态。在此，我愿意厚道一点，认为蒋庆属于第二种情形。但即使如此，蒋庆的观点还是站不住脚的。的确，民主制度不是中性的，包含特定的是非标准（如反对专制独裁，反对特权，等等），但其一，民主制度包含价值标准并不等于民主制度是一种政教合一的制度，相反，正是民主制度的价值标准要求政教分离，民主制度的价值标准直接体现在它的制度设计中，不需要某种"教"来提供合法性；其二，民主制度包含价值标准并不等于该价值标准是纯西方的，并不意味着民主制度只是西方制度。如果承认这两点，就不难得出蒋庆的主张是错误的结论。不仅如此，由于蒋庆的错误不是个人私下的，而是面向大众的，他的错误学说便有了道德意味。于是，我不得不怀疑蒋庆是否真正的儒者。

文章到此就要结束了。最后，我想说，以我多年与读书人打交道的经验，我非常清楚，虽然在今日中国人们的思想非常混乱，然而人们常常也出奇的顽固，要说服一个人非常困难，要说服自以为真理在握的人就近乎不可能了。所以，我知道，我这篇文章发表以后，蒋庆和他的弟子们不会丝毫改变他们的观点，只会拼命反驳我的观点或者干脆置之不理。有时，我觉得，跟狂热的信徒是无理可讲的，因为对他们而言信仰先于理性，如同一个坠入爱河的人看他的爱人完美无缺一样，狂人的信徒看他们的学说也完美无缺。与这种人争辩完全是自说自话，不可能有任何真正的交流。蒋庆和他的忠实弟子给我的印象也是如此。我敢肯定，他们看了我的文章以后绝不会真正进行自我反思的。蒋庆说他常讲"十亿灵魂在游荡"，我猜他一定会把我也当作那游荡的十亿灵魂之一。这样的预感反过来更让我怀疑他们是否真正的儒者。如果儒者就应该是他们那样的，我就要追随鲁迅等人，坚决主张打倒孔家店了。幸好，我还相信，真正虔诚的儒者首先秉承的是实实在在的道德良知而非关于道德良知的夸夸其谈，因此我相信有一种儒者，他具有真正的道德感，为此他愿意抛弃古圣先贤一切站不住脚的学说，继承他们的实质而非他们的外壳，对儒家和非儒家的学说都采取开放的姿态却又始终以道义为取舍标准。真正的儒者懂得最伟大的道德家乃是对人世具有强烈悲剧意识的道德家，他知道有时貌似不道德实际有道德、有时貌似有道德实际不道德，他知道肉眼看去是圣人的实际上可能是恶魔。于是，他不复有先儒的自信，他知道做一个真正的道德家非常之艰难，他比几乎所有儒门前辈都更有反省意识。对了，正是这种反省意识，这种对道德曲线式的理解，才使他超越先儒，成为现代儒者（儒学现代化不是赶时髦，儒学现代化乃是儒学宗旨必然的需要）。

很遗憾，蒋庆及其追随者不是这种人。在上一篇评蒋庆的文章中，我对蒋庆还颇有好感，当时我厌恶的是借儒学混得学术地位而后趾高气扬、不可一世的教授；如今，时过境迁，我对蒋庆的好感已然不再，我已经很难区分自己最厌恶的是郑家栋式的人物还是蒋庆式的人物了。有时，我觉得，像郑家栋那样靠研究儒学混世的人也许比蒋庆那样想当新帝王师的人危害还要小一些，因而如果一定要选择的话还是选择前者好。在真小人与伪君子之间，我宁要真小人不要伪君子；在伪君子与伪圣人之间，我宁要伪君子不要伪圣人。我不是儒者，但我认为，真正的儒者也应该会这样选择，因为这才是真正合乎道德的选择。

（原载《原道》2014 年第 1 期）

新儒家的"政治"与"心性"

萧　武

2008 年金融危机的爆发，让中国崛起的时间突然大幅度提前。中国还没有做好充分的准备，就意外地成为世界第二大经济体，并且，按照许多人的预测，按照 GDP 计算，中国的经济总量将会在 2025 年前后超越美国，成为全球最大的单一经济体。如果按照工业增加值计算，则早在 2010 年就已超过美国，成为世界第一。一些比较乐观的国际战略人士也认为，中国崛起已经不是问题，问题已经变成美国如何衰落，也就是说，国际霸权如何从美国移交给中国，是像传统的国际霸权转移那样，通过战争来完成，还是像中国宣称的那样，中国会和平崛起？即使中国愿意和平崛起，美国是否愿意和平衰落？如果美国不愿意和平衰落，是否意味着中美之间将会发生一场无可避免的战争。不过，无论如何，中国崛起之后，将会获得国际霸权这一点，在许多人看来，已经是确定无疑将要发生的事情了。因此，全世界都在关注一个问题，中国崛起，将会给世界带来什么？

在此背景下，欧美学术界对中国学术界的态度也有了一百八十度的转变。他们不仅关注中国正在做什么，也开始关心中国人怎么想。这当然包括中国人怎么看自己、怎么看世界、怎么看自己与世界的关系等一系列问题。同时，也有一些欧美人士认为，几百年来主导全世界的欧美民主自由模式已经走到了尽头，现在需要寻找新的道路和可能性。中国作为一个生机勃勃的新兴国家，政治、经济和文化模式都与欧美不同，创造了独特的中国道路，因此，中国也被欧美一些人士认为最有可能发展出一整套完整的新的政治、经济和文化模式。

无独有偶的是，在许多中国模式的鼓吹者看来，近代以来，国际霸权虽然在欧美国家之间不断转移，但他们都属于同一个西方文明，即使霸权转移，也没有改变西方对自身文明的文化自信。而中国的崛起不同，中国与世界其他国家都完全不同的地方是，中国是一个有着悠久历史的文明传统的国家，有一套与西方完全不同的文明模式。因此，中国的崛起是一个文明型国家的崛起，这就意味着从政治、经济、文化到社会都与西方完全不同。也就是说，中国崛起不再是国际霸权在西方文明内部不同国家之间转移，而是意味着整个西方文明的衰落。与此相伴的则是，中国文明的兴起，将会带给世界完全不同的秩序和道路。虽然现在还没有人能说清楚实质性的变化究竟是什么，但在许多人看来，这是毫无疑问将会发生的事情。

作为中国传统文化的核心部分，儒家自然被许多人寄予厚望。因为，在许多人看来，中国之为中国，在文明的意义上，最为中国的部分，就是儒家。因此，儒家如何看中国，中国就如何看中国；儒家如何看世界，中国就如何看世界；儒家如何看中国与世界的关系，中国就如何看中国与世界的关系。无论这种看法能否成立，持有这种观念的人都确定无疑地相信，中国重新崛起，就意味着儒家的复兴，并重新成为中国乃至世界的"普世价值"。

在此背景下，新儒家就成了广受关注的思想潮流。然而，儒家真的能担负起如此沉重的希望吗？

新儒家新在哪里？

所谓新儒家，是相对传统儒家而言。最早是宋代儒学复兴时的一批儒家被命名为新儒家，是相对先秦儒家而言。近代以来，中国从一个庞大的帝国沦落为落后挨打的半殖民地半封建国家，儒家被认为是导致中国全面落后的主要原因，从而被全面批判和否定。不过，就是在"激进主义传统"处于压倒性地位的20世纪，仍然有人坚信，中国的落后只是暂时的，她迟早都会重新崛起，儒家本身也不是导致中国落后的原因，只是需要进行现代转化，使之能够适应现代政治、经济和文化生活。因此，一批学者一直致力于传承和延续儒家的文化生命，这其中，较具代表性的人物当属梁漱溟、熊十力、马一浮等人。20世纪中期，国民党败走台湾，新中国成立，历史转折之际，老一辈选择留在大陆，他们的学生辈则随国民党转向港台，从而形成了港台新儒家群体，包括唐君毅、徐复观等，更年轻一代则以余英时、杜维明等人为代表。在 1980 年代的文化热大潮中，一方面是新一轮的批判中国传统的高潮，主张全面西化；另一方面则是传统文化本身随着海外学者回大陆进行学术交流，重新浮出水面，成为热闹一时的文化现象。

不过，本文要谈到的新儒家并不是这些人，既不是熊梁一代，也不是唐徐一代，更不是余杜一代，而是在他们的启发下崛起的大陆新儒家群体。其中，比较有代表性的包括蒋庆、陈明、曾亦等人，其中最具典型意义的当属蒋庆。

虽然此前大陆学术界也有认同儒家的学者，但他们对儒家的研究多以哲学、历史、思想史的方式进行，他们对儒家的认同也主要是文化意义上的。蒋庆的不同之处在于，他完全重构了儒家的思想传统，将儒学分为心性儒学与政治儒学。他宣称，自孔子以降，尤其是今天人们所谈论的儒家，其实都不是儒家正统，而是由子思、孟子一脉传承而来的儒学，其思想重点在于人的心性。尤其是宋明理学兴起后，沿着思孟一路继续深化，心性儒学成为儒学主流，遮蔽了儒家真正的主流。那么，儒家正统是什么呢？蒋庆认为，这就是以在汉朝曾经兴盛一时的公羊学为代表的政治儒学。很显然，传统上，高校体制内的儒家学者们将儒学研究与传承集中在修身养性方面的哲学研究传统上，更强调儒家的学术性与规范性，而刻意地尽量与现实政治保持距离，因此一旦进入政治领域，其研究和言行即变得与儒家完全无关，而蒋庆为代表的政治儒学则明显地强调了儒学要讲政治，而且必须讲政治，甚至，按照他的思路，只有讲政治的儒家才是真儒家，只有讲政治的儒学才是真儒学。

这样讲当然是有道理的。儒家从开创者孔子开始，关注的重点就从来不是心性问题，而是政治问题。作为一个儒者，所有的学习，都是为从事实际政治做准备。即使是被人们认为是心性儒学的代表的宋明理学，实际上最终指向的也仍然是政治，而不是心性和学术本身。因此，在宋明理学的理论体系之下，心性本身就是政治的一部分。无论是作为君主的皇帝，还是作为大臣，他们在关键时刻的决断将直接决定了其政治上的成败，而决断的做出取决于他们内心的一念之差，而这一念之差的养成则需要通过长期的学习和修养,并不是凭空而来的。用司马光的话说,就是"学先王之道,所以求有益于当时"。也是在这个意义上,哪怕到了清代,儒家学者已经将主要精力用在辞章、考据上,形成了乾嘉学派,他们也始终都不认为他们是在进行纯学术研究,而是服务于现实政治的。比如著名的古文经学与今文经学之争中,双方都有大量学者进行皓首穷经的学术考据,但他们在进行学术研究的同时,都始终保持着清醒的问题意识。他们的研究,也始终都是问题先行的。甚至一些清朝著名的政治人物,他们本身虽然也进行一些学术研究,但这些研究却始终与其现实政治关怀密切相关。而那些后来以学术贡献留名青史的人,也并不是因为他们不想从事实际政治,而是因为他们没有得到适当的机会进入实际政治领域。相比之下,曾国藩本人也是理学名家,但风云际会,他成了晚清重要的政治人物,也更符合立功、立言、立德的儒家要求,从而为不少人所欣羡。

在现代新儒家中,熊十力、梁漱溟等第一代新儒家,本身虽然也进行了大量的学术研究,但也对政治始终保持着高度热情。尤其是梁漱溟,不仅曾在军阀割据的乱世亲自发起乡村建设运动,以重新恢复基层乡村秩序,还曾参加民主党派,实际参与政治,1949 年以后也始终对政治保持着高度关注。熊十力虽然相对离政治较远,但只要读过他的书和文章就不难看出,在他看来,研究儒家,本身对他而言就是一种政治活动。因为,他认为他承担着中国文化传统在历史转折之际的传承使命,这种高度的文化自觉,当然是建立在对国家民族的前途命运的高度关怀的基础上的。

第二代新儒家唐君毅、徐复观等,离政治也很近。徐复观本人曾是国民党少将,余英时曾在 1950 年代初期在香港参与反共活动。他们对儒家的兴趣,很大程度上正是服务于他们的反共活动。因为,在他们看来,马克思主义来自西方,中国共产党以马克思主义作为意识形态,就是对中国传统文化的最大破坏。因此,他们在港台进行儒学研究,就是为国家和民族文化传统保留火种,以待将来。不过,有意思的是,作为第一代的学生辈,第二代与第一代对新中国的态度却截然相反。第一代大多选择留在大陆,并最终在目睹了新中国在各方面的成就后,对共产党心悦诚服。而第二代却选择了与国民党共进退,随国民党一起逃亡海外。在这个集体性的差异上,也能看出,第一代对中国近代以来的历史经历得更多,对国家民族前途命运的关怀更超过对儒家文化传统的关怀,只要国家进步,儒家并非不能妥协。而第二代则更愿意相信，只有信仰儒家的中国才是中国，不信仰儒家的中国就不值得他们留恋。

1980年代的"文化热"大潮中，尤其是东亚"四小龙"的腾飞，让儒家在大陆重新浮出水面，并开始得到重视。表面上看，这一时期的儒家更多地强调文化层面的儒家，反对政治过多地干预学术研究，从而看上去有一种纯学术的气质。其背景是1980年代的新启蒙运动大潮。新启蒙运动是针对1949年至改革开放这三十年间的政治、文化体制和现实的。所谓新启蒙运动，首先就意味着，过去的官方意识形态马克思主义在各个领域居于主导性地位，当然也构成了对儒家复兴的压力。因此，这种所谓的纯学术，首先就意味着对马克思主义作为指导性原则的拒绝和排斥。这一点，儒家其实与其他领域相同，表面上的去政治化和反政治化，本身就是一种斗争策略，而非他们本身真的拒绝介入政治领域。

比如在文学领域，从1980年代开始，就已经出现了排斥政治的纯文学概念，他们宣称，文学就是人学，不应该被政治笼罩。然而，他们所反对的新中国前三十年的文学，恰恰是在颠覆几千年来帝王将相和各路精英主导的文化传统，建立劳动者的文化主体性，讲述普通劳动者的故事。纯文学所反对的政治干预，就是在反对这种建立工农劳动者文化主体性的社会主义文艺，恢复传统的帝王将相精英传统。到1990年代，市场经济大潮滚滚而来，文学倒是确实变得很纯了，已经与中国正在发生的社会生活没多少现实的关系了，乃至上亿下岗工人在文艺领域几乎被完全忽视，只有官方主导下的"从头再来"还在继续进行照本宣科的意识形态说教。这之后，文学离现实社会生活越来越远，导致人们根本不再关心文学，对文学失去了兴趣。文学圈对此的反应却是，人文精神失落了。

因此，那些在1980年代和1990年代看上去都在以纯学术研究的态度研究儒学的人，在2000年后纷纷公开宣称，他们就是儒家信徒，并且越来越多地要求国家从政治层面承认儒学，甚至有人干脆公开鼓吹，要用儒学取代马克思主义，成为国家的主导性意识形态，看上去似乎突兀，其实不然，他们从来如此。摆脱官方意识形态的控制，建立自身的合法性和正当性，再试图为自己建立一套普遍性的叙述，来要求官方接纳，这是一个完整的链条。

也就是说，儒家实际上从来不曾远离过政治，始终都讲政治，一贯地保持着高度的政治关怀。但蒋庆的出现依然与这些儒家有着重要的区别。

政治儒学的政治是什么？

那么，蒋庆的政治儒学，与那些将政治意图隐藏起来的心性儒学有何区别呢？

首先就是，蒋庆之前的新儒家们虽然也有政治意图，但他们的政治意图始终是隐藏着的，或者说是通过文化来介入政治。蒋庆则不然，他在政治儒学的名义之下，以非常简单直接、毫不迂回掩饰的方式介入现实政治。自现代学术体系形成以来，专业知识分子与官僚体系分途，知识分子往往因独立于政治而自豪，哪怕是以政治作为研究对象的政治学，也没有直接介入政治。蒋庆却宣称，儒家自诞生以来，就从来不回避政治关怀，那种回避现实政治的新儒家是心性儒学，不是儒学正宗，儒学本来就是为政治而生，儒家就是要以政治为业，而非以学术为业。即使以学术为业，也只是退而求其次，并不是首选。

其次，自近代资本主义革命以来，人民主权原则基本上被确立下来，民主自由平等成为普世价值，传统的新儒家都在努力重新阐释儒家思想，认为儒家思想本身并不反对这些原则，而且，儒学是可以和这些政治原则相兼容的。但蒋庆却公然否认这一原则，明确主张精英政治。在蒋庆看来，牟宗三致力于从心性儒学的内圣之道开出民主政治的新外王，从一开始就是错误的，也不可能成功。在现代民主政治制度下，每个人都拥有平等的投票权，一人一票。蒋庆质问说，在决定国家大事的时候，让一个普通的贩夫走卒与熟谙政治操作的政治家拥有完全平等的投票权，这难道是合理的吗？他认为，如果孔子生在今天，也参加选举，别人如果每个人只有一票，那么像孔子这样的人，应该一个人有一万票的投票权，这样才合理。

再次，蒋庆明确提出，现代政治只有民意一重合法性，也是错误的，合法性应该有三重，即天地人三重合法性。所谓天道合法性，是因为中国虽然没有类似基督教这样的国家宗教，但中国人仍然有朴素的神圣信仰，即对天的敬畏。那么，政治上的合法性就必须考虑到这一点，拥有超越性的一面，即顺应天意。所谓地，是指政治合法性要考虑到历史文化的合法性，这一点尤其是指中国近代以来的西化潮流。在蒋庆看来，中国之为中国，中国人之为中国人，其根本性的特征即在于中国独特而悠久的历史文化传统，儒家自然是其主要代表。因此，中国的政治合法性必须建立在延续中国历史文化传统的基础上。这一点自然是指向官方意识形态的，因为，在蒋庆及其他新儒家看来，马克思主义同样来自西方，是西化的结果，在中国无权充当官方意识形态和政治合法性的理论来源。也是在这一点上，蒋庆与其他新儒家一样，要求官方承认儒家的历史地位，并将儒家重新确立为官方意识形态。所谓人，则是指近代以来已经确立为基本政治原则的民意合法性。

第四，在提出上述三重合法性理论的基础上，蒋庆还提出了一套区别于西方的三权分立的政治方案。与三重合法性相对应，他认为应该设立三个机构，分别代表三重合法性。第一个是庶民院，大致相当于英国的下议院，即通过选举产生出来的民意代表，代表民意合法性。第二个是贵族院，相当于西方历史上的贵族院，或者今日英国的上议院，代表历史文化传统合法性。第三个则是通儒院，主要由儒家代表性人物组成，代表天，即神圣合法性。而实现这一政治方案的基础是将儒教确立为国教。他认为，儒教在历史上有三大功能，一是为现实政治提供合法性，二是为社会秩序提供规范，三是为普通人提供安身立命的生命信仰。那么，在今天的中国，如果将儒教确立为国教，儒教就可以继续发挥这三大功能。

在蒋庆提出的这套理论和政治方案的基础上，有人干脆直截了当地提出，民主共和根本不适合中国，最适合中国的政治模式应当是王道政治，实际上也就是要恢复君主制，设立一个世袭的但并不赋予实际政治权力的君主，搞君主立宪制。而在蒋庆及其追随者看来，今天的中国，最有资格充当这一体制下的君主的，毫无疑问就是孔子后裔。因为，中国数千年的历史上，多个王朝曾经兴起，最终又衰落。唯一万世一系地延续下来的，只有孔子家族。孔子本人虽然终生"惶惶然如丧家之犬"，只是后世儒家眼中的"素王"，但在今天，他的后裔则完全有资格成为重新恢复君主制的中国的君主。

对今天的中国人来说，蒋庆的这些主张乍一看，会让人觉得离经叛道，匪夷所思。但只要稍加思索，就不难发现，蒋庆的这种主张实际上差不多就是康有为在辛亥革命之后的君主制设想，只是做了一些细微的调整，在论证方式上回应了一些当代政治的问题。实际上，蒋庆本人对康有为也赞赏有加，甚至包括儒教国教化的提法，最早也是康有为在辛亥革命后提出的。只不过，康有为提出这些主张是基于辛亥革命之后，军阀混战导致共和失败，全国陷入政治秩序崩溃的局面，而蒋庆在今天提出这一套，则是基于他对当代中国政治的判断。他和那些鼓吹宪政的自由派一样，断定中国现有的政治模式根本不能适应中国，无论是自己主动改革，还是在各种力量作用下崩溃，最终都将需要重新建立一套政治模式。那么，他提出的这套方案就是一个备选方案。在这里，他与鼓吹宪政的自由派不同的地方是，自由派鼓吹的是自由民主基础上的宪政，即以美国为蓝本的政治模式，而蒋庆提出的模式则更接近英国模式，即君主立宪制。因此，我们就可以理解，为什么今天活跃的新儒家中，有不少人曾经是自由派，也有些人曾经是宪政的积极鼓吹者。

实际上，在蒋庆的带动下，大陆新儒家中也掀起了一股康有为热潮，有些人干脆戏称他们为康党。其中有些人认为，今天中国无论左派还是右派，都已经认同中国必须走向现代中国，这本身也是康有为当年的主张之一。而且，他们还认为，康有为思想中还有两个重要的方面，一个是君主，另一个是国教。也就是说，按照他们对康有为的理解，康有为的设想是，共和在中国必然失败，不会成功，最终仍然要实行君主制，同时将儒教定为国教。

但这些人似乎都有意无意地忽略了一点，康有为在辛亥革命之后虽然看上去较为保守，但这是基于他对墨西哥革命的亲身观察。而且，他本人在流亡拉美期间，曾经在墨西哥投资房地产，墨西哥的革命导致政治秩序崩溃，全国混乱，康有为的投资也血本无归。因此，他对墨西哥的革命是有切身之痛的。康有为断定革命将带来混乱的前提是，他本人曾研究过中国的货币、兵制、外交、财政等各方面的情况，对中国当时所面临的问题的复杂性的理解要远远超过许多革命派。正是在这两个基础上，他才断定，在条件尚未成熟，而且国内外形势异常复杂，正在酝酿重大变化之际，如果发生革命，又缺乏建立一套完整的新的政治体系的能力，将使中国陷入政治混乱。在这个意义上，他在当时反对革命是基于政治审慎的理由，而且是把革命派视为政治浪漫派来批评。辛亥革命之后的形势发展也大体印证了康有为的判断，于是他又重新提出了他的政治主张。

以当时的形势论，在袁世凯死后，帝制复辟失败，北洋军阀四分五裂，全国陷入割据混战，即使真如康有为所说，找到一个君主，无论是已经被废黜的清朝皇室，还是蒋庆所设想的孔子后裔，都无助于解决当时的问题。历史最终用自己的逻辑做出了选择，却不是君主制，而是继续在共和的道路上前行。因为，当时看上去是共和失败了，但根本而言是政治力量的失衡和辛亥革命许诺的人民的主权并未落实，而不是共和的制度出了问题。因此，虽然后来张勋一度复辟，搬出了溥仪，重新恢复了清王朝，却并没有收到什么效果，而是很快就被其他北洋军阀消灭了，从而使这场复辟沦为一场历史的闹剧。

但今天蒋庆及其追随者们，却恰恰表现得更像当年康有为所批评的革命派，即在政治道路的选择问题上，激情压倒了理性，对现实政治的复杂性考虑不足，却盲目地相信自己已经手握终极真理，更多的时候只是诉诸道德激情。

这种对待政治的态度，在卡尔·施密特看来，正是所谓的政治的浪漫派的典型表现。施密特在批评政治的浪漫派时，首先批评的就是英国著名的保守主义政治哲学家埃德蒙·柏克。柏克的著作，给人留下的第一印象就是，无论是否同意他的观点，其中在字里行间所透露出来的道德激情非常让人动容。而蒋庆本人恰恰是柏克研究专家，并曾翻译过柏克的著作。虽然蒋庆曾在以往的访谈中公开表示，他的主张与他研究柏克的经历无关，但他在相关论述中流露出来的高度的自信、使命感和道德激情，都让人无法相信柏克真的对他毫无启发。

无视中国革命还是反中国革命？

蒋庆及其追随者们对三重合法性理论的反复论证中，最大也最明显的缺陷是，他们在考虑中国政治合法性问题的时候，忽略了最重要也最不应该忽略的一重，即新中国之为新中国，其合法性和正当性最重要的来源是中国革命。而且，这里的中国革命还不只是1949年新中国成立，而是汪晖所说的"革命的二十世纪"，是"漫长的中国革命"。

作为新中国的开创者，毛泽东对新中国政治合法性最为简要而准确的论述是他给人民英雄纪念碑的题词：为新中国的建立做出贡献的，不只是三年解放战争中牺牲的烈士，还有三十年来的人民革命中牺牲的烈士，还有 1840 年以来为了民族独立与自由，在反对国内外敌人的斗争中牺牲了的烈士。也就是说，毛泽东自觉地将新中国视为自 1840 年以来中国反帝反封建斗争的成果，而不只是共产党领导下的人民革命的胜利成果。"三年以来"意味着为了建立人民民主的政权，"三十年来"意味着新中国必然要走社会主义道路，"1840 年以来"则意味着新中国必须摆脱帝国主义列强的欺凌而获得民族独立和自由。这同样是三重合法性，分别代表着民意、发展道路选择和民族。

类似的合法性论述，还出现在《中华人民共和国宪法》的序言里。其中明确说，新中国成立后，"从此，中国人民掌握了国家的权力，成为国家的主人"。这就是说，新中国的主权属于人民。这是中国革命的成果，也是新中国的基础。要在这个基础上恢复精英政治，重建王权，就意味着对中国革命的全盘背叛，也意味着对 1949 年成立的新中国的全盘否定。这是在今天讨论中国一切政治问题都必须牢记的出发点。

曹锦清教授曾说，中国人民是世界上唯一胜利过的人民。为什么是胜利过的，而且是唯一的？在苏联或东欧地区，革命几乎是从天而降的，社会动员并不充分，人民在革命斗争过程中并不是主动的参与者，而是被动的参与者。而中国革命与其他国家和地区的革命不同，是在漫长的革命斗争中，创造了独特的革命斗争道路，进行了充分的社会动员，人民以积极的姿态参与了革命的过程。也是在漫长的革命年代，通过社会结构改造和政治动员，让普通民众从原来一盘散沙的小农变成了现代意义上的政治主体。革命完全摧毁了原来的社会结构，重新建立了一套人民当家做主基础上的制度和社会结构，中国人民从此能够站着做人。虽然改革开放以来，现实状况已经有了巨大的变化，但是革命的遗产，尤其是思想上的遗产，已经深深地植根于中国社会文化心理的最深层次，成为今天中国公共政策与政治事务讨论必须面对的基本事实。

而蒋庆和新儒家的主张意味着，他们完全无视中国革命这一历史事实，进而完全无视中国革命带给当代中国的最重要的遗产就是平等和人民主权，同时也忽视了当代中国政治的合法性的基础来源是中国革命，而不是神圣，也不是历史文化，更不是西方政治思想意义上的民意。正是因为中国革命作为一个既成事实及其留下的政治遗产，中国人民对任何复活等级制和精英政治的冲动都极为敏感。近些年来，媒体上经常批评社会上戾气太重，仇富仇官心态严重。但换一个角度看，这种社会心理同时也意味着，平等作为中国革命的遗产，在当代中国社会仍然是重要的价值观，任何等级、特权和精英政治都会被视为对社会平等的威胁，从而遭到广泛的批判。

也正是在这个意义上，试图公开恢复世袭王权、贵族特权和社会等级制度，必然会失败，提出这种主张的思想也就完全不具有任何可操作性。在现实政治层面，也不会有任何人会真正企图恢复世袭王权，即使事实上出现了父死子继的政治世家把持政治权力的情况，在形式上也必须是共和，而非君主。否则，即使符合蒋庆说的三重合法性，只要不符合中国革命这一条，也必将失败。蒋庆所提出的一系列所谓儒家的政治制度设计恰恰是对中国革命的否定，是对中国革命遗产的否定，试图恢复世袭王权、贵族特权和等级制度，只能是书斋里的空想。

（原载《经济导刊》2017 年第 2 期）

试谈儒学复兴的未来前景

林存光

在中国历史上，儒家思想及其意义具有错综复杂的多维面向，儒学发生、成长、演化的历史决非一种单线发展的过程，儒教或儒家文化的传统也决非是"一种单一的信念或一套统一的实践"①。因此，对儒家思想、儒学、儒教或儒家文化及其意义的任何单一的、固定不变的教条式解读，都不可避免地会导致严重的误读和曲解。

儒家一定是关切个人德性修养的，也一定是关切政治和公共治理的。在儒家的视域中，修己与安人、正己与化人、内圣与外王实则是一体两面而密不可分的问题，尽管在历史上某一时期的儒者或是偏重于外王学的政事功业，或是偏重于内圣学的心性修养，但是，诚如杜维明先生所说，"完全不关切政治的儒家是不可想象的"②，同样，完全不关切德性修养的儒家也是不可想象的。事实上，信如有的学者所言，"传统儒学的特色"正"在于它全面安排人间秩序"的实践诉求。然而，近代以来，在遭遇西方强势文化的冲击和挑战，在经受现代中国学者无情蔑弃与激烈抨击的冲刷和洗礼之后，尽管当下儒学复兴的呼声正日趋强劲，但迄今为止，儒学的文化身份与价值定位可以说仍然是一个悬而未决、富有争议的难题。

曾经有学者断言，由于"全面安排人间秩序"的"儒家建制"，"自辛亥革命以来便迅速地崩溃了"乃至一去不复返了，故而"儒学遂尽失其具体的托身之所，变成了'游魂'"。认清了这一无可争辩的事实，我

---

① ［美］包弼德：《斯文：唐宋思想的转型》，刘宁译，江苏人民出版社 2001 年版，第 22 页。

② 杜维明：《东亚价值与多元现代性》，中国社会科学出版社 2001 年版，第 114 页。

们也许不得不承认的是，儒家通过建制化而全面支配中国人的生活秩序的时代恐怕已经一去不复返，而"有志为儒家'招魂'的人不必再在这一方面枉抛心力"。① 然而，断言或宣称现代儒学为"游魂"，并非如一般人所误解的那样，是对儒学死亡的宣判或诅咒，而只是说传统"建制化的儒学"已成为历史，但"'魂'即是'精神'，从传统建制中游离出来之后，儒学的精神可能反而在自由中获得了新生"，乃至在今天"一味诅咒儒学或完全无视于它的存在恐怕也是不行的"②。

　　然而，值得注意的是，在当今中国却兴起了一股"有志为儒家'招魂'"、意在重新建立政教合一的"儒教国家"的"政治儒学"和将"儒教"建制化为"国教"的思潮。发起、鼓动这一思潮的所谓"大陆新儒家"如蒋庆、康晓光等人，积极、明确地提出了自己的一系列具有强烈而鲜明的政治化和宗教化意识形态色彩的政治主张和具体制度构想，即"在当今中国恢复古中国圣王之教"，"'儒化'当今中国的政治秩序"，将所谓的"不是由民作主，亦不是以民为本"的"为民而王"的"王道政治"具体落实为一种由分别代表民心民意、天道圣法和历史文化三重合法性的"庶民院""通儒院"和"国体院"组成的三院制的"儒教宪政制度"，又或者是"反对'主权在民'原则"，而"主张政治精英垄断政治权力"，以实行具有权威主义合法性的"现代仁政"或建立"儒士共同体专政"的"儒教国家"。那么，在"有志为儒家'招魂'"的蒋庆先生看来，儒学在当今中国究竟有什么用呢？要而言之，儒学有八个方面的用处，即通过儒学可以"安顿中国人的个体生命"，"重建中国人的社会道德"，"重塑中华民族的民族精神"，"重建中国人的信仰与希望"，"重建中国政治秩序的合法性"，"建立具有中国文化特色的政治制度"，"奠定中国现代化的道德基础"，"解决中国的生态环保问题"。总之，一句话，儒学可以解决当今中国面临的所有重大时代性难题，因此，"只有儒学才是当今中国最有用的思想学说！只有儒学才能够救中国！"正唯如此，蒋庆先生由"儒学在当今中国有什么用"而推论出的一个"真理性"或"全能教义"式的结论就是，要想解决当今中国面临的所有重大时代

---

① 余英时：《现代儒学论》，上海人民出版社1998年版，第37、243页。
② 同上书，第42页。

性难题，"唯一办法就是复兴儒学"，而且，希望仅仅通过他的这样一场关于"儒学在当今中国有什么用"的演讲，就"能够使大家达到儒学在当今中国最有用的共识"。这是何等超凡的"气魄""胆识"和"魅力"?! 不过，正像有的学者所说，如果"我们并不天真地认为儒学在日常生活中的制度化即是儒学的充分实现，缘饰和歪曲都是制度化过程中所确实发生过的现象"的话①，那么，我们是否有必要保持这样一种高度警醒的意识，即当蒋氏"全能教义"式的"儒学"重新被制度化或建制化，其"用"是否就意味着"儒学的充分实现"而不会被"缘饰和歪曲"？而且，在道理上"儒学在当今中国有什么用"与在现实中"复兴儒学"有什么用，这两者之间毕竟尚隔一间。

但是，不管怎样，正如约翰·密尔所说，即使我们"姑且冒认"蒋庆先生的有关"儒学在当今中国有什么用"和"唯一办法就是复兴儒学"的个人意见"皆系真确"，但接下来我们仍需"考查一下"，"若不对那些意见的真确性进行自由和公开的讨论而径加以主张，这样又有什么价值"。事实上，"凡持有一种坚强意见的人，不论怎样不甘承认其意见有谬误的可能，只要一想，他的意见不论怎样真确，若不时常经受充分的和无所畏惧的讨论，那么它虽得到主张也只是作为死的教条而不是作为活的真理——他只要想到这一点，就应该为它所动了"②。我们不知道蒋庆先生是否想到了这一点并应该为它所触动，但我们并不天真地认为听蒋先生这么一说国人就可以达成"儒学在当今中国最有用的共识"。如果我们不想让儒学或"复兴儒学"在当今中国变成为一种"死的教条"，而是希望它能够重新成为一种"活的真理"，那它必然要"时常经受充分的和无所畏惧的讨论"，在讨论中意见分歧的发生乃是有益的和再正常不过的现象。约瑟夫·熊彼特说："理解自己信念的相对正确性而又毫不畏缩地支持它，这就是文明人区别于野蛮人的地方。"③ 在笔者看来，今天，儒者所能做的最有意义的事情，也许是在思想自由、价值多样以及多元文明竞立并存的时代背景和生活环境下，理解儒学信念的相对正确性而又毫不畏

---

① 余英时：《现代儒学论》，上海人民出版社 1998 年版，第 230 页。

② ［英］约翰·密尔：《论自由》，许宝骙译，商务印书馆 1959 年版，第 40 页。

③ ［美］约瑟夫·熊彼特：《资本主义、社会主义与民主》，吴良健译，商务印书馆 2009 年版，第 360 页。

缩地支持它，而且更加重要的是，要通过交流和对话、积极沟通和良性互动的方式，调动、整合各种有益资源，共同协作应对我们所面临的生存困境和时代性难题；而不是像王夫之所说，"儒者任天下事，有一大病，将平日许多悲天悯人之心，因乘权得位，便如郁火之发于陶，迫为更改，只此便近私意，而国体民命，已受其剥落矣"（《读四书大全说》卷六《论语·子路篇》），更何况还未"乘权得位"呢，就汲汲于要将儒学重新建制化为一种"全能教义"。这无疑需要具备一种自我信念上的节制美德，不节制的结果也许只会陷入自欺或导致自毁，不仅达不成思想的共识，反倒在当今中国引发了激烈而无谓的思想的纷争和意识的撕裂。

　　事实上，据我们的观察，在当今中国，"一味诅咒儒学"者有之，而"有志为儒家'招魂'"者也不乏其人。当然，处身在这两种极化立场之间者亦大有人在。不过，令人颇感吊诡的是，真诚地批评反思儒学之历史阴暗面者常常被污名化为儒学的"一味诅咒"者，反之，积极阐扬儒学之精神价值与意义者却不得不与"有志为儒家'招魂'"而自我标榜为"儒家代表"的人苦苦竞争儒家代言人的身份和名位，而且，理性的批评者与温和的阐扬者也总是公然地相互丑诋和敌视，局面之尴尬着实令人堪忧。为此，要想达成基本的思想共识而不是简单地消除意见分歧，最好的办法就是大家都能够清楚地认识到，儒学之用必须基于儒学之体的"托身之所"，儒学的现代复兴必须基于恰当的现代定位，唯明体才能达用，唯恰当的定位才能有适用的复兴。要而言之，就儒学自身来讲，唯以心性修养为体，才能求其外王事功之用[1]；而就儒学之体的"托身之所"或恰当定位而言，则儒学必须托身于现代社会生活形态之所，才能求其适当之用。也就是说，儒学要想托身于现代社会生活形态之所而求其适当之用，就必须经过创造性转化和创新性发展的方式，以便在适应现代社会生活条件的前提下将其适合当今之用的人文思想资源与价值符号系统重新激活，儒学只有在转化适应并积极参与现代社会生活形态之塑造的动态过程中才

---

　　[1]　宋儒张载曰："既学而先有以功业为意者，于学便相害，既有意必穿凿，创意作起事也。德未成而先以功业为事，是代大匠斲希不伤手也。"（《张载集》，章锡琛点校，中华书局1978年版，第279页）现代新儒家代表人物牟宗三说："凡宣传科学而必诟诋儒家内圣外王之教者，其人为无知；凡要求事功而反心性之学者，其人为鄙陋。"（牟宗三：《政道与治道》，广西师范大学出版社2006年版，序）

能真正走向适当其用的传承与复兴。不过，在今天，我们对于儒家前景的估计却也"不能不以儒家以往的历史为依据"或以"儒学的传统功能"作参照，以便在儒家思想和当代社会之间能够寻求一种有意义的整合方式。

就笔者一直以来所关切的核心研究主题即历史上的儒家政治哲学与政治文化传统而言，虽然这项学术研究工作的重心在做历史的梳理和客观的理解，但并不预先断定儒家之外王学思想及其政治实践，在今天看来已毫无价值又或者是全盘适用。乔治·萨拜因曾言，"群居的生活和组织乃是生物生存的基本手段"，而人类尤其如此，因为"人类不像海龟那样有着坚韧的甲壳，也不像豪猪那样有一身刺毛"，为了维持自身的生存，人类必须过群居生活，并有效地组织自身的群居生活，而政治理论即为"人类为了有意识地理解和解决其群体生活和组织中的各种问题而做出的种种努力"。① 而我们的古哲先贤亦说："凡人之性，爪牙不足以自守卫，肌肤不足以捍寒暑，筋骨不足以从利辟害，勇敢不足以却猛禁悍，然且犹裁万物，制禽兽，服狡虫，寒暑燥湿弗能害，不唯先有其备，而以群聚邪。群之可聚也，相与利之也。利之出于群也，君道立也。故君道立则利出于群，而人备可完矣。"（《吕氏春秋·恃君》）尽管由于时代性的限制，我们的古人基本上并没有脱离君主制的观念框架来展开他们的政治思考与政治实践，但是，这并不意味着他们为了有意识地理解和解决人类群体生活和组织中的各种问题而做出的种种努力就仅仅是一堆完全错误的历史尝试，其得失成败实则需要我们进行客观、公正而审慎的历史评判。

我们既不认为某些人"在自家书斋中杜撰"出来的"政治儒学"②在当今中国能够成为一种"教条"式的"全能教义"，同样我们也不认为历史上基于儒学视域的政治思考对我们今人就毫无启发价值和借鉴意义。从"有意识地理解和解决其群体生活和组织中的各种问题"的意义上来讲，古今中西的政治哲学与政治文化传统所积累的丰富思想资源与实践经验，同样值得我们认真对待，并能够激发我们深思这样的问题：我们为什么需

---

① ［美］乔治·萨拜因：《政治学说史》（第四版）上卷，托马斯·索尔森修订、邓正来译，上海：世纪出版集团、上海人民出版社 2008 年版，第 11—12 页。
② 杜维明：《青年王阳明（1472—1509）：行动中的儒家思想》，生活·读书·新知三联书店 2013 年版，"杜维明作品系列"序言。

要政治？什么才是真正的政治？如果说人本质上是一种政治性的存在，人必须过一种政治共同体的文明生活的话，那么，人究竟应该是一种什么样的政治性的存在，或者过一种政治共同体的文明生活或一种治理优良的政治文明的生活秩序，又究竟意味着什么？汉娜·阿伦特认为，我们必须摆脱"政治涉及的是统治或支配、利益、执行手段等"诸如此类的古老偏见，真正的政治处理的是"在一起"（being together）的问题，尽管"这并非是要否认利益、权力、统治是极为重要的，甚至是核心的政治概念"，但对于政治而言，真正"根本的概念"却关乎着"生活在一起"（the living-together）的问题①。对于阿伦特而言，真正的政治不等于统治、支配和控制，对于孔子和儒家而言，真正的政治不等于用强制性的政令和刑罚手段来使人民屈服顺从，而是以正确的道德行为和文明的礼义规范来引领、感化人民，政治上的第一义乃是旨在"提高国民人格"②或养成人民"美善之品性与行为"③。与之相反，法家认为政治的根本目的在于专务以刑罚法令预防和禁止人们的奸邪行为，乃至把所有臣民都设想为奸邪之徒而不相信有"自善之民"；道家则认为应实行因循自然、放任在宥的无为政治。所有这些我们过去所隶属或今天仍然必须面对的政治思考传统都值得我们认真对待并加以充分领会，正如麦金太尔所说，"对自己所隶属或面对的各种传统有一种充分的领会的美德"，"这一美德不可混淆于任何形式的保守主义好古癖；我不赞成那些选择了厚古薄今、因循守旧的保守主义角色的人。相反，事实毋宁是，对传统的充分领会是对未来可能性的把握中显示自身的，并且正是过去使这些未来可能性有益于现在"④。不过，我们仍然认为，在上述政治思考传统中，孔子和儒家对于性近习远的人们共同"生活在一起"及其"和而不同""群居和一"之道的思想探索和政治思考，在今天仍然具有重要的启示价值和意义。在我看来，探索和思考"和而不同""群居和一"之道的最好方法和途径就是

---

① ［美］汉娜·阿伦特：《康德政治哲学讲稿》，［加］罗纳德·贝纳尔编，曹明、苏婉儿译，上海人民出版社 2013 年版，第 203 页。

② 梁启超：《先秦政治思想史》，东方出版社 2012 年版，第 121 页。

③ 萧公权：《中国政治思想史》，新星出版社 2005 年版，第 44 页。

④ ［美］A. 麦金太尔：《追寻美德：伦理理论研究》，宋继杰译，译林出版社 2003 年版，第 183 页。

问一下"不同"真的能"和"或"群居"真的能"和一"吗？要想实现"和而不同""群居和一"或多样性和谐的政治目标，其实是需要极为高明而含弘包容的政治智慧的，而政治之为政治，说到底也就是要通过人们之间的协作行动来创造一种美好社会、维护共同治理的优良生活秩序或实现某项伟大的人类事业。我们认为，这一意义上，古今政治视野的会通与融合将是极富理论价值和实践意义的。

（本文原为作者主编"儒家政治哲学与政治文化论丛"的总序，题目是新拟订的，个别文句稍有修改，该论丛已由学习出版社于 2017 年 8 月出版，已出版书目有《天下为公与民惟邦本》《论儒教作为一种文教》《道义、权力与政治》《尊王与富强》）

三　马克思主义与大陆新儒学

历史唯物主义与中国道路

陈先达

中国道路问题，是最为世人关注的大问题。中国选择什么道路，中国向何处去，不仅关系到中华民族的命运和全体中国人民的切身利益，也会改变世界政治格局和大国之间的力量消长。"中国威胁"论、"中国经济崩溃"论等，本质上都是以话语形态出现的包含对中国道路取得的伟大成就的焦虑和恐惧。

一　中国道路与中国方案

中国道路，就其一般意义而言，包括中国革命、建设、改革所经历的全过程。对过去来说，是中国的革命和社会主义建设历史；对现实而言，它就是中国当代的社会主义实践；对未来而言，它就是中国为之奋斗的实现"两个一百年"奋斗目标和中华民族伟大复兴，最终实现共产主义。作为一个整体，它就是中国共产党领导中国人民革命和建设的实践历史过程。中国共产党95年来走过的道路，内蕴着中国共产党人的文化自信，其深层本质是对共产党执政规律、社会主义建设规律、人类社会发展规律的把握。

笔者以为，中国道路的提法或许比中国模式的提法更确切，更符合马克思主义哲学的本义。模式的提法难以表达出中国特色社会主义道路的本质。从语意来说，模式是成型的、静态的、稳定的。用在国家发展上，模式具有排斥性，把自己国家的发展视为不同于其他国家的唯一的最具优越性的发展方式，或者认为自己国家的发展模式具有普适性，可以为其他国家提供一个现成的发展范式，如同制作糕点的模型，全部糕点都是从一个模子里制作出来的。无论在何种意义上，模式论都不太适用于中国特色社会主义道路。

从历史唯物主义角度看，各国有不同的发展道路，没有放之四海而皆准的发展模式，更没有唯一的模式。西方发展道路是由西方国家自己的历史和文化决定的，而不是为世界提供模式，也不可能提供模式。中国推行改革开放，表明中国共产党愿意学习世界各国尤其是西方发达资本主义国家的经验，但是中国不会照搬西方发展的模式。习近平总书记说过，"我们愿意借鉴人类一切文明成果，但不会照抄照搬任何国家的发展模式"，"不能企图用一种模式来改造整个世界"。

历史唯物主义是社会形态发展论，而不是社会发展模式论。中国特色社会主义道路，不是从天上掉下来的，而是中国人民在中国共产党领导下走出来的。从整个中国历史来说，中国特色社会主义是在对中华民族几千年文明和文化的传承中得出来的；从近代史来说，它是从 1840 年以来中国人民为民族复兴而奋斗、而牺牲、而不断遭受挫折的苦难经验和教训中总结出来的。道路是纵向的，它与自己国家过去的历史特点和文化特点不可分割。没有中国历史的发展，没有中国文化的积累，就没有中国特有的发展道路。

道路的特点是实践，而不是仿效制作，照葫芦画瓢。中国道路就是中国人的实践，不实践就不是道路，也没有道路。当然，在中国特色社会主义建设中，我们可以有规划、有顶层设计、有"两个一百年"要达到的目标、有中华民族伟大复兴的目标，但目标不等于道路。目标只是道路的重要部分，是道路的指向和要达到的站点。至于如何到达这个站点，怎么走，就是道路问题。可以大胆地说，按照历史辩证法，我们不可能详细地绘制一个不需要修改、不需要完善、不需要调整的中国道路规划图，而是应该根据实际情况不断调整。这就是顶层设计与摸着石头过河两者的结合。因此，中国道路不是固定模式，它包括弯路，包括曲折，甚至会碰到岔路。中国特色社会主义道路不是定型的，而是未完成式，现在仍在继续走。一句话，中国道路是实践过程，它为人类对更好的社会制度的探索提供的是中国方案，而不是一个现成的模式。

改革开放几十年来，在中国道路上我们取得了伟大的成就，也遇到了不少问题。其中有一些是有违改革初衷、未曾料到的新问题，正在采取措施逐步解决。社会主义建设是有规律可循的，我们会有盲区，会有没有掌握的新的规律。我们还要不断摸索、不断总结。改革初始，邓小平提出以经济建设为中心，重点放在解放生产力、发展生产力上，为此提出发展是硬道理的著名论断。在改革实践过程中，中国共产党人继续推进发展是硬道理的原则，提出了科学发展观，再发展到现在的创新、协调、绿色、开放、共享的新发展理念；从开始的一部分人先富起来，发展到现在强调共同富裕，强调依法治国，强调公平、正义，这都是从 30 多年一步一步改革经验积累中走过来的。30 多年来的经验证明，中国特色社会主义道路是在实践中不断完善的。这个过程并没有结束，中国道路有明确的方向图，通过深入探讨什么是社会主义，怎样建设社会主义；建设什么样的党，怎样建设党；实现什么样的发展，怎样发展这些有关道路的根本性理论问题，提高了我们的理论自觉性，为制定各项方针政策，推进各项工作提供了科学指导。

　　中国方案的提出，有重要理论和实践意义。中国方案，就存在于中国道路之中。没有中国道路就不会有中国方案。提不出中国方案，中国道路就会变成一句空话。或许有人说，只有中国模式才有世界意义，而中国道路没有世界意义。这不符合历史唯物主义观点。模式提供的是模具。我们反对西方推行的普世价值观，就是反对他们对自由、民主、人权的解释的话语霸权，反对它们把西方的资本主义民主制度模式化。其实，各个国家需要的是符合自己国情和文化特点的自由、民主和人权制度。当然，我们可以学习它们的优点，吸收西方的积极成果，但我们有自己的发展道路和方案，而不是成为从西方模具中复制出来的仿制品。

　　中国道路，既是具有中国特色的中国之路，又是具有世界意义的中国之路。讲它是中国特色之路，是因为它具有中国的历史特点、民族特点、文化特点；讲它又是具有世界意义的中国之路，是因为它向人类提供了不同于西方发展道路的中国方案。这个方案向世界表明，一个近百年来受列强压迫和侵略的民族，一个曾经落后于西方发达国家的民族，完全可以依靠自己的力量，建立与自己民族特点相符合的制度和发展道路，走上民族伟大复兴之路。

　　资本主义社会并不是人间天堂，资本主义的经济和政治制度也不是人类社会发展的唯一之路，资本主义的价值观念并非人人必须奉为圭臬的绝对价值。在当代，各国的发展，完全可以有不同的方案。这正是西方某些资本主义国家拼命遏制中国和平发展的原因。因为中国的崛起意味着中国方案的成功；而中国方案的成功，意味着在当代可以有另一条通向自己国家和民族的复兴之路，而不必接受西方兜售的资本主义制度优越论和永世论的灵丹妙药。中国方案是马克思主义和中国文化精华的结合，它的影响力和说服力，是中国对世界的贡献。正因如此，西方一些国家千方百计对中国道路进行抹黑，并将之视为对"自由世界"道路的背离。

二　中国道路之争

方向决定道路，道路决定命运。在中国，不同道路之争，其深层体现为不同文化之争。中国应该走什么样的道路，其争论由来已久，并非现在才出现。早在 20 世纪二三十年代中国共产党成立以后就存在，这就是中国共产党主张的在中国进行革命的道路，文化保守主义主张的中国文化本位主义，一些人倡导的全盘西化的资本主义道路。1949 年中国革命的胜利，从实践上对这个问题做了总结，而毛泽东的《论人民民主专政》一文，对这个问题从理论上做了概括。本来，在中国革命胜利之后的前 30 年，这个争论已经沉寂。但随着改革开放后中国总结"文化大革命"经验教训，随着重新正确理解中国传统文化，随着经济全球化后西方新自由主义思潮的涌入，关于中国道路的争论再度兴起。但现在各自的立论与表现，与中国革命胜利之前的 20 世纪二三十年代的文化保守主义和全盘西化论相比，具有新的时代特点和理论支撑。这个理论支撑的文化特点可以概括为三个"化"，即：中国特色社会主义道路的核心是"马克思主义中国化"；回归传统，回归儒学，重塑中国社会主义和中国共产党的核心是"儒化"；回归人类，回归世界的核心是"西化"。如果不站在历史唯物主义高度把握这三个"化"的本质，就会在中国特色道路问题上缺乏文化自信。

有人提出要中国走世界人类文明发展的共同道路，走世界文明之路。在他们看来，以希伯来犹太教和古希腊哲学为源头的西方文化，是最优秀的文化；西方的道路是世界的普遍道路。中国特色社会主义道路是脱离世界文明，是沿袭自秦始皇以来中国封建社会的专制主义之路，是自外于世界潮流的道路。无论在国际国内，这种说法都时有所闻。这种说法完全暴露了西方普世价值论的政治底牌。资本主义道路怎么就是世界文明之路，就是人类世界共同道路呢？以历史唯物主义观点看，西方文化只是文化中的一种，资本主义道路只是人类社会发展过程的一个重要阶段。资本主义的确为人类做出了比以往任何时代都巨大的贡献，但又同时为自己挖掘了坟墓。资本主义社会是文明与野蛮、光明与黑暗并存的社会。马克思和恩格斯在《共产党宣言》中以热情洋溢的赞美笔调肯定了资本主义的成就，但同时又毫不留情地判处了它的死刑，敲响了资本主义丧钟，指出资本主义社会的过渡性。资本主义社会的出现和发展包括在人类社会发展规律之中，但绝不代表人类的美好理想，并不是人类社会发展的普遍规律。

什么是人类的共同道路，什么是人类社会发展的普遍规律？从历史远景来说，不是少数人富裕的资本主义，而是公平、正义、共富、和谐的社会主义和共产主义。相对于存在了数千年的阶级社会和剥削社会来说，消灭阶级、消灭剥削，建设一个公平、正义、共富、和谐的社会，才是人类的共同道路。用中国哲学的话说，叫天下为公、世界大同之路，用历史唯物主义关于社会形态发展理论来说，这是人类解放之路，是共产主义道路。世界通向这个共同道路的方式和方法可以各不相同，并且肯定会有先后、有迟早，但对人类社会而言，剥削制度不会是永恒的、亘古不变的。私有制度是在一定条件下产生的，也会在一定条件下终结，作为私有制的最高发展阶段的资本主义制度形式也是如此。消灭剥削、消灭两极分化、消灭私有制，走向公平共富的社会，这才是人类发展的普遍规律。《共产党宣言》的不朽价值，就是向全人类揭示了这个普遍规律，并号召全世界劳动者团结起来为此而奋斗。

我们反对西方包藏政治图谋的普世价值论，并不违背世界发展潮流，不是与世界发展相脱离，因为我们不是反对自由、民主、平等、人权、法治这些人类认可的共同价值，相反我们在努力建设社会主义的自由、民主和人权制度。我们反对的是西方某些国家或学者怀着文化自大狂的优越心态，把西方价值观念和制度模式化，视之为放之四海而皆准的普世模式。普世价值论的本质就是西方制度模式化，是以普世价值为软实力的西方资本主义制度的优越性和不可超越性的话语霸权。

国内外都有学者批评中国特色社会主义道路脱离世界发展道路，脱离人类发展道路，要中国回归人类发展道路，讲的就是回归普世价值的道路。他们说，这是中国从"专制""独裁"的社会主义，回归"自由""民主"的资本主义。实际上，就是要中国割断自己的历史传统，摒弃中国文化特点和社会主义道路，期待中国重蹈"红旗落地"的覆辙。

在道路问题上也还有另一种主张，这就是回归儒家、回归传统。最激烈的说法是儒化中国共产党，儒化社会主义。表面上，它与回归世界、回归人类的新自由主义道路是双峰对峙，其结果实际上是殊途同归。中国特色社会主义是我们生活其中的现实的社会，共产主义社会是我们的理想。人在站立的时候，总是双脚立地、背面对后、两眼朝前。社会发展也是一样。社会永远是立足现实、背靠传统、关注未来。而不能是相反的，脱离现实、面向过去、背对未来。社会发展是往前走的，人的追求不能与社会发展的方向相背而行，而只能相向而行。

在笔者看来，背靠传统，就是继承传统、弘扬传统、创新传统，而不是回归传统。正如儒学一样，需要继承、发扬而不是回归。历史是曾经的存在，现实是当代的存在。传统是历史与现实之间连续性的文化串线。历史对现实有深刻的影响，即它的文化基因具有某种遗传性。儒学传统要继承，但要与时俱进，而不是回归。习近平总书记明确指出："历史总是要向前进的，历史从来不等待一切犹豫者、观望者、懈怠者、软弱者。只有与历史同步伐、与时代共命运的人，才能赢得光明的未来。"

"治世不一道，便国不法古。"社会主义有自己的发展规律。中国当代的现实，是社会主义社会的现实。社会主义有自己不同于封建社会的经济基础和上层建筑，有不同于以往任何社会制度的新的指导思想、新的政治制度。我们是生活在21世纪的当代人，是生活在建设中国特色社会主义的当代人。站在当代，我们应该重视中国传统文化，吸取中国传统文化的优秀思想，但不可能在社会制度的建设和思想指导观念上，回归传统、回归儒学。以儒化作为中国道路和方向的指导，只会断送中国的社会主义。

中国特色社会主义道路是一条光辉的道路，也是一条充满困难的道路。我们党清楚知道，老百姓对现实问题有议论，有不满意。当代的问题是现实问题，而不是古代人的问题。现实问题，必须坚持以马克思主义为指导，以问题为导向，采取历史唯物主义方法进行分析，寻找它的现实原因，提供有效的解决方法。传统文化包括其中占主导地位的儒家学说，可以为我们解决问题提供思想资源，提供启发智慧，但传统文化不可能为它们从来不曾经历的两千年后的问题提供预案和答案。对中国道路上存在和出现的问题，儒化不是出路，西化更不是出路，出路在于继续深刻研究和把握社会主义发展规律和中国共产党的执政规律，坚持社会主义方向，坚持从严治党。社会主义的基本规律不可违背，执政党的规律不可违背。治党必须从严。如果管党不力、治党不严，人民群众反映强烈的党内突出问题得不到解决，那么我们迟早会失去执政资格，不可避免地被历史淘汰。不懂历史辩证法，不懂得失成败在一定条件下可以转化，是非常危险的。殷鉴不远，岂能忘之！《易经》中说，"君子终日乾乾，夕惕若，厉无咎"，应该成为我们的座右铭。我们一定要以不忘初心之志，以兢兢业业、如履薄冰之心，走符合社会主义规律的中国道路。

三　中国道路的文化自信

习近平总书记说："当代中国的伟大社会变革，不是简单延续我国历史文化的母版，不是简单套用马克思主义经典作家设想的模板，不是其他国家社会主义实践的再版，也不是国外现代化发展的翻版。"这是习近平总书记在新的历史条件下，对毛泽东《论人民民主专政》一文总结中国革命历史经验的进一步发展，说明了中国特色社会主义道路的创造性。

中国道路不是重复母版、模板、再版、翻版。这四个"不是"，就包括三个"化"字。不是简单套用马克思主义经典作家设想的模板，不是其他国家社会主义实践的再版，就是强调马克思主义要中国化，要与中国实际和文化相结合；不是简单延续我国历史文化的母版，就是强调中国社会制度和道路不能儒化，以儒学为主导的传统文化要创造性转化和创新性发展；不是国外现代化发展的翻版，就是强调中国的现代化是社会主义现代化，而不是西化。

马克思主义中国化，这是最根本的化。没有这个化，一切都无从谈起。中国革命和社会主义建设，尤其是中国的改革开放，中国特色社会主义道路，不是简单套用马克思主义经典作家设想的模板，不是苏联社会主义实践的再版，因为我们是从中国实际出发，以马克思主义作为指导思想寻求适合中国发展的道路。中国民主革命走的是一条农村武装割据，由农村包围城市的道路，而不是马克思和恩格斯设想的巷战，也不是苏联走过的城市武装起义；社会主义革命和社会主义建设，我们也是从以俄为师到走自己的路。社会主义革命我们实行的是和平赎买，分清民族资产阶级和官僚买办资产阶级，而不是一锅煮；社会主义建设，我们是强调正确处理十大关系，强调正确处理两类不同性质的矛盾；改革开放，我们强调坚持社会主义方向，强调一个中心两个基本点，强调四项基本原则，等等。很显然，这些都不是简单套用马克思主义经典作家设想的模板，更不是苏联社会主义实践和改革的再版。不用多解释，中国革命、建设、改革，走的是马克思主义中国化的道路。如果没有从实际出发，没有坚持实事求是的马克思主义基本原则，中国革命、建设和改革不可能取得成功。当然，马克思主义中国化并没有结束，正如习近平总书记所说："坚持不忘初心、继续前进，就要坚持马克思主义的指导地位，坚持把马克思主义基本原理同当代中国实际和时代特点紧密结合起来，推进理论创新、实践创新，不断把马克思主义中国化推向前进。"

不是简单延续我国历史文化的母版，就是中国传统文化的创造性转化和创新性发展问题。中国革命不可能延续我国历史文化的母版，因为中国历史上从来没有出现过社会主义革命，何来母版？中国共产党领导的革命是推翻旧的社会制度的革命，是社会形态的变化，不是中国历史上的王朝更替、改朝换代。正因为这样，中国共产党的成立才是中国开天辟地的大事变，中国革命和社会主义建设才是在中国历史上没有母版可遵循的伟大创造。无论是《礼记·礼运篇》中的"大道之行也，天下为公"的"大同"和"小康"理想，或是太平天国《天朝田亩制度》的废除封建土地私有制、均贫富的思想，虽然包含丰富的思想资源，但都不可能成为中国革命和社会主义建设的母版。它们是原始的空想社会主义，或农业社会主义。我们坚持的是科学社会主义，中国特色社会主义本质上就是马克思主义的科学社会主义，而不是别的什么主义。

儒家学说，是封建社会王朝的母版，而且是王朝守成的母版，而不是开拓创新的母版。这是历代王朝倡导以儒治国的原因，怎么可能成为中国特色社会主义道路的母版呢！当然，不是母版，丝毫无损于中国传统文化的博大精深，不影响以儒学为主导的中国传统文化对我们的思维方法、道德修养、人文教化、治国理政的巨大思想价值。应该反对儒学政治化，儒学宗教化，在社会主义时代应该重视儒学的文化本质。但从道路和旗帜的角度说，从重建理想和信仰的角度说，我们绝不能走以儒化国、以儒化党的道路。我们要治理的是社会主义国家，我们要重建的理想、信仰、价值，是社会主义和共产主义的理想、信仰、价值。中国共产党之所以叫中国共产党，就是因为它从成立之日起就把共产主义确立为远大理想。

任何一个关注现实的人都能看懂，中国共产党内的腐败分子、党内蛀虫，并不是因为失去对儒学的信仰，而是丧失对社会主义和共产主义的信仰。我们社会上出现的一些道德失范和价值观念混乱，也不是因为失去对儒家的信仰，而是伴随当代中国社会深刻变化而出现的副产品，或者说是社会代价。

我赞同我们应该学习中国传统文化的经典，包括文学如唐诗宋词，总之，中国传统文化中宝贵的东西我们都应该珍重。但我们也应该明白，社会矛盾永远是现实的，我们直面的问题永远是当前。现代人的信仰和价值永远应该是与时代相适应的。

任何国家在走出传统社会后都要实现现代化，中国也一样。但中国的现代化是社会主义现代化，而不是西方现代化的翻版。现代化，是使用最多的一个概念。可是何谓现代化，实现什么样的现代化，这取决于时代背景，取决于各国历史的、文化的特点，特别是取决于社会制度的本质。

中国从社会主义制度确立开始，就把逐步实现社会主义工业、农业、国防和科学技术现代化作为我们的奋斗目标。经过60多年的建设，我们在不断深化现代化的内涵，包括推进国家治理体系和治理能力的现代化，发展社会主义市场经济，发展社会主义协商民主制度，建设中国特色社会主义法治体系，等等。但无论中国现代化的内涵怎样深化，有一点是不会变的，我们搞的是社会主义现代化，而不是资本主义现代化。如果我们摒弃中国特色社会主义基本经济制度和政治制度，偏离中国道路，在现代化问题上不加分析地接受西方话语抽象鼓吹的国家现代化，改变中国所谓的"一党专政"，放弃中国共产党领导；鼓吹思想市场化，放弃马克思主义的指导地位，借助思想多元来反对指导思想的一元化；鼓吹军队国家化，反对党对军队的领导，如此等等，这实际上是在现代化的名义下偷梁换柱，把社会主义现代化变成西化翻版。

毫无疑问，资本主义现代化是人类社会摆脱传统社会后的巨大历史进步，但西方现代化是通过向海外殖民实现的，是同侵略、掠夺、剥削、扩张密不可分的。日本也是脱亚入欧，通过实行现代化，走向军国主义，疯狂向外扩张和侵略。我们只看到西方发达资本主义国家变得富强、文明，可忘记了资本主义现代化给世界、给大多数被殖民国家带来的巨大灾难。马克思曾经说过："当我们把自己的目光从资产阶级文明的故乡转向殖民地的时候，资产阶级文明极端伪善和它的野蛮本性就赤裸裸地呈现在我们面前，它在故乡还装出一副体面的样子，而在殖民地就丝毫不加掩饰了。"

资本主义现代化的本质是资本本性的扩张。海外殖民就是资本扩张，但它号称输出文明。实际上像马克思当年说的，被殖民的国家"失掉了他们的旧世界而没有获得一个新世界，这就使他们所遭受的灾难具有一种特殊的悲惨色彩"。如果说，当年西方资本主义在输出文明的口号下，给世界带来的是灾难；当代在强行输出普世价值的口号下，带来的同样是灾难。只要看看中东，看看非洲某些被"民主化"的国家，看看他们战火纷飞、家园破碎、难民如潮的处境，自然就能明白。

社会主义现代化与西方资本主义现代化会有某些共同点，有可借鉴的东西，但绝不是西方现代化的翻版。时代不同、社会制度不同、文化底蕴和传统不同，现代化的道路也不同。中国的文化是和平的文化，而不是扩张的文化。中国是在取得民族独立建立社会主义制度之后，逐步推进现代化的。我们是在被资本主义世界封锁的情况下，完全依靠独立自主、自力更生，依靠党的领导和人民的力量实行现代化。在经济全球化的背景下，我们是通过深化改革开放，在世界交往中继续推进社会主义现代化。我们的现代化，没有殖民，没有掠夺，而是互利共赢；没有血与火，没有战争，而是构建人类命运共同体。中国实现社会主义现代化，是增强世界和平、防止战争的力量，是促进世界和平发展的力量。这是与西方现代化进程伴随殖民、战争和掠夺迥然不同的两种类型的现代化。中国实现现代化，是对世界、对人类和平的重大贡献。

社会主义现代化不是西方现代化的翻版，但我们重视对西方现代化的研究。它的成绩、现代化中存在的问题，都能为我们提供经验和教训。我们是后发国家，我们有条件也应该避免西方在现代化中出现的种种问题。

我们也不会忘记它们对中国现代化的影响和某种推动。但笔者不赞同中国现代化的动力是外生的，与中国历史自身发展的内在要求无关。外因是条件，内因才是根据。中国是一个有几千年文化传统的民族，是一个蕴藏并积蓄了几千年文明内在力量的民族，是一个在近代饱受侵略和掠夺，积蓄着追求民族复兴、追求民富国强强大力量的民族。现代化是中国革命题中应有之义。把中国现代化，视为简单的外力—反应模式，而不是中国内在力量的要求，是一种错误的历史观。这种历史观导致的结论，就是中国现代化应该拜西方侵略之赐，像有些人无耻宣称的，如果中国能被西方殖民三百年，就可以从洋人手里接收一个现成的现代化中国。这种观点何等荒谬！

结　　语

中国特色社会主义道路是实现现代化必经之路，是创造人民美好生活的必由之路。我们对道路的自信，源自对文化的自信。中国不仅有五千多年文明发展孕育的中华优秀传统文化，还有中国共产党和中国人民在伟大斗争中孕育的革命文化和社会主义先进文化。文化不仅是知识、智慧的积累，更是一个民族最深层的精神追求。中国近百年历经劫难而九死无悔，"拼将十万头颅血，须把乾坤力挽回"，其中闪烁的就是"我以我血荐轩辕"的中华民族文化精神。

（原载《光明日报》2016 年 9 月 7 日）

马克思主义和中国传统文化

陈先达

目前在中国大地上，传统文化研究和宣传热潮高涨，儒学重新成为显学。当年孔子风尘仆仆周游列国，实际上齐鲁郑卫陈蔡诸国不过是山东河南几个县，而今随着孔子学院正在周游世界，国外汉学家渐多，中国传统文化声望日隆。这本是大好事，是中华民族复兴在文化上的一种表现。

有些理论工作者感到迷茫，意识形态领域中坚持以马克思主义为指导的方针是否发生了变化？有些极端的儒学保守主义者误判形势，拔高之论迭出。乱花迷眼，议论各异，意识形态领域陷于两难：似乎强调坚持马克思主义思想指导，就是贬低以儒学为主导的中国传统文化，反之，则应把马克思主义请下指导地位的"神坛"，重走历史上尊孔读经以儒治国的老路。这种非此即彼、冰炭不可同炉的看法，理论上是错误的，实践上是有害的。

一 应该站在社会形态更替的高度来审视马克思主义和中国传统文化的关系

如何理解马克思主义和以儒学为主导的中国传统文化之间的关系，我想起"周虽旧邦，其命维新"。冯友兰是中国现代史上杰出的思想家、哲学家和哲学史家，也有的学者尊他为现代新儒家。他在历经多年编写的《中国哲学史新编》中的序言中说："诗经上有句诗说，'周虽旧邦，其命维新'。旧邦新命，是现代中国的特点。我要把这个特点发扬起来。我所希望的，就是用马克思主义的立场、观点和方法重写一部中国哲学史。"冯先生由于专业写作的需要把它仅限于以马克思主义观点重写中国哲史，我从冯先生的话中得到启发，以"旧邦新命"作为廓清迷雾、解开马克思主义与中国传统文化关系争论的一把钥匙。

社会主义中国，是具有五千年历史的古老中国的当代存在。中国是旧邦，是一个古老的国家，可当代中国是不同于传统中国的社会主义形态下的新的中国。中国共产党负有新的历史使命，这就是中华民族的伟大复兴。它包括创立社会主义新中国的民族复兴，也包括中华民族的文化复兴。这是一条既要坚持马克思主义思想理论指导，又要正确处理马克思主义与中国传统文化关系的道路。这条路历经 90 多年的摸索，在艰难曲折中跋涉前行。有经验，也有教训。只有站在社会形态变革的高度进行审视，才能牢固确立中国共产党和社会主义社会以什么为指导思想，以及如何处理马克思主义与中国传统文化关系这个重大问题。这个问题仅仅局限在文化范围内是说不清楚的。

中国社会主义制度的建立是社会形态的根本变化，这是中国历史上几千年未有的大变化。自秦始皇统一中国之后的两千多年，中国历史的变化本质上是同一社会形态内部的变化。王朝易姓，改朝换代，都没有改变中国社会形态的本质。经济结构、政治结构、文化结构当然有变化，但都具有同一社会形态的历史继承性和延续性。中国封建社会是在一治一乱、王朝易姓中走向发展和成熟的。在中华民族的开化史上，有素称发达的农业和手工业，有许多伟大的思想家、科学家、发明家、政治家、军事家、文学艺术家，有丰富的文化典籍。历史上出现过儒释道的相互吸收，也出现过新儒家，但儒学道统未变。在两千多年中，孔子是王者师，是素王，这个至高无上的圣人地位没有因为王朝易姓而发生根本变化。新王朝依然是尊孔读经，依然是看重儒家学说作为维护社会正常秩序和统治合理性的首要思想功能。

任何有点历史知识的人都知道，相信"水可载舟，小可覆舟"的皇帝多，因为这是历史的经验；真正信奉"民贵君轻"，实行王道、仁政者极为罕见。这不是皇帝个人的罪恶。历史上皇帝并非都是坏皇帝，有不少对中国历史做出过贡献。这也不是儒家思想存心欺骗或愚民，封建社会的政治现实不能否定儒家学说精华中的思想价值。这是封建社会的经济关系和阶级关系使然。理想永远高于现实，现实从未完全符合理想，这是历史上一切伟大思想家的共同宿命，孔子也是如此。

二 只有以马克思主义为指导才能变革中国社会

清末，中国社会处于崩溃前夕。近代历史上出现过不少以身许国流血牺牲的仁人志士，可是中华民族的命运并没有改变。面临西方资本主义列强入侵，处于风雨飘摇没落时期的中华民族，无论藏书楼中有多少传世的经典宝鉴，传统文化中有多少令世人受用无穷的智慧，儒学中的正心诚意、修齐治平的道德修养和治国理政观念如何熠熠生辉，都不可能避免中华民族被瓜分豆剖的命运。历经失败，最终实现中华民族复兴这个伟大任务，落在中国共产党的肩上。中国这个旧邦要想复兴，改变中华民族的命运，救人民于水深火热之中，不可能再沿着历代改朝换代的道路走，沿着历史上尊孔读经的道路走。

中国共产党成立的首要任务是革命，是推翻压在中国人民头上的三座大山，打倒帝国主义、封建主义和官僚买办，解放全中国，建立一个和历代王朝不同的社会主义新中国。这已经不再是历代封建王朝的延续和更替，而是社会形态的变化。要实现这个任务，从思想理论指导角度说，只有马克思主义才能发挥这个作用，因为马克思主义就是关于社会形态革命的学说。它的辩证唯物主义和历史唯物主义哲学、劳动价值论和剩余价值学说、以阶级斗争和无产阶级专政为核心的科学社会主义学说，是一个严整的、科学的思想理论体系。只有它才能为中国共产党如何解决中国问题、照亮处于危亡之际的中国，为沦为半封建半殖民地的中国找到一条中华民族复兴之路。中国民主革命的胜利，就是马克思主义中国化的胜利，就是马克思主义与中国实际相结合的胜利。这条道路是通过阶级斗争和武装斗争，通过血与火的斗争、生与死的决战，以千百万人的流血牺牲取得的。这是一条推倒既有社会秩序、等级、法统、道统的"犯上作乱"、革命造反之路，是与儒家和新儒家倡导的修齐治平、内圣外王、返本开新迥异的道路。

在革命胜利之后，中国共产党用了60多年寻找中国社会主义建设和改革之路。同样只有运用马克思主义的基本理论和方法，结合中国的实际才逐步弄清社会主义初级阶段中的生产力与生产关系、经济基础与上层建筑的关系，解决什么是社会主义、如何建设社会主义，找到建设中国特色社会主义之路。中国特色社会主义理论、道路、制度的建设，就其指导思想理论来说都是马克思主义，是马克思主义和中国实际的结合。

在讨论马克思主义和以儒学为主导的中国传统文化关系时，绝不能忘记社会形态变革这个重大的历史和现实，不能忘记"旧邦新命"。马克思主义是无产阶级的主义，是为无产阶级和人类解放而斗争的主义；马克思主义立足点是阶级、阶级关系和阶级斗争，而儒学是处理以宗法制度为基础，以血缘为纽带，以家庭为细胞的人与人的关系。儒学学说中没有阶级，只有君子与小人之别。这是以道德为标准的区别，而不是阶级区别。封建社会也有穷人和富人，这种区别在儒家看来只是贫和富的区别，而非阶级区别。儒家处理等级关系的方法，是正名；处理贫富关系的方法，是"贫而无怨，富而无骄"。马克思主义处理的是阶级关系，儒学处理的是同一社会内部的君臣、父子、夫妇、兄弟、朋友关系，即所谓五伦关系，而非阶级对抗关系。因此马克思主义强调阶级斗争和夺取政权；而儒家强调"仁"与"和"稳定既成的社会关系。如果不懂得这个根本出发点，就无法理解登上中国政治舞台的中国共产党，为什么不能继续以儒家铺就的道路作为中华民族复兴之路，而要举起马克思主义旗帜。

"领导我们事业的核心力量是中国共产党，指导我们思想的理论基础是马克思列宁主义"，我们应该重新温习毛泽东当年这两句话。它包含为什么要以马克思主义为指导，以及如何处理马克思主义与中国传统文化关系的回答。

二　只有继承中国传统优秀文化，马克思主义才能在中国取得胜利

中国要革命，要变革，要走出民族存亡的绝境，就必须以马克思主义为思想理论指导。但马克思主义不能取代中国传统文化。中国共产党人即使在激烈的革命时期，无论是在中央苏区，还是后来在延安，都关注文化建设，也关注中国传统文化的教育。毛泽东在《中国革命和中国共产党》《新民主主义论》《改造我们的学习》等著作中都论及如何对待中国传统文化的问题。尤其是《中国共产党在民族战争中的任务》一文中在讲到学习时，毛泽东强调："学习我们的历史遗产，用马克思主义的方法给以

批判的总结，是我们学习的另一任务。我们这个民族有数千年的历史，有它的特点，有它的许多珍贵品。对于这些，我们还是小学生。今天的中国是历史的中国的一个发展；我们是马克思主义的历史主义者，我们不应当割断历史。从孔夫子到孙中山，我们应当给以总结，承继这一份珍贵遗产。这对于指导当前的伟大的运动，是有重要的帮助的。"说句实在话，从孔夫子到孙中山应当给以总结，继承这一份珍贵遗产，这个任务仍然任重而道远。

马克思主义的强大力量就在于它与中国实际的结合，其中包括与中国历史和传统文化的结合。中国共产党是中国的共产党，而不是别的什么国家的共产党；是在中国建设社会主义，而不是在别的什么国家建设社会主义。无论是共产党，还是社会主义社会都是植根在这块具有深厚历史传统和文化传统的13亿人口的中国，当然应该重视中国的历史和文化遗产，重视中国传统文化尤其是长期处于主导地位的儒家学说对中国社会结构、对中国人的民族性格、对中国人的思想和价值观念的深刻影响。马克思主义要在思想和情感上为中国先进知识分子和以农民为主的中国人民所接受，必须植根于中国的历史和文化。中国革命需要马克思主义，中国文化和历史传统能接纳马克思主义。

依靠武力可以夺取政权，但仅仅依靠武力不能建设新社会。按照毛泽东当年的话，革命胜利只是万里长征第一步。新中国成立以后，需要解决的问题更多。这些问题包括社会生活各个领域，尤其是在精神方面，在软实力的建设方面，仅仅依靠马克思主义作思想理论指导，而不充分发掘、吸取与运用中华民族丰富的文化资源来进行社会治理、人文素质的培养、道德教化，是不可能完成的。如果说，在以军事斗争为中心的武装夺取政权时期，处理马克思主义与中国传统文化的关系问题还没有那么急迫，那么革命胜利之后，随着社会主义建设的发展，特别是改革开放后社会转型期的道德、信念、理想、价值中呈现出的某种程度的紊乱，就成为一个亟待正确处理的问题。

"攻守易势"和"马上得天下，不能马上治之"，是中国历史的两条重要经验。在革命时期，中国共产党处于攻势，主要是推翻旧中国和改变旧秩序，夺取政权，一句话是攻；革命胜利之后，中国共产党掌握全国政权，不能只破，还必须立。现在不是我们向原来当政者进攻的时代，我们自己就是当政者，就处在时刻"被攻"的地位。国家治理如何，社会状况和社会秩序如何，人民生活提高如何，生态环境如何，全国人民的眼睛都望着中国共产党，一切都要由我们当政者自己负责。从这个角度说，革命的胜利，取得全国政权的开始，同时就是攻守易势的开始。

"马上得天下，不能马上治之。"通过革命斗争打出的天下，不可能在治国理政、调整内部矛盾时照样沿用革命的方法，照用武装斗争的方法。正心诚意修齐治平，不是中国革命胜利之路，却是取得政权后当权者的修养和为政之道。以儒家学说为主导的传统文化包含有丰富的治国理政、立德化民的智慧。必须研究中国历史上治国理政的经验和中国传统文化尤其是儒家学说中注重社会和谐和民本的治国理政的智慧，研究如何立德兴国、教民化民。如果说前三十年有什么教训的话，我认为我们缺少这个方面。从反"右"斗争到"文化大革命"发动全国进行群众性的斗争，仍然可以看到"马上得天下，马上治之"的方式。党内党外仍然处在紧绷的斗争之中，剑拔弩张，伤害了一些人。正是从这个教训中，我们理解了依法治国的重要性，理解了中国传统文化中优秀治国理政智慧的重要性，大力倡导树立和践行社会主义核心价值观，构建社会主义和谐社会，实现"马上"夺权到"马下"治国的精彩转身，对于一个民族来说，最有效的学习就是从自己的错误中学习。中国特色社会主义建设就是在不断总结经验中发展和前进的。

四　正确评价儒家在中华民族文化中的地位

中国传统文化博大精深。它流动于中华民族的生活方式之中、传统的风俗民情之中，凝集于包括儒墨道法诸子百家经史子集的经典之中。儒家不是中国传统文化的全部，但处于主导地位。中华民族文化复兴具有极其丰富的内容，包括多方面的任务，不能简单理解为仅仅是复兴儒学。

儒家哲学主要是人生伦理哲学。梁启超把儒家哲学归结为八个字：修己安人，内圣外王。修己安人是儒家哲学的功用。它的作用就是修己，即个人的道德修养或说是修身。修己达到极处就是内圣，安人达到极处就是外王，即治国平天下。正因为儒家哲学是人生伦理学，因此，儒学中的命题都离不开人生问题。从孟荀讨论的性善恶问题、告子与孟子讨论的仁义之内外问题、宋儒讨论的理欲问题、明儒讨论的知行问题，都离不开做人的问题。修齐治平，都是道德修养的结果，都是内圣外王的表现。

陈寅恪关于冯友兰《中国哲学史》的审查报告说："故二千年来华夏民族所受儒家学说之影响，最深最巨者，实在制度法律公私生活之方面，而关于学说思想之方面，或转有不如佛道二教者。如六朝士大夫号称旷达，而夷考其实，往往笃孝义之行，严家讳之禁。此皆儒家之教训，固无预于佛老之玄风也。"儒家学说由于它在中国封建社会的政治作用，无疑长期处于中国传统文化的主导地位。以儒家学说为主导的中国传统文化的重要性，是毋庸置疑的。它是中华民族的血脉和文化之根。我们不可能也不应该割断中华民族的文化脐带，否定中国传统文化。

中国传统文化中的哲学智慧深如汪洋、高如崇山，尤其是其中的辩证智慧和丰富的生态观念。儒家学说虽然不能等同于中国传统文化，但与中国传统文化的基本精神是一致的，具有辩证性。任何片面性都会导致曲解。儒家既讲和，和为贵，又讲礼，"知和而和，不以礼节之，亦不可行也"。礼就是原则，因此"和"是有原则的，而不是无条件的和。既讲"以德报德"，又讲不能"以德报怨"；既讲"仁者爱人"，又讲"惟仁者，能好人能恶人"。有爱有憎，不是只爱无憎。既提倡"穷则独善其身"，孔颜乐处，也倡导"达则兼济天下"。既倡导服从，不能犯上，也倡导"匹夫不可夺志"的独立人格，倡导"富贵不能淫，贫贱不能移，威武不能屈"的大丈夫精神。既讲富民，也讲教民。既讲尊君，也讲民本：居庙堂之高，则忧其民；处江湖之远，则忧其君。既讲向善，也讲向上。既讲民富，也讲国强。既讲厚德载物，也讲自强不息。既讲向善，也讲求真。儒家提倡"杀身成仁""舍生取义"，仁和义是付出生命代价的原则，而不是把自己变为盲目的杀人机器。这是与所谓"武士道"精神完全不同的中华民族精神。

中华民族传统文化是中华民族的精神家园。推翻具有半封建半殖民地社会性质的旧中国，建立社会主义形态的新中国，必须坚持马克思主义思想理论指导，必须有一个科学的世界观和方法论。可要使马克思主义在中国有生长的思想文化土壤，要保持中国人的中华民族特性，要使中国人有颗中国心，必须继承中国传统优秀文化和优秀道德。如果不以中华民族传统优秀文化和优秀道德来涵养中国人，没有对中国传统文化和优秀道德传统的继承，就培养不出有高度文化素质和道德素质的有教养的中国人。即使取得政权，也不可能建设一个具有高度发达文明和文化的新中国。

中国是多民族国家，我们重视民族文化的多样性，但更要重视中华民族文化一元性的认同。这是维护民族团结、国家统一的思想文化黏合剂。习近平总书记说："一个国家，一个民族的强盛，总是以文化兴盛为支撑的，中华民族伟大复兴需要以中华文化繁荣为条件。"历史证明了这个真理，凡以军事力量建立的大帝国，如罗马帝国、蒙古帝国、奥斯曼帝国、波斯帝国，都不可能单纯依靠军事力量来维系。一旦解体，就会分裂为许多各自拥有自己民族文化的国家。一个国家没有占主导地位的统一的文化、没有能相互交流的统一的语言，就没有向心力和凝聚力。苏联解体后的情况，就是如此。原来互为一家，现在有些以邻为壑。

五　中国传统文化创造性转化和发展

民族是文化的主体，文化是民族的血脉。清末中华民族传统文化的危机，与中华民族的困境相伴而行。而中华民族的复兴，则是中华民族文化复兴的前提。一个民族文化的命运与民族自身的命运密不可分。毛泽东曾经说过："伟大的胜利的中国人民解放战争和人民大革命，已经实现了并正在复兴着伟大的中国人民的文化。"没有中华民族的复兴，就不会有中华民族的文化复兴。

只要看看世界文化史，看看当今战火纷飞民不聊生的伊拉克、叙利亚、利比亚，看看内乱不已的埃及，想想巴比伦文明、两河流域文明、埃及尼罗河文明昔日的辉煌，就可以明白这个道理。一个民族自身的盛衰兴亡决定这个民族的文化命运。任何国家处于分裂、民族处于危亡之际，文化不可能独自辉煌。正是因为中华民族的崛起，孔子才能周游世界，以中国传统文化为内核的国学才能兴起，儒学才能重放异彩。

只有从民族复兴是文化复兴前提的角度看，我们才能理解"五四"时期先进知识分子，面对千年从未有之变故，为求民族之生存，把中国传统文化称为旧文化，而把自己追求的科学和民主称为新文化的合理性和必然性。传统文化的载体最主要的是儒家经典。反对"尊孔读经"是"五四"时期先进知识分子的普遍思潮。其实，他们都是具有最丰厚旧学修养、熟稔中国古籍的人。发端于 1915 年逐步酝酿而爆发的五四新文化运动之所以称新文化运动,如果脱离当时历史条件而只就文化自身来划分新旧界限,必然导致文化虚无主义。新文化运动的新,并非针对整个中国传统文化,而是在民族处于存亡之际,把矛头指向服务于封建制度的旧道德、旧的思想传统。五四新文化运动是一次倡导科学和民主的启蒙运动,在文化运动背后包含着追求民族复兴的期待。当然,五四运动留下一个负面影响,这就是把传统文化笼统称为旧文化,而把民主和科学称为新文化,这种新旧文化二元对立的观念,堵塞了由传统文化向当代先进文化转化的可能性和途径。

中华民族文化如黄河长江,不可能抽刀断流简单区分为新与旧,而是民族精神中的源与流。中国传统文化是中国社会主义文化之源,是文化母体。没有源,河流必然干涸,必然断流。中国文化的特点是源远流长,具有持久性、不间断性和累积性。魏徵《谏太宗十思疏》曾讲到源与流的关系,说:"欲流之远者,必浚其泉源。""源不深而望流之远""塞源而欲流长"根本不可能。当代中国文化同样存在"浚源"与"塞源"的问题,要"浚源"而不能"塞源"。这当然不是说,我们可以原封不动地保持中国传统文化。源是文化母体,流是文化的延续。文化是流动的水,它不会停止。可是它往哪个方向流,是与政治道路之选择密不可分的。

关于中国传统文化在近代的流向有不同的主张:往回流、往东流、往西流、往前流。往回流,是辛亥革命后的复辟派,以及当代中国个别新儒家中主张"儒化社会主义""儒化共产党"的思潮。这是往回流的复古思潮。往东流是甲午中日战争后,中国败于自己的学生日本而引发的留学东洋的热潮,但很快就为往西流所取代。往西流是主张"全盘西化"。这种思潮,是反对"中国文化优越"论的保守旧思想,其中包含向西方学习的某些合理主张,可"全盘西化"的政治道路是走不通的。在当代社会主义中国,"全盘西化"则是与中国特色社会主义道路逆向而行的思潮,其中不乏"西化"和"分化"的诱饵,是为在中国推行"颜色革命"从思想上铺路。可以说,往回流、往东流、往西流,都是中国传统文化的断流。只有继承和发扬中国传统优秀文化,吸取西方先进的优秀文化,建立社会主义先进文化,才能使中华民族文化滚滚前流。保持中国传统文化滚滚前流的机制,就是习近平总书记提出的以马克思主义为指导的创造性转化和创新性发展。

六 可不可以"尊孔读经"

中国传统文化创造性转化中，有一个重要问题就是文化复兴与文化复古的界限问题。其中最尖锐最具争论性的问题，就是要不要尊孔读经，可不可以尊孔读经。按照历史唯物主义观点，没有抽象的真理，真理是具体的。为维护封建制度或复辟封建帝制张目的"尊孔读经"，无论是清末的中体西用还是袁世凯们提倡的"尊孔读经"，都是我们必须反对的。某些文化保守主义者提倡的以对抗马克思主义为目的、以抵制西方文明优秀成果为旨归的"尊孔读经"，也是我们不能赞同的。

在社会主义条件下，"尊孔读经"是另一种性质的问题。此一时，彼一时。经，要不要读？这是毫无疑问的。"经"是中国传统文化的文本载体，要深入研究和理解传统文化，读经是必经之路。"孔"，要不要尊？孔子是中国伟大的思想家、教育家，是中国传统文化的整理者、继承者和创造者，理应受到尊敬。关键不在于是否"尊孔读经"，而在于为什么读，如何读；为什么尊，如何尊？创造性转化，是文化复兴和文化复古的界线。文化复兴立足点是今，是古为今用；文化复古的立足点是古，是今不如古。

只有创造性转化，才是正确处理马克思主义与中国传统文化关系的枢纽。而创造性转化的理论和方法论原则，就是坚持马克思主义的基本理论和方法论指导。我们不可能依然按照封建统治者的态度对待孔子和儒家学说。中国的变革，不是沿着原有的改朝换代方式向前发展，而是社会形态的变化。这种变化，不可能不改变孔子和儒学在封建社会原来的地位和功能。中国共产党人从中国历代帝王对孔子加封的那些"阔得吓人的头衔"中，既看到孔子在中华民族的地位，同时也看到历代统治者尊孔的政治意图。中国共产党人同样尊重孔子，但不是把他作为维护既定社会秩序的思想工具。中国共产党人是革命者，是改革者，是一切既得利益和等级制度的反对者。我们要真正恢复孔子作为中国伟大文化整理者、创造者、伟大思想家、伟大教育家的地位，还原一个在中华民族文化创建中具有至高无上地位的真实的孔子。对于儒家学说，我们也不是像历代封建王朝那样看重论证等级制度合理性、维护既定社会秩序的政治职能，而是吸取其中治国理政、道德教化的哲学智慧和人生伦理智慧，清洗它在中国传统文化中处于主导作用的浓重的政治性因素，重视它对中华民族特性塑造的文化功能，并与中国传统文化中博大精深的多种智慧相结合。

我们提倡中华民族的文化复兴，祭拜孔子，阅读经典，不是简单呼唤回归儒学，回归传统，更不是独尊儒术。祭孔，是国家大典，表示我们国家对中华民族伟大先圣孔子的尊敬，并非要在所有地方、所有学校普遍开展全民祭孔运动；读经，深入研究经典是国学家的专业，也并不需要学校普遍开展全民读经活动。在中国传统文化的教育中，我们当然要注重经典的学习。但终究不是所有学生都是国学家或准备当国学家。在当代世界，我们应该引导学生的目光关注世界，关注世界形势和科学技术的新发展；关注现实，关注中国特色社会主义的建设。我们不能把学生的全部注意力和兴趣引向"古书"。专业研究是一回事，传统文化教育是另一回事。

传统文化教育更不能取代马克思主义教育。马克思主义教育完全能够与中国传统文化教育相结合，并行不悖，相得益彰。如果社会主义国家的青年学生不学习马克思主义，对什么是辩证唯物主义、什么是历史唯物主义、什么是资本主义、什么是社会主义，对马克思主义最基本的原理，如生产力和生产关系、经济基础和上层建筑等一点常识都没有，那请问，他们拿什么去观察当代世界，观察当代社会，观察我们的国家呢？而且可以断言，不懂马克思主义基本理论和方法，对中国传统文化的精髓也很难把握。

在中国传统文化教育中，应该区分学生文化程度和接受水平，有选择性地阅读"经典"，包括某些骈散名篇，诗词佳作。这有利于文化素质和道德水平的培养。但对没有分辨能力的青少年，要加强引导。我不赞同不加区分地宣扬用《女儿经》去造就现代的淑女和闺秀，用《二十四孝》中的"埋儿得金""卧冰求鲤"作为孝道的榜样，用《弟子规》把我们的孩子培养成"中规中矩""低眉下目"没有创造性的小大人，更反对不问是非只讲温良恭俭让的绵羊性格。

中国传统文化是阴阳合一、刚柔相济的文化。当代世界并不平静，波涛汹涌，要有忧患意识。我们要重视培养我们青少年的爱国主义传统，刚健有为，有血性、有刚性、有韧性。这是中华民族复兴伟大事业代代相续不会中断的保证。"加强爱国主义、集体主义、社会主义教育，引导我国人民树立和坚持正确的历史观、民族观、国家观、文化观，增强做中国人的骨气和底气。"习近平总书记这段话，应该是我们重视中国传统文化教育的根本目的。

结　语

不要抽象地争论马克思主义指导和中国传统文化的关系，尤其是非历史主义地争论马克思主义与儒学的高下优劣抑扬褒贬。一个是中国革命和社会主义建设的思想理论指导，一个是中华民族的精神血脉和文化之根。应该用历史唯物主义观点处理马克思主义与中国传统文化的关系，反对蔑视以儒学为主导的中国传统文化的文化虚无主义，中国的马克思主义可以从中国传统文化的精髓中得到思想资源、智慧和启发，但也要防止以高扬传统文化为旗帜，反对马克思主义、拒斥西方先进文化的保守主义思潮的沉渣泛起。

（原载《理论参考》2015 年第 8 期）

对当前几种错误观点的评析

梅荣政

我们党一贯重视意识形态工作。党的十八大以来,在以习近平同志为总书记的党中央坚强领导下,意识形态领域总体发展态势积极健康向上,主旋律响亮,正能量强劲。这是观察和评估意识形态领域的形势首先要看到的基本的、占主导的一面。但是,同时也要看到斗争复杂的一面,特别是那些干扰党和国家指导思想的错误观点,更值得关注。本文就四种错误观点作如下评析。

一 "苏马非马"

"苏马非马"的基本观点是:苏联的马克思主义,特别是斯大林时期经过整理、理解、取舍、发挥后的马克思列宁主义,与马克思的思想有很大的不同,与列宁的很多思想也不同;苏联的马克思主义里面包含了大量的对马克思主义教条式的理解以及附加在马克思名下的错误观点;中国共产党从建党开始接受的就是作为"非马"的"苏马",这是造成中国革命建设失误的主要原因。所以,"苏马非马"论者认为:"从改革开放伊始就提出一项基本任务:批判'苏马',回到原本的马克思主义理论当中去。"

在这里,"苏联模式"被篡改为"苏联马克思主义"。按"苏马非马"论的观点,"十月革命一声炮响"给我们送来的是"教条式的""附加了错误观点的"马克思主义。中国共产党从建党到改革开放前,作为指导思想的马克思列宁主义及其与中国实际相结合的毛泽东思想,都不是马克思主义的,因而中国共产党也从来就不是马克思主义政党。所以要来

"正本清源"，走上"原本的马克思主义"道路上去。主张这种错误观点的人，对于究竟什么是"原本的马克思主义理论"却避而不谈。

我们知道，所谓"苏联模式"，作为社会主义根本原则和本质特征在苏联特定历史条件下所表现出来的历史形态，是社会主义共同本质特征和苏联民族特色的统一体。它既包括成功的经验也包括失败的教训。"苏联模式"的成功经验又分为两部分：一是具有基本的性质，在人类历史现阶段有普遍意义。这是体现社会主义根本原则和本质特征即我们称之为"十月革命道路"的东西。二是不具有普遍意义的成功经验。这包括两种情况：只符合苏联实际，不符合其他国家实际；只符合苏联当时的实际，不符合苏联后来发展了的实际。

历史上，《再论无产阶级专政的历史经验》将"苏联模式"中有普遍意义的经验概括为五个基本点，这五个基本点实际上是我们党的四项基本原则最早的表述。后来毛泽东在《关于正确处理人民内部矛盾的问题》中将其概括成六条标准。再后来邓小平将其凝练为党的四项基本原则。这五个基本点是：（1）无产阶级的先进分子组成共产主义政党。（2）在党的领导之下，联合劳动人民，经过革命斗争从资产阶级手里夺权。（3）在革命胜利后，建立无产阶级专政，实现工业的国有化，逐步实现农业的集体化，从而消灭剥削制度和生产资料私有制度，消灭阶级。（4）共产党领导的国家，领导人民群众发展社会主义经济和社会主义文化，在这个基础上逐步地提高人民的生活水平，并且积极准备条件，为过渡到共产主义而奋斗。（5）共产党领导的国家，坚持反对帝国主义侵略，承认各民族平等，维护世界和平，坚持无产阶级国际主义原则。

在马克思列宁主义的指导下，从中国的实际出发，不照搬别国的模式，走自己的道路，是我们革命、建设和改革的宝贵经验。突破苏联模式，开拓和发展中国特色社会主义，是从毛主席《论十大关系》以来、特别是改革开放以来，绝大多数学者取得的共识。

二 "以儒反马""以儒化马""以儒淡马"

涉及儒学的思潮、观点很复杂，其性质各有不同，只有进行具体分析，才能对其性质做出正确判别。下面讲的情况只是其中的三种：一是

"以儒反马"，这包括国内的"儒化当代中国"怪论，国外媒体的歪曲；二是"以儒化马"或者"以儒归马"；三是"崇（以）儒淡马"。

第一，"以儒反马"。"以儒反马"的基本观点和手法是，他们诬称马克思主义是西方"异族文化"，造成了中国"民族文化传统的断裂和民族精神根基的缺失"，使中国人失去安身立命之本，精神彻底丧失，因此誓要"儒化当代中国"。"儒化当代中国"论是一股封建复古主义思潮。这股思潮总的原则是要把中国演变成"儒士共同体专政"国家即"儒教国"。他们设想，"儒教国"的建制是"儒家议会三院制"：政府从"儒家议会"产生，对"儒家议会"负责。"儒家议会"分"三院"，即"庶民院""通儒院""国体院"。"庶民院"代表"民意"，其议员按一人一票的原则由民众普选产生。"通儒院"代表儒家圣贤理想和"天道价值"，其议员通过考试、举荐和到民间访查等方式产生。"国体院"代表中国的历史文化传统，其议员按血缘关系，从历代圣贤、历代帝王和历代历史文化名人的后裔（如孔子的后裔）中挑选，通过继承和任命产生。从而通过"儒教国"议会和政府，实现对国家政权的掌握和控制。

儒化当代中国的主张者将实现"儒教国"的策略路线分为"上行路线"和"下行路线"。"上行路线"即"在上层，儒化中国共产党"。"下行路线"即"在基层，儒化社会"。两条路线"双管齐下"，同时推进。实现"儒教国"的关键是："用孔孟之道来替代马克思主义。"只要"有一天，儒学取代了马克思主义，共产党变成了儒士共同体，仁政也就实现了"。所以当代儒家对马克思主义和我国社会主义制度进行了恶毒的攻击、辱骂。此外，国外一些媒体的鼓噪也属于这一大类。

一个时期以来，习近平总书记在多个场合表达了对中华传统文化的重视。要求坚持马克思主义在意识形态领域的指导地位，对传统文化进行科学分析，坚持古为今用、以古鉴今，有鉴别地对待、有扬弃地继承，而不能搞厚古薄今、以古非今，努力实现传统文化的创造性转化、创新性发展。这些论述明白无误，坚持和发展了我们党长期的观点。

但是国外一些媒体借此大做文章，进行歪曲。诬称"马克思主义不灵了"，"中国社会'尊孔崇儒'的时代已经掀开序幕"，等等。

第二，"以儒化马"。这种观点口头上表示并不反马，确实有些人也不一定自觉反马，但是他们的文章表现出一种倾向：自觉不自觉地以儒释马，否定马克思主义的基本观点，阉割马克思主义的革命灵魂，磨灭马克思主义的革命锋芒。从思想实质看，其力主"马克思主义中国化"就是"马克思主义儒学化"，明显反映出用儒学代替马克思主义的诉求。这种情况虽然与第一种情况不尽相同，但是，如继续向前发展必然反马。

第三，"崇（以）儒淡马"。有人总把马克思与孔夫子对立起来。如有人撰文说，20 世纪一二十年代高调"打倒孔家店"是历史虚无主义思想倾向的典型代表。以儒家文化为指导也可以成功走向现代化，如深受儒家文化影响的韩国、新加坡等国家。按这些观点，马克思主义在中国传入和传播时期，对封建复古主义的批判是典型的历史虚无主义；马克思主义与孔学两种思想体系没有本质区别。

对这些错误观点，我们要做科学分析。

其一，不能说 20 世纪一二十年代批判孔学是历史虚无主义的思想倾向，相反，否定这个时期对孔学的批判所起到的思想解放作用才是历史虚无主义的表现。始于 1915 年秋的初期新文化运动尽管在思想内容和思想方法上存在弱点，但是，如果没有它对封建主义正统思想——孔学的批判，人们就不能冲破封建思想的牢笼，就不能为以后新文化运动中的左翼接受并在中国传播马克思主义准备适合的土壤。如果没有毛泽东、瞿秋白、恽代英、萧楚女、陈独秀等共产党人对以儒家思想为基础的"道统说"的批判，就不能捍卫中国共产党的政治路线和革命理论。还要指出的是，丰富的文献资料表明，新文化运动的倡导者在批判孔学过程中，并未否定中国的全部传统文化，且明确指出，孔学不等于全部国学。同时他们既未否定孔学的历史作用，也未把孔子说得一无是处。

其二，马克思主义与孔学两种思想体系有着本质的区别。马克思主义是建立在社会化大生产基础上的无产阶级的共产主义思想体系。孔学的思想体系是什么？李大钊在《由经济上解释中国近代思想变动的原因》中说：孔子的学说……是适应中国二千余年来未曾变动的农业经济组织反映出来的产物，因它是中国大家族制度上的表层构造，因为经济上有它的基础。我国著名史学家刘大年先生在《方法论问题》中说：孔学整个体系是建立在小农经济基础上的血缘关系等级制度的封闭体系。

其三，儒家文化与现代化建设。且不说现代化有社会主义现代化和资本主义现代化之分，就是从生产力角度说，以儒学为指导，也不能使中国实现现代化。因为"孔学集中讲伦理哲学，而对社会生活的基础完全缺乏认识理解。……这是孔学根本的弱点。照现在的话来说，就是缺少唯物论，没有经济学思想"。

中国古代史也说明，在中国曾长期占统治地位的儒学，并没有帮助我们实现现代化。以孔子为代表的儒学处于支配地位时并不是中国最强盛的时期，而中国最强盛的时期恰恰是儒学的地位不占优势的时期。汉代前期的盛世，尊奉的是黄老学说，孔子并无地位。唐代是中国历史上的光辉时期，盛行的是佛教，尊奉的是道家老子，儒学也不占优势。宋代最尊孔且创造了新儒学，可宋代最弱，徽、钦二帝被俘。南宋时期，理学"一枝独秀"，但还是被不尊孔的蒙古铁骑战败，亡于江南。

当然，孔学有其历史作用。如习近平总书记所讲，中华传统文化是我们民族的根和魂，而儒学作为中国传统文化的重要组成部分，它所包含的并已融入中华民族精神的大量的人类智慧成果，在影响和塑造中国人、维系社会的长期稳定和有序发展、影响中国和世界未来发展方面、起过重要历史作用。李大钊在批判"孔子为数千年前之残骸枯骨"，"为历代帝王专制之护符"的同时，又指出："孔子于其生存时代之社会，确足为其社会之中枢，确足为其时代之圣哲，其说亦确足以为代表其社会其时代之道德。"陈独秀也说过"孔学优点，仆未尝不服膺"。"孔教为吾国历史上有力之学说，为吾人精神上无形统一人心之具，鄙人皆绝对承认之，而不怀丝毫疑义。"

今天，不能只看到孔学中的精华，不看其糟粕；不能把孔学提到党和国家的指导思想的高度；不能因从孔学中吸取精华就把孔学抬到比马克思主义地位还高，甚至替代马克思主义指导地位的程度。不仅如此，对从孔学中吸取的精华，也要结合现时代精神、结合中国特色社会主义新的实践和人民群众精神文化的需要，予以加工提炼，实现其创造性转化、创新性发展，做到古为今用、推陈出新。

三　"以西马释马"

"西马"概念，在不同著作里有不尽相同的内容。其中，作为西方左翼学者对资本主义的批评，有一些很深刻、很有价值的思考，值得我们认真研究，择要吸取。

此处说的"西马"是专指以抽象人性论为理论基础，否定马克思主义的历史唯物主义基本观点的主张。这种主张攻击马克思主义存在"人学空场"，即"见物不见人"，是一种机械唯物主义的观点。

其一，这种"西马"论实际上是用唯心主义取代辩证唯物主义的认识论。它以所谓"超越了唯物主义和唯心主义、超越了历史唯物主义的实践唯物主义"自誉。

其二，这种"西马"论实际上否定了马克思主义质的规定性。它无限扩大马克思主义概念，把现代西方哲学和美学上比较流行的一些思想嫁接在马克思主义上，用折中主义的手法，把两种本质不同的东西凑到一起，伪造出形式主义的、结构主义的、弗洛伊德主义的、海德格尔存在主义的等等五花八门、五颜六色的马克思主义。

其三，这种"西马"论还企图通过制造青年马克思与晚年马克思的对立，马克思与恩格斯的"对立""差异""矛盾"，马克思与列宁的对立等等，企图肢解、毁灭马克思主义。

一些人以这种"西马"论为圭臬来判别、重释马克思主义，以"西马"的是非为是非。这种情况渗透到我们一些学科包括马克思主义理论学科。在有的学科点上，马克思主义基本原理、马列主义经典著作课开得很弱，在没有打好马克思主义理论基础，缺乏科学分析能力的情况下，用主要精力去学习研究"西马"，以致阻碍了学生的马克思主义科学概念的确立，严重影响了青年一代学者的成长。从一些公开发表的论文可以看出，大家都讲坚持马克思主义，但实际上，对究竟什么是马克思主义，各人所理解、认同的内容却很不一样。这种情况如得不到彻底纠正，长此以往，必定会反映到对我们立党立国指导思想的认同上，所以非常值得警惕。

四　"指鹿为马"，同时又"指马为鹿"

前些年，有人胡说马克思恩格斯晚年是民主社会主义者，伯恩施坦、考茨基是正统的马克思主义者，列宁、毛泽东是最大的修正主义者等等。近一段时间，又有人抹杀马克思主义与反马克思主义的本质区别，蓄意将社会主义说成非社会主义，又将资本主义说成是社会主义。"指鹿为马"者的基本思路是，首先抹杀马克思主义关于判断一个社会的标准。马克思在《雇佣劳动与资本》中说："生产关系总和起来就构成所谓社会关系，构成所谓社会，并且是构成一个处于一定历史发展阶段上的社会，具有独特的特征的社会。"这就告诉我们，一个社会的性质是由生产关系的性质决定的，而一种生产关系的性质又是由占主导地位的生产资料的所有制性质决定的。有什么占主导地位的生产资料所有制就有什么性质的社会。因此，马克思恩格斯指出：所有制问题是共产主义运动的"基本问题"。"共产主义革命就是同传统的所有制关系实行最彻底的决裂。""共产党人可以把自己的理论概括为一句话：消灭私有制。"恩格斯晚年还强调，在实行全部生产资料公有制基础上组织生产，即生产资料公有制正是社会主义制度与资本主义制度的"具有决定意义的差别"。

"指鹿为马"者把共产主义运动的"基本问题"抛在一边，用捏造的所谓功能社会主义来批判、替代马克思主义的科学社会主义，即他们诬称的结构社会主义。按照功能社会主义，公有或私有并不是社会主义的界限。私有制若有利于生产力发展和人民生活改善，也属于社会主义。他们肆无忌惮地歪曲邓小平理论，说以"猫论""三个有利于"为灵魂的邓小平理论，是一种典型的功能社会主义。他们还以奥巴马来混淆"马"，称："奥巴马竞选时，有西方人士评论他的主张说：这在欧洲叫社会主义，在美国叫福利，在奥巴马叫变革。"

我国宪法第六条规定："社会主义经济制度的基础是生产资料的社会主义公有制，即全民所有制和劳动群众集体所有制。"我国宪法第七条规定："国有经济，即社会主义全民所有制经济，是国民经济中的主导力量。国家保障国有经济的巩固和发展。"指鹿为马，又指马为鹿的狂言，是违反宪法的，本质上是典型的民主社会主义观点。

面对错误观点（包括"自称马克思主义"的错误观点），1983 年 10 月 12 日，邓小平在《党在组织战线和思想战线上的迫切任务》一文中要求"马克思主义者应当出来讲话"。他强调："思想战线的共产党员，特别是这方面担负领导责任的和有影响的共产党员，必须站在斗争的前列。"邓小平说："一则批评本身的质量和分量不够，二则抵抗批评的气势很盛，批评不多，却常被称为'围攻'，被说成是'打棍子'，其实倒是批评者被围攻，而被批评者却往往受到同情和保护。一定要彻底扭转这种不正常的局面，使马克思主义的和社会主义、共产主义的宣传，特别是在一切重大理论性、原则性问题上的正确观点，在思想界真正发挥主导作用。"

重温邓小平这些论断，一切具有科学良知和历史责任感的专家学者特别是马克思主义学者应该深受教育，像习近平总书记所要求的那样，站出来旗帜鲜明地向种种错误思潮亮剑。

（原载《红旗文稿》2015 年第 13 期）

评崇儒反马的大陆新儒学思潮

张世保

20 世纪 90 年代以来，中国思想界出现了一股崇儒反马的大陆新儒学思潮。经过十多年酝酿准备，它终于在 2004 年 7 月的贵阳儒学会讲中以"大陆新儒家学派"的姿态公开亮相，正式浮出水面。大陆新儒学的出现，标志着中国的现代新儒学进入了一个新的阶段。在此之前的前三代现代新儒家，虽然也表现出崇儒反马的特征，但总体来说，他们在儒学"花果飘零"的境遇下，主要将其阵地收缩于心性领域，在社会政治层面则较少发言。因为在他们看来，以儒学取代马克思主义根本没有直接的现实性。因此，就思想特质来说，前三个阶段的现代新儒学主要还是作为一种哲学和文化思潮而出现的。继起的大陆新儒家则很不一样，他们对港台、海外新儒学提出了尖锐批评，认为在中国复兴儒学不能走心性儒学的路子，而是要走"政治儒学"的道路，走"重建儒教"的道路，公开提出要以儒学取代马克思主义的"王官学"地位，表现出比前三代新儒家更加强烈的意识形态性。这就说明，大陆新儒学已不仅是一种哲学和文化思潮了，而且还是一种现实针对性很强的"复古更化"的政治思潮。它虽然不是当今中国儒学发展的主流，但在开放的舆论环境下，却是一种严重干扰中国特色社会主义事业的极不协调的杂音、噪音，其消极作用不可低估。

一 "以儒学取代马克思主义"的意识形态诉求

大陆新儒家具有非常强烈的意识形态诉求。他们提出要立儒教为国教，将儒学道统写入宪法，恢复其"王官学"的地位，实际上就是要把儒学、儒教确立为社会主义中国的主导意识形态。这就必然要与当今我国的主导意识形态马克思主义发生直接的冲突。在蒋庆看来："有马统则不能有儒统，有儒统则不能有马统，二者不可得兼。"① 因此，崇儒反马就成为大陆新儒学的一个显著特征。

蒋庆不承认马克思主义的普遍真理性。他把马列主义当作侵入中国的一种异族文化。他说，"在当今中国大陆，一种外来的异族文化——马列主义——在国家权力的保护之下取得了'国教'的独尊地位"，"儒学理应取代马列主义，恢复其历史上固有的崇高地位，成为当今中国代表中华民族生命与民族精神的正统思想"。"儒学的根本原则与大陆的国家意识形态相冲突，复兴儒学必然要同马列主义正面对抗。"② 蒋庆还宣称只有儒学才是"先进文化"。诸如此类的言论在蒋庆的论著中比比皆是，如说"马列主义只是一种狭隘的个人学说"；"马列主义只是一种个人理性构想出来的偏激的意识形态"；"马列主义不是正统的西方文化"；"马列主义中没有安身立命、修道进德的成分"等。③

陈明不满意马克思主义居于当今中国主导意识形态的地位，提出了很有攻击性的"鹊巢鸠占"说。他认为马列主义缺乏民族文化认同，在中国已经没有合法性。至于如何放弃马克思主义而恢复儒学昔日的独尊地位，陈明寄望于当今政府改弦易辙。他说："现在进行政治批评，不仅是要和自由主义者们对话，而且还要和当局对话，要他们放弃现在所有的马克思主义意识形态的立场。因为作为意识形态的马克思主义（缺乏我们民族的文化认同）不能在民众那里寻找到合法性。"④ "儒学如果会出现复兴，最大的可为性在于执政上，执政者会觉得儒家政治思想中的'民本'、'善政'有正面教育意义，用古人之事教育启发干部，总比高谈马列理论来得更亲切有效。"他还说："最大的希望在政府，他们迟早会意

① 《蒋庆等人谈当下儒学发展路线》（丙戌年六月二十夜），http：//www.yuandao.com/dis-pbbs.asp? boardID=2&ID=18717&page=1，2006-09-04/2010-04-12。

② 蒋庆：《中国大陆复兴儒学的现实意义及其面临的问题》（上），《鹅湖》，1989年第170卷。

③ 蒋庆：《中国大陆复兴儒学的现实意义及其面临的问题》（下），《鹅湖》1989年第171卷。

④ 陈明：《〈原道〉与中国文化保守》，http：//www.tianya.cn/publicfoum/Content/no01/1/106477.shtml，2004-05-21/2010.04-12。

识到自己的意识形态需要更换，到时候，将是最大也是最后的机会。因为那意味着常态的恢复。现在，鹊巢鸠占，实际什么也谈不上，顶多只是制造气氛修炼内功而已。"①

康晓光用儒家的"仁政"学说来否定我国人民民主专政政权的合法性，明确主张要在中国实行"儒化"。他提出："儒化的原则是'和平演变'。儒化的策略是'双管齐下'，在上层，儒化共产党，在基层，儒化社会。"其中，关于"儒化共产党"，康晓光提出的具体策略是："用孔孟之道来替代马列主义。党校还要保留，但教学内容要改变，把四书五经列为必修课，每升一次官就要考一次，合格的才能上任。公务员考试要加试儒学。要有意识地在儒家学统与政统之间建立制度化的联系，而且是垄断性的联系。有一天，儒学取代了马列主义，共产党变成了儒士共同体，仁政也就实现了。"② 他认为最理想的政治就是在中国实现"儒士共同体专政"。

在蒋、陈、康的上述论说中，反马克思主义、反社会主义的立场表露无遗。他们反对马克思主义的一个所谓重要理由就是坚持"华夷之辨"，认为马克思主义是一种外来的异质文化，以马克思主义为我国的主导意识形态就是西方文化对中国文化的"殖民"，要坚持中国文化的主体性，就必须反对马克思主义。

这种诳语不仅毫无道理，而且是典型的复辟论调。马克思主义作为无产阶级的世界观、方法论和革命与建设的理论，没有国家、民族的限制而只有阶级的区分。马克思主义虽然产生于西方，但它绝不仅仅属于西方，而是全世界无产阶级争取自身解放和人类解放的学说。实际上，在指导中国无产阶级争取解放的过程中，作为一般原理的马克思主义与中国革命、建设、改革的实际进行了深度结合，有一个马克思主义中国化的长期探索、结合与发展的历程。在这一历程中，马克思主义与中国优秀的文化传统，与中国近现代历史以及中国人的活生生的现实生活都已紧密地联系在了一起。经过一个世纪的传承与发展，中国化的马克思

① 陈明：《"鹊巢鸠占"说》，http：//www. yuandao. com/dispbbs. asp？Boardid＝2&replyid＝3798&id＝30525&page＝1&skin＝0&star＝2. 2008－08－06/2010－04－12。

② 康晓光：《我为什么主张"儒化"——关于中国未来政治发展的保守主义思考》，http：//www. confuchina. com/08％20xiandaihua/kangxiaoguang/ruhua. htm ，2004－12－08/2010－04－12。

主义不仅成为中国先进文化，而且成为党和国家的指导思想，并在中国文化土壤中深深扎下根来。把马克思主义当作一种"异族文化"而加以排斥，是一种典型的封闭心态，是文化自绝的表现，更是对于中国现代文化历史进程的无知。

马克思主义的产生有它深厚的社会基础和理论来源。无产阶级在与资产阶级斗争的过程中，需要马克思主义理论把自己从精神上武装起来。与此同时，马克思主义产生的各种条件均已具备，自然科学领域的三大发现、空想社会主义、古典政治经济学、德国古典哲学等都为马克思主义的产生提供了思想准备。因此，马克思主义绝不是如蒋庆所攻击的只是一种"狭隘的个人学说"，一种"个人理性构想出来的偏激的意识形态"。马克思主义的本质特点是实践。社会批判确实是它的一个非常重要的功能，但其功能并不仅局限于社会批判，它同时也具有非常强大的建设性功能，在批判旧世界的同时建设新世界。它的社会发展理论和人的全面解放的思想等都极具建设性。

马克思主义不仅是一门关于社会发展规律的科学，它也非常重视人的全面发展。马克思主义经典作家有许多关于培养共产主义新人和品德修养论方面的精辟论述。在国际共产主义运动史上，在中国人民革命斗争历程中，许多共产党人都把马克思主义当作自己生命的一部分，用来认识世界和改造世界，并在改造客观世界的实践中改造自己的主观世界，全心全意为人民服务。许多共产党人践行马克思主义，为民族、为国家、为人民所表现出来的英勇奋斗、无私奉献的高尚情操，为广大中国人民所尊崇、所赞叹。怎么能说马克思主义没有安身立命、修道进德的成分呢？

至于"儒化共产党"、寄希望于党和国家放弃马克思主义意识形态，更是一厢情愿、不切实际的幻想，是对中国共产党的性质、宗旨和理论基础的无知，也是对中国近现代革命和现代化建设历史的无知。让无数革命先烈用鲜血换来的新中国倒退到儒学统治了两千多年的封建时代去，中国人民能够答应吗？"儒化中国"的主张之所以是历史的倒退，首先因为它是脱离人民群众的，违背了中国社会的发展的规律。

二　反对民主政治，重建以儒教为国教的"政教合一"国家

自西方资本主义文化向全球扩张以来，中国向何处去一直是中国人苦苦探求的一个时代课题。总的来说，中国要走社会主义现代化的道路已成为大多数国人的共识，社会主义民主政治已然成了中国人民追求的目标。大陆新儒家则反对中国走社会主义民主政治的道路。蒋庆混淆社会主义民主与西方资本主义民主的界限，认为民主作为一种政治制度是西方历史文化的产物，并不具有超越历史文化的普遍性，进而否定中国的社会主义民主政治。他用"王道政治三重合法性"理论来否定民主政治的合法性。所谓"三重合法性"，是指超越神圣的合法性、人心民意的合法性和历史文化的合法性。他认为民主政治只具有人心民意一重合法性，而缺少另外两重合法性。他有许多反对民主政治的典型言论，如说："民主政治，完全以人为中心，排斥超越神圣的价值，出现了极端世俗化、人欲化的倾向。'民意合法性一重独大'不仅决定民主政治在政治权威产生过程中无道德，还决定民主政治在运作过程中无理想，这是因为民意是政治权力合法性的唯一渊源，而民意最主要由欲望与利益的诉求构成。""从民主政治产生之日起，人类道德就退出了政治权威产生的过程。这不能不说是民主政治存在的严重问题。""由于'民意合法性一重独大'，带来民主政治的极端世俗化、平庸化、人欲化与平面化。"① 总之，他认为以民意为中心的政治是要不得的。

康晓光也认为中国应该拒绝民主化。在他看来，民主化是一个祸国殃民的选择。康晓光从有效性和合法性两个方面对民主政治进行了批判。首先，认为民主政治不能解决中国的问题，不值得学习。以今天中国的成就与西方民主国家相比，他认为："在最重要的三大指标上——经济增长、政治的清明、社会的公正，中国的表现根本不比它们差，而且中国存在的问题它们同样存在，甚至比中国还要严重，而中国已经取得的成绩则是它们望尘莫及的。既然如此，我们为什么要改弦易辙呢？为什么要向那些手

---

① 蒋庆：《王道政治的特质、历史与展望——蒋庆先生谈王道政治三重合法性问题》，http：//www.confucius2000.com/confucius/wdzzdtzlsyzwjqxst3chfx1.htm.2004－06－06/2010－04－12。

下败将学习呢？"他的这段话，在逻辑上是混乱的。首先，我们搞的不是西方的那种民主，何谈改弦易辙？其次，我们搞的也不是儒教，怎能把在社会主义制度下中国取得的这些成就用来作为反对社会主义民主政治的理由呢？康晓光从三个层次上批驳了自由民主主义的合法性。第一，自由民主主义所倡导的一些基本价值是坏的。第二，自由民主主义所依赖的逻辑前提缺乏事实基础。第三，即使自由民主主义的价值是好的，即使它的那些逻辑前提是真实的，即使它的推论是正确的，在实践中它也表现为一套谎言，从来没有真正兑现过自己的承诺。① 对于资产阶级民主制度而言，这些批判或许有一定道理，但把社会主义民主与资本主义民主混为一谈，借否定西方民主来否定社会主义民主政治，则是毫无道理的。

既然中国不能走社会主义民主政治的道路，那么应该怎么办呢？大陆新儒家的主张就是要在中国建立一个以儒教为国教的"政教合一"国家。康晓光认为，在历史上，中国是一个典型的政教合一国家。儒教就是中国的国教或全民宗教。近代中国为了对抗洋教，康有为首先提倡复兴儒教，在中国近代史上掀起了一场颇具影响的以儒教为国教的运动。今天提出重建儒教，不过是继承康有为的事业，完成他未竟之理想。

蒋庆接过康晓光"立儒教为国教"的口号，他走得更远，也更加极端。他提出了所谓"复魅"理论。在蒋庆看来，人类的生活必然要有超越神圣的维度（"魅"）来作为支撑，否则人类的生活就没有深厚的根基。他认为儒家的"天"既可以是具有人格神特征的外在超越之天，同时也是具有心性人文特征的内在义理之天。因此，儒家思想是包含有"启蒙"的"中和之魅"，而不像基督教和伊斯兰教那样的"极魅"。既然已经包含有"启蒙"，就不需要再对它"启蒙"，因此蒋庆认为近代新文化运动对儒学的批评（启蒙运动）是完全错误的。在他看来，重建儒教就是"复中和之魅"。

蒋庆主张，面对西方文明的全方位挑战，必须全方位地复兴儒教，以儒教文明来回应西方文明，才能完成中国文化的全面复兴。他说："当今中国儒家学派的建立、儒学体系的建构、儒家文化的回归都是为了复兴中国独特的儒教文明，以承续源自古圣人道统的中国文化的精神慧命。如果离

① 康晓光：《我为什么主张"儒化"——关于中国未来政治发展的保守主义思考》，htlp：//www.confuchina.com/08%20xiandaihua/kangxiaoguang/ruhua.htm，2004 - 12 - 08/2010 - 04 - 12。

开儒教的重建来谈儒家与儒学的重建，将是放弃复兴中华文明的努力，把中华文明降到思想学派的位置与西方文明对话，这是中国文化的自我贬黜。所以，复兴儒教是复兴中国文化重建中华文明的当务之急。"①

　　蒋庆还提出了重建儒教的两条路线，即所谓的"上行路线"和"下行路线"。"上行路线"有两个要点：一是通过儒者的学术活动与政治实践，将"尧舜孔孟之道"作为国家的立国之本即国家的宪法原则写进宪法，上升为国家的意识形态。也就是说，要恢复古代儒教的"王官学"地位，把儒教的义理价值尊奉为中国占主导地位的统治思想，建立中国式的"儒教宪政制度"，以解决中国政治权力百年来的"合法性缺位"问题，为中国的国家政权奠定合法性基础。二是建立新的科举制度与经典教育制度，即国家成立各级政治考试中心，有志于从政者必须通过《四书》《五经》的考试才能获得做官资格，就如同做法官要通过国家的司法考试一样；另外，用儒教的经典取代各级党校、行政学院"过时的"意识形态经典，使其作为各级党政干部思想品德教育与历史文化教育的主要内容。除党政教育系统外，在国民教育系统中，恢复小学中学的"读经科"，将《四书》《五经》教育作为基础课与语文、数学、英语同列：大学则恢复"经学科"，作为大学通识教育的基础课程。所谓"下行路线"，就是要在民间社会中建立儒教社团法人，成立类似于中国佛教协会的"中国儒教协会"，以儒教协会的组织形式来从事儒教复兴的事业。"中国儒教协会"虽然是一民间的社团法人，但与其他的宗教组织并不是平等的关系，"中国儒教协会"要拥有其他宗教组织所没有的政治、经济、文化、组织方面的特权。

　　由于儒教过去是国教，将来也要成为国教，所以"中国儒教协会"在中国诸宗教中的地位应该最高。中国儒教协会不仅有参与政治的特权，有获得国家土地、实物馈赠与财政拨款的特权，还有设计国家基础教育课程的特权，有设计国家重大礼仪的特权，有代表国家举行重大祭典的特权，以及其他种种特权。这一套重建儒教的方案看起来好像是一个不食人间烟火者的天方夜谭，实际上它是大陆新儒家为实现"儒士共同体专政"而精心设计的一个路线图。

---

① 蒋庆：《关于重建中国儒教的构想》，《中国儒教研究通讯》2005 年第 1 期。

　　大陆新儒家的这些主张，实际上是反对党的领导、人民当家做主、依法治国三者有机统一的社会主义民主政治，是完全违背我国宪法的行径。中国政治发展的方向只能是社会主义民主，而绝不能朝与此相反的方向走，更不能倒退到"政教合一"的老路上去。

三　张扬特殊性、民族性和保守性的文化观

　　大陆新儒家都是极端的文化保守主义者和文化民族主义者。这一点他们自己也从不讳言。在他们看来，在现代民族国家体系尚未解体的当今世界，文化民族主义是应对全球化冲击和实现民族认同的唯一有效途径。

　　蒋庆曾被批评为儒家"原教旨主义者"，他对这一指称欣然接受。他说："实际上原教旨这个词，在英文里面是基本要义的意思，它不是个贬义词。它只是说明有些文化，有些思想，有些宗教学说，坚持它的根本的精神不动摇，所以现在有些人说我是儒家的原教旨主义者，我认为这没有错。我就是个儒家的原教旨主义者，但是是正面的，我是坚持儒家的义理，根本义理价值不动摇。"①

　　2004年7月的贵阳儒学会讲号称"中国文化保守主义峰会"，陈明主编的《原道》辑刊被称为"文化保守主义旗舰"，他们都直认不讳。陈明宣称："从中国历史的内在性和一贯性来理解和认识中国，积极探索中华民族自己的文化表达式，即是《原道》的追求目标。"在经过十余年经营后，《原道》辑刊及其网站（包括它所办的网刊《邮家邮报》）已成为当今中国文化保守主义的一个非常重要的发言阵地。康晓光认为21世纪的中国需要一种超越民族国家的文化民族主义。在他看来，文化民族主义必须完成三大任务，即整理国故、社会动员、制度化。首先，要整理国故，根据时代精神重新阐释儒家经典。其次，要进行广泛、深入的社会动员，在国内外推广儒家文化。再次，要在全球范围内建立制度化的文化传播体系，即建立一个准宗教体系。为了实现上述三大任务，他还提出了四项措施：第一，儒学教育要进入正式学校教育体系。第二，国家要支持儒教，

---

　　① 蒋庆：《儒学在当今中国有什么用？》，http：//www. pinghesy. com/data/2007/0926/article 1446. htm. 2007 - 09 - 26/2010 - 04 - 12。

将儒教定为国教。国家支持，精英领导，全民参与，建立组织体系，实行民间自治。第三，儒教要进入日常百姓生活，成为全民性宗教。第四，通过非政府组织向海外传播儒教。其文化民族主义一目了然。大陆新儒家的文化保守主义和文化民族主义主要是建立在文化特殊论基础之上的。他们只看到了文化的特殊性，而看不到文化的共性。

蒋庆把民主看作西方特有的思想。他说："民主思想是西方的，而非全人类的，只能是属于某一特定文化的，而非中国的。世界上只有西方的民主思想，而不可能有人类的民主思想或中国的民主思想。民主思想深深植根于西方两千多年来的历史传统中，深受西方哲学、宗教、道德、习俗、法律等文化形式的影响，不可能通过简单的论证方式'合乎逻辑地'推成全人类的或中国的。硬要将西方民主思想逻辑地推成全人类的或中国的，那只能意味着将非西方文化的特质即中国文化的特质消除，使非西方文化丧失其文化自我而沦为一无独特生命活力的僵死空壳。"[1] 无须讳言，西方民主当然不可能成为全人类的。中国特色社会主义民主是科学社会主义原则与中国实际相结合的产物，是立足中国的，怎么能说是消除中国文化特质呢？就文化发展的角度而言，将儒学与西方文化完全对立起来，隔绝开来，也是完全错误的。世界文化是多样的、异彩纷呈的。它们相互借鉴，各自发展。完全否定文化的相互借鉴和吸收有益文化成果的说法，无疑陷入了极端文化特殊主义的立场，极其不利于各国、各民族文化的交流与互动，最终陷入了狭隘的文化民族主义。

文化的特殊性是客观存在的。任何一种文化都有其特殊性，但以这种特殊性来拒斥一般性就很成问题了。大陆新儒学强调中国文化的特殊性，实际上就是想排斥产生于西方的全世界无产阶级解放的学说——马克思主义。

通过对大陆新儒学思潮的上述简要评析，我们可以清楚地看到，这派政治、文化主张是严重阻碍中国的社会主义现代化建设的，是企图把中国拉回到封建主义时代去。在社会主义现代化的进程中，挖掘、利用中国优秀的传统文化当然是必需的，也是有可能的。但若像大陆新儒家那样反对

---

① 蒋庆：《政治儒学——当代儒学的转向、特质与发展》，生活·读书·新知三联书店2003年版。

社会主义民主政治，反对马克思主义，提倡重建儒教，企图"儒化中国"，则无疑是违背历史发展潮流的，对于儒学自身的发展也是有百弊而无一利的。

（原载《思想理论教育导刊》2010 年第 6 期）

近年来中国马克思主义者对
大陆新儒学挑战的回应探析

朱庆跃

    1978 年改革开放特别是进入新世纪以来，伴随社会主义市场经济体制改革目标的确立及其实践的深入，现代化转型下变动的利益关系所导致的社会意识多样化日益明显。在这些多样化的社会意识中，文化保守主义就是其中之一。而当前文化保守主义思潮中影响最大的当属"大陆新儒学"①。这种大陆新儒学，就是 20 世纪 90 年代以来在中国大陆所形成和发展的，主张以中国传统文化为基础、以民族主义为依托、认同回归儒家精神的学说或思潮。因大陆新儒学在理论资源上的生长点和观察中国问题的理论武器与马克思主义或中国化马克思主义有着根本的区别，决定了它或多或少地、或隐或显地对马克思主义中国化实践产生着影响，也在思想文化层面直接或间接地阻滞着社会民众向马克思主义或中国化马克思主义意识形态

---

    ① 对于"大陆新儒学"，学界基本上将其归为文化保守主义，但在对其具体身份、内涵的判断和界定上有较大分歧。在《大陆新儒学评论》论文集中，方克立、张世保等人主要将 2004 年 7 月在贵阳儒学会讲中集中亮相的蒋庆、陈明、康晓光、盛洪等人视为大陆新儒家的代表；认为他们有"复兴儒学"的强烈使命感，特别致力于儒学的政治化和宗教化以达到"儒化中国"的目的；强调他们的出现标志着中国的现代新儒学运动自经历三代现代新儒学之发展后进入了"大陆新儒学"阶段。而在《新世纪大陆新儒家研究》中，崔罡认为方克立等人的判定不足以描述当前儒学研究的局面；另外，方克立等人所列举的这些大陆新儒家本身的思想学术前后都有改变。为此，他认为用"新世纪大陆新儒家"而不是"大陆新儒家"这个提法较为合适，指出他们是 20 世纪 90 年代以来在中国大陆兴起的，经过十余年的发展，不仅仅是儒学的研究者更是以儒学精神的提倡者为标识的群体。本文在参考、借鉴上述两种观点的基础上，论述时将"大陆新儒学"更多地视为 20 世纪 90 年代以来在中国大陆形成和发展的，主张以中国传统文化为基础、以民族主义为依托、认同回归儒家精神的学说或思潮。

凝聚的过程。对于大陆新儒学所带来的种种挑战，中国的马克思主义者如之前的先辈一样并没有回避，而是积极性地进行了回应。今天，通过对当前中国马克思主义者相关回应内容的探析，对于进一步巩固马克思主义或中国化马克思主义为主导的社会意识格局，特别是为未来在这一基础上促进马克思主义或中国化马克思主义真正成为民众"内化于心"的主流意识形态，提供一些借鉴和参考。

尽管大陆新儒学内部就当下中国所存在的问题在具体指向、儒家文化的价值认同以及复兴儒学路径设计等方面还存在着一些差异性，出现了诸如"政治儒学""文化儒学""生活儒学""现象学儒学""经济儒学""制度儒学""民主仁学"等思想主张，但是他们在解决当前中国现实问题中谁为指导、社会意识构建中谁为主流，甚至于中国化实践中马克思主义与传统文化的互动结合中谁为主导等方面具有一致性，即毫无例外地以文化史观作为立论的主要依据，并对传统文化特别是儒家文化的作用给予了过分夸大，表现出浓厚的文化保守主义色彩。相应地，在当前中国具体情境下所面临的问题是什么、为什么问题是这样、问题如何解决等方面，挑战着马克思主义中国化实践的现实正当性以及这种实践的指导思想的科学真理性。正是基于大陆新儒学在这些方面所构成的挑战，近年来，中国的马克思主义者进行了积极回应，既彰显马克思主义或中国化马克思主义理论解决社会现实问题的责任性，也对马克思主义或中国化马克思主义相关"理论内核"的正当性进行了辩护和阐述。

一 就当前中国问题是什么及其产生原因的判断方面，中国马克思主义者对大陆新儒学的挑战给予了回应

就当前中国问题是什么及其产生原因的判断方面，尽管大多数大陆新儒学家们并没有单纯地就"中国"来讨论中国问题，而是认识到了中国问题所折射的"世界性"特征，但还是无法丢弃之前文化保守主义诸多派别所赖以生存的根本立论武器——文化史观，只是将两者结合起来，使这种"文化史观"在运用中不再显现出"陈旧""乏味"的色彩，而是以更具"鲜活""新潮"的气息呈现出来罢了。他们认为在当前西方文明为主导的现代性过程中，作为后发、被动的发展中的中国而言，也遭受到

了这种现代性的侵袭，由此而产生了严重的文化危机，一方面自视为具有世界普遍性意义的西方文明在中国各个领域大肆张扬与膨胀，另一方面民族的主干性文化话语系统或缺失或被殖民化，致使文化认同、政治重建和身心安顿等问题无以对治。如蒋庆认为当今中国面临的最大危机是"文化危机"，即仍然沿着晚清以来"文化歧出"的路在走，处在"以夷变夏"的危机过程中，最明显的表现就是"中国人在日常生活的细节上日益西化"；而造成这种危机的原因很大一部分在于"西方文化的社会达尔文主义规则仍然是主导国际关系的规则"，相应地，"西方学术便脱离了其特定的历史文化内容而被普遍化与人类化，反之其他非西方学术则被特殊化与民族化。其结果必然是西方学术中心化，非西方学术边缘化，最后导致非西方学术被西方学术排挤压迫，其基本义理被西方学术颠覆解构，其解释系统被西方学术驱逐取代"。另外，在谈论当前中国政治秩序的构建方面，蒋庆也主要从近代以来"儒学异化"与"文化歧出"之路来挖掘根源，强调其导致当今中国政治秩序构建面临着巨大的"合法性危机"，即缺乏"超越神圣的合法性""历史的合法性"，而单纯地依靠"人心民意的合法性"的支撑，致使国家的长治久安无法从根本上实现而只能处于"稳定压倒一切"的焦虑和恐慌之中。陈明、张祥龙等人亦认为伴随中国社会的全面转型以及步入现代化的进程，原来体现中国历史的一贯性和思想的内在性的儒家文化处于不断式微的状态中，特别是西方文明主导的现代性的冲击，不但造成对传统文化进行表达、塑造的话语系统的缺失，更严重的是导致建立自己主体性这一意识的缺失。如陈明认为："新儒家们心理上的基调是一种危机感，面对西方强势文化，民族如何自处？儒学如何自处？"张祥龙则将传承的团体、相应的社会结构、价值对人的影响、独特的话语权力视为判断、衡量文化生命力的标准，认为按照这四个考量标准来看，当下中国的问题明显表现为中国传统文化处于衰危状态，指出造成中国传统文化危机最根本的原因就是全球化的趋势。而且这个趋势根本没有减弱，相反还在加强。

在当前中国问题是什么及其产生原因的判断方面，针对大陆新儒学所提出的思想观点，中国的马克思主义者进行了积极的回应。从回应的内容看，主要集中于诸如如何认识现代性、如何认识全球化进程中的民族文化问题、如何认识人类社会发展中经济政治文化之间的关系、如何认识和评价中国近现代史等方面。这种回应方式的最大优点在于实现了对大陆新儒学立论的"肇端始基"之错误的层层"剥解",也间接印证和衬托了马克思主义或中国化马克思主义对相关问题判断的科学性。如对如何认识现代性这一问题所给予的批判:蒋孝军以蒋庆的"政治儒学"为例,认为在蒋庆的问题意识中看到了现代性问题的存在,但是他又无法解释乃至否认现代社会存在的合理性,这种思想上的内在矛盾注定了蒋庆"在现代与复古之间不可逃避的'纠结'"。对如何认识全球化进程中的民族文化问题所进行的批判:如李宗桂注重探讨经济、文化全球化下的民族文化建设问题,他认为经济全球化绝不是"一体化",更不是文化、政治的"全球化""一体化",文化的民族性始终存在,且因经济全球化的负面影响的存在而得以强化;文化的时代性和世界性与文化的民族性是统一的,没有前者则后者无从扎根、无从显现,没有后者则前者无所寄托。同样,他认为文化全球化是"一个过程""一种趋势",而非"既成的结果"和"弱势民族的宿命",文化全球化和文化的多元化或民族性是共存的,因为文化全球化从根本上说也是不同民族文化之间利用经济、信息全球化的有利条件在良性互动中逐渐就人类共同关注的问题形成某些共识的过程。因此在当前文化全球化浪潮中,文化建设的合理路径应为主动参与文化全球化的进程之中,取得话语权,获取、借鉴先进国家文化建设的成功经验,既警惕西方某些人利用文化全球化来同化全球,也反对狭隘的民族主义。对如何认识人类社会发展中经济政治文化之间的关系方面给予的批判:中国马克思主义者坚持以唯物史观为指导,强调人类社会的发展是一个有机的整体推进的过程,在这些要素中,经济是决定性的,文化的反作用是建立在这个前提之下的;相应的,他们批判大陆新儒学过于突出从文化层面来揭示当下中国所存在的问题而无视社会构成的整体性,这明显表现出了浓厚的文化 元论、独断论的唯心主义色彩。如方克立认为人陆新儒学"和近现代文化保守主义一脉相承,宣扬唯心主义的历史观和世界观",其中最突出的表现就是"宣传过分夸大精神、观念形态作用的文化决定论";揭示他们为了论证"复兴儒学"的重要性,把中国大陆的一切问题都归结、化约为一个道德问题,而这本身并无新意,因为它依然是"传统儒家道德中心主义的翻版"。对如何认识和评价中国近现代史方面所进行的批判:中国的马克思主义者特别就大陆新儒学所提出的中国近代以来学习西方这条路实质为"文化歧出"的路这一评估和判断，进行了反驳。如陆信礼认为大陆新儒学的相关言论和认识"犯有歪曲和扩大事实的错误"，近代以来先进的中国人无论是马克思主义派、西化派，还是保守主义派都"不希望中国成为西方文化的殖民地"，即使在"以西方解释中国"的过程中，也有许多先进的中国人为找回民族文化的自信而进行着不断的探索和努力。

二　就当下中国问题如何解决的方案设计方面，中国马克思主义者对大陆新儒学的挑战给予了回应

在将文化史观与西方现代性弊端结合起来揭示当前中国所存在的主要问题的过程中，大陆新儒家们也进行了相应的所谓的"立"，即设计出解决问题的方案。尽管这些方案可能在具体内容和实施策略上有差异，但就复兴儒学以最终达到"儒化中国"这一根本目的上具有相同性，而这亦间接地对马克思主义或中国化马克思主义指导下中国特色社会主义道路实践的现实正当性产生了消解作用。如蒋庆认为要根除西方现代性所造成的"缺乏形而上世界的整合力量"这一病症，只能通过儒家文化来"复魅"，即"恢复宇宙世界社会人生的神圣性"，以促使"世界成为一个具有永恒意义的人类栖身之所"。而就如何复兴儒学来"复魅"，在吸取了之前现代新儒家过分纠结于"内圣"能否开出"外王"这一理论困境的教训基础上，蒋庆坚持了"心性儒学"与"政治儒学"的二分法，认为两者是并立的，在儒学传统中有其各自的地位与价值；相应地，复兴"心性儒学"就是重建儒学生命体认的"工夫学"问题，即"通过生命的实践修为来体认生命本体的系统学问"，复兴"政治儒学"就是重建儒学的"王官学"地位问题，即确立"儒学作为中国国家政治主导思想的地位"或"儒学作为中国主流政治价值的地位"。但是，由于他认为现代新儒学的贡献在于已将"心性儒学"推向高潮，即把儒学改造成一种系统的生命形上学，而当前儒学发展的重点在于建构"政治儒学"，特别是实施"儒教宪政"，以使"外王"问题在义理上获得圆满解决，即通过重建的政治合法性而真正实现人类所追求的"贤能政治"。对这种"儒教宪政"，他也进行了具体的规划与设计，其大致内容为，以"王道政治"为义理基

础、以"议会三院制"为议会形式、以"太学监国制"为监督形式、以"虚君共和制"为国体形式。另外，为了配合这种让儒教进入政治权力中心的"上行路线"，蒋庆还提出了"下行路线"即"在民间社会中建立儒教团体法人"。蒋庆复兴儒学所体现出的浓厚的原教旨主义色彩，在另一大陆新儒家——康晓光那里也获得了"应和"，其提出的"复兴儒教"和"儒家宪政论"就是明显佐证。2003 年在《文化民族主义论纲》一文中，他认为当前中国要建构一个超越民族国家边界的文化民族主义，就必须遵循"复兴文化→复兴儒家文化→复兴儒教"这一文化复兴的逻辑而行；提出了新时代复兴儒教就必须完成"三大任务"（即整理国故、社会动员、制度化）以及实施"四项措施"（即儒学教育要进入正式学校教育体系和日常生活，以及国家要将儒教定为国教和大力通过非政府组织向海外传播儒教）。尽管不同于甚至反对蒋庆、康晓光在复兴儒学上所采取的激进的"政统"之路，但是，陈明、张祥龙、黄玉顺等人的相关思想中也依然体现出"儒化中国"这一根本特征。其中陈明则更多地侧重于从思维方法论或者说从"学统"上来实行"儒化中国"，以最终达到其将"儒教"建成"公民宗教"（即"对基于某种神圣性话语的观念、价值和仪式在公共领域，尤其是对政治制度及其运作、评价，发挥承担着的某种基础性、形式性或目标性功能与作用的概括和称呼"）的目的。而张祥龙、黄玉顺更注重从生活层面或从"道统"上来实行"儒化中国"。以张祥龙为例，他认为蒋庆等人所倡导的"上行路线""下行路线"不具有可行性，因为它们面临着当前整个社会政治结构中的"去儒化"，特别是"西化"的盛行，以及"靠经济发展解决问题"的现行国策等因素的影响，唯一正确的路径在于实施"中行路线"，即专注于"儒教的人间生活化和亲子源头性的特征"，也就是"让儒教的礼、德育扎根于亲子关系或家庭家族关系之中"。

在对大陆新儒学的批判中，对其就当下中国问题如何解决所进行的方案设计的批判是重点，甚至是主要的内容，因为这关系到马克思主义或中国化马克思主义指导下中国特色社会主义实践道路的合法性问题。为此，对大陆新儒学相关方面的批判，中国马克思主义者既坚持总体性的批判，又给予重点对象以针对性的批判；既坚持对其内容实质特征的批判，也注重从学理逻辑论证方面开展批判；既坚持"破"又坚持"立"，即批判与构建的统一。具体来看，主要表现为：一是对大陆新儒学设计方案的实质特征给予了揭露。中国马克思主义者认为，大陆新儒学既继承了之前现代新儒学浓厚的文化民族主义、文化特殊主义的思想特征；又表现出其不同点，即将保守主义从文化层面延伸到政治层面，具有鲜明的"强挑战性"。对于前者，张世保认为，大陆新儒家是典型的文化保守主义者和文化民族主义者，在他们的眼中没有文化的普世性、人类性而只有文化的特殊性，他们否认了"人类共法"。陆信礼批判大陆新儒学是"缺乏文化自觉的狭隘民族主义"，所谓的"以中国解释中国"命题本身同"西方中心论"一样过于夸大自己文化的优越而人为地贬低异质文化；同样，这种不良的文化心态也与西方"文明冲突论"并无本质的不同，严重阻碍了我们汲取其他民族文化中的优秀的智慧资源。而对于后者，张三萍认为与港台、海外新儒家相比，大陆新儒家具有"更强的意识形态性和现实针对性"，因为他们的"儒学复兴"是企图"通过对政治儒学的强调和把儒学建立成一种组织宗教的构想"来实现的，而这本身是"一种现代的专制主义"。

二是对大陆新儒学设计方案的学理层面以及逻辑"漏洞"给予了批判。如刘东超就认为，"过度约化和以偏概全""违背基本史实的'凡XX则肯定，凡XX则否定'"是蒋庆政治儒学语言表述和论证逻辑的根本缺陷所在。除对大陆新儒学总体思想方法论的错误性给予批判外，中国的马克思主义者还就大陆新儒学设计方案中具体内容构建、论证所表现出来的片面主义、绝对主义进行了专门揭露。黄应全认为，蒋庆的政治儒学传统本身经不起严格的学术检验，因为他将"今文经学与古文经学分割开来，以为前者是'政治儒学'，后者不过是'政治化的儒学'"，"没有把一般意义上的'政治儒学'与理想意义上的政治儒学区分开来"。

三是对大陆新儒学有关设计方案实现的可行性进行了否定。其中，既有把大陆新儒学作为一个总体而进行否定的，也有具体就大陆新儒学中某一类型的思想主张进行否定的。前者如，邱涛认为，无论是理论层面还是历史与现实的实践层面，"儒化中国"的主张都是行不通的，因为将儒教定为国教是历史的倒退，通过历史和现实的实践已经证明儒学思想不能也不可能解决中国近现代所面临的问题。而后者比较丰富多彩，如对蒋庆政治儒学相关设计方案的否定：黄应全认为蒋庆的"政治儒学"是不可能复兴的，以其所提出的"三重合法性"为例，其中就存在着许多自相矛盾的地方，如既反西方民主又不加批判地接受了现代共和主义（即在主张复兴君主制中又突出分权制衡），接受现代共和主义而又不遵循现代共和主义的基本精神（即设置君院、儒院，赋予现代中国社会中早已沦为社会边缘的群体而不是人民大众以"特权"），一味地主张"实质理性"的平等而又缺乏"形式理性"的平等（即重视结果公平却忽视起点公平，强调拉平差异而不尊重差异）。关于康晓光"复兴儒教"和"儒家宪政论"的设计方案能否实现：刘东超认为其相关设想的实现在理论层面有两大障碍——儒学缺乏成为宗教的资质以及儒学本身缺乏成为中国当代政权合法性基础的理论力量。

四是对儒学在中国现实社会政治生活中如何发挥正能量的路径进行了指引。如林存光认为"复兴儒学"最根本的还是"剥尽覆盖在偶像孔子与儒教之上的种种外在的意识形态化的繁芜形式"，从而最终回归孔子的精神路向和呈现一个本真的孔子、儒学。李维武主张通过"去粗取精""抽象继承""择取常道""批判超越"等四种形式来对儒家思想资源实行现代整合，以使中国儒学的智慧同现代西方的智慧相互沟通、补充、融合，从而达到帮助现代人类解决所面临的现代性难题的目的。

三 就马克思主义或中国化马克思主义以及在其指导下所制定的实践方案的真理性认识方面，中国马克思主义者对大陆新儒学的挑战给予了回应

如果说大陆新儒家们就当前中国问题是什么及其产生原因的判断，乃至当下中国问题如何解决的方案设计方面所提出的一系列主张思想，是对马克思主义及其中国化实践所构成的间接而根本性的挑战，那么他们质疑甚至否定马克思主义或中国化马克思主义以及在其指导下所制定的实践方案的真理性，则属于对马克思主义及其中国化实践的直接性挑战。同样，在大陆新儒家们看来，这种直接性挑战也在一个方面为他们运用唯心主义文化史观分析和解决中国问题提供了貌似强有力的"佐证"材料。具体来说：一是大陆新儒家对马克思主义或中国化马克思主义的科学真理性进行了诋毁。如在《中国大陆复兴儒学的现实意义及其面临的问题》一文

中，蒋庆就认为马克思主义只是一种"个人理性构想出来的偏激的意识形态"，"反对早期工业文明带来的后果的极端情绪"，"具有破坏性的斗争学说"，"政治批判哲学"，而不是"从神圣本源中产生出来的普遍真理"，"正统的西方文化"，"一种道德学说或者说伦理思想"以及"不具备建设性功能"。在《我为什么主张"儒化"》一文中，康晓光认为马列主义在中国是"一种宗教"，"完全是西方的东西"。在《对话或独白——儒教之公民宗教说随札》一文中，陈明认为马克思主义是"冲突论者，并且是以科学的名义（而不是人文主义，因此反公共领域、反宗教）立说（五阶段论、先进生产力及代表者等）"；它本身既与主张政治的道德属性或对道德的依赖的古典政治理念不相容，也与主张从人的自然属性出发论证政治权力的现代政治理念不相容。二是大陆新儒家对马克思主义中国化的实践真理性进行了攻击。在这个方面表现最激烈、最明显的就是蒋庆，他认为马克思主义中国化实践在改革开放之前是建立在学习苏联的基础之上的，而改革开放以来依然是"沿着一百多年来文化歧出的路在走"，这导致了"中国在很大程度上已经被'以夷变夏'，成了'西方的中国'"。实质上，这也体现出他将"马克思主义中国化"与"西化"混同在一起的思想。同时，他还就这种名为"中国化"实为"西化"的思想在中国各个领域的表现及其危害性给予了具体的陈列：在人的生命信仰上，因过分追求物质欲望而缺乏宗教信仰，致使国人"信仰空虚、价值虚无、生命荒谬、意义失落"；在民族精神弘扬方面，因"中国化"实践既丢弃了自己的民族神，又不能将"西化"的东西转化为自己的民族精神，致使中华民族成了"一个不知道'我是谁'的民族，一个'精神分裂无所适从'的民族，一个精神上处于'游魂'状态的民族，一个民族内聚力日益弱化的民族"；在政治秩序构建方面，缺乏完整的合法性支持，只是一味地依赖"人心民意的合法性"，而又把这种合法性单纯地视为"经济增长的合法性"，其造成的政治动乱的风险非常大；等等。最后，他认为马克思主义中国化实践所设计的现代化之路只具有底线公正的意义，而不具有更高的价值意义，带来的结果只能是：在国内"现代化腐蚀中国人的精神道德"，在国际上则奉行"有力量就称霸"的规则。

　　针对大陆新儒学否定、质疑马克思主义或中国化马克思主义以及在其指导下所制定的实践方案的真理性，除了当前马克思主义中国化实践中的领袖群体和知识分子群体进行大量直接而非正面的应对（诸如深刻阐释选择马克思主义和推进马克思主义中国化的原因，论证新民主主义革命和中国特色社会主义实践道路的必要性等），以及前述中国马克思主义者就当前中国问题是什么以及如何解决两个方面对大陆新儒学所开展的批判这一正面而间接性的回应之外，中国马克思主义者还进行了正面的直接性的驳斥，并在此基础上对马克思主义或中国化马克思主义以及在其指导下所制定的实践方案之真理性给予了辩护和捍卫。如对马克思主义或中国化马克思主义科学真理性的维护方面，主要体现在论述其真理性"是什么"以及"为什么以其为指导"两个方面。就前者而言，武高寿认为马克思主义的真理性就在于它的"实践唯物主义或实践辩证法的方法论原则"，指出马克思主义的说服力只会伴随着社会的发展不断地证实其真理性的过程而日益加强，而不是像康晓光所说的那样其说服力必然会受到侵蚀甚至逐渐丧失。就后者而言，中国马克思主义者更多地着眼于从中国近现代发展的历程以及意识形态本身指导地位确立的条件，来探讨坚持马克思主义或中国化马克思主义科学真理性为指导的必要性。如刘东超就认为马克思主义或中国化马克思主义在当前中国之所以获得指导地位，很大程度上在于它满足了两层功能条件，"一层是支持政权，一层是条理社会"；而大陆新儒学则完全不具备这两个功能，相应地也无法获得正统地位。对马克思主义中国化实践真理性的辩护方面，主要体现为在揭示和驳斥大陆新儒学在民主政治问题上所犯的特殊主义、片面主义错误的基础上，中国马克思主义者密切结合社会主义民主政治的合法正当性进行了阐述。如针对康晓光大力鼓吹"仁政"而贬低社会主义民主政治以企图达到用前者替代后者这一目的，张世保尽管没有直接论述社会主义民主政治的优越性，但是通过联系社会主义民主政治来揭露"仁政"的弊端，也间接地佐证和维护了社会主义民主政治的"长处"。他认为康晓光主张的"仁政"与社会主义民主政治有本质上的差异，一是"仁政"中把"主权"与"治权"割裂开来，只承认人民享有"主权"而不拥有"治权"，把"治权"赋予儒士共同体；二是"仁政"中反对其他政党特别是不信奉儒家理念的政党的存在；三是没有坚持抽象民主与具体民主的统一，只坚持实质性的不平等原则。而武高寿在《评"儒教救世论"》一文中直接正面地论述了"儒教不能救世，救世只能靠民主"。他认为社会主义民主政治所蕴含的诸如遵循民主这一市民社会的政治原则、承认人人平等地享有理性和自由、奉行法治为保障等优点，使其很好地适应了从"人的依赖关系"向"自由人联合体"转变的历史发展趋势。同时，就社会主义民主政治在现实实践中存在的弊端，他也指明了正确的发展方向，即按照社会契约论的原则把人们的权利和义务真正统一起来，以促使政府必须建立在人民同意的基础之上。

四　在中西文化（特别是中国传统文化与马克思主义或中国化马克思主义之间）关系的处理中以谁为主导方面，中国马克思主义者对大陆新儒学的挑战给予了回应

尽管大陆新儒学不是文化复古主义，但是在处理中西文化，特别是中国传统文化与马克思主义或中国化马克思主义之间的关系中以谁为主导方面，却坚持了与马克思主义中国化相反的思路，强调要以中国传统文化为主导，这本身就体现出了他们浓厚的文化保守主义色彩。具体到每一个大陆新儒家，这种以中国传统文化为主导的文化保守主义气息有的"喷发"较为直接而显性，而有的"散发"较为间接而隐性而已。前者以蒋庆为典型，而后者以陈明、张祥龙等人为代表。如蒋庆毫不掩饰他在处理中西文化关系中所持的文化保守主义立场，他认为要彻底解决当前中国文化面临的危机，就必须"回到中国文化本位的立场上来"，而不是继续走现代化派完全西化的"文化歧出"之路。对于其提出的文化之路是不是文化复古主义和专制主义，以及为何要实行这条路，他也进行了具体论述。之所以直接鲜明地表达其文化保守主义这一思想理念，他认为这是"因为中国文化近一百年来受到巨大的扭曲与摧毁，所以现在矫枉必须过正"，但是他也认为对西方文化既不要"全盘拿来"也不能"完全拒斥"，而是要在坚持自己文化本位的基础上充分发挥儒家思想中的"时中精神"与"中道智慧"，以"取其精华""去其糟粕"。同样，之所以以中国文化特别是儒家文化为本位，他认为唯有如此才能恢复和重建中国文化自身的解释系统，从而彻底地从"西方文化解释系统独霸天下的压迫中解放出来"；才能真正坚持和实践"把善与公正放在第一位"的先进文化标准，而不是"把功利放在第一位"的扭曲的先进文化标准；才能真正发挥和

实现儒学在当今的"大用",诸如安顿中国人的个体生命、重建中国人的社会道德、重塑中华民族的精神、重建中国人的信仰与希望、重建中国政治秩序的合法性、建立具有中国文化特色的政治制度、奠定中国现代化的道德基础、解决中国的生态环保问题等。陈明、张祥龙等人在中西文化关系处理中所持的文化保守主义思想,却以不同的外表形式进行了掩盖和"装点"。如陈明一方面称儒家作为宗教在结构特征上不会挑战马克思主义或中国化马克思主义的政治地位,因为其"自身则处于比较纯粹或单薄的思想理论的状态";而另一方面又认为将儒教转化成"公民宗教"的目的,就是要使儒教大众化而成为主导性甚至是主流性的社会意识,即"激活作为元素的儒教在公共领域里的活性与功能"。张祥龙认为,主导中华文明两千多年的儒家不是"普遍主义",这就决定了它与其他文明打交道时的方式不是如普遍主义那样呈现出"线性的功利关注",而是"一种非线性的生态关注",即维持的是"家庭—家族礼制的健全、儒家经典的传承、选贤机制的运作、仁义礼智信的不坠";在处理与其他文明的关系时不是"采取任何意义上的导致'文明冲突'的立场",而是"采取某种独特的对话姿态"。但是他又强调文化交往中还必须"允许中止交往原则",即"坚持各民族文化必须相互尊重各自的原初生存方式,不能在非自愿的情况下要求对方'开放''进步'或参与不平等的交往"。按照他的观点来理解,在中西文化特别是中国传统文化与马克思主义或中国化马克思主义之间关系的处理中坚持以马克思主义为主导,那么哪怕是有益于中国传统文化自身的现代化,也是属于一种"普遍主义的文化侵略和同质化扩张"。

就大陆新儒学在中西文化(特别是中国传统文化与马克思主义或中国化马克思主义之间)关系的处理中以谁为主导方面所构成的挑战,同样除了马克思主义中国化实践中领袖群体和知识分子群体等就两者之间的关系展开相关论述(诸如论述了中国化马克思主义与中国传统文化之间的关系是什么,两者相结合为何成为必要和可能,如何结合以及结合的历史经验教训是什么等)这一正面而非直接的回应,以及上述三个方面即就大陆新儒学针对当前中国问题是什么及其产生原因的判断、当下中国问题如何解决的方案设计、马克思主义或中国化马克思主义以及在其指导下所制定的实践方案的真理性认识方面的挑战所作的回应这一直接而非正面的方式之外，中国马克思主义者还进行了直接的正面的回应，集中体现在中国的马克思主义者阐释和探讨了对中国传统文化与（中国化）马克思主义之间关系的处理中中国传统文化为何不能起主导作用、（中国化）马克思主义何以能成为主导、（中国化）马克思主义如何有效地发挥主导作用等方面。具体来说，就中国传统文化为何不能在中西关系的处理中起主导作用，中国的马克思主义者大多强调这主要是由中国传统文化本身乃非现代化思想体系及其内存的弊端所决定的。如李维武注重从大陆新儒学发展的限制阐述其不能也不可能成为当今社会的主导乃至主流意识形态。他认为"形上建构的不足"，"与现实政治的纠结"，"中西体用之争的困扰"，"未能解决与现实生活打成一片的问题"等四个方面是大陆新儒学发展的限制，强调大陆新儒学要真正在现实生活中发挥积极性的作用就必须突破上述的局限性。就马克思主义或中国化马克思主义何以能成为主导方面，大多数中国马克思主义者更多地侧重从马克思主义或中国化马克思主义本身内含促进中国传统文化现代化的积极性因素的维度进行探讨。如何萍就认为中国马克思主义哲学促进了中国传统哲学性质的改变，使其不再局限于狭隘的民族哲学的界限，无论在形式上还是内容上都以现时代的哲学为平台及标准进行更新与发展，从而成为对中国现代化有价值的思维形式。对于中西关系处理中马克思主义或中国化马克思主义如何有效地发挥主导作用方面，大多数中国马克思主义者既反对中西对立、体用二元的僵固思维模式，也反对华夏中心论和西方中心论，而普遍赞同"综合创新论"。如方克立就认为："在马克思主义普遍真理的指导下和社会主义原则的基础上，以开放的胸襟、兼容的态度，对古今中外的文化系统的组成要素和结构形式进行科学的分析和审慎的筛选，根据中国社会主义现代化建设的需要，发扬民族的主体意识，经过辩证的综合，创造出一种既有民族特色又充分体现时代精神的高度发达的社会主义新文化。"

总之，当前中国马克思主义者从上述四个方面对大陆新儒学挑战的积极性回应，捍卫了马克思主义或中国化马克思主义的科学真理性以及在其指导下的实践道路的现实正当性，也一定程度上巩固了当前社会意识形态中以马克思主义或中国化马克思主义为主导的前提下多样性并存的格局。但是在肯定这些成绩的同时，也要承认目前对大陆新儒学的挑战进行的回应和批判中还存在着一些不足，这些是我们今后深入回应对包括大陆新儒学在内的其他社会思潮挑战时所必须要注意改进的地方。一是回应和批判的"力道"有待加强。通过对当前中国马克思主义者对大陆新儒学挑战进行批判的成果收集、整理发现，回应和批判的高潮主要集中于 2004 年前后，即大多数中国马克思主义者高度的警觉和注意力更多地由 2004 年 7 月"贵阳峰会"大陆新儒学集中亮相这一事件引发的；而 2004 年之前很长的时间内乃至近几年对大陆新儒学的批判又处于低潮阶段，有力度的相关成果不多。同时，对大陆新儒学的批判火力点更多集中于其中具有浓厚意识形态及政治性色彩的思想主张即强挑战性的派别上，而或多或少地放松、忽视了批判大陆新儒学中那些意识形态及政治性表现不明显、色彩不浓的思想主张即弱挑战性的派别。这说明一些中国马克思主义者对马克思主义或中国化马克思主义与大陆新儒学之间"交锋"的长期性、艰巨性、复杂性认识不足。二是回应的方式和策略有待改进。如对大陆新儒学挑战的回应更多的是被动式的，而很少能够进行主动的挑战，即"主动有效地揭示各种社会思潮存在的局限与问题，又勇于表述自身，展现马克思主义的科学性、批判性和革命性"；"批判"较多而"构建"较少，"否定"较多而"反思"较少；科学而有区别地对待的倾向（即对大陆新儒学中弱挑战性的思想主张在批判的前提下尽可能吸纳其合理性成分；而对于强挑战性的思想主张则必须彻底地给予批判和反击）不明显，更多的是实施彻底的批判和反击这一机械性策略。这些都需要我们不断地改进，从而增强中国马克思主义回应的主动自觉性和客观的科学理性色彩。三是回应的深度有待拓展。如大陆新儒学与三代现代新儒学之间的关系、大陆新儒学与西方现代主义和后现代性主义的比较，以及如何更加紧密联系中国特色社会主义建设实践积极吸纳大陆新儒学中弱挑战性思想主张中的有益成分等，这些都是今后开展对大陆新儒学研究以及对其进行"主动性挑战"必须深化的地方。

（原载《求实》2015 年第 11 期）

马克思主义与中国传统文化

刘润为

如何处理马克思主义与中国传统文化的关系，是当前思想文化领域的一个重大问题。能否正确认识二者之间的关系，并且合规律性地驾驭二者交互作用的过程，不仅直接关系到社会主义文化的发展繁荣，而且还将影响到中国的发展方向、道路和未来，因此必须进行认真的探讨。

一

概括地说，马克思主义与中国传统文化是以前者为主的对立统一关系。要实现对于这一关系的具体的科学把握，必须十分警惕和防止形而上学、折中主义等等主观唯心主义的干扰。

有人认为，马克思主义产生于西方资本主义社会，中国传统文化是在五千年农耕文明基础上产生的，属于不相干的两回事。这就以两种文化产生的社会历史背景不同而否定了其间的统一性。

其实，只要是人类创造的文化，不管有着多大的差异，总会存在某种程度上的统一性。这是由人之为人的共同属性、由某些群体在社会存在和主观意识方面具有相近性或相似性等等因素决定的。《罗密欧与朱丽叶》产生于 16 世纪的英国，却并不妨碍它在 20 世纪中国的五四青年中产生《红楼梦》那样的强烈影响。如果人类的不同文化真的隔膜到了没有任何统一性的地步，人类也就成了石块、瓦砾一样的存在，非但不能进行文化交流，而且也不成其为人类社会。至于马克思主义，更不是离开人类文化土壤的天上白榆。正如列宁所说："无产阶级文化应当是人类在资本主义社会、地主社会和官僚社会压迫下创造出来的全部知识合乎规律的发展。

条条大道小路一向通往，而且还会通往无产阶级文化。"① 在中国传统文化和马克思主义之间，当然也有一条相通的大道。

中国传统文化和西方传统文化一样，都是复杂的社会存在。从哲学上说，都是既有辩证思维的传统，也有形而上学的传统。不过，在西方占据主流地位的是形而上学。应用到社会层面，这种哲学表现为一种抽象主体原则，也就是割裂地、片面地、对立地看待人世间的各种关系，因而总是以自我为中心，立足于对他者的占有和征服。古希腊的普罗泰戈拉说"人是万物的尺度"，17 世纪英国的霍布斯说"人对人像狼一样"，当代法国的萨特说"他人即地狱"，如此这些，都是这种原则的不同表达形式。而在中国，占据主流地位的则是朴素的辩证思维。应用到社会层面，这种思维表现为一种辩证主体原则，也就是联系地、整体地、平等地看待人世间的各种关系。最具经典性的概括就是宋人张载的"民胞物与"（《西铭》），意思是但凡人类都是天地所生的同胞，世间万物都是人类的朋友。在把握全社会的关系时，这一原则主张"天下为公"，"使老有所终，壮有所用，幼有所长，矜寡孤独废疾者皆有所养"（《礼记·礼运》）。在把握人与人的关系时，这一原则主张"己欲立而立人，己欲达而达人"（《论语·雍也》），"己所不欲，勿施于人"（《论语·颜渊》）；"视人之家若视其家，视人之身若视其身"（《墨子·兼爱中》）。在把握国与国的关系时，这一原则主张"协和万邦"（《尚书·尧典》）；"视人之国若视其国"（《墨子·兼爱中》）；"处大国不攻小国"，"强者不劫弱，贵者不傲贱"（《墨子·天志上》）。在把握人与自然的关系时，这一原则一方面强调人"最为天下贵"（《荀子·王制》），承认人对自然的开发、利用权；一方面又强调要尊重自然、顺应自然、保护自然。用《易经》的话说，就是"财成天地之道，辅相天地之宜"（《上经》）；"范围天地之化而不过，曲成万物而不遗"（《系辞·上传》）。不管这种辩证的思维有多么朴素，能说与辩证唯物主义没有统一性吗？不管这些社会主张在当时具有怎样具体的社会内容，能说与科学社会主义没有统一性吗？岂但有，甚至可以说，在抽象的意义上，马克思主义与中国传统文化比与西方传统文化更具内在的统一性。

---

① 《列宁选集》第 4 卷，人民出版社 1995 年版，第 285 页。

近代以来，西方五花八门的各种主义都曾在中国粉墨亮相，但是无一不以黯然退场而告终，唯独马克思主义在中国日益根深叶茂。20世纪八九十年代之交，东欧剧变、苏联解体，世界社会主义陷入低潮，但是马克思主义的旗帜依然在中国的上空高高地飘扬。个中原因当然很多，从文化上看，则不能不说是由于马克思主义在中国有着更为普遍、更为深刻的认同机制。中国共产党领导亿万人民群众进行革命、建设、改革的全部实践表明，坚持马克思主义的指导地位，必须以继承和发扬中国优秀传统文化为文化基础；继承和发扬中国优秀传统文化，必须以马克思主义为根本指导思想。只有继承和发扬中国优秀传统文化，才能从文化上巩固马克思主义的指导地位；只有坚持马克思主义的指导地位，中国优秀传统文化才能获得现实性的品格。如果人为地把马克思主义与中国传统文化割裂开来，其结果必定是既消解了马克思主义，也消解了中国优秀传统文化，从而在文化实践中招致灾难性的后果。党的十八大以后，面对中西方文化交流、交锋更加频繁的复杂局面，面对西方颜色革命的威胁，习近平一方面强调马克思主义在意识形态领域的指导地位，一方面倡导继承和发扬中国优秀传统文化，充分体现了一位马克思主义者的深思熟虑和深谋远虑。

二

问题的另一面是，如果只承认马克思主义与中国传统文化统一性的一面，而不承认二者对立性的一面，也是错误的，非但不能进行积极的统一，弄得不好，还有可能把社会主义文化建设引向歧路。

有人提出让马克思主义与孔子"和平共处"的问题。这怎么可能呢？就思想体系来说，马克思主义是无产阶级争取自身解放和全人类解放的科学，孔子创立的儒学是由复辟奴隶制（尽管是比较温和的奴隶制）演变为维护封建制的学说，二者在意识形态上存在尖锐的对立性。毋庸说在社会主义社会，即使在半殖民地半封建社会，它们也不可能"和平共处"。交椅只有一把，孔子坐了，马克思就没的坐；马克思坐了，孔子就没的坐。这是一个十分简单的道理。

那么，马克思主义会不会因此而对孔子创立的儒学采取虚无主义的态度呢？如果是那样，马克思主义就成了褊狭、顽固的学说，马克思主义者就成了列宁批判过的"无产阶级文化派"。

早在 1938 年，毛泽东就明确指出："今天的中国是历史的中国的一个发展；我们是马克思主义的历史主义者，我们不应当割断历史。从孔夫子到孙中山，我们应当给以总结，承继这一份珍贵的遗产。"① 承继，就是要综合、要统一，即在历史唯物主义的指导下，经过分析、挑拣、改造，把它综合到革命文化和社会主义文化中来，统一到推进中华民族伟大复兴的实践中去。

在这个过程中，以下几个问题是必须注意的：

一是该抛弃的坚决抛弃。继承、吸收，必须以可供今用为标准。儒学中的不少东西，是我们无论经过怎样的改造都无法吸收的。比如"君为臣纲，父为子纲，夫为妻纲"（《礼纬·含文嘉》）。在干群平等、父子平等、夫妻平等的时代，这些东西已经完全失去存在的依据。倘若有人在今天倡导这些陈腐的伦理教条，必然遭到全社会特别是广大妇女的坚决抵制。又如"唯上知与下愚不移"（《论语·阳货》），"民可使由之，不可使知之"（《论语·泰伯》）。这样的认识和主张是与当今劳动人民当家做主的社会根本不相容的。又如"父为子隐，子为父隐，直在其中矣"（《论语·子路》）。父子互相包庇，哪里还有什么正直可言呢？在全党全国反腐倡廉的今天，我们怎能提倡这样的道德呢？

二是要把握儒学的历史嬗变。经过两千多年的发展，儒学已经成为一个庞大、芜杂的文化体系。只有把儒学嬗变的历史搞清楚，把儒学在不同时代的不同表现形式搞清楚，我们才能在批判地继承时减少盲目性，增强自觉性。比如孔子的"君使臣以礼，臣事君以忠"（《论语·八佾》），虽然强调君臣双方权利和义务的对待关系，但是以君为主。到了孟子那里，位置便倒了过来，变成"民为贵，社稷次之，君为轻"（《孟子·尽心下》）。那么，哪一个更具有历史的进步性呢？显然是后者而非前者。《礼记》讲"饮食男女，人之大欲存焉"，孔子也说他绝不是一个"系而不食"的葫芦，可见早期儒学并不否定人的正当欲求。殊不料到了南宋的理学那里，却提出"革尽人欲，复尽天理"，"饿死事极小，失节事极大"之类的反人性主

① 《毛泽东选集》第 2 卷，人民出版社 1991 年版，第 534 页。

张。那么，哪一个更具有历史的进步性呢？显然是前者而非后者。再如儒家讲"孝"，可是在元代郭居敬编录的《二十四孝》中，竟然树立了郭巨"埋儿奉母"那样的一个典型，从而把"孝"推到残忍的极端。对于儒学的这些发展变化，我们或是或非、或取或舍，是应当做到胸中有数的。

三是要历史地看待不同时代对于儒学的不同态度。儒学是一家入世性很强的学说。既然入世，不同时代不同的世人总要对它作出不同的解读，总是难免不同甚至完全相反的评价。怎样来看待这些现象呢？列宁告诉我们："在分析任何一个社会问题时，马克思主义理论的绝对要求，就是要把问题提到一定的历史范围之内。"①

19 世纪末，康有为为推动变法，附会儒家的公羊学派，力倡"通三统""张三世"之说。所谓"通三统"，就是说夏商周一脉相通。新朝受命，只改变服色（实即姓氏），而不改变前朝的道统，同时还对前朝实行保其嗣、封其国、存其礼的政策。用董仲舒的话说，就是"王者有改制之名，无易道之实"（《春秋繁露·楚庄王》）。所谓"张三世"，就是说人类社会演进遵循从据乱世到升平世再到太平世的顺序。据乱世尚君主，升平世尚君民共主（君主立宪），太平世尚民主。人们要用和平的方式，促使人类社会依次进化，最终实现"政府皆由民造"的大同世界。康有为说，所有这一切，无不出自孔子在两千多年前的精心设计，孔子就是一个"素王改制"的改革家。很明显，在敬天法祖的古老封建国度里，在"纲常名教亘古为昭"的思想文化氛围中，在守旧势力占据绝对优势的情况下，用"通三统""张三世"的温和理论推动资本主义性质的维新变法，相对来说，可以减少一些社会阻力，也更容易被最高统治者接受，因而它在当时所起的作用基本上是积极的、进步的。

然而在事情过去一百多年后的今天，居然有几位自称"康党"的人聚在一起，吹捧"通三统"的汤武"革命"，主张"张三世"的和平进化，指责孙中山领导的旧民主主义革命和中国共产党领导的新民主主义革命"造成了灾难性后果"，判定中国共产党领导的人民政权"没有合法性"，要求"回到康有为"，重新"将儒教立为国教"。这是近年来利用儒学否定革命的极端一例。问题在于，既然要"通三统"，又怎能达到"张

---

① 《列宁选集》第 2 卷，人民出版社 1995 年版，第 375 页。

三世"的目的？历史的事实恰恰一再证明，只要坚持"通三统"，无论是流血的"改制"还是和平的"改制"，其结果永远是一个奴隶制代替另一个奴隶制、一个封建制代替另一个封建制，而不可能给社会带来任何实质性的进步。要让社会取得实质性的进步，就不能"通三统"，就必须进行改变整个经济基础和上层建筑的革命。在这方面，康有为们自己就是一个极好的教训。他们谋求"君民共主"的"升平世"，实际上已经对"通三统"的原则有所背离。正因为如此，尽管他们采用了和平的方式，还是为封建道统所不容，结果是康、梁亡命海外，六君子喋血刑场。这样的历史事实，那些自称"康党"的人大概是没有勇气正视的。再说以何立国的问题。自汉武帝"罢黜百家，独尊儒术"以后，"儒教立为国教"断断续续也有一千几百年的历史，但是中国人民一直处在封建专制的压迫之下，而且愈到近代灾难愈深。马克思主义传入中国仅仅 30 年，中国就由一个被列强主宰、封建专制的国家变成了人民民主共和的国家。儒教立国，连民族独立、国家主权尚且不保，何谈为万世开太平？饱受半殖民地半封建之苦的中国人民，怎么可能抛弃马克思主义，重新"将儒教立为国教"呢？说来说去，这些自称"康党"的人无非是要人民承认革命有罪、放弃革命成果，重新回到半殖民地半封建的"道统"，这难道不是历史的大倒退？按照他们鼓吹的"通三统"的逻辑，人民政权即使暂时不下台，至少也要像汤武那样拿出两块地来，"分封"给爱新觉罗氏和蒋氏的后裔，让他们在那里建立"诸侯国"。如果真的那样，非但人民不答应，恐怕连这"两统"的多数后裔也不会答应。可见这班开历史倒车的人的所思所念，已经到了何等荒诞的地步！中国人民不曾忘记，在近代中国，只要有帝国主义的文化侵略，就会有封建主义文做出来帮衬。它们总要结成神圣同盟，反对中华民族的生气勃勃的新文化，阻挡中华民族的伟大复兴。老调子仍未唱完，沉渣还将泛起，这是值得我们警惕的。

　　近十多年来，有人对五四新文化运动中的批孔颇多微词，认为它破坏了中国传统文化，应当予以否定。从学理上讲，当年的批孔当然是有些偏激、有些过头。饱读经史的鲁迅，激愤之下甚至提出要"扫除""助成昏乱的物事（儒道两派的文书）"①。尽管陈独秀、李大钊等都曾以不同方式

---

① 鲁迅：《随感录三十八》《新青年》1918 年第五卷第五号。

肯定过"孔学优点",但是这种表态很快被淹没在对儒学激烈批判的浪潮中,不会引起人们太多的注意。批孔是当时的潮流所向,激烈批孔的学者是当时文化界的耀眼明星。例如四川学者吴虞,就是因批孔而声名大震,以至被胡适誉为"只手打孔家店的老英雄"。但是,评价这一历史事件,学理的尺度是次要的,主要的具有本质意义的应当是政治尺度。道理非常简单,因为那时的儒学,占第一位的不是学理意义上的存在,而是政治意义上的存在。辛亥革命推翻了皇帝,却未能推翻封建专制。封建地主阶级仍然盘踞在广袤的中国乡村。由"君君、臣臣、父父、子子"演化来的政权、族权、神权和夫权,成为束缚广大农民的四条绳索,让他们备受剥削、压迫而无力反抗,也无心反抗。鲁迅笔下的祥林嫂、闰土、阿Q等等,绝非纯粹的艺术虚构,而是辛亥革命以后底层群众的真实写照。至于上层,孙中山之后的总统、总理之类,无一不是改头换面的封建统治者。"乱哄哄你方唱罢我登场",多少复辟倒退、祸国殃民的丑剧假孔子之名而行!袁世凯称帝要尊孔,张勋复辟要尊孔,军阀争权要尊孔,土豪劣绅作威作福要尊孔,甚至帝国主义侵略中国也要尊孔(如美国传教士李佳白曾于1913年出版《尊孔》一书)。为给守旧势力张目,康有为于1916年公开发表《致总统总理书》,要求宪法立孔教为国教,并复行拜圣之礼。事实毋庸置疑地表明,到了五四前夕,儒学原典中的那些崇实、进取的正能量已经消耗殆尽,而它的僵化、保守因素则被放大到极致,此时的儒学已经变成异常腐朽的学说,此时的孔子则成了帝国主义、封建主义的守护神。"儒教不革命,儒学不转轮,吾国遂无新思想、新学说,何以造新国民?"①在这样的严峻形势下,如果五四新文化运动的前驱们以一种学究的态度来对待儒学,一边批判它的缺点,一边又充分铺陈它的优点,那就根本不可能改变当时的思想文化格局。矫枉有时必须过正。要终结腐朽的儒家文化的统治地位,就必须造成强大的舆论定势;而要造成强大的舆论定势,就必须对腐朽的儒家文化采取激烈批判的方式。没有这种激烈的批判,就不能祛除中国传统文化中的深重毒素,中国传统文化就有可能因为毒素的持续扩散而趋于消亡。从这种意义上说,五四新文化运动不是破坏而是挽救了包括儒学在内的中国传统文化。作为享受五四新文化运动

---

① 吴虞:《儒家主张阶级制度之害》,《新青年》1917年第三卷第四号。

成果的今人，我们没有资格也没有权利用一些枝节、皮毛的东西来否定五四新文化运动的历史进步性。

孟子曰："彼一时，此一时也。"（《孟子·公孙丑下》）在今日中国，占据主导地位的是社会主义文化，腐朽的封建主义文化早已被赶到边缘地带。中国人民正在为实现民族伟大复兴中国梦的目标，努力建设社会主义的文化强国。这样的文化环境、这样的文化使命，使得我们可以而且应该以五四前辈不可得的从容态度去对待儒家文化，比较侧重于对它的继承、消化、再创新的方面。总之，批判地继承是马克思主义对待传统文化的总方针。具体到实践中，批判与继承并非刻板的半对半的关系，这一时期可能是批判上升为主要方面，那一时期可能是继承上升为主要方面。我们必须根据文化环境和文化使命的不同而与时俱进地进行调整。这是历史辩证法在文化领域的一个基本要求。

四是要在转化上下功夫。恩格斯深刻指出："一切以往的道德论归根到底都是当时的社会经济状况的产物。而社会直到现在是在阶级对立中运动的，所以道德始终是阶级的道德；它或者为统治阶级的统治和利益辩护，或者当被压迫阶级变得足够强大时，代表被压迫者对这个统治的反抗和他们的未来利益。"① 当然，春秋时期的孔子不可能有阶级的概念，但是不能因此而否定他的学说尤其是道德说教的阶级内容。孔子一生孜孜矻矻、恓恓惶惶，念兹在兹的就是"其为东周"，即在东方复辟西周的奴隶制。"克己复礼"之"礼"，自然是"周礼"；"三军可夺帅，匹夫不可夺志"之"志"，自然也是"复礼"之志。从这种意义上说，儒学的精华与糟粕是一个整体，彼此融合、交叉和渗透，不可以简单地进行扒堆式的处理。对于它的区分和取舍，只能在适应时代需要的前提下，依靠人们的能动思维来完成。

从客观上说，随着时间的流逝，人们对于某些文化产品所含历史内容的关注度，往往呈现逐渐下降的趋势。最能说明问题的是宋之问的《渡汉江》："岭外音书绝，经冬复立春。近乡情更怯，不敢问来人。"宋之问品行不端，曾以小道诡行趋附武则天的男宠张易之，为时人所不齿。武则天死后，宋之问被中宗流放到岭南，因不堪其苦于次年春逃往洛阳。这首

---

① 《马克思恩格斯选集》第3卷，人民出版社1995年版，第435页。

诗就是写他作为逃犯,在接近洛阳时生怕被人告发又担忧家人或遭不测的复杂心情。设若时人,大概会对它嗤之以鼻,至少不会说这是一首好诗。然而数百上千年过后,人们已经不大关注其中的个人化情感,而仅仅留意字面传达的一般性情感内容,因此这首诗也就成了抒写游子归乡情思的代表性作品。孔子的学说至于今日更为远矣,其具体的历史内容已经变得相当稀薄,这就为我们抽取它的一般意义提供了有利条件。

从主观上说,人的思维具有极大的能动性,完全可以对认识对象进行抽象性的处理。但是,当我们从儒学的东西中抽取出一般意义以后,切不可让它停留在抽象层面。如果是那样,儒学的东西就会成为另一种"普世价值",成为超越一切时代、一切阶级的永恒真理。而这,正是那些叫嚷"回归孔孟道统"的人所欲所求的结果。这里应当强调说明的是,这个世界上根本没有超阶级、超时代的文化,越是声称"普世"的东西越不普世。正如恩格斯在批评费尔巴哈时所说:"费尔巴哈的道德论是和他的一切前驱者一样的。它是为一切时代、一切民族、一切情况而设计出来的;正因为如此,它在任何时候和任何地方都是不适用的,而在现实世界面前,是和康德的绝对命令一样软弱无力的。"① 比如孔子的"泛爱众"(《论语·学而》),曾被儒家泛化为普遍的伦理原则,然而在事实上,毋庸说他人和其他时代,就是对孔子本人也不是一贯适用的。冉求背离孔子的政治立场,转而支持新兴封建势力进行农田制度改革,孔子便毫不留情地动员弟子们"鸣鼓而攻之"(《论语·先进》)。这分明是有所爱有所不爱,哪里有什么"泛爱"呢?我们是历史唯物主义者,我们绝不进行虚伪的"普世"说教,我们在从儒家的东西中抽取出它的一般意义以后,必须为其注入社会主义时代的内容,劳动者阶级的内容,在社会主义时代劳动者阶级可以实践的内容。即以"人能弘道,非道弘人"(《论语·卫灵公》)为例,如果将它原有的"其为东周"之"道"改换成马克思主义之"道",就可以成为理论工作者的座右铭:我们的责任是让马克思主义发扬光大,而不是让马克思主义来光大自己。对于忠、仁、爱、义、礼、孝、节、智、信、耻等等儒家的许多概念和命题,都可以进行这样的创造性转化。这就叫"古为今用",这就叫"推陈出新"!

---

① 《马克思恩格斯选集》第 4 卷,人民出版社 1995 年版,第 240 页。

三

马克思主义传入中国，在指导中国共产党和亿万人民群众改造中国的伟大实践中，被创造性地转化为中国化马克思主义。中国化马克思主义有两个显著特征：一是确定性。它坚守马克思主义的基本原则，任凭潮起潮落、云卷云舒，绝不发生任何的动摇。二是开放性。它总是在指导中国实践并接受实践检验的过程中不断地丰富和发展。确定性与开放性相辅相成、相得益彰。离开确定性，离开马克思主义的基本原则，就不成其为马克思主义；离开开放性，离开中国的实践和发展，就不成其为中国化马克思主义。

有人说，中国化马克思主义还没有形成开放体系，能够吸纳具有五千年历史的优秀传统文化，这个观点是没有根据的。如果是把封建性的糟粕贴上"优秀文化"的标签而让中国化马克思主义接单，具有鲜明确定性的中国化马克思主义当然要给予拒绝；如果是真正的优秀传统文化，中国化马克思主义从创立那天起，就一直虚怀若谷地予以拥抱，如饥似渴地予以吸收，浑然天成地予以化用。一部中国化马克思主义的发展史，同时也是借鉴、吸收、转化中国优秀传统文化的历史。

从文化的角度看，早期的中国共产党人之所以在纷纭缭乱的思潮中选择马克思主义，就是因为他们深受中国传统文化的熏陶。比如毛泽东，早在韶山私塾中就熟读五经之一的《礼记》，青年时代曾推崇康有为，深受其《大同书》的影响，由此产生追求大同社会的志向，这是他接受马克思主义的深刻文化动因。而在接受马克思主义以后，其追求大同社会这种空想性质的志向就建立在了科学基础之上，成为合乎规律性、具有实践性的理想。正如他在新中国成立前夕所说："康有为写了《大同书》，他没有也不可能找到一条到达大同的路。""唯一的路是经过工人阶级领导的人民共和国。"只有让"资产阶级的民主主义让位给工人阶级领导的人民民主主义"，让"资产阶级共和国让位给人民共和国"，才有可能"到达社会主义和共产主义，到达阶级的消灭和世界的大同"。① 事情从来都是

---

① 《毛泽东选集》第4卷，人民出版社1995年版，第1471页。

两面的，在马克思主义为实现大同社会提供科学基础的同时，马克思主义
的共产主义理想也被赋予"世界大同"这样一种中国特色的文化形式。
在比以往任何历史时期都更接近中华民族伟大复兴目标的关键阶段，习近
平又从《大方广佛华严经》和老子《道德经》中吸取营养，把"如菩萨
初心，不与后心俱"和"慎终如始，则无败事"熔铸在一起，进而提炼
出"不忘初心，继续前进"的警言，以告诫全党毋忘自我党成立之日起
就确立的共产主义远大理想，从而在新的历史条件下，把共产主义理想的
中国化又向前推进了一步。

小康是中国传统文化独有的概念。最早见于《诗经·大雅·民劳》：
"民亦劳止，汔可小康。"意思是老百姓真够劳累困苦的，什么时候才能安
居乐业呢？与小康相对的是大康，出自《诗经·唐风·蟋蟀》。作者是一
位官员。他见蟋蟀入堂，天气转寒，岁月匆匆，忽然心有所感，于是反复
告诫自己："毋己大康，职思其居"；"毋己大康，职思其外"；"毋己大
康，职思其忧"。翻译过来就是：过度安乐不可取，分内之事要干好；过
度安乐不可取，分外之事也要做；过度安乐不可取，要与国家同忧患。可
见在先民那里，大康是指少数统治者的腐败生活，小康是绝大多数劳动者
祈盼的保障基本需要的生活。《礼记·礼运》则从政治的角度诠释小康的
概念，认为小康是在私有制产生、战乱兴起以后能够稳定社会秩序、照顾
各方利益、保障百姓生活的比较理想的社会形态。近三千年来，中国劳苦
大众想小康、盼小康，但是小康总是像海市蜃楼一样可望而不可即。直到
1949 年人民当家做主以后，这种企盼才成为可能。1979 年，邓小平顺应
中国人民的历史感情和现实要求，提出建设"小康之家"，后来他解释
说："所谓小康，从国民生产总值来说，就是年人均达到八百美元。"①
"不穷不富，日子比较好过。"② 1986 年，邓小平又提出："到本世纪末，
我们的目标是人均国民生产总值达到八百至一千美元，实现小康社会。"③
1997 年，江泽民在党的十五大报告中提出"进入和建设小康社会"；2002
年，在党的十六大报告中进而提出要在本世纪头 20 年"全面建设小康社

---

① 《邓小平文选》第 3 卷，人民出版社 1993 年版，第 64 页。
② 同上，第 109 页。
③ 《邓小平年谱》(1975—1997)，中央文献出版社 2004 年版，第 1124 页。

会"，并从经济、政治、文化、环境资源等方面确立具体的目标。2007年，胡锦涛在党的十七大报告中提出全面建设小康社会的新要求；2012年，在党的十八大报告中又提出"全面建成小康社会"，并进一步确立全面建成小康社会的具体目标。经过不断丰富和发展，建设小康社会的理论日臻完善和成熟，从而在由温饱到现代化之间划分出一个中间阶段。古人的观念就是这样被转化到中国化马克思主义之中，为丰富社会主义初级阶段理论提供了文化助力。

20世纪70年代，美苏争霸，世界动荡，中国面临包括核打击在内的严重威胁。这与公元14世纪50年代朱元璋的处境有些相近之处。朱元璋虽然建立起以集庆为中心的根据地，但是并不巩固，四周的元军及陈友谅、张士诚、方国珍等多股势力都是他的强大对手。此时，学士朱升向他提出"高筑墙（做好军事防御）、广积粮（进行战略物资储备）、缓称王（避免四面树敌）"的建议。遵循这一战略方针，朱元璋打败元军、剪灭群雄，成就了明王朝的建国大业。面对十分严峻、十分复杂的国际局势，深谙历史的毛泽东在洞察秋毫、总揽全局的同时，自然会联想到元末的这一段往事，于是就有了"深挖洞、广积粮、不称霸"这一重大战略方针的问世。在这一方针指引下，我们最终赢得世界政治向有利于中国方向的转变。2016年，习近平在二十国工商峰会开幕式上的主旨演讲中提出一个著名论断："'轻关易道，通商宽农。'这是建设开放型世界经济的应有之义。"所引古典出自《国语·晋语》，是作者左丘明对于晋文公政绩的一个重要总结。意思是晋文公重耳复国以后，革除积弊，减轻关税、简化手续，整修道路、打击路匪，便利商贸、减负劝农，使晋国经济得到快速发展。很明显，这些政策措施贯穿着一个"通"字。轻关易道也好，通商宽农也好，都是要让经济畅通起来、流通起来，这是"穷则变，变则通"的传统哲理在施政方面的生动体现。在经济全球化的背景下，习近平提出这一重要论断，既是对尚易求通的传统思维和治国经验的借鉴，又是"一带一路"这一和平开放发展倡议的对外宣示和倡导。近100年来，古老的中国智慧就是这样源源不断地渗入革命、建设、改革实践的沃土，滋养出一枝又一枝中国化马克思主义的灿烂花朵。

中国化马克思主义借鉴中国优秀传统文化是一个异常丰富多彩的过

程，不是一篇文章或者一本书所能道尽的。以上所列，仅仅是从核心理论、基本理论、战略思想三个层面简略举出的几例。举例虽简却足以证明，没有中国优秀传统文化，就没有马克思主义的中国化；没有中国化马克思主义，就没有中国优秀传统文化的当代化。在未来的实践中，中国化马克思主义必将在中国优秀传统文化的滋养下继续丰富和发展，中国优秀传统文化也必将在中国化马克思主义的创造性转化中继续焕发出发蓬勃的生机。

民族复兴，归根结底体现为文化的复兴。所谓文化复兴，就是要成为文化强国，就是要形成气象汪洋的文化软实力。而今，这样的历史机遇已经到来。在马克思主义的指导下，批判地继承和发扬中国传统文化，把先人留给我们的宝贵智慧扎扎实实地化用到实践中去，不断地在促进人与自然和谐、人和社会全面发展中取得巨大成就，不断地为人类做出越来越大的贡献，让世界人民从这些成就和贡献中认识中国智慧的魅力、发现可靠的朋友、看到解决人类发展难题的希望，这些环节的不断推进，是建设文化强国、增强我国文化软实力的必由之路。

（原载《世界社会主义研究》2017 年第 3 期）

四　当代中国文化思潮：
　　反思及走向

"马魂、中体、西用"是习近平文化思想的宗纲

方克立

一周以前，本月 20 日，一些自称儒门中人，在北京开了一个纪念《原道》创刊 20 周年的座谈会，主题是讨论"习大大尊儒，儒门如何评估应对"。有人说：儒学复兴是大势，这个"势"并不是因为习近平呼吁弘扬儒学而造成的。论者引据英国保守主义者柏克的话说："对那些以暴力革命方式建起国的国家来说，如果不能回到自身的文化传统，就不可能有更好的发展。"以此说明儒学复兴在中国乃必然之势。有人说：要警惕政治势力利用儒学，当代儒者应该与政治保持一定的距离。领导人是从政治的角度来考虑问题的，尊儒或者不尊儒都是根据政治的需要。也有人说，习近平实际上是法家，他是儒表法里。有人说：当代儒者要按照儒家的价值观和理论体系来构建一套政治言说，当政者你喜欢就拿去，不喜欢就拉倒，我们儒家自有立场和独立人格。有人说：儒家如果能够进到政治体制中去的话，还是应该尽量进去，这样可以起到影响和转化政治的作用。有人说：当代儒家也应该像董仲舒当年给汉武帝上"天人三策"一样，多给习大大献计献策。有人说，我要献的最重要的一策就是：要在思想上"驱除鞑虏，复兴中华"。一位中央党校的教授讲了这么一番话：习近平是要建构中共的第三套话语系统。第一套是毛泽东建构的"阶级斗争"话语，第二套是邓小平建构的"现代化"话语。习近平的这套话语有很大变化，就是所有的合理性与合法性，都要放在中华民族复兴这个基点上来解释。他也不一定认为儒学就多么好，但是要给自己做的事情一个合法性的解释。他要重构一套意识形态话语，到哪里去找资源呢？自由主义没有给他任何的理论支撑，左派也没有给他提供理论支撑，"民族复兴"话语只能到儒家中去找。

读了这篇座谈纪要，一个总的感觉是："习大大尊儒"，儒生门自然非常兴奋，他们希望出来一个当代汉武帝，随时准备接受儒生们像董仲舒一样献上新的"天人三策"，独尊儒术，筑好思想上的夷夏之防，以实现他们"复古更化，拨乱反正，复归中华道统，施行儒家宪政"的政治抱负。但是他们又充满了疑虑，心中始终纠结着一个问题：到底是政治在利用、"招安"儒学，还是儒学在利用、引导、转化政治？还是两者互相利用？"儒学"与"政治"显然是两个相异的主体，分别以"儒门"和"习大大"为代表，二者到底是什么关系呢？其实他们心中更大的疑惑是：习近平作为中国共产党的最高领导人，他真的会"尊儒"吗？他到底是儒家还是"儒表法里"的法家？你看他铁拳反腐多厉害！他的"8·19"讲话多厉害！他一再强调中国共产党人是马克思主义者，马克思主义者与儒家在世界观、历史观、人生观、价值观上会是一样的吗？李一氓早就说过："马克思主义和孔子教义，无论如何是两个对立的体系，而不是可以调和的体系（折中主义），或者并行不悖的体系（二元论）。我们无法把马克思主义的地位轻易地让给孔子，因为我们的世界观无法接受一个唯心主义的哲学体系。"习大大有可能接受儒家之主流孔孟、程朱、陆王的唯心主义哲学体系吗？能够这样考虑问题，说明他们心里非常明白，给习大大扣上"尊儒"的帽子并非实事求是，而是以己之意强加于人。

习近平同志一年中三次尊重孔子、儒学和中国传统文化的重要表态，引起了海内外人士和媒体各种不同的解读与评论。许多媒体都对中国共产党重视自己的文化传统，表示理解并作出积极正面的评价，但也有一些误解甚至是有意歪曲。比如有的港台和境外媒体评论说：习近平既学西方又反西方，马克思主义不灵了，就只能向中国传统求医问药。有的说习近平尊孔是为了挽救中国社会的道德危机，他的讲话掀开了"中国尊孔崇儒时代"的序幕。有的文章甚至干脆把他叫作"红色新儒家"。在国内的各种舆论中，最值得注意的是大陆新儒家的评论。他们写了不少有意曲解习近平思想的文章，主要是一厢情愿地表扬他"去马归儒"，复归中华道统，让他们看到了"儒化共产党""儒化中国"，将中国和平演变成一个"儒士共同体专政"国家的希望。

我认为要澄清上述误解、误读和有意歪曲，需要全面理解习近平同志关于思想文化问题的一系列重要论述，准确把握其精神实质。在我看来，习近平同志的文化思想与我们党的前辈领导人毛泽东、邓小平的思想是一脉相承的，而又有自己鲜明的时代特点。其总的精神是坚持马克思主义在意识形态领域的指导地位，坚持中国文化的民族主体性，同时坚持对外开放的方针，学习借鉴其他民族一切优秀文化成果为我所用，力图把三者有机结合、统一起来，以实现对传统的创造性转化和创新性发展。我把这种文化方针叫作"马学为魂，中学为体，西学为用，三流合一，综合创新"。习近平同志十八大以来关于思想文化问题有一系列讲话和表态，其中尤以 2013 年 8 月 19 日在全国宣传思想工作会议的讲话最为重要，最全面，也最深刻。他的其他论述，包括今年 9 月 24 日在纪念孔子诞辰 2565 周年国际学术研讨会上的讲话，侧重点或许有所不同，但基本精神与"8·19"讲话都是完全一致的。可以说，"马魂、中体、西用"就是习近平文化思想的宗纲。下面我们来看他对马、中、西三"学"，三种思想文化资源及其相互关系的基本态度。

首先，"8·19"讲话明确指出，意识形态工作是党的一项极端重要的工作，党在思想文化战线上的主要任务，就是要巩固马克思主义在意识形态领域的指导地位，巩固全党全国人民团结奋斗的共同思想基础。这是习近平文化思想的立论基础和根本出发点。他一再强调，中国共产党人是马克思主义者，马克思主义、共产主义信仰是共产党人的命脉和灵魂，理想信念是共产党人精神上的"钙"。因此，领导干部特别是高级干部，要把系统掌握马克思主义基本理论作为看家本领，党校、干部学院、社会科学院、高校、理论学习中心组都要把马克思主义作为必修课，老老实实、原原本本学习马克思主义经典著作和中国特色社会主义理论，把坚定理想信念、提高思想政治水平放在首位。这些单位都应该成为马克思主义学习、研究、宣传的重要阵地。

怎样做好宣传思想工作，巩固党的思想文化阵地，习近平同志也有一些旗帜鲜明、极其重要的论述。他说做好宣传思想工作必须讲党性，核心就是要坚持正确的政治方向，坚定不移地宣传党的理论、路线和方针政策，同党中央保持高度一致。党性和人民性是统一的，要把体现党的主张与反映人民的心声统一起来。针对当前思想界十分复杂的情况，他强调要坚持正面宣传为主的方针，但是决不意味着放弃同错误思想进行有理、有利、有节的舆论斗争。在事关坚持还是否定四项基本原则的大是大非和政治原则问题上，我们要敢抓敢管，敢于亮剑，敢于碰硬，不做态度暧昧、独善其身的开明绅士。宣传思想部门承担着十分重要的使命，要增强阵地意识，做到守土有责、守土负责、守土尽责；要增强主动性、掌握主动权、打好主动仗，把意识形态工作的领导权、管理权、话语权牢牢掌握在手中。这些话都说得语重心长，切中肯綮。

习近平同志关于思想舆论领域"三个地带"的论述，对于我们全面认识当今中国思想文化界的形势和任务也很有启发。所谓"三个地带"，第一个是指由主流媒体和网上正面力量构成的红色地带；第二个是指网上和社会上的一些负面言论，包括各种敌对势力制造的舆论在内的黑色地带；第三个是处于红色地带与黑色地带之间的灰色地带。我们要巩固和拓展红色地带这个主阵地，做大量艰苦细致的工作，促使灰色地带朝着有利于我们的方向转化，用钻进铁扇公主肚皮里斗等方法，让黑色地带看不到他们所期望的光明前景。这就生动地体现了上述增强阵地意识的思想。每一个从事思想文化工作的人，包括那些与主旋律不一致甚至唱反调的声音，都可以客观地估量一下，你是处于什么地带，与时代的主流思潮处于一种什么关系中。增强文化自觉意识，减少盲目性，对每个人都有好处。

其次，"8·19"讲话首次提出了四个"讲清楚"，即讲清楚每个国家和民族的历史传统、文化积淀、基本国情不同，其发展道路必然有着自己的特色；讲清楚中华文化积淀着中华民族最深沉的精神追求，是中华民族生生不息、发展壮大的丰厚滋养；讲清楚中华优秀传统文化是中华民族的突出优势，是我们最深厚的文化软实力；讲清楚中国特色社会主义植根于中华文化沃土，反映中国人民意愿，适应中国和时代发展进步要求，有着深厚历史渊源和广泛现实基础。这四个"讲清楚"，充分体现了中国共产党人既是马克思主义者，又是中华优秀传统文化的忠实继承者和弘扬者，我们的事业既有科学世界观和历史观的根据，又在民族文化传统中有着深厚根基，是把千百年来中国人民的美好愿景逐渐变成现实的伟大事业，得到了广大人民群众的支持和拥护。四个"讲清楚"深刻说明，独特的文化传统，独特的历史命运，独特的基本国情，注定了我们必然要走适合自己特点的发展道路，也就是说，在中国化马克思主义形成和发展的过程中，格外突出了民族文化的主体性。

习近平同志去年"11·26"在曲阜孔子研究院座谈会上的讲话，以及今年"9·24"在北京纪念孔诞大会上的讲话，都对包括孔子思想和儒学在内的中国优秀传统文化作了高度评价，认为其中蕴藏着解决当今人类面临的各种难题的重要启示。尤其是"9·24"讲话，他如数家珍，一口气列举了十五条中国传统文化的思想精华，比如，关于道法自然、天人合一的思想，关于天下为公、大同世界的思想，关于自强不息、厚德载物的思想，关于以民为本、安民富民乐民的思想，关于为政以德、政者正也的思想，关于苟日新日日新又日新、革故鼎新、与时俱进的思想，关于脚踏实地、实事求是的思想，关于经世致用、知行合一、躬行实践的思想，关于集思广益、博施众利、群策群力的思想，关于仁者爱人、以德立人的思想，关于以诚待人、讲信修睦的思想，关于清廉从政、勤勉奉公的思想，关于俭约自守、力戒奢华的思想，关于中和、泰和、求同存异、和而不同、和谐相处的思想，关于安不忘危、存不忘亡、治不忘乱、居安思危的思想，等等。中国共产党人是这些宝贵精神财富最全面、最积极、最优秀的继承者和发扬者，它们早已溶入毛泽东、周恩来、邓小平等优秀共产党人的精神血脉中，成为中国化马克思主义的一个重要思想来源，在今天仍然是我们发展这一伟大事业最重要的文化土壤和支援意识。此外，习近平还在各种场合大力弘扬中华优秀传统文化，比如今年2月，在中共中央政治局第十三次集体学习时，他强调指出，培育和弘扬社会主义核心价值观必须立足于中华优秀传统文化，要大力弘扬以爱国主义为核心的民族精神和以改革创新为核心的时代精神，使中华优秀传统文化成为涵养社会主义核心价值观的重要源泉。今年10月，在中共中央政治局第十八次集体学习时，他又指出，我国古代提出了民惟邦本、政得其民，礼法合治、德主刑辅，为政之要莫先于得人、治国先治吏，为政以德、正己修身，居安思危、改易更化等重要的治国理念，我们要本着择其善者而从之、其不善者而去之的科学态度，牢记历史经验，牢记历史教训，牢记历史警示，为推进国家治理体系和治理能力现代化提供有益借鉴。这些都体现了我们党对本民族文化传统高度重视和有扬有弃、批判继承的科学态度。

我想大家都注意到了，每当习近平同志在以礼敬的态度讲到孔子、儒学和中国传统文化之时，他总是强调要坚持马克思主义立场、观点和方法，特别强调要用历史唯物主义基本原理和方法对传统文化进行科学的具体分析，有鉴别地加以对待，有扬弃地予以继承，去粗取精、去伪存真，古为今用、推陈出新。这样就把马克思主义的指导思想地位与在历史实践中发展着的中国文化的生命主体、创造主体、接受主体地位有机地结合起来了，用马克思主义科学世界观指导对中国传统文化的批判继承、辩证取舍，同时又用中国传统文化精华充实和丰富中国化马克思主义的内涵。为什么要对传统文化采取科学分析的态度，"9·24"讲话把道理讲得十分清楚：传统文化在其形成和发展过程中，不可避免会受到当时人们的认识水平、时代条件、社会制度的局限性的制约和影响，因而也不可避免会存在陈旧过时或已成为糟粕性的东西。这就要求人们在学习、研究、应用传统文化时坚持古为今用、推陈出新，结合新的实践和时代要求进行正确取舍，而不能一股脑儿都拿到今天来照套照用。对于在古代占统治地位的剥削阶级思想，我们也要像马克思那样，揭露它以思想的"普遍性形式"掩盖其所维护的特殊利益的实质，而不能被其表面言辞所迷惑。习近平同志强调，批判继承中国传统文化要坚持古为今用、以古鉴今，绝不能搞厚古薄今、以古非今。这些都说明，中国共产党人对待孔子、儒学和中国传统文化的科学态度，本身就是中国化马克思主义的题中应有之义，是马克思主义世界观和方法论之必然表现。

再次，"8·19"讲话也讲到了对包括西方文化在内的世界各民族文化的态度，主张积极借鉴人类文明创造的一切有益成果，目的是要为我们服务，更好地发展我们自己。一句话，就是"西学为用"，或者说"洋为中用"。

"8·19"讲话主要是从加强党的宣传思想工作的角度来谈这个问题的，一方面讲到了"西强我弱"的形势，西方主要媒体左右着世界舆论，他们为了"西化""分化"中国，总是说我们这也不好，那也不行，我们必须认真应对，加强国际话语权，讲好中国故事，传播好中国声音，但是也不能因此而闭上眼睛不看世界。我们对世界的宣传报道必须客观、全面、真实，对世界形势的发展变化，对世界上出现的新事物、新情况，对各国出现的新思想、新观点、新知识，我们还要加强正面宣传报道，为的是积极借鉴人类文明创造的有益成果为我所用。十八大以来，习近平同志的足迹踏遍世界五大洲，他到处讲亲、诚、惠、容，到处讲文明交流互鉴，表现了当代中国文化对外开放的气度和自信。比如今年3月在联合国教科文组织总部的演讲，他着重阐述了文明因交流而多彩、因互鉴而丰富的思想：文明是多彩的，人类文明因多样才有交流互鉴的价值；文明是平等的，人类文明因平等才有交流互鉴的前提；文明是包容的，人类文明因包容才有交流互鉴的动力。这些理性、朴实的语言，深刻阐明了中国共产党人开放包容、平等友善、聚同化异、和而不同的文明交往观。科学对待民族传统文化，科学对待世界各国文化，坚持古为今用、洋为中用，用人类创造的一切优秀思想文化成果武装自己，"坐集千古之智"，这是中国特色社会主义文化大发展大繁荣的基本前提条件。

学习了习近平同志以"8·19"讲话为中心的一系列思想文化论述，我认为他同我们党的前辈领袖毛泽东、邓小平等人一样，都是坚定的马克思主义者，在对待中国传统文化问题上，既不是保守主义的尊孔崇儒派，也不是激进主义的反孔批儒派，而是"马魂、中体、西用"有机统一的马克思主义综合创新派，都是这种马克思主义新文化观的积极倡导者、自觉坚持者和坚决践行者。《红旗文稿》2014年第20期辛岩的文章，用大量信实可靠的资料，系统阐明了毛泽东对待中国古代文化遗产，应该充分地利用、批判地利用和古为今用、推陈出新的思想。习近平同志大力弘扬中华优秀传统文化的思想，可以说与毛泽东是完全一致的，既讲充分利用也讲批判利用，"取其精华、弃其糟粕"就是批判利用，"有鉴别地加以对待、有扬弃地予以继承"就是批判利用。他也一再强调要坚持古为今用、推陈出新。《中国社会科学报》今年5月5日发表了我的一个谈话，认为在坚持"马魂、中体、西用"的文化方针这一点上，习近平同志与毛泽东等中共前辈领导人，以及十七届六中全会决定等党的重要文件精神，都是一脉相承的。习近平关于思想文化问题的一系列论述，是对"马魂、中体、西用"最好的诠释。

我不敢苟同那位中央党校教授"三个话语系统"的观点。毛泽东、邓小平、习近平等中共领导人，所处的历史时期不同，面对的形势、任务和问题不同，当然都要讲一些新话，但是由于他们的理论立场和奋斗目标是一致的，所以讲的基本上是同一套与时俱进的中国化马克思主义话语，而不是三套截然分割的话语体系。毛泽东说"我们中华民族有同自己的敌人血战到底的气概，有在自力更生的基础上光复旧物的决心，有自立于世界民族之林的能力"，就是非常典型的民族复兴话语；他说"建设社会主义，原来要求是工业现代化，农业现代化，科学文化现代化，现在要加上国防现代化",就是认识逐渐深化的现代化话语,邓小平的"四化"话语正是接着毛泽东讲的。邓小平讲坚持四项基本原则,反对资产阶级自由化,习近平讲增强"守土有责"的阵地意识,对错误思想要敢于亮剑,不做开明绅士,就是在大规模的阶级斗争基本结束以后,对思想意识形态领域阶级斗争尖锐性复杂性的深刻认识,有强烈的居安思危忧患意识的表现。民族复兴是邓小平等老一辈革命家出生入死、参加革命的重要精神动力,他这方面的典型话语也很多。习近平同志是经济全球化时代的中共领导人,他对工业、农业、科技、国防、国家治理、人的思维方式等的现代化有更加全面深刻的认识,可以说在他的著作文章中现代化话语比比皆是。把三代中共领导人的思想和话语体系分割开来甚至对立起来,是缺乏充分理据的。

我非常赞成全景、润为等同志继承和弘扬两个传统的看法,一个是中国古代优秀文化传统,一个是中国近现代革命文化传统。习近平同志2011年在中共中央党校秋季开学典礼上的讲话,题为《领导干部要读点历史》,除了讲要了解和懂得自古以来中国人民创造的灿烂历史文化之外,还特别强调要注重学习鸦片战争以来的中国近现代历史,深入了解我们伟大祖国经历的刻骨铭心磨难,我们伟大民族进行的感天动地奋斗,我们伟大人民创造的彪炳史册伟业,深刻认识近现代中国国情和中国社会发展规律,深刻认识历史和人民选择中国共产党、选择马克思主义、选择社会主义道路、选择改革开放的历史必然性,继承和发扬前辈共产党人建树的优良革命传统,为实现社会主义现代化和中华民族伟大复兴而持续奋斗。习近平同志在参观毛泽东、刘少奇、彭德怀故居,以及红色革命纪念地时的讲话,包括前不久在福建古田召开的全军政治工作会议上的讲话,都着重论述了继承和弘扬我党我军优良革命传统的重要意义。大陆新儒家鼓吹"复古更化",要求回归中华道统,那个"道统"并不是多少带有人民性与科学性的中国古代优秀文化传统,列宁关于"两种文化"的论述对我们认清这个问题很有帮助。他们全盘否定中国近现代革命传统,把一百多年来中国人民救亡图存、艰苦奋斗的历史,说成是一部"亡文化"的历史、"文化歧出"的历史,说什么"国保了,'种'保了,但是'教'亡了,文化亡了"。这是一种典型的历史虚无主义观点。虚无掉了近现代历史,对古代历史也只认可统治阶级的正统思想,这种历史观和思想史观，自然难免引起较大争议。

（本文是作者 2014 年 12 月 29 日在中国红色文化研究会召开的"继承发扬中华优秀传统文化"座谈会上的发言。原载《思想理论教育导刊》2015 年第 5 期）

"马魂中体西用"与文化体用问题纵横谈

——访中国社会科学院学部委员方克立教授

张小平　杨俊峰

方克立教授提出"马魂中体西用"论已经有 11 年了，它在学术界产生了相当热烈的反响，有关评论和讨论文章已超过 150 篇。作为一种文化创新理论，它回答的是百年中国文化发展道路，中、西、马的关系，文化体用论的范式创新，当代中国的主导学术范式等重大理论和方法问题，得到了众多学者的肯定、赞同和支持，当然也有一些不同的意见和声音。不同意见反映了当今中国意识形态领域的复杂情况，其中有的是思想路线的根本分歧，有的是学术见解和认识方法之差异。近日，我们就与此话题相关的问题访问了中国社会科学院学部委员方克立教授，年近八旬的方先生同我们进行了坦诚的交谈。

一　十月革命在中国思想史上的重要转折意义

▲（采访者简称▲，下同）：今年是俄国十月革命一百周年，也是马克思主义传入中国一百周年。百年中国文化的发展，包括哲学社会科学的发展，都离不开马克思主义的引领。方老师，您是"马魂中体西用"论的倡导者，认为坚持马克思主义的指导思想地位、中国文化的主体地位和对外开放的方针三者有机统一，是当代中国文化的基本特征和必由之路。您是怎样看待十月革命在中国思想史上的重要转折意义的呢？

●（接受访谈者简称●，下同）："十月革命一声炮响，给我们送来了马克思列宁主义。"① 这件事情在中国思想史乃至整个中国近代史上的重要意义，毛泽东在《论人民民主专政》一文中讲得非常清楚。由于外国资本主义的入侵，近代中国曾沦为一个半殖民地半封建的国家。先进的中国人经过千辛万苦，向西方寻找救国救民的真理，包括进化论、天赋人权论、实用主义、新实在论和资产阶级共和国的方案等等，都曾先后被引进中国。但是这些方案都尝试过了，都不管用，"先生老是侵略学生"，这是怎么一回事儿呢？中国人在困惑不解之时碰到了俄国十月革命，"这时，也只是在这时，中国人从思想到生活，才出现了一个崭新的时期。中国人找到了马克思列宁主义这个放之四海而皆准的普遍真理，中国的面目就起了变化了"②。正如鲁迅先生所说的，"别求新声于异邦"的文化选择，选对了就真管用了。

在俄国十月革命前，最早可以追溯到 19 世纪末，就有一些外国来华的传教士，以及中国的资产阶级知识分子、小资产阶级无政府主义者，在报刊上对马克思恩格斯及其学说做过一些零星的介绍，但他们对这一科学理论的了解和认识都是十分肤浅、非常片面的，他们的介绍也没有引起人们的特别重视。俄国十月革命爆发就不一样了，它震撼了全世界，也惊醒了中国的先进分子，帮助他们找到了马克思主义这种观察国家命运的工具，促使他们重新思考自己的问题，"走俄国人的路——这就是结论"③。可以说马克思主义进入和运用于中国，从根本上改变了中国的命运，指导中国革命、建设、改革取得了一个又一个胜利，中华民族伟大复兴的中国梦才有可能一步一步地实现。这一切都是从十月革命开始的，这是一个非常重要的时间节点。习近平同志 2016 年在"五·一七"讲话中，讲到"当代中国哲学社会科学是以马克思主义进入我国为起点的"，这个"起点"就是指十月革命，而不是指此前对马克思主义的零星介绍。

马克思主义进入中国对中国思想史的重要转折意义，突出地表现在十月革命前后的时代中心问题的转换和中国思想界基本格局的变化上。所谓时代的中心问题就是"中国向何处去""中国文化向何处去"的问题。自

---

① 《毛泽东选集》第四卷，人民出版社 1991 年版，第 1471 页。

② 同上书，第 1470 页。

③ 同上书，第 1471 页。

鸦片战争以来到俄国十月革命前，所谓"古今中西"之争，即新学与旧学之争、西学与中学之争，一直是中国社会发展道路选择和思想文化论争的中心问题。毛泽东指出其性质是资产阶级的新文化与封建阶级的旧文化的斗争。十月革命后情况就不一样了，马克思主义这种无产阶级世界观和社会革命理论进入中国，成为影响百年中国历史进程的最重要的一种思想文化，它也是这个时代最先进的文化，时代的中心问题就不只是"古今中西"之争，而是必须同时考虑到马克思主义这个重要维度，变成中、西、马三者的关系问题了。时代的中心问题发生了变化，中国思想界的格局也随之发生了相应的变化，即从新学派与旧学派之争、西学派与中学派之争，变成自由主义西化派、文化保守派和中国马克思主义派三足鼎立，或者说三大思潮对立互动的格局了。一百年来这种思想格局没有发生根本变化，只不过在中国革命、建设、改革的各个时期，各派思想的表现形式不同，各派力量的消长有异，相互之间的关系越来越错综复杂了而已。其中马克思主义综合创新派的百年探索，始终代表着中国文化发展的正确方向，它的第一个代表人物就是李大钊。李大钊的探索正是从十月革命开始的。

　　▲：请您举一些实例来具体说明十月革命对中国思想界的影响。

　　●：李大钊曾经是一个革命民主主义者，俄国十月革命后转变成为一个共产主义者，他也是中国最早的马克思主义者。在东西文化论战中，李大钊虽然也赞成"东方文明主静，西方文明主动"的观点，但他是明确主张西方文明高于、优越于东方文明的，认为："时至今日，吾人所当努力者，惟在如何以吸收西洋文明之长，以济吾东洋文明之穷。"他同时是一个东西文明调和融会论者，明确主张："东洋文明与西洋文明，实为世界进步之二大机轴，正如车之两轮、鸟之双翼，缺一不可。而此二大精神之自身，又必须时时调和、时时融会，以创造新生命，而演进于无疆。"在他看来，当前世界的危机，正是由于"挟种族之偏见，以自高而卑人"、割裂两大文明而造成的，因此，只有"二种文明本身各有彻底之觉悟，而以异派之所长补本身之所短，世界新文明始有焕扬光采、发育完成之一日"。这种世界新文明就是既超越东西文明而又能够吸收两大文明之长的"第三新文明"。他说："东洋文明既衰颓于静止之中，而西洋文明又疲命于物质之下，为救世界之危机，非有第三新文明之崛起，不足以渡此危崖。俄罗斯之文明，诚是以当媒介东西之任。"① 他从十月革命后在俄罗斯崛起的"第三新文明"即无产阶级的社会主义文明中，看到了挽救当代世界危机的希望，认为它也是中国和世界未来文明发展的方向。"第三新文明"论可以说是中国马克思主义综合创新文化观的第一个阶段和第一种形态，它是直接受到俄国十月革命的启发而产生的，在此后百年中国文化发展过程中始终起着引领方向的作用。

提倡此论的除了李大钊之外，还有他在中共建党时期的战友、后来又脱党的著名民主人士张申府先生。张在 1925 年写的《第三文化之建设》一文中说："保守东方旧化说不可行，移植西洋旧化说不可行，机械地融合东西两化说也同一样地不可行。""今日欲超出两旧文化而建一种第三文化，乃在顺'物质'之可能，先就物质的基础，而引之趋合于理想。为理想之形成应将东西所有旧有的东西，都加以估重、评衡，及别择。一脚踢与一兜包的办法，是同一样地要不得的。"② 十月革命开创了世界无产阶级革命的新纪元，资产阶级的思想体系本来相对于中国的封建文化来说是一种新文化，自从马克思主义进入中国后，它也变成一种旧文化了，所以张申府说要超越"两旧文化"而建立一种"第三文化"即社会主义的理想文化。他也明确意识到，第三文化之建设不能全盘否定两旧文化，而是必须对其进行重估、评衡和选择。他的这种思想之合乎逻辑的发展，就产生了后来的"孔子、列宁、罗素，三流合一"的文化主张。

我们从李大钊和张申府这两个例子，就可以看到俄国十月革命对中国思想界的深刻影响。

二　"马魂中体西用"是百年中国文化发展的正道

▲：方老师，您在 1990 年的一次谈话中，把自由主义的"全盘西化"派、保守主义的"儒学复兴"派和马克思主义的"综合创新"派，看作是七十多年来文化论争中的三个主要派别，并且用"古为今用，洋为中用，批判继承，综合创新"四句话来概括中国马克思主义派的文化

---

① 《李大钊文集》第二册，人民出版社 1999 年版，第 202—215 页。

② 《张申府文集》第一卷，河北人民出版社 2005 年版，第 63—64 页。

主张。2006 年，为了解决中、西、马三"学"在中国现当代文化中的地位和相互关系问题，您又提出了"马学为魂，中学为体，西学为用，三流合一，综合创新"的新思路。这些都是从宏观的视角来总结中国现当代文化发展道路，您的思想为什么会发生这样的变化呢？

●：20 世纪 80 年代中期，我接受了国家社科基金"七五"规划重点课题"现代新儒学思潮研究"的任务，由于课题规模较大，后来又延续到"八五"规划。经过十年现代新儒学研究，我对中国现当代三大思潮对立互动的格局有了比较全面系统的了解，包括对其历史和现状的了解。到后期我关注的重点实际上已经转向中国马克思主义综合创新派了，因为只有这一派能够正确处理中、西、马的关系问题。

在 20 世纪 80 年代的文化讨论中，有人重新举起了"全盘西化"的旗帜，贬低中国文化、鼓吹西化的政论片《河殇》也很博人们的眼球。另一方面，海外新儒家代表人物杜维明在各种场合大讲"儒学的第三期发展"，"复兴儒学"、回归传统的思潮势力和影响也不小。在众声喧哗中，本来在中国大陆占据主导地位的马克思主义派反而显得声音比较小，说话不硬气，"批判继承"等等往往被看成是老生常谈。我觉得这种情况是很不正常的。1987 年，张岱年先生提出了"文化综合创新论"，主张以社会主义价值观来综合中西文化之长而创新中国文化，为中国马克思主义派树立起了一面鲜明的文化旗帜，以后情况就逐渐发生了变化。我本人是非常赞同张先生的综合创新文化观的，所以在 1990 年那次谈话中以"综合创新"来代表整个中国马克思主义派的文化主张。之所以归纳为"古为今用，洋为中用，批判继承，综合创新"四句话，我在 2002 年答《哲学动态》记者问时已有所说明：因为"古为今用，洋为中用"和"批判继承"是我们党一贯倡导的文化方针，大家都比较熟悉，所以我想把"综合创新"文化观与党的文化方针联系起来，应能就中国近现代文化论争的主题，给予一个比较完整明确的回答。①

后来发现这个概括也有缺陷，就是它只回答了古今中西问题，而没有对十月革命和五四运动后中国文化论争的中心主题——中、西、马的关系问题给予回答，所以我在 2006 年又做出了"马学为魂，中学为体，西学

---

① 方克立：《中国文化的综合创新之路》，中国社会科学出版社 2012 年版，第 173 页。

为用，三流合一，综合创新"的新概括。中国马克思主义派怎样实现文化上的综合创新呢？在我看来，其最本质的特征就是要按照"兼赅众异而得其平衡"的"兼和"的思路，把作为文化资源的中、西、马三"学"科学合理地整合起来，实质上是把马克思主义的指导思想地位、中国文化的主体地位和西方文化（外来文化）的"他山之石"地位三者有机结合起来，辩证统一起来，"坐集千古之智"，创造具有博大气象又有中国特色的社会主义新文化。我认为这种"马魂中体西用"三学合一、综合创新的观点，是符合张岱年"文化综合创新论"之精神实质的，也是符合李大钊"第三新文明"论和毛泽东"古今中外法"之精神实质的。

社会和文化发展道路选择决定着国家的前途命运。理论在一个国家实现的程度，取决于它满足这个国家需要的程度。百年中国现当代思想史表明，"马魂中体西用"三学合一、综合创新的文化主张，明显优越于自由主义的"全盘西化"论和保守主义的"儒学复兴"论，也优越于折中主义的"中体西用"论和"西体中用"论，是被历史和人民选择的一条最符合中国现实需要的文化发展道路，也是唯一走得通的道路，所以说是一条正道，一条大道，一条必由之路。无论是五四时期的文化论战，还是20世纪80年代的文化大讨论，得出的结论都是这样。中国新民主主义文化发展道路和中国特色社会主义文化发展道路，就是这两次文化大讨论所得出的历史结论。文化道路选择和思想路线之争贯穿于整个中国现当代思想史，它在今天也同样尖锐地存在着。胡锦涛同志在十八大报告中，习近平同志在中国共产党成立95周年庆祝大会的讲话中，都强调我们要坚定不移地走中国特色社会主义道路，既不走封闭僵化的老路，也不走改旗易帜的邪路。这说明在改革开放的新时期，我们仍然必须清醒地认识到，偏离中国特色社会主义道路的"僵化""西化""儒化"之路都是走不通的。我们应该有这样的文化自觉和理论自觉。

▲：方老师，您在多篇文章和谈话中，都把中国马克思主义派的文化主张与中国共产党的文化建设指导方针联系在一起，那么，由此我们能不能说党的文化方针是百年中国文化发展正道的集中体现和典型代表呢？

●：可以这样说。江泽民同志的"三个代表"重要思想中有一条就是讲中国共产党始终代表着中国先进文化的前进方向。党在革命、建设、改革的各个历史时期，始终坚持正确的文化方向，比如前面讲到的新民主主义文化理论和中国特色社会主义文化理论，无疑都是那个时代先进文化的代表。"马魂、中体、西用"就是其先进性的最重要的表征：一是坚持以科学的世界观马克思主义为指导；二是坚持民族文化的主体性，与本民族文化的优质基因血脉相连；三是吸收世界各民族文化中的合理成分作为营养，能够集合这几个方面优势的文化自然是先进文化。这在我们党的领袖的有关论述和党的决议等重要文献中可以找到充足的根据。

比如毛泽东的新民主主义文化理论，它是以马克思主义的唯物史观为指导来处理文化与政治、经济的关系问题的。毛泽东将新民主主义文化界定为"人民大众反帝反封建的文化"和"民族的科学的大众的文化"，指出这种文化"只能由无产阶级的文化思想即共产主义思想去领导"[①]；同时十分强调民族文化的主体性，指出"我们必须尊重自己的历史"，批判地清理和继承古代文化"是发展民族新文化提高民族自信心的必要条件"；并且主张"大量吸收外国的进步文化，作为自己文化食粮的原料"。在我看来，这些论述都体现了"马魂中体西用"的精神。

党的文献中有关文化问题的论述也不少。比如1986年党的十二届六中全会通过的《中共中央关于社会主义精神文明建设指导方针的决议》明确指出，我们要建设的是"以马克思主义为指导的，批判继承历史传统而又充分体现时代精神的，立足本国而又面向世界的"高度发达的社会主义文化。这个表述既阐明了这种文化的性质和指导思想，又高屋建瓴地回答了古今中西问题，"立足本国"就是强调民族文化的主体性。又如2011年党的十七届六中全会通过的《中共中央关于深化文化体制改革推动社会主义文化大发展大繁荣若干重大问题的决定》，更加明确地指出社会主义核心价值体系是"兴国之魂"，马克思主义指导思想是社会主义核心价值体系的四项基本内容之一，在分别为"灵魂、主题、精髓、基础"的完整理论体系中居于"灵魂"的地位。文件中也有"以民族文化为主体，吸收外来有益文化，推动中华文化走向世界"的论述，在讲学习借鉴国外优秀文化成果时，强调要坚持"以我为主，为我所用"的原则。我们看到，在这个重要文件中，实际上"马魂""中体""西用"都讲到了，马、中、西分别处于"灵魂""主体"和为我所用的"他山之石"

---

① 《毛泽东选集》第二卷，人民出版社1991年版，第698页。

的地位。

　　我们党对当代中国文化中的中、西、马关系的重视，在习近平同志的系列重要讲话，特别是 2013 年在全国宣传思想工作会议上的讲话（即"八·一九"讲话）和 2016 年在哲学社会科学工作座谈会上的讲话（即"五·一七"讲话）中表现得更为突出。在"五·一七"讲话中，他说"坚持以马克思主义为指导，是当代中国哲学社会科学区别于其他哲学社会科学的根本标志"，"不坚持以马克思主义为指导，哲学社会科学就会失去灵魂、迷失方向"，就是对"马学为魂"思想的明确表达。这个讲话还指出当代中国哲学社会科学有三大特点：一是体现继承性、民族性，二是体现原创性、时代性，三是体现系统性、专业性。我体会三大特点集中到一点，就是体现主体性。主体性实际上就是中国性。"中国道路""中国理论""中国制度""中国精神""中国价值""中国智慧""中国力量""中国声音""中国话语""中国梦"等等，是习近平讲话中经常出现的概念。这是很自然的，离开了中国性，就没有当代中国哲学社会科学的主体性可言。另外，他也强调要坚持对外开放、博采众长、为我所用的方针，提倡不同文明交流互鉴，构建人类命运共同体；同时指出对国外哲学社会科学的成果，必须采取分析的态度，既不能不加分析地一概排斥，也不能不加分析地一概拿来，照搬照套。可以说，习近平同志的这些重要论述，从理论与实践的结合上为"铸马学之魂""立中学之体""明西学之用"做出了重要贡献。

　　我们党在近百年奋斗历程中始终坚持先进文化的前进方向，始终坚持走"马魂中体西用"三学合一、综合创新的正道，这方面的历史经验非常丰富，非常值得认真总结。

三　文化体用论的范式创新

　　▲："马魂中体西用"论为回应和解决百年中国文化发展中的中、西、马关系问题，确实提供了一种有效的解释模式，传统体用二元模式在这个现实问题面前就显得有点顾此失彼、捉襟见肘了。您长期研究中国哲学中的体用范畴，以及它在文化问题上的运用，关注文化体用论在近代以来的发展演变，请您作简要说明。

●：我是 2006 年张岱年先生逝世两周年的时候，在学习他的综合创新文化观和有关文化体用问题的论述的基础上，提出"马魂中体西用"论的。这个提法本身受到了经济学家杨承训先生的启发，但我思考的依据主要是张岱年先生的有关论述。

张先生是最重视文化体用问题的学者之一，他清楚地意识到，中国传统哲学中的体用范畴有两种主要含义，它们都曾被用来处理文化问题，张先生认为都有一定的意义。第一种是讲实体与作用的关系，在这个意义上他提出过"民族的存在是体，文化的内容为用"，"社会存在是体，社会意识是用"① 等命题，显然这是一种"器体道用"的体用观。第二种是讲原则与应用的关系，在这个意义上他提出过"社会主义的基本原则是体，科学技术、文学艺术是用"，"民主为体，科学为用"② "今中为体，古洋为用"③ 等命题，这就是一种"道体器用"的体用观了。前者强调"体"的主体、实体义，后者强调"体"的主导、形上义。这两种体用观有一个共同特点，就是都主张体用统一，反对"体用殊绝"即体用割裂。以胡瑗、李颙等人为代表的传统文化体用观是在第二种意义讲的；清末张之洞等人的"中体西用"论也继承了这种意义，但它是在两种不同的文化之间讲体用，又违背了传统文化体用观中体用、内外之学统一的精神。李泽厚的"西体中用"论是向"器体道用"体用观的复归，这正是曾经被贺麟先生批评为"体用颠倒说"④ 的一种观点，而与冯友兰先生"用机器、兴实业等是体，社会之别方面底改革是用"⑤ 的观点比较接近。

这些情况张岱年先生当然都十分了解，但他仍然把文化体用论当作是一种"处理文化问题的中国方式"⑥，即有中国特色的文化理论来继续进行探索，力图综合体用范畴的两种含义，讲清楚中国新文化建设中的中、西、马关系问题。他的努力典型地体现在这段话中："中华民族是建设社会主义中国新文化的主体，而社会主义是中国新文化的指导原则。科学技

① 《张岱年全集》第六卷，河北人民出版社 1996 年版，第 203 页。
② 同上书，第 170—171 页。
③ 同上书，第 129 页。
④ 贺麟：《哲学与哲学史论文集》，商务印书馆 1990 年版，第 350 页。
⑤ 冯友兰：《三松堂全集》第四卷，河南人民出版社 2001 年版，第 226 页。
⑥ 《张岱年全集》第六卷，河北人民出版社 1996 年版，第 202 页。

术等等都是为这个民族主体服务的，也都是为社会主义服务的。"① 张先生虽然还是在体用二元模式中来论述这个问题，但是他已经把社会主义指导原则与中华民族这个新文化建设的主体区分开来，也就是把主导性之"体"与主体性之"体"，"道体器用"之"体"与"器体道用"之"体"区分开来了，认为科学技术等等是为这两个"体"服务的"用"。他已经试图把文化体用论与民族主体论结合起来，共同来说明新文化建设中的中、西、马关系问题，所以我说他离"马魂中体西用"论只有一步之遥了。

　　▲：您是在什么情况下觉得必须将传统体用二元模式变通、发展为"魂、体、用"三元模式的？实现范式创新和转换的关键环节是什么？现实生活中还有哪些事物、现象和关系确实需要用"魂、体、用"三元模式来解释呢？

　　●：从体用二元模式过渡到"魂、体、用"三元模式的关键，正是把主导性之"体"与主体性之"体"区别开来，张岱年先生已经这么做了，但是他还没有对二者作概念上的区分。我们进一步做的工作就是用两个概念来对这两个"体"分别予以定位。把主导性之"体"用"魂"这个概念来标示，借鉴了日本"和魂洋才"的说法。日本人讲"和魂洋才"，与我们中国近代讲的"中体西用"有相似之处，"魂"和"体"都是指精神指导原则，"才"和"用"是指原则的具体运用。我们用"魂"这个概念来标示形而上的主导性之"体"，那么"体"这个概念就专指作为主体、实体、载体的"器体道用"之"体"了。对于这个概念区分，人们还是比较容易理解和接受的。从学理演进来说，"马魂中体西用"论的形成并没有经过十分曲折、复杂的过程。"魂、体、用"三元模式是对传统体用思维的变通和发展，用今天的话来说，就是创造性转换和创新性发展。

　　从讲清楚百年中国文化发展中的中、西、马关系来说，"魂、体、用"三元模式确实是有现实需要的，也是有解释效力的。"马魂、中体、西用"的定位比较准确，所以能够得到许多人的赞同和支持。我经常说，客观世界的事物、现象和关系是复杂多样的，有的可以用体用二元模式来

────────────────

① 《张岱年全集》第六卷，河北人民出版社1996年版，第129页。

说明，有的需要用"魂、体、用"三元模式来说明，有的还需要用其他多元"兼和"模式来说明。我认为张岱年先生提出的"兼和"范畴非常重要，它用"兼赅众异而得其平衡""和而不同"、多样性统一的原理丰富了中国特色的辩证法理论，也为三元和多元"兼和"模式的成立奠定了坚实的哲学基础。

"魂、体、用"三元模式既然能够说明客观世界中的一类事物、现象和关系，那么它就具有一定的普遍适用性。比如人作为生命体有一个魂体关系问题，魂体结合、魂体相依才能发挥活的生命有机体的作用，如果魂体分离，魂为"游魂"、体为"枯体"，那么就丧失生命的意义和作用了。这个道理范缜在《神灭论》中就已经讲得很清楚。文化是有精神生命的事物，因此在研究文化现象时要特别重视"魂、体、用"三元模式。不仅可以用它来说明一个文化体系中三种文化资源之间的关系，如当代中国文化中的"马魂、中体、西用"，传统中医哲学中的"儒魂、道体、释用"[①]；也可以用它来说明一个文化体系中"魂体相依、强魂健体方能成大用"的关系[②]。我经常举的例子是儒家文化价值体系中的"仁魂、礼体、和用"[③]。当代中国文化以社会主义核心价值体系为"魂"，以多种文化载体和传播形式为"体"，二者结合才能有效发挥社会主义先进文化引领风尚、教育人民、服务社会、推动发展之"用"，也是这种关系。

▲：那么，"魂、体、用"三元模式有没有一定的学理根据呢？

●：我首先是从王船山"形而上者谓之道，形而下者谓之器，统之乎一形"，"上下无殊畛，道器无异体"，"物之体则是形"等论述，即"尽器贯道而统之于一形"的思想受到启发，意识到如同"道、形、器"一体一样，"魂、体、用"三者统一也是可以成立的。当然，对这个问题的研究还可以拓宽思路，加深认识，比如庞朴等学者对"一分为三"的普遍性和规律性的揭示，就有助于确立"魂、体、用"三者统一的思维模式。加强对文化体用论与主体论相结合的必要性和可能性的研究，也是拓宽研究思路的一个重要方面。我曾经提到在张岱年之前，李大钊在

---

① 方克立：《中国文化的综合创新之路》，中国社会科学出版社2012年版，第560页。

② 同上书，第378、381页。

③ 同上书，第334、第365、469、479页。

"民彝"说中就已经试图用人民主体论的思想来贯通体与用、形上之"道"与形下之"器"了。① 先辈们的这些探索对我们都很有启发，都非常值得重视。

"马魂中体西用"论是综合创新文化观的深化，其主要结论确实是从张岱年先生的有关思考和论述中引申出来的，可以说是"接着张岱年讲"。比如张先生一直非常重视文化的民族主体性问题，他说民族主体性就体现在民族文化的独立性、主动性和自觉性中。同时他认为以原则与应用、本质与现象谈体用的传统文化体用观也有一定的意义，那么他就必然会走文化体用论与主体论相结合的路子，这条路走下去就会走到"马魂中体西用"论。2002 年我讲要深化对综合创新文化观的研究，如何深化？我从历史、理论、方法等四个方面讲了一些初步想法②，但当时还没有形成"马魂中体西用"的思路。2006 年通过总结张先生的文化思想，从文化体用论的范式创新角度实现了一个认识跃升，用"马魂中体西用"的思路去理解张先生思考的那些问题，一下子就豁然贯通了。2007 年我再次讲如何深化综合创新文化观研究的问题时，补充进去了"马魂中体西用"等内容，一共讲了十个方面③，就显得比五年前要深入和通透一些了。

四　当代中国哲学社会科学的主导学术范式

▲：方老师，您对"马魂中体西用"的研究，一方面重视总结百年中国文化发展的历史经验，从中总结出规律性的东西；另一方面重视理论思维的范式创新，对传统体用思维进行创造性转换和创新性发展；还有一个方面就是十分重视它的方法论意义，看是否能对当代中国学术发展起到积极的促进作用。您曾经指出，"马魂中体西用"是一些成就卓著的中国马克思主义学者共同走过的学术道路，对后辈学人有很强的示范意义；进而提升到学术范式的高度，认为它对当代中国哲学社会科学各个学科的建

① 方克立：《中国文化的综合创新之路》，中国社会科学出版社 2012 年版，第 336—337 页
② 同上书，第 174—176 页。
③ 同上书，第 263—274 页。

设和发展都有指导意义。您能就这个理论的方法论意义再给我们介绍一些您的有关思考吗？

●：非常感谢你们的用心观察和体会，这三个方面确实都是我所关心的。前期可能在前面两个方面用力多一些，后期就越来越重视它的方法论意义了。

过去我比较重视张岱年先生的综合创新文化观和文化体用论思想，而对他的引路人张申府先生的思想注意不够。2013年读了他的文集后，我意识到他是中国最早关注中、西、马关系问题，并有独到见解的知识分子之一，在他的"孔子、列宁、罗素，三流合一"的主张中，实际上已经包含着"马魂中体西用"思想的萌芽。比如他在《家常话》等著作中，就非常明确地主张要以辩证唯物主义为"主宰""中心"和"指导"①，也就是要以马学为"魂"；同时他也强调民族文化的主体性，在《民主原则》这篇文章中，已经有"以中国为体以中国为本位"②的提法了，与我们今天的提法十分接近。张申府先生是中国著名的罗素专家，对西方哲学与科学的重视和积极借鉴就更不用说了。二张兄弟都是中国最早自觉走上"马魂中体西用"学术道路的哲学家，中、西、马"三流合一，综合创新"理论最早由他们明确表述出来，我想绝不是偶然的。

再一个就是对冯契先生思想的学习和研究。我在1995年写过文章，主要是论述和表彰冯先生在哲学上追求真、善、美统一的努力；2014年我到华东师范大学去讲课时说，我现在更加重视的是冯先生"马魂中体西用"的治学路数。他的智慧学说极具特色，其问题意识主要来自中国哲学，目标是要解决"性与天道"的问题；而其理论和方法则是立足于马克思主义哲学，即实践唯物主义的辩证法。同时冯先生也善于借鉴西方哲学的成果来作中西比较与会通。他的智慧学是中、西、马三流合一、融通生成的结果。③

在中国哲学研究领域，张岱年先生和冯契先生是我最敬重的两位前辈

---

① 《张申府文集》第三卷，河北人民出版社2005年版，第439页；第二卷，第632页、第315页。

② 《张申府文集》第一卷，河北人民出版社2005年版，第473页。

③ 方克立：《冯契研究与冯契学派——兼论当代中国的学术学派》，《哲学分析》2014年第6期。

哲学家。他们都是在青年时代就接受了马克思主义，同时受教于国内名师，打下了深厚的中、西、马哲学根底，在学术研究中坚持走"马魂中体西用"的道路，成为20世纪方向正确、最有成就的两位中国哲学大家。另外，认真考察郭沫若、侯外庐、范文澜等前辈马克思主义学者的学术经历，乃至关注一下我们同辈的一些优秀的人文社科学者的治学特点，比如我曾经提到过的陈先达、罗国杰等师友，就可以发现在他们身上有一些共性的东西，除了特别勤奋之外，很重要的一点就是他们都矢志不渝地走一条"马魂中体西用"三学合一、综合创新的学术道路。这就对同侪和后学有示范意义，不仅对于我们今天建设坚强的马克思主义理论队伍，培养高素质的哲学社会科学人才，具有树立典范和引领方向的作用，而且有可能在学术共同体中形成一种主导的学术范式，对于当代中国哲学社会科学各个学科的建设和发展，都有指导意义。

▲：您对学术范式怎么看？

●：学术范式是一个特定学术共同体所有成员都共同认可和遵守的信念、价值、方法、话语等的规范体现，它是长期共同探索、磨合而形成的。具有不同学术立场、价值取向、研究方法和态度的学术群体，往往会有不同的学术范式，它们之间的分歧和对立，深刻地反映着那个时代思想界的复杂情况。比如在三大思潮并存、文化领导权争夺十分激烈的当代中国，就亟须建立一种主导的学术范式，来支持中国特色社会主义政治、经济、文化事业的发展。在与"全盘西化""复兴儒学""中体西用""西体中用"等学术范式的比较和竞争中，"马魂中体西用"的学术范式显示出了巨大的优越性，它与当代中国的时代精神完全一致，所以理所当然地会成为这个时代的主导学术范式。

▲：请您从学术范式的角度，谈谈"马魂中体西用"的方法论意义。

●：从学术范式的角度来说，所谓"马学为魂"，就是以马克思主义为当代中国学术研究的基本理论立场、观点和方法，坚持辩证唯物主义的世界观、历史观、价值观和方法论。所谓"中学为体"，就是以我们正在做的事情为中心，以中国的历史和现实为主要研究对象，以民族振兴、国家富强为研究目的，以中国文化为主要学术资源，以本民族话语为表达方式。所谓"西学为用"，就是以其他民族的文化为"他山之石"，作为一种精神资源，作为学习借鉴、比较会通的对象。一百年来，已有三代中国马克思主义学者对这种学术范式进行了接力探索，它已经越来越成熟，越来越具有规范性，也有越来越多的学者把它运用到当代中国哲学社会科学各个学科的研究中去。

2014 年，来中国社会科学院跟我合作研究的"西部之光"访问学者谢青松同志，在《中国社会科学报》《马克思主义研究》等报刊上发表多篇文章，认为"马魂中体西用"开创了学术研究的新范式。他还以当代中国政治学的建设发展为例，从政治道路选择、政治学理论研究、政治制度建设三个方面，论证"马魂中体西用"是中国特色社会主义政治的内在本质意蕴，是必须遵循的发展方向和理论模式。① 杨承训先生和他领导的学术团队，更是多年来坚定不移地坚持"马魂中体西用"的经济学发展方向，学术成果丰硕。文艺理论家董学文教授也曾明确表示，"马魂中体西用"的理论模式对文学理论建设也具有指导作用和启迪意义。天津的陈寒鸣同志主张按照"马魂中体西用"的思路来建设当代中国的行政管理学。河南的李庚香同志倡导建设"马魂中体西用"的中原学。② 已有不少学者意识到，当代中国的伦理学、教育学、法学、军事学、思想史等学科建设，都应该重视并践行"马魂中体西用"的学术范式，才能建立适应时代需要的真正科学的学术体系。习近平"五·一七"讲话中强调要加强三个体系建设，其中学科体系建设是宏观布局问题，学术体系建设要在各个学科落实，就需要有包括正确指导思想在内的成熟的学术范式来指导和引领。在一定意义上说，话语体系建设也是学术体系建设的一部分。所以我非常重视"马魂中体西用"作为当代中国主导学术范式的意义，也就是它的方法论意义。

"马魂中体西用"不仅是当代中国哲学社会科学的主导学术范式，它对某些人文特征比较明显的科学技术的发展也有借鉴和启发意义。比如钱学森先生就认为，医学的未来发展，必然要走以马克思主义哲学为指导，吸收西医重视微观精细分析和实验方法之长，回归中医系统整体观的路子。在他看来，中医把人体看作是一个系统整体，人与自然、社会是一个

---

① 谢青松：《"马魂中体西用"的政治意蕴》，《云南行政学院学报》2017 年第 1 期。

② 李庚香：《打造"中原学"一流学科，奋力建设思想河南》，《河南社会科学》2016 年第 6 期。

更大的系统整体的观念，比西医"头痛医头、脚痛医脚"的思维方式要高明。人体科学的方向是中医而不是西医，医学发展的前途只能是中医现代化，西医也要走到中医系统整体观的道路上来。① 也就是说，要在马克思主义指导下走"中体西用"的道路，而不是走"西体中用"的道路。

五 "马魂中体西用"的实质内涵和关系结构

▲：我们注意到，关于"马魂中体西用"论的理论价值和现实意义，您从（一）它是百年中国文化发展的正道，（二）它与党的文化建设指导方针高度一致，（三）它是文化体用论的范式创新，（四）它是综合创新文化观的深化，（五）它是当代中国哲学社会科学的主导学术范式，（六）它是一些成就卓著的中国马克思主义学者共同走过的学术道路六个方面做了详细的说明。关于这个理论的基本内容，它的实质内涵是什么，您能否再简单梳理和提点一下？我们注意到，有些认同和支持"马魂中体西用"论的文章，将"中学为体"的"中体"等同于中国传统文化，或历史上某种具体的思想学说，您如何看待此类理解？

●：我想用"'马学为魂'是第一要义，'中学为体'是中心环节，'西学为用'体现了当代中国文化的全方位开放品格"三句话，来概括"马魂中体西用"论的基本理论内涵。

"马学为魂"的含义应该说很清楚，就是坚持以马克思主义为指导。正如习近平同志所指出的，坚持以马克思主义为指导是当代中国哲学社会科学的根本特征，也是它区别于其他哲学社会科学的根本标志。能够把两种不同性质的"哲学社会科学"区别开来的东西，能够决定当代中国文化发展的方向、道路和前途命运的东西，你说重要不重要？正是由于看到了这个问题的重要性，所以我们把是否坚持以马克思主义为指导，是否高举"马学为魂"的旗帜，看作是"马魂中体西用"论的第一要义，就是首先必须坚持的最重要、最根本的一条。

为什么要坚持"马学为魂"，坚持以马克思主义为指导？从政治上说，马克思主义是宪法规定的我们国家的指导思想，这是历史的选择、人

---

① 《钱学森等论人体科学》，人民军医出版社1988年版，第227页。

民的选择，我们必须尊重和顺应历史发展的规律与潮流，反其道而行之是违法的。从学理上说，我最看重的是两点：一是马克思主义作为科学的世界观和方法论，对于我们认识世界和改造世界具有指导意义；二是坚持无产阶级只有解放全人类才能解放自己的价值立场，那么在价值观上就优于、高于一切传统的思想体系。马克思主义是我们时代的真理和良心，所以能够成为当代中国文化之"魂"。

"马学为魂"作为第一要义，不仅有很有说服力的正面道理的支持，而且在现实生活中，它往往是思想界认识分歧和争论的焦点，也说明这个问题的特殊重要性。自由主义西化派不赞成"马魂中体西用"论，是既不赞成"马学为魂"，也不赞成"中体西用"。文化保守派不赞成"马魂中体西用"论，他们主要是不赞成"马学为魂"；对于"中体西用"，他们的解释与我们也不同。所以在今天中国思想界，"马学为魂"作为第一要义受到的挑战还是相当尖锐、相当严峻的，而且情况比较复杂。因为这两派心目中都另有"魂"和"第一要义"，不是以打着"普世价值"旗号的西方自由价值观为"魂"，就是以维护专制等级社会的儒学、儒教为"魂"。我们不能回避社会思潮多元化这个客观现实，但是任何社会都只能有一种指导思想，宪法规定马克思主义是社会主义中国的指导思想，我们以"马学为魂"为第一要义就是维护宪法的权威地位。而有的人，比如蒋庆等大陆新儒家，就明确提出要用儒学、儒教来取代马克思主义的主导意识形态地位，即所谓"王官学"地位和"宪法原则"地位。他们还提出"阵地战"的策略，要通过占领一个一个文化阵地来同马克思主义争夺文化领导权。这倒帮助我们进一步认识到了，"马学为魂"之所以为第一要义，就是因为它所体现的正是文化领导权的思想。这是各派必争之"权"，对于当代中国掌握着文化领导权的主导意识形态，我们必须努力维护，绝不能掉以轻心。

"中学为体"是中心环节，是要说明把"马魂、中体、西用"三者连接成为一个整体的是"中学"即中国文化。"中学为体"强调的是民族文化的主体性。我在1988年就提出了"接受主体"这个概念。"马魂"和"西用"只有被"中体"所接受，与中国文化有机结合（更深刻的提法是有机"化合"），才能在当代中国文化中分别起到指导思想和"他山之石"的作用，成为当代中国文化的一个组成部分或必要的思想资源。把三者联系成为一个整体的中心环节，就是富有生机活力并极具包容性的中国文化。在"马魂、中体、西用"三者的关系中，最重要、最核心的，也最引人关注的是"马魂"与"中体"的关系，因为在体用二元模式中，它们与西学的关系都曾处于"体"的优先地位，不过一个是主导性之"体"，一个是主体性之"体"。我们现在已经把这两个"体"分清楚了，它们实际上是"魂"与"体"的关系。我曾经讲过，很难把它们套进某一个固定不变的体用模式中，它们之间不是体用关系，而是一种相需关系，是魂体相依的关系。① 所以要促进马克思主义与中国民族文化相结合，就不能用"谁决定谁"、重体轻用的思维方式来简单化地处理二者的关系。

你们提到有的人把"中学"这个概念理解得比较狭隘，有些随意，比如把它与"中国传统文化"这个概念等同起来，甚至与某个学派、某种具体的中国学问等同起来。这种情况可能是有的。2006 年我在三封信中的提法是："中学为体"即以有着数千年历史积淀的自强不息、变化日新、厚德载物、有容乃大的中华民族文化为生命主体、创造主体和接受主体。又说：它是指有着数千年历史传承的，经过近现代变革和转型的，走向未来、走向世界的活的中国文化生命整体。只有中国文化生命整体才能够作为自强不息、变化日新的"创造主体"和厚德载物、有容乃大的"接受主体"，某一阶段、某种形态、某个流派的中国文化都不足以担当此任。② 这里讲的"中学"显然不只是指中国传统文化，作为一个"亘古亘今，亦新亦旧"的活的中国文化生命整体，它也包括中国近现代文化。我对中国文化生命整体的把握，是着重阐明其能动创造义和博大包容义。能动创造义就是张岱年先生常讲的民族文化的独立性、自觉性、能动性，主动精神和创造精神。博大包容义是指中国文化具有善于吸收其他民族文化之优长，来发展滋养自己的"有容乃大"的品格和传统。林存光等学者注意到，提出"运作主体""生命主体""创造主体""接受主体"四个概念来共同论证和进一步强化中国文化的主体性，这是前所未有的，就

---

① 方克立：《中国文化的综合创新之路》，中国社会科学出版社 2012 年版，第 328、377—378 页。

② 同上书，第 244、237 页。

连最重视民族文化主体性的现代新儒家，也没有达到这样全面深刻的认识。①

"西学为用"体现了当代中国文化的全方位开放品格。"西学为用"就是"洋为中用"，"西学"是指一切洋文化即外来文化。我对"西学为用"的解释也讲了两个方面：一个是相对于作为指导原则的"马魂"来说，它是"应事之方术"即原则的具体应用；一个是相对于"中体"来说，它是为我所用的"他山之石"。这就是张岱年先生讲的"两个服务"，实际上是两种意义上的"用"。"西学为用"是在当代中国文化的综合创新中对"西学"的定位，并不是说"马魂""中体"就没有自己的"用"了。按照"体用一源，显微无间"的传统体用观，各种学说体系都有内在的精神指导原则和"达之于外"的"应事之方术"，都有其体用、内外之学。这是两个不同"问题域"中的问题，既不能混淆起来，也不能互相对立起来。

▲：请您再说明一下"马魂中体西用"论的关系结构，为什么说是中、西、马三"学"的有机结合、辩证统一，而不是无原则的拼凑，杂凑式的拼盘？

●：前面讲文化体用论的范式创新时，实际上已经接触到这个问题了。

在文化综合创新中，把主导性之"体"与主体性之"体"区分开来，才实现了从体用二元模式到"魂、体、用"三元模式的过渡与转换。中国传统体用思维之所以被长期沿用，就是由于它有一个显著优点，即主张体与用的统一。无论是实体与作用的关系，还是原则与应用、本质与现象的关系，都强调"体用一源""体用相即""体用不二"。这是客观辩证法的反映，并不是人为的主观构想。体用二元模式发展、转换为"魂、体、用"三元模式后，用来讲中、西、马三种文化资源的关系，还是继承了这种辩证法的精神，就是强调要把三者统一起来，而不是割裂，刻意突出"道不同不相为谋"的一面，唱"三岔口"。中国马克思主义综合创新派从李大钊讲"第三新文明"，毛泽东讲"古今中外法"，到张申府、

① 林存光：《一个中国马克思主义者的儒学观与文化主张——方克立先生学术思想述评》，《海岱学刊》2015 年第 2 辑，齐鲁书社 2015 年版，第 98—133 页。

张岱年兄弟提出中、西、马"三流合一，综合创新"的理论，提出"兼和"范畴来支持这种理论，都是主张充分发挥三种文化资源各自的优长，发挥其中的正能量，把它们有机地整合在一起，成为一个"革命的创造的化合体"①，即中国特色社会主义的新文化。

在方法论上，他们强调三流合一不是折中主义的"平庸的调和"，无原则的混合，而是"辩证的或有机的综合"；不是外在凑合的大杂烩，而是内在的"有机的化合"，是"内里之综""化合的综"②。"马魂中体西用"论是综合创新文化观的深化，把马、中、西三者的"魂、体、用"关系揭示出来，我想它应该在前辈探索的基础上，把这种文化观的辩证法内容进一步充实和丰富，更加接近客观真理，而不是后退。

六　对若干批评和质疑的回应

▲："马魂中体西用"论提出 11 年来，在学术界产生了广泛深远的影响，报刊上和网上论及这个问题的文章已超过 150 篇，也就是说，平均每年有十篇以上。在这些文章中，大多数是正面肯定、赞同、支持"马魂中体西用"论的，同时也有一些批评和质疑的声音。方老师，您愿不愿意在这里对批评和质疑的观点做一点回应？

●：首先，我要感谢所有关注这个问题并发表意见的学界人士，包括发表批评和质疑意见的人。有那么多人关注和热心参与这个讨论，不仅彰显了"马魂中体西用"论本身的价值，而且也帮助我认识清楚了一些问题，使我对这个理论越来越有信心了。

对"马魂中体西用"论的批评和质疑，集中在两个问题上。一个就是我定位为第一要义的"马学为魂"，在这个问题上有不同看法乃是意料中事，它必然会成为我国思想界不同派别争论的一个焦点。一些人对"马学为魂"的激烈批评，就在事实上证明了习近平同志的重要论断：是否坚持以马克思主义为指导，是当代中国哲学社会科学区别于其他哲学社会科学的"根本标志"。也有个别坚持马克思主义理论立场的学者，认为

---

① 《张申府文集》第一卷，河北人民出版社 2005 年版，第 259 页。

② 《张申府文集》第二卷，河北人民出版社 2005 年版，第 83 页。

只讲"马学为魂"还不够，还不能全面体现马克思主义是中国特色哲学社会科学的根基、内核、核心话语和基本学术范式，还没有解决马学与"国学"谁决定谁的问题。另一个认识分歧的焦点问题是对体用思维模式的看法，批评也是来自两个方面。一方面有人批评"马魂中体西用"论还是沿用了传统的体用范式，而体用范式已不适合于说明今天不同文化之间的关系，"体用之辩应该终结"。另一方面也有人批评"马魂中体西用"论没有坚持"体用一源、显微无间"的传统体用思维，没有完全"照着讲"，在他们看来，提出"魂、体、用"三元模式就是"叠床架屋"，就是"杂凑式的拼盘"，甚至是"精神分裂"。

关于"马魂中体西用"问题的不同认识，非常典型地反映了当今中国思想界意见纷纭的复杂情况。我觉得确有用客观理性分析的态度，对某些批评和质疑意见做一点回应的必要。

大家心里都明白，自由主义西化派和文化保守派等"其他哲学社会科学"阵营的人士，都是不赞成"马学为魂"的。但对此公开批评的文章并不多，可能有些人是采取"懒得理你"的态度，其中也有避免与主流意识形态直接冲突的考量。有一个自称"铁杆反马列派"的大陆新儒家代表人物，在网文中指责"以马为魂，置于首位，中体和西用都被架空"。他的观点是必须以中学为体、以儒学为魂。这里表现出来的基本理论立场的分歧，他和我们一样都认为是不可能调和的。不仅大陆新儒家不认可"马学为魂"，港台海外新儒家也是一样。我和杜维明、成中英都有三十多年的交往，我高度评价他们为中国哲学与文化走向世界所做出的贡献。他们早年论著中有一些反马克思主义的言论，但在与大陆学界有所接触并有较深交往后，态度有明显转变，后来他们也讲儒学要与马克思主义对话，主张中、西、马良性互动。但这并不等于说他们也认可"马学为魂"了，改变了其长期形成的新儒学理论立场。比如杜维明先生在一次国际会议的发言中说："试问一个才不到百年的湍流如何抗拒有五千年源远流长的大河，只有融入才有前途。马克思的儒家化比儒家的马克思化较合情理。"显然他还是坚持以儒学为"文法"、以马克思主义为"词汇"的观点，是这个观点在"谁化谁"问题上的再次明确表达。2015年在上海召开的纪念冯契先生百岁诞辰学术研讨会上，成中英先生提出"中本、西体、马用"说来同我讲的"马魂、中体、西用"唱对台戏，颇为引人注目。我想大家都心知肚明，对中、西、马三"学"的这种不同定位，反映的正是现代新儒家与中国马克思主义派学者在文化立场上的根本歧异。

至于个别马克思主义派学者对"马学为魂"的质疑，不难看出也有一些学术上的盲点。一是对中国近代以来的思想史不熟悉，对"中体西用"论的基本评价不恰当，误以为"马魂中体西用"论只是在"中体西用"前面简单地加上一个"马魂"，而看不到其中所发生的结构性变化，看不到"中体"已从主导性之"体"转变为主体性之"体"了。二是不了解在当代中国文化的中、西、马关系中，马克思主义指导思想与体现民族主体性的中国文化是一种"魂体相依"的关系，想用"谁决定谁"的思维方式去说明显然是不对路的。而且质疑文章也是在"中学"与中国传统文化、"国学"概念之间画等号，所以才特别强调"谁决定谁"的问题。三是把不同"问题域"中的问题混淆起来了。马克思主义在中、西、马的关系中处于"魂"即指导思想的地位，同时它自己也是一个独立的文化体系，正如严复所说的"中学有中学之体用，西学的西学之体用"，马学也有马学之体用。不仅如此，也完全可以在"马学"中讲出魂、体、用的关系来。那么，把根基、内核、核心话语、基本学术范式等等都统统归之于"魂"的概念，当然是不合适的。习近平同志"五·一七"讲话中已经明确表达过"马学为魂"的思想，刘云山同志去年5月19日在宣传文化系统学习贯彻习近平总书记讲话精神专题会议上也强调指出："要牢牢把握以马克思主义为指导这个灵魂。"在其他中央文件和领导同志讲话中，也多次肯定了马克思主义的"灵魂"地位，我想"马学为魂"这个提法还是不能轻易否定的。

▲：在学术界，我们感到更多的批评和质疑是针对体用思维模式，您对此怎么看？

●：是的，我们经常听到这样的议论："体用模式不能解决中国近代以来不同文化之间的关系问题"，"应当超越过去的体用之争"，"必须彻底告别体用范式"，"体用之辩应该终结"等等。其中问题的症结，我们在前面实际上已经讲到了，就是传统体用范畴具有多义性的特点，近现代思想家在将其运用来解决古今中西问题时又有灵活性，比如张之洞是在"道体器用"的意义上讲"中体西用"，李泽厚是在"器体道用"的意义上讲"西体中用",体用范畴的含义不同,得出的结论自然就大相径庭。有的人正是据此而提出了"体用难题""体用困境""体用陷阱"等说法,认为体用思维已经过时,必须彻底抛弃、告别、终结、超越。应该说,他们看到的问题是存在的,但是否只有彻底抛弃、告别体用思维之一途可走呢?我们认为并非如此,而且做了走出所谓体用"困境"的尝试,就是首先要把体用范畴的多义性弄清楚,力图兼顾"道体器用"与"器体道用"两种主要含义,把传统文化体用论与主体论结合起来,创造性地转换和发展出一种"魂、体、用"三元模式,来解决当代中国文化中的中、西、马关系问题。只要不把传统体用思维模式僵化,事实证明这条路是走得通的。"马魂中体西用"论就是按照这种思路提出来的。体用论是我们民族的一种十分重要的理论思维方式,其中包含着不少真理性的因素,当然它也有局限性。我们不要轻言"告别""终结",而是应该更多地考虑如何"接着讲",如何对它进行创造性转换和创新性发展,把它熔铸到唯物辩证法的科学体系中去。而且要考虑,对于张之洞、严复、李大钊、冯友兰、贺麟、张岱年、李泽厚等那么多学术大家都曾参与其中,发表过各种见解,认为在今天还有一定意义的文化体用之辩,我们完全视而不见、听而不闻行不行?对于他们提出的问题要不要回答?这段思想史怎么写?我认为也不能简单抛弃、终结了事,而是要把其中存在的问题找出来,作为今天正确解决这个问题的资源和借鉴。

就像"一分为三"说是在"一分为二"说的基础上发展出来的一样,形上、形下统一于"形"的"魂、体、用"三元兼和模式,也是在"体用一源、显微无间"的体用二元模式的基础上变通、发展出来的。应该肯定它们都丰富了中国特色的辩证法。我们不赞成简单否定在中华民族理论思维发展史上起过重要作用的体用思维,也不赞成把体用思维绝对化、僵固化,看不到其多义性和应用的灵活性所造成的种种认识歧异,固守传统体用思维而拒绝任何变通和发展,拒绝任何多元兼和模式。我们根据百年中国文化发展实践对"马魂中体西用"的探索,虽然在思维方式上受到了来自上述两个方面的批评,但只要其方向是正确的,我们还是会继续采取"接着讲"而不是"照着讲"、慎言体用而不讳言体用、不离体用而又超越体用二元思维模式的态度①，从理论、历史、方法等方面加强对这个问题的研究。

七　人间正道是沧桑

▲：谢谢您对我们提出的问题做了不厌其详的回答。通过您对"马魂中体西用"论的内容含义、关系结构、产生背景和价值意义的正面阐释，以及对学界一些不同观点的回应，我们觉得好像是上了一堂大课，一堂系统的马克思主义与中国实际相结合的历史文化理论课，许多问题认识更清晰了。请您再简要概括一下关于这个问题的思想历程。

●：我是在 1987 年写《评"中体西用"和"西体中用"》一文时开始关注和自觉探讨这个问题的。这篇文章的结论是：必须抛弃中西对立、体用二元的僵固思维模式，排除盲目的华夏优越感和崇洋媚外等狭隘感情因素，以开放的胸襟，从中国社会主义现代化建设的实际需要出发，批判地借鉴和吸取古今中外一切有价值的文化成果，经过辩证的综合和扬弃，努力创造出一种"以马克思主义为指导的，批判继承历史传统而又充分体现时代精神的，立足本国而又面向世界的"高度发达的社会主义新文化。②

也就是说，当时已经看到了体用二元模式的局限性，解决的思路是从前一年（1986 年）发表的党的十二届六中全会决议受到启发，主张在马克思主义指导下正确处理古今中西问题。这已经是一种综合创新的思路，用的正是毛泽东"古今中外法"所讲的"全面的历史的方法"。1987 年 6 月，张岱年先生在山东济宁召开的一次学术会议上正式提出了"文化综合创新论"，我没有参加这个会议，当时并不知道。我是从有关报道和讨论中逐渐意识到这个理论的重要性、现实针对性和旗帜意义的，所以1990 年在你们提到的那次谈话中，以"综合创新"来概括整个中国马克思主义派的文化主张。又过了十多年，才进一步意识到中、西、马"综合创新"实质上就是"马魂、中体、西用"有机统一的综合创新。说起

---

① 方克立：《中国文化的综合创新之路》，中国社会科学出版社 2012 年版，第 251、335 页。
② 《方克立文集》，上海辞书出版社 2005 年版，第 288—289 页。

来这个探索过程已经有 30 年了，涉及的问题方面也比较多，可以说始终是以"五四"后中国现当代文化发展为背景，以文化体用论这个有中国特色的文化理论问题为中心，探讨它现代转化和创新发展的可能性及其实现途径。在这个过程中，问题意识是明确的，但我从来没有把它作为一个完整的理论课题全面系统地考虑过，所以直到今天也只有一个大思路，虽然自信方向是正确的，其实还有不少疏漏之处，道理也讲得不够深透。

经常有同志跟我说，这是一个有重大理论价值和现实意义的课题，建议我申报社科院创新工程项目，或中宣部马克思主义理论研究和建设工程项目，我都感到自己能力不够，而且年岁大了，心有余而力不足也。好在学术界那么多人都已经认识到了这个问题的重要性，发表了许多很有见地的文章，做了一些扩展性研究。所以我非常希望有人能够挑起这个课题研究的重担，如能立项得到有关主管部门的支持当然更好，我自然会采取积极支持与配合的态度。

▲：今后如何进一步开展对这个问题的研究，让更多的人认识到"马魂中体西用"是当代中国文化发展的正道，坚定不移地走这条路，推动中国特色社会主义文化大发展大繁荣，方老师，您对此还有些什么设想？

●：你们问我有什么设想，我也提不出什么新思路来，只是希望把以下几个方面的问题研究深化和系统化，使得出的结论更具说服力，更加经得起历史的检验。

第一，系统总结百年中国文化发展道路的经验和规律，确认"马魂中体西用"三学合一、综合创新是一条必由之路，也是今天必须坚持走的正道。今年是十月革命 100 周年，两年后是五四运动 100 周年，四年后还要迎来中共建党 100 周年。我认为这四五年是总结研究百年历史的最佳机遇期，这方面的研究工作要大力加强和向前推进。研究内容主要是系统总结中国马克思主义综合创新派的文化观，特别是在中、西、马三"学"关系问题上的百年探索，包括中国共产党在新民主主义革命时期和社会主义革命、建设、改革时期的文化建设指导方针，中共领导人和中央文件中的文化思想，中国马克思主义派学者的文化理论等。

第二，加强对中国传统哲学体用论、它在文化问题上的运用（即文化体用论）及其创造性转换和创新性发展的研究，加强对"魂、体、用"

三元模式的客观基础、适用范围和所以成立的学理根据的研究，包括对其理论基础"兼和"辩证法的研究，加强对"马魂中体西用"的一些具体个案的深入研究，使这个理论的学理基础更加坚实深厚。

第三，以"马魂中体西用"为主导学术范式，来推进哲学社会科学各个学科的学术体系建设，包括马克思主义理论研究和建设工程中的各种教材建设，都要考虑是否遵循和自觉贯彻了这种学术范式。可以说，学术范式自觉是文化自觉和理论自觉的集中体现。

第四，加强当代中国哲学社会科学与其他哲学社会科学的沟通和交流，加强当代中国三大思潮之间的对话和互动，努力改变"道不同不相为谋"和唱"三岔口"的情况，求同存异，聚同化异，形成良性互动的学术生态。我在现代新儒学研究中就提倡三大思潮对立互动，对马克思主义综合创新文化观的研究更应该持全方位开放的态度。提倡"兼和"哲学和综合创新文化观，一个重要目的就是要把中、西、马三种文化资源中的积极因素都充分调动起来，把正能量都聚合起来，避免各据一"学"、互相抵消。

你们可能已经注意到，除了最后一点外，前面几点都是我一直关心和一直在讲的问题。我希望通过全面深化对这些问题的研究，使认识提高到一个新境界、新高度，并且"化理论为方法"，有力地推动当代中国文化和哲学社会科学的发展。以上几点各用一句话来概括就是：总结历史经验，深化理论研究，加强方法指引，争取良性互动。如果要用一句话来说明 30 年研究这个问题的体会的话，那么我最想说的话是："百年探索不寻常，人间正道是沧桑。"

（原载《马克思主义研究》2017 年第 5 期）

编后记

　　大陆新儒学是崇儒反马、复古更化、觊觎着当代中国的"王官学"地位的一个政治儒学派别，是儒学研究队伍中的最右翼。不仅守土有责的马克思主义派学者明确反对这种思潮，崇儒不反马的文化保守主义者也与其保持着一定的距离。不过，近年来这种格局有若干变化。一些自称"康党"的人提出了"回到康有为"的口号，公开宣扬政治改良主义，"全盘否定革命"，不仅否定孙中山领导的资产阶级旧民主主义革命，也否定共产党领导的新民主主义革命。这种新"告别革命"论亦具有政治儒学的特征，人们正在密切关注它的走向。一些崇儒不反马的文化保守主义者不满意崇儒反马派独占"大陆新儒学（家）"的名称、名号，提出要"正名"，试图取而代之。这种重名不重实的思路，政治上略显幼稚，二十多年约定俗成的称谓，大概也不是谁想改变就能改变的。

　　本书作为张世保编《大陆新儒学评论》第一辑（2007）、第二辑（2009）的续编，对评论对象大陆新儒学仍秉持一以贯之的看法，即将其视为崇儒反马、复古更化、改旗易帜、儒化中国的一种当代思潮。近年来它又推出了进一步阐明其宗旨的《中国必须再儒化》（蒋庆、陈明、康晓光、余东海、秋风合著，2016）一书。这本书，与自由派的"零八宪章"一样，都是中国当代思想史上具有旗帜意义的重要文献，值得引起高度重视。正如陈先达先生在《历史唯物主义与中国道路》一文中所指出的：当代中国的道路之争，"可以概括为三个'化'，即中国特色社会主义道路的核心是'马克思主义中国化'；回归传统、回归儒学、重塑中国社会主义和中国共产党的核心是'儒化'；回归人类、回归世界的核心是'西化'。""从道路和旗帜的角度说，从重建理想和信仰的角度说，我们绝不能走'以儒化国''以儒化党'的道路"。（本书第 295 页）三"化"之争，深刻揭示了当今中国思想文化分歧和论争的实质内涵。

本书收入了 2010 年以来相关领域学者评论大陆新儒学的学术论文、访谈、讲座稿等近 30 篇，或从宏观上对大陆新儒学思潮进行回顾和反思，或对儒学复兴、政治儒学、大陆新儒学与马克思主义的关系加以专题研讨，客观全面地反映了学术界近年来有关大陆新儒学的研究状况，有助于把握当代中国文化思潮的客观形势和基本走向。应当承认，本书固然体现了编者的眼光，但由于收入的文章较多，文章风格各异，观点也不尽一致，因此这些文章并不代表编者的立场，文责还需作者自负。在编辑过程中，除了技术性的处理外，基本上保持了文章的原貌，未作内容上的改动，这也是对原作者的尊重。

云南大学硕士研究生胡斐翔、杨婷、张升参与了本书的编校工作，中国社会科学出版社的韩国茹为本书的编辑出版做了大量细致的工作，在此一并表示感谢。

编者

2017 年 7 月 21 日